CANU LLYV

CANU
LLYWARCH HEN

GYDA
RHAGYMADRODD A NODIADAU

GAN

IFOR WILLIAMS

CAERDYDD
GWASG PRIFYSGOL CYMRU
1978

Argraffiad cyntaf 1935
Ail argraffiad 1953
Adargraffwyd 1970, 1978, 1990
Adargraffwyd mewn clawr papur 1999

© Ysgutor Ystad y diweddar Syr Ifor Williams Ⓟ 1965

ISBN 0-7083-1609-3

Mae Manylion Catalogio Cyhoeddi (CIP) ar gyfer
y llyfr hwn ar gael gan y Llyfrgell Brydeinig.

Argraffwyd yng Nghymru gan
Wasg Dinefwr, Llandybïe

RHAGAIR

NID yw'r llyfr hwn ond ymhelaethiad ar ddarlith a draddodais Chwefror 1, 1933, o flaen yr Academi Brydeinig yng nghyfres Darlithiau Coffa Syr John Rhys. Yn wir yr oeddwn eisoes wedi rhoi cnewyllyn y ddamcaniaeth newydd ar yr hen ganu hwn wrth drafod ein Barddoniaeth Gynnar mewn cyfres o ddarlithiau cyhoeddus yng Ngholeg y Gogledd, Bangor, ddechrau term y gwanwyn, 1932. Ond er bod tair blynedd bellach wedi llithro ymaith, ni fedraf honni i mi ddehongli pob llinell i'm bodlonrwydd fy hun heb sôn am eraill. Erys nifer go fawr o eiriau yn bur dywyll. Oherwydd hynny rhois yn y Nodiadau yr amryfal ystyron a ymgynigiai i mi, gan obeithio y buasai rhyw un ohonynt, efallai, yn gymorth i ymchwilydd arall gael y gwir.

Yn y Rhagymadrodd fy amcan oedd egluro'r cyfarwyddyd Cymraeg i Gymro. Buasai amryw o'r adrannau ynddo yn gryfach o gynnwys ynddynt gymhariaeth â llên Iwerddon, canys gwaith y Gwyddel gynt yw'r help gorau i ddeall gwaith y Cymro gynt. Y crynodeb gorau o'r chwedlau Gwyddelig yw *Die irische Helden- und Königsage* gan Thurneysen, a dysgais lawer am eu hansawdd oddi wrth lyfrau Kuno Mcyer. Heddiw y mae cyfrol werthfawr H. M. ac N. K. Chadwick, *The Ancient Literatures of Europe*, Caergrawnt, 1932, mor hollol ar y pwynt fel mai ffôl fuasai i mi wthio mân nodion i mewn yma ac acw a thrafodaeth gyflawn yng nghyrraedd ein myfyrwyr.

IFOR WILLIAMS.

Porthaethwy,
Ionawr 8, 1935.

CYNNWYS

		Tud.
RHAGAIR	. . . .	v
RHAGYMADRODD	. . . . . .	ix

CANU LLYWARCH HEN :

I.	Gwên ap Llywarch a'i Dad	. .	1
II.	Cân yr Henwr	. . . .	8
III.	Urien Rheged	. . .	11
IV.	Llywarch a Maen	. . . .	20
V.	Gwahodd Llywarch i Lanfawr	.	21
VI.	Claf Abercuawg	. . . .	23
VII.	Mechydd ap Llywarch	. . .	27
VIII.	Enweu Meibon Llywarch Hen	.	30
IX.	March Gwên	. . . .	31
X.	Am Arwdir Evionydd	. . .	32
	Am ei Blant		32

CANU HELEDD :

XI.	Cynddylan	. . . . .	33
XII.	ENGLYNION BEDDAU	. . .	49
XIII.	MARWNAD CYNDDYLAN	. .	50

NODIADAU	. . . .	55
BYRFODDAU	. . . .	245
ENWAU PERSONAU A LLEOEDD	. . .	249
MYNEGAI I'R NODIADAU	. . . . .	253

RHAGYMADRODD

Yn 1792 cyhoeddodd William Owen (Pughe) *The Heroic Elegies and Other Pieces of Llywarch Hen, Prince of the Cumbrian Britons*, ac yn ei ragair dywed iddo daro ar ddetholiad o waith y bardd gan Richard Thomas, B.A., Coleg yr Iesu, Rhydychen,[1] sef wyth o'r cerddau hanes, gyda chyfieithiad i'r Saesneg o'r pump byrraf a rhannau o'r tair hwyaf. Gan fod y cyfieithiad rhannol hwn yn rhy flodeuog ganddo, penderfynodd Pughe drosi'r cyfan oll o ganu Llywarch mor llythrennol ag y medrai, ond am hanes y bardd ymfodlonodd gan mwyaf ar yr amlinelliad a roesai Thomas. Newidiodd orgraff y llawysgrifau i'w orgraff ei hun. Ar waelod y ddalen dyry ddarlleniadau amrywiol mewn modd penagored iawn (*Un llyfyr ; Ll. arall ; Neu*), a dyfynna o ryw Lyfr Du a Llyfr Coch ddarlleniadau nas ceir yn Llyfr Du Caerfyrddin nac yn Llyfr Coch Hergest.

Yn ddiweddarach (1801–7) cyhoeddwyd unwaith eto holl waith tybiedig Llywarch gan Pughe ac eraill yn y

---

[1] Gw. Williams, *Eminent Welshmen*, 487, am ei waith fel hynafiaethydd ac achwr. Bu farw 1780. Hefyd, gw. Pen. 201, R.W.M. i, 1027, ac yn arbennig B.M. 56, Addl. 14,884, td. 117, lle ceir "Richardus Thomas, A.B. Coll. Jesu apud Oxonien Scholaris 1777. Some Account of the Life of Llywarch Hen, the Brit. Bard". Ar ôl y fuchedd daw'r canu a'r cyfieithiad, gyda nodiadau ar rai pwyntiau yma ac acw. Yr englyn olaf yw XI, 40, ac ar yr ymyl ceir "Rd. Morris Junior Script. A.D. 1778" Dyry Panton 30, R.W.M. ii, 839, "Translations of Llywarch Hen's Songs, with notes thereon" : llofnodwyd gan ryw R.D. ond newidiwyd hyn, medd Dr. Evans, i R.T.

Myvyrian Archaiology (M.A.[2] 83–103), ond heb gyf-
ieithiad; ac yn *Four Ancient Books of Wales* Skene
(1868), rhoes Silvan Evans destunau'r Llyfr Du a'r Llyfr
Coch gyda chyfieithiad. I'r awduron hyn, ac eraill o'u
blaen ac ar eu hôl,[1] nid oedd fawr amheuaeth am gyfnod
y bardd nac am ddilysrwydd a gwerth hanesyddol ei
ganiadau. Tywysog o'r Gogledd ydoedd, medd Pughe;
ganed ef tua dechrau'r chweched ganrif, a bu fyw hyd
ganol y seithfed, pryd y bu farw yn yr oedran tra theg o
gant a hanner mlwydd oed. Ei sail dros hyn yw
perthynas Llywarch ag Arthur, a laddwyd (meddai) yn
542, a'i englynion i Gadwallon, a laddwyd tua 646.
Dyfynna'r Trioedd i brofi fod Llywarch unwaith yn un
o dri thrwyddedog llys Arthur (R.M. 306); ategir hyn
trwy briodoli iddo hefyd yr englynion i un o filwyr
Arthur, Geraint ab Erbin, a geir yn y Llyfr Coch a'r
Llyfr Du. Tystia englynion eraill ddarfod i Lywarch
wylo ar ôl Urien Rheged a'i feibion, ac wedi colli'r
noddwyr hyn, tybir iddo ffoi o'r Gogledd i Gymru, a
chael noddfa ym Mhowys dan gysgod Cynddylan ap
Cyndrwyn, nes i hwnnw hefyd gwympo mewn rhyfel.
Encilion olaf y bardd oedd Aber Cuawg, ger Machyn-
llaith, a Llanfor, ger y Bala, ac yn y lle olaf, medd tra-
ddodiad, y bu farw ac y claddwyd ef, yn hen ŵr unig
wedi goroesi ei noddwyr, ei gyfeillion, a'i blant. Truan
o dynged! Wrth dderbyn yr englynion oll fel gwaith
dilys Llywarch, ac fel canu cyfamserol â'r digwyddiadau,
cafwyd digon o ddefnydd i lunio'r fuchedd ddiddorol
uchod i'r bardd, a llwyr gyfiawnhau yr Hen ar ôl ei enw.
O graffu ar eu hiaith a'u cynnwys, ni fedrir, fodd bynnag,
eu priodoli i Lywarch nac i oes Llywarch.

---

[1] Evan Evans, *Specimens*,[2] 62–3; Lhwyd, *Arch. Brit.* 259–61,
dyfyniadau o'r canu, enwau personau a lleoedd, a nodion.
Printiodd J. D. Rhys amryw englynion yn ei Ramadeg (1592)
td. 178–84.

§1. OED Y TESTUNAU.

Pa gyn belled yn ôl y gellir eu holrhain mewn llawys-grifau ? Ceir y corff mawr ohonynt gyda'i gilydd yn *Llyfr Coch Hergest*, llawysgrif a ysgrifennwyd oddeutu 1400, peth yng nghynt, a pheth yn ddiweddarach. O ben colofn 1026 hyd golofn 1049, ll. 6, ceir nifer o gan-iadau mewn mesurau englyn o'r hen ddull cyntefig. Ag eithrio'r gân gyntaf, Ymddiddan rhwng dau sant, Llywelyn a Gwrnerth, fe'u priodolwyd oll[1] i Lywarch er bod rhai yn dal mai mab iddo biau'r un a roir isod fel Rhif VI, *Claf Abercuawg*. Nid oes deitlau yn y llaw-ysgrif, ac felly rhof y dechreuadau yn eu trefn, a'r rhifau yn yr argraffiad hwn :

1. Eiry mynyd gwynn pob tu.
2. Bit goch crib keilyawc.
3. Gnawt gwynt o'r deheu.
4. Kalangaeaf kalet grawn.
5. Baglawc bydin bagwy onn.
6. Gorwyn blaen onn.
7. Goreiste ar vrynn (Rhif VI).
8. Kynn bum kein vaglawc (Rhif II ; Rhif I).
9. Dymkywarwydyat unhwch (Rhif III).
10. Maenwynn tra vum yth oet (Rhif IV).
11. Panet anet gereint.
12. Katwallawn kynnoedyuot.
13. Sefwch allann vorynnyon (Rhif XI).

Canu natur a chanu diarhebol yn gymysg yw 1–6, ac nis printiais yma, er bod enwau Llywarch Hen a Mapclaf ap Llywarch i'w cael wrth rai ohonynt mewn llawysgrifau.[2]

---

[1] Ond cf. Lhwyd, A.B. 259a, Lomarchi Longaevi Epicedia, etc., quibus alia quaedam praemissa, *incerto authore*, proverbialia carmina . . . Lomarchi ode prima est de cuculis juxta Aber Ktog.

[2] Cf. Pen. 98 b 51 ; Pen. 111, 86–98 ; Pant. 13, 119–22, testun gwahanol.

Math arbennig o hengerdd ydynt, a pherthyn iddynt eu
problemau eu hunain. Y mae llinell yn Rhif 3 (i degwch
gwŷr Gwynedd) sy'n peri i mi feddwl na chanodd neb o
Bowys mohoni. Petrusa'r llawysgrifau parthed awdur-
iaeth rhif 7. Y mae 8–10 yn bendant yn perthyn i'r hyn
a ellid ei alw yn Gylch Llywarch. Nid felly 11–12 ; ac y
mae rhif 13 hefyd yn Gylch gwahanol, sef Cylch Heledd
a theulu Cynddylan Powys.

Eithr nid y Llyfr Coch yw'r unig darddell, na'r hynaf,
a chan na wyddai Thomas Wright hynny, methodd yn
ddybryd wrth gynnig mai cynnyrch oes Owain Glyndŵr
yw canu Llywarch, ac mai ei amcan oedd ffyrnigo cas
Cymro at Sais i bwrpas Rhyfel Owain (*Mont. Coll.* iii,
175). Bu'r englynion hyn unwaith yn rhan o Lyfr Gwyn
Rhydderch, Peniarth 4 a 5, a amserir gan Dr. Evans
mewn rhan cyn 1300, ac mewn rhan tua 1325–40.
Ynglŷn wrth Peniarth 12, rhwymwyd dryll o'r Llyfr
Gwyn (gw. R.W.M. i, 324, *Y Cymmrodor*, 1884, 123–54),
a'r gân olaf yn y dernyn amherffaith hwn yw dechrau
Englynion gereint vab erbin, sef rhif 11 uchod. Yn y
llinell gyntaf ceir gwall amlwg o eiddo'r copïwr : yn lle
Pan anet ysgrifennodd *Panet anet*, enghraifft dda o'r
bai a elwir achub y blaen, h.y. wrth gopïo'r gair cyntaf
rhoes gynffon yr ail air iddo, un o'r beiau mwyaf cyffredin
mewn llawysgrifau. Wrth wneud hynny creodd air
newydd disynnwyr, a thorrodd y mesur. Eto dyna'r
dechrau yn y Llyfr Coch hefyd, a buasai hynny arno'i
hun bron yn ddigon i brofi fod y Coch yma yn tarddu
o'r Gwyn, cf. B.B.C. 73, 9, am y darlleniad cywir. Ond
y mae tystiolaeth uniongyrchol ac annibynnol fod y canu
hwn rywdro yn rhan o'r Llyfr Gwyn. Llawysgrif yn
llaw John Jones, Gelli Lyfdy, yw Peniarth 111. Yno,
td. 117, ceir a ganlyn :

> Urddassol ddarlleydd llyma hen gerdd a ysgrifen-
> nodd yr hen Risiart Langfford o Drefalyn allan o

Lyfr Gwynn Rrydderch yn oed krist 1573, ag a
ysgrifennais ine oi law ynte yn oed krist 1607, ag
edrach yn dda pa wedd y darlleir hwynt.

Yna daw'r caniadau a ganlyn, rhai gyda theitlau :

1. *Englynion marwnad Geraint ap Erbin.*
   Panet anet Gereint.
2. Katwallan kyn noe dyvot (*heb deitl*).
3. Sefwch allan vorynyon (*heb deitl*).
4. *Englynion mab claf.*
   Goreiste ar vryn.
5. *Englynion llywarch.*
   Kyn bum kein vaglawc.
6. Dym kywarvydyat vn hwch (*heb deitl*).
7. *Englynion llywarch y vab.*
   Maen wynn tra vum yth oet.

Ar ddiwedd yr olaf, td. 169, ychwanegir :

Ac velly drwy stremio yn graff yn e llyver mewn
lle gole ac ym pelydr yr haul herwyd tywyllet oed
yr scriven ai henet Duv saturn yv hynn y seithvet
die ar xx o vis chwefrol oed yn harglwydd ni Jessv
Grist mil a ccccc lxxiij. a minnev ai Scrifennais
allan o law yr vn rryw Risiart Langfford y 24 die
o vis Medi oed krist 1607. Ac yma y terfyna y
kopi o lyfr gwyn Rrydderch a ysgrifennais i o law
yr hen Risiart Langfford.

Diolch i'r hen Risiart[1] am *stremio !* Oni bai am hynny,
ac i J.J. gopïo ei gopi mor llythrennol, buasem heb
amryw linellau a geiriau o ganu Llywarch. Heblaw
hynny dyma dystiolaeth bendant fod y caniadau hyn
ganrif yn hŷn na'r Llyfr Coch.

[1] Arno gw. G. J. Williams, *Gramadegau'r Penceirddiaid*,
td. cix.

Ceir ateg o le arall i gopi J.J., canys digwydd yr un canu yn yr un drefn mewn llawysgrif o law Thomas Williams o Drefriw, *Brit Mus.* 32, Addl. 31,055, 202b–214b, gw. R.W.M. ii, 1064. Yma eto tystir ddarfod i Langford eu tynnu o hen lyfr yn 1573, ac i Roger Maurice eu hail ysgrifennu yn 1583, "ac yr scrivenais inau Tho: wiliem physycwr 1596". Nid yw T.W. mor barchus o orgraff ei wreiddiol a J.J. a thuedda i droi pob hen destun i'r orgraff a fydd yn y ffasiwn yn ei ben ef ar y pryd. Ond serch hynny, gwerthfawr yw ei dystiolaeth yntau i fanylion testun y Llyfr Gwyn er pob mympwy orgraff. A rhwng y ddau gwelir hefyd ym mha bethau yr oedd awydd safoni yn gyrru gŵr y Llyfr Coch yntau i "ddiwygio" ffurfiau'r Gwyn ; ac yn bwysicach lawei, beth oedd hen drefn y caniadau, a'r modd y rhed y naill weithiau i'r llall, heb arwydd fod cerdd newydd yn dechrau. Hyn sy'n cyfiawnhau fy ngwaith yn torri *Kynn bum kein vaglawc* yn ddwy gân, Rhif II a Rhif I, a newid eu trefn.

Yn B.M. 54 (Addl. 14,867) gwelir fod y gadwyn o gopiwyr wedi ymestyn eto, gw. R.W.M. ii, 1154, ar ôl copi o Rif V isod, "o hen llyver Langford 1573 ; copied by Roger Maurice 1583, by Sir T. Wiliems 1596, by Evan Evans 1758, and by W. Morris 1759". Y mae copi Evans i'w weld yn Panton 14, i, 133, R.W.M. ii, 821, a rhoir y sylw nid am Rif V ond ar ddiwedd Rhif IV, yr hyn sy'n debycach i wir. Yn B.M. 54, 166b, ar ôl copi o'r Llyfr Coch, col. 1049, ll. 6, ychwanegir :

> Yma y tervyn yn y Llyfr Coch. Ond medd y Dr. Davies, "Ar ôl hyn ir oedd mewn un llyfr yr hyn sydd yn canlyn";

a rhoir yr englynion a brintiwyd isod fel chwanegiad i Rif XI, sef 107–13, td. 47–8. Felly, gan nad yw'r rhain yn y Llyfr Coch, nac yn y copïau sydd gennym o'r

Llyfr Gwyn, dyma dystiolaeth i hen lawysgrif arall a oedd yn hysbys i Dr. Davies yn niwedd yr unfed ganrif ar bymtheg, ac a gynhwysai ran o leiaf o ganu Heledd, onid y cyfan.

Ysgrifennwyd Llyfr Aneirin oddeutu 1250 ; ynddo, td. 12, ceir englyn wedi llithro rywsut i ganol ei odlau, nad oes a wnêl o gwbl â thestun y Gododdin, ond sy'n gymar addas i englyn i un o feibion Llywarch a brintiwyd isod, td. 8, Rhif I, 48. Amdano, gw. td. 99. Ysgrifen-nwyd ef yng nghorff y llawysgrif, ond rhaid mai ar ymyl llawysgrif hŷn y dodwyd ef i ddechrau, rhywun yn ei daro i lawr yno er mwyn ei ddiogelu, ac wedyn corffor-wyd ef yn y testun gan gopïwr diweddarach dan y dyb ei fod yn rhan hanfodol o'r gerdd.   Tyst yw hyn, felly, nid i boblogrwydd canu Llywarch tua 1250, adeg ysg-rifennu Llyfr Aneirin, ond yn hytrach adeg ysgrifennu ei wreiddiol, neu, yn wir, wreiddiol hwnnw. Nid oes dim i brofi mai copïwr Ll.A. a'i corfforodd yn y Gododdin.

Y llawysgrif Gymraeg hynaf oll yw Llyfr Du Caer-fyrddin : yn ôl Dr. Evans perthyn i ddiwedd y ddeu-ddegfed a dechrau'r drydedd ganrif ar ddeg.[1] Ymddeng-ys i mi fel cyfrwymiad o lawysgrifau, er eu bod oll yn tarddu o'r un ysgrifenfa, ac yn yr un orgraff.   Os caf alw'r gwahanol lawysgrifau hyn yn rhannau, diwedda Rhan I ar td. 80 (er bod bwlch ar ôl td. 28 hefyd). Cynhwysir ynddi Englynion Geraint, td. 71–3, a welwyd eisoes ymhlith englynion y Llyfr Coch. Yna daw Moliant Hywel ap Goronwy, a deyrnasai rhwng 1096 ac 1106. Wedyn daw mawl Rhys ap Gruffudd, a fu farw yn 1197. Yn Rhan II daw Marwysgafn Cynddelw, sef cân ar wely angau. Yr oedd ef yn fyw yn 1194 beth bynnag, ac efallai yn 1199. Felly, ni all y rhan hon

---

[1] Gw. B.B.C.S. vii, 95–6, xiv, 179–85, am farn Syr John E· Lloyd fod peth ohono i'w amseru ar ôl 1257.

fod yn gynharach na diwedd y ddeuddegfed ganrif.
Ynddi, td. 89–93, ceir cân sy'n dechrau fel canu natur a
dihareb, ond cyn bo hir yn troi'n ymddiddan eglur.   Un
o'r llefarwyr yw Pelis, a haera ei feithrin gan Owain
Rheged.   Diweddir gyda chyfeiriad at farw Mechydd
fab Llywarch, gw. isod Rhif VII, td. 27.   Y mesur yw
englynion o'r hen ddull, a pherthynant o ran ysbryd a
chelfyddyd i'r un cylch â'r rhai a brintiais o'r Llyfr Coch,
ond bod eu horgraff yn hŷn.

Yn Rhan III, td. 97–108, ar y ddalen olaf oll, ceir
dwsin o englynion dan y teitl *Enwev meibon llywarch hen*.
Ceir pedwar ohonynt yn y gân a nodais ei digwydd yn
Rhan II, a dau yn y gân gyntaf a brintiais o'r Llyfr
Coch.

Dyma dystiolaeth go bendant fod Englynion Llywarch
yn hysbys yn niwedd y ddeuddegfed ganrif, canys welę
amryw ohonynt ar gael yn y llawysgrif Gymraeg hynaf
oll.   Ni fedr oed llawysgrifau ein cynorthwyo i fynd
ymhellach yn ôl na hyn : aethant â thestun rhan o'r
canu i ddechrau cyfnod y llawysgrifau Cymraeg.   Os
oes galw am ei gludo'n ôl i gyfnod cynharach fyth, rhaid
chwilio am gymorth yn orgraff, iaith, a chelfyddyd y
canu ei hun, yn y testunau hynaf sydd wedi goroesi i'n
hamser ni.   Methodd Wright wrth dybio mai oed y
Ll. Coch, sef y llawysgrif hynaf a gynhwysai'r canu, hyd
y gwyddai ef, oedd adeg ei gyfansoddi.   Gallem ninnau
fethu yn gyffelyb, ped ymfodlonem ar oed Llyfr Du
Caerfyrddin fel prawf terfynol o amseriad llunio eng-
lynion dihafal Llywarch Hen a' Heledd.

§2.   TEULU LLYWARCH YN YR ACHAU A
NENNIUS

Ymddengys un peth yn sicr, sef na all y canu fod yn
gynharach beth bynnag nag oes Llywarch Hen ei hun !
Pa ddefnydd sydd i benderfynu ei gyfnod ef ?

Yn Peniarth 45, llawysgrif o ddiwedd y drydedd ganrif ar ddeg,[1] ceir nifer o achau a elwir *Bonedd Gwŷr y Gogledd*.[2] Yr enw cyntaf yw :

    Uryen uab Kynuarch mab Meirchawn mab Gorust Letlwm mab Keneu mab Coel.

Yr ail :

    Llywarch Hen m. Elidyr Lydanwyn m. Meirchawn m. Gorust Ledlwm m. Keneu m. Coel.

Diwedd ach Clydno, rhif 3, a Dunawt m. Pabo, rhif 4 :

    Arthwys m. Mar m. Keneu m. Coel.

Y pumed :

    Gwrgi a Pheredur meibon Eliffer Gosgorduawr m. Arthwys [m. Mar] m. Keneu m. Coel.

Y chweched :

    Gwendoleu a Nud a Chof meibyon Keidyaw m. Arthwys m. Mar m. Keneu m. Coel.

Yr oedd Urien, yn ôl hyn, yn gefnder Llywarch Hen, a rhoddir y ddau yn y bumed genhedlaeth o Goel. Petasai'r bumed ach yn gyflawn, buasai'n rhaid dal fod Gwrgi a Pheredur yn y bedwaredd genhedlaeth o Goel, ond wrth gymharu rhifau 3, 4, 6, gwelir fod un enw wedi colli o'r gadwyn yn rhif 5, sef *Mar* mab Cenau, ac wrth adfer hwnnw i'w le, gwneir Gwrgi a'i frawd yn gyfoeswyr â Llywarch ac Urien.

Mewn llawysgrif Ladin o tua 1100 sydd yn yr Amgueddfa Brydeinig, sef Harl. 3859, ceir copi o'r *Historia Brittonum* a olygwyd gan Nennius ; yna daw'r cronicl a elwir *Annales Cambriae*, a dilynir hwnnw drachefn gan nifer o Achau cynnar i egluro'r *Historia* a'r *Annales*. Y cofnod olaf yn y cronicl yw un am 954, a bernir mai tua'r un adeg y casglwyd yr Achau ; ond nid yw'n waith hawdd amseru'r *Historia*, na hyd yn oed grynhoi i fyr

[1] R.W.M. i, 379.

[2] Skene, F.A.B. ii, 454 ; gwell copi gan Wade-Evans, *Arch. Camb.* 1930, 339.

eiriau y gwahanol farnau ar y pwnc. Defnyddir yr enw yn fras am gyfuniad o draethodau a gyfansoddwyd neu a gasglwyd i egluro hanes y Brython. Perthynant i wahanol gyfnodau, ac nid o'r un darddell y deuant. Ni cheir pob un chwaith ym mhob copi o'r *Historia*, nac yn y cyfieithiadau ohono i'r Wyddeleg. Y pwysicaf ohonynt i bwrpas y drafodaeth hon yw *Achau'r Saeson*, a ddaeth o darddell Seisnig i gychwyn, ac a amserir gan Zimmer yn niwedd y seithfed ganrif. Corfforwyd hwn yn yr *Historia* i roi cefndir i ran o'r hanes, a gwthiwyd i mewn i'r nodion ar y brenhinoedd Seisnig gyfeiriadau at frenhinoedd Cymreig neu Frythonig a ymladdai yn eu herbyn. Daw'r rhain yn ddiau o darddell Gymreig, boed lyfr neu dra-ddodiad llafar, ac er y coleddir barnau tra amryfal am eu hoed a'u gwerth i haneswyr,[1] hwy yw'r dystiolaeth hynaf i arwyr canu Llywarch.

Am Nennius (neu *Nemnius* yn ôl Thurneysen), disgybl ydoedd i brif esgob Gwynedd, sef Elfoddw, y gŵr a newidiodd y Pasg i'r amser Rhufeinig yn 768, ac y dy-wedir iddo farw yn 809. Nid trais ar y ffeithiau yw dal fod ei ddisgybl yn ei flodau ychydig cyn 800, neu ychydig ar ôl 800.[2] Ac yn ôl geiriau Nennius ei hun yr oedd

[1] Ar y pwnc gw. Lloyd, H.W. 163, 223–6, J. M.-J., *Taliesin*, 43–4 ; trafodaeth gyflawn Zimmer yn ei *Nennius Vindicatus;* amryw ysgrifau gan Thurneysen, yn arbennig gw. ei farn ddiwedd-araf yn Z.C.P. xx, 97–137 ; rhagymadrodd Mommsen i'w arg. o'r testunau, a rhagymadrodd cyflawn Van Hamel i'w arg. yntau o'r cyfieithiadau Gwyddeleg, L.B. v–xxxix ; ac erthyglau Loth yn y *Rev. Celt.*, xlix, ar iaith yr *Historia.*

[2] Yn ôl Thurneysen, Z.C.P. xx, 108, ef o bosibl a ysgrifennodd yn 817 (gwell fuasai 820) lsgr. sydd yn y Bodl. Mus. Rhydychen (Auct. F. 4.32) : golygodd destun yr *Historia* a gedwir yn Harl. 3859 tua 826 ; wedyn ei fyrhau i ryngu bodd ei feistr Beulan ; yna ei ddiwygio a chwanegu peth ato, efallai wedi marw Beulan. Gesyd Syr John E. Lloyd Nennius tua 800 : deil fod rhywun wedi copïo'r *Historia* tua 829, ond ni ddywed mai Nennius ydoedd.

Achau'r Saeson ynglŷn wrth yr *Historia* yn ei amser ef :
dywed na fynnodd eu copïo gan mai difudd yr ystyrid
hwy gan ei feistr Beulan.[1] Eto nid tystiolaeth mo hyn
i'r nodion Cymreig yn *Achau'r Saeson*, ond i'r Achau eu
hunain. Efallai fod y nodion eisoes i mewn, ac efallai
nad oeddynt. (Ni rydd y cyfieithiadau Gwyddeleg help
i dorri'r ddadl.) Sut bynnag, y maent yn Harl. 3859
tua 1100 ; a dangosodd Phillimore yn glir[2] mai copi yw'r
llawysgrif honno o un gynharach yn y dull Hiberno-
Saxon o ysgrifennu, ac nad Cymro oedd y copïwr, ond
gŵr anghyfarwydd yn y Gymraeg, fel y dengys ei gam-
gymeriadau aml a dybryd wrth gopïo enwau a geiriau
Cymraeg. Yr oedd y darnau Cymreig yno yn ei wreiddiol
ef, canys yn sicr ni feddai hwn ddigon o Gymraeg i'w
creu. Ac yr oeddent yno yn 954 hefyd, achos i'w
hegluro hwy y detholwyd rhai o'r hen achau Cymreig a
geir ar ôl yr *Historia* yn Harl. 3859. Dyfynnaf bellach
rai ohonynt. Ar ôl cofnod am Ida, brenin Northumbria,
547–59, chwanegwyd hyn :

> [T]unc dutigirn. in illo tempore fortit*er* dimicabat
> contra gent*em* anglor*um*. Tunc talhaern tat
> aguen in poemate claruit. *et* neirin. *et* taliessin *et*
> bluchbard. *et* cian qui uocat*ur* gueinth guaut.
> simul uno tempore in poemate brittannico
> claruerunt.

"Yna, yn yr amser hwnnw ymladdai Dutigirn yn wrol
yn erbyn cenedl yr Eingl. Yna bu Talhae(a)rn Tad
Awen yn enwog mewn barddoniaeth, a Neirin a Thaliesin,
a 'Bluchbard' a Chian (a elwir Gweinth Gwawd) ynghyd
yn yr un amser, a fuant enwog mewn barddoniaeth
Gymraeg."

---

[1] Mommsen, td. 207, cum inutiles magistro meo, id est Beulano
presbytero visae sunt *genealogiae Saxonum* et aliarum genealogiae
gentium, nolui eas scribere.

[2] *Cy*. ix, 144–9.

O'r pump hyn nid oes fawr o gof ond am ddau, sef (A)neirin a Thaliesin ; enwir Talhaearn ddwywaith a Chian unwaith yn Llyfr Taliesin, 19, 4 : 20, 4 ; 21, 16. Tybir mai *Gwenith Gwawd* yw cyfenw'r olaf, gan ddeall *gueinth* fel bai'r copïwr. Anhysbys hollol yw *Bluchbard :* cynigiodd Evan Evans mai bai yw am *Lywarch*, ond fel y dywedodd Syr John Morris-Jones (*Tal.*, 46), pur annhebyg yw hynny. Yn yr un llawysgrif, ceir hen ffurf Llywarch dan y fl. 903 yn yr *Annales*, fel *Loumarch* (filius hiemid) ac fel *Ioumarc* (map Himeyt) yn yr Achau (*Cy.* ix, 167, 171), lle darllenwyd *l-* fel *I-*. Buasai troi *Loumarc* yn *Bluchbard* yn gofyn cryn fedr mewn camddarllen.[1]

Anhysbys hefyd yw'r brenin a enwir yma, sef *dutigirn*. Hen Gymraeg am 'teyrn' yw *-tigirn*, ond anodd darllen *Du*-deyrn, canys *dub* oedd Hen Gymraeg am 'du.' Cynigiaf, gan hynny, gymryd *du-* fel bai am *Ou-*, elfen gyffredin iawn ar ddechrau enwau personol gynt ; mewn Hiberno-Saxon yr oedd math o *d* hawdd iawn ei chymysgu ag *o*, ac i'r gwrthwyneb.[2] Yr enw, felly, fuasai *Outigirn*, cf. degfed ach Harl. 3859, *Outigir*[*n*] ; Rees, C.B.S. 82, *Outigirim ;* Ll.A. 127, *Eudegern* (yn ach Beuno); H.G.C. 104, *Enteyrn ;* a'r un enw deirgwaith ar ddynion yn Llyfr Llandaf, *Eutigirn* (L.L. 398). Wedi cael gwared o fai'r copïwr, efallai y medrir darganfod Eudeyrn yn ei gyfnod.

---

[1] Eto ar bwys y dyb hon, sylwer ar y modd y llurgunia Pughe y nodyn uchod, "Nennius, in his short list of bright poetic geniuses, has *Talhaearn, Tudain Tâd Awen, Aneurin, Taliesin and Llywarch*", H.E. xvii. Gwthiodd *Tudain* i mewn ; troi *Neirin* yn *Aneurin*, a *Bluchbard* yn *Llywarch* heb air o esboniad (cf. Evans, *Specimens*, td. 62), a gadael *Cian* heb ei grybwyll.

[2] Ceir enghreifftiau eraill o'r un bai yn y llsgr. Dyry Phillimore *Dinguayrdi, Dinguayroi, Dinguoaroy; Eoguin, Edguin, Cy.* ix, 146.

Ar ôl tipyn am Faelgwn a Chunedda dychwelir at feibion Ida. Pan gyrhaeddir Hussa, chwanegir :

Yn erbyn hwn ymladdodd pedwar brenin, *Urbgen* a *Riderch hen* a *Guallanc* a *Morcant.*

Yna daw Deodric mab Ida :

Yn erbyn hwn ymladdai *Urbgen* a'i feibion yn ddewr. Yr amser hwnnw gorchfygid y gelyn weithiau, bryd arall y dinasyddion[1] [sef y Brython, fel dinasyddion Rhufeinig], a gwarchaeodd ef hwynt dridiau a theirnos yn ynys *Metcaud* [Lindisfarne] ac yn y rhyfelgyrch fe'i lladdwyd, *Morcant* yn cynllunio hynny o genfigen, canys ynddo ef y tu hwnt i'r holl frenhinoedd yr oedd y gwroldeb mwyaf i ryfela.[2]

Nid yw'r nodyn yn rhy eglur, ond y mae'r ystyr yn weddol sicr. Urien (*Urbgen*) yw'r arwr a folir ac a leddir ; Morgan (*Morcant*) yw'r bradwr a genfigennodd ac a gynllwynodd ; y ddau frenin eraill ydoedd Rhydderch Hen a Gwallawg (*-anc*, bai am *-auc*). Troer bellach i'r Achau ar ôl yr *Historia*, a cheir

VI. Riderch hen m. Tutagual m. Clinoch m. Dum gual hen.

VIII. Urbgen m. Cinmarc m. Merchianum m. Gurgust. m. Coilhen.

----

[1] Atgo o Gildas, gw. Hugh Williams, G., td. 60, Ex eo tempore nunc cives, nunc hostes, vincebant.

[2] Hussa regnavit annis septem : contra illum quattuor reges Urbgen et Riderchhen et Guallanc et Morcant dimicaverunt. Deodric contra illum Urbgen cum filiis dimicabat fortiter. in illo autem tempore aliquando hostes, nunc cives vincebantur et ipse conclusit eos tribus diebus et noctibus in insula Metcaud et dum erat in expeditione, iugulatus est Morcanto destinante pro invidia, quia in ipso prae omnibus regibus virtus maxima erat instauratione belli. (Mommsen, td. 206.)

IX. Guallauc m. Laenauc m. Masguic clop **m.**
Ceneu m. Coyl hen.

X. Morcant m. Coledauc [ac i *Beli et Anna*].

Amlwg ddigon ddarfod ceisio'r achau hyn o rywle i
egluro pwy oedd y gwŷr a enwir gyda'i gilydd yn y
chwanegiad uchod at Achau'r Saeson. Ac fel y nodwyd
yn barod, y mae sail gadarn i'r farn mai tua 950–60 y
casglwyd yr achau hyn. Os felly, dyma dystiolaeth o
ganol y ddegfed ganrif fod y nodyn yn yr *Historia* y pryd
hwnnw, ac wedi hen sefydlu yno, a bod achwr o'r oes
honno yn gosod Urien mab Cynfarch yn amser meibion
Ida. Fe sylwir hefyd nad enwir Llywarch Hen yn y
nodyn nac yn yr achau.   Serch hynny, gwyddys fod Ida
yn teyrnasu ynghanol y chweched ganrif, a dyma dra-
ddodiad cynnar fod Urien a'i feibion yn ymladd yn erbyn
meibion Ida yn ail hanner y chweched ganrif. Dengys
hyn i ba gyfnod y perthynai cefnder Urien, sef Llywarch
Hen.

Ategir hyn gan achau eraill. Dyfynnaf *De Sitv
Brecheniavc*, Vesp. A. xiv, llawysgrif o ddechrau'r
drydedd ganrif ar ddeg, copi o lawysgrif a allai fod cyn
gynhared a'r unfed ar ddeg (gw. Wade-Evans, *Cy*. xix,
26 ; vii, 105–6 ; A.C.L. ii, 516).

Nyuein filia Brach*a*n, uxor kenuarchcul filii
Meirchiaun. Mat*er* Vruoni. Mat*ris* Euerdil.
Mat*ris* Estedich. uxor Elidir coscoruaur[1] *et* Mater
Gurgi *et* Peredur.

Guaur filia Brach*a*n uxor Lidanwen *et* Mat*er*
Loarch hen.[2]

[1] Glos uwchben, *magne familie.*
[2] Glos uwchben, *ueteris.*

Cognacio Brychan: Cottonian, Domitian I : llawysgrif
o'r unfed ganrif ar bymtheg, copi o un o'r drydedd ar
ddeg :[1]

> Nyuen vxor kynuarch filius Meirchyavn.
> Gwawr vxor lledan wyn *mater* llywarth hen*n*.

Yn ôl yr achau hyn (cf. L.D. ii, 14) yr oedd Nyfain (neu
Nyfen) ferch Brychan yn wraig Cynfarch ap Meirchiawn,
a'i chwaer Gwawr yn wraig [Elidir] Lydanwyn, ac yn
fam i Lywarch Hen. Pwy oedd plant Nyfain, nid yw
mor hawdd dweud, oherwydd y cymysgu rhwng *mater*
a *matris*. Amlwg yw mai bai am Urien yw *Vruoni* ;[2]
a chwaer iddo oedd *Efrddyl*, a honno, meddir,[3] oedd
gwraig Elidir (neu Elifer) Gosgorddfawr, a mam Gwrgi,
Peredur, ac *Estedich*. Neu ynteu gellid darllen yr ach
i olygu fod *Estedich* yn chwaer Efrddyl, ac yn wraig i
Elidir. Sut bynnag y mae ei deall hi, nid rhy feiddgar
yw tybio y galwai Gwrgi a Pheredur Lywarch Hen yn
ewythr !

Yn yr *Annales Cambriae* dan 580, nodir Guurci *et*
peret*ur* morit*ur*. Dangosais uchod (td. xvii) fod *Bonedd
Gwŷr y Gogledd* yn rhoi'r ddau frawd hyn yn y bumed
genhedlaeth o Goel, ac yn yr un oes a Llywarch. Nid
yw'r ach yn Harl. 3859 cyn llawned.

> [G]urci ha peret*ur* me pion eleuther cas cord
> maur m. let lum. m. Ceneu m. Coylhen.

Ni fedrir cysoni hon â'r llall. Gwelir na wyddai'r gŵr
a'i copïodd ddigon o Gymraeg i ddeall mai un gair yw *me
pion* (meibion); hefyd gwnaeth *let lum*, ansoddair Gorwst,
yn fab i Genau ap Coel ! Felly nid creu y mae ond copïo
neu gam-gopïo. Methodd o'r blaen yn ach *Urbgen*, lle
gwnaeth *Gurgust* yn fab *Coilhen* yn lle'n ŵyr iddo, a

---

[1] Wade-Evans, *Cy.* xix, 18, 301.
[2] Cf. B.T. 57, 11, *eurowyn* ; 62, 14, *uruwyn*.
[3] Br. Br. 15, 21 ; L.B.S. ii, 415.

dangosodd Phillimore[1] iddo fethu mewn achau eraill trwy adael amryw genedlaethau allan. Yma neidiodd o ganol un ach i'r llall, a rhoes ddiwedd ach Urien yn lle un Gwrgi.

Nid yw cywirdeb achau teulu Brychan yn rhan o'm credo, ond ni welaf ddim yn annaturiol mewn ach sy'n rhoi Llywarch Hen yn gefnder i fam gŵyr a fu farw yn 580, boed ei henw Efrddyl, neu boed Eisteddych[2]. Yr oedd ef yn gefnder dyblyg i Urien, gan mai dau frawd oedd eu dau dad, a chan mai dwy chwaer oedd eu dwy fam. A dyfynnwyd yn barod y dystiolaeth sydd i Urien fel gelyn Deodric (572–9) a Hussa (585–92)[3] meibion Ida. Yr oedd ef yn ddigon hen y pryd hwnnw i fod ganddo feibion o ryfelwyr. Pam nad neiaint ?

Yn y rhestr o frenhinoedd a ymladdai ochr yn ochr ag Urien yn erbyn Hussa, enwyd *Riderch hen.* Ei ach ef yn ôl Harl. 3859 ydoedd

　　　[R]iderch hen m. Tutagual m. Clinoch m. Dum
　　　gual hen.

Yn ôl y *Bonedd* (Skene, F.A.B. ii, 454) :

　　　Ryderch Hael m. Tutwal Tutclyt m. Kedic m.
　　　Dyuynwal Hen.

Olrheinir ei deulu ymhellach yn ôl yn Ach V yn Harl. 3859 :

　　　Du*m*n gual hen m. Cinuit m. Ceritic guletic.

Tua 450 anfonodd Patrick, sant Iwerddon, lythyr at *Coroticus,* brenin Ystrad Glud, i gwyno fod ei wŷr yn cam-drin Cristnogion Gwyddelig, ac nid oes le i amau nad ef yw *Ceritic guletic* yr ach.[4] Wrth gyfrif 30 mlynedd

---

[1] *Cy.* ix, 182 n.

[2] Felly y deallaf ei henw : cf. *Kerddych* un o ferched Brychan.

[3] Felly Lloyd, H.W. 163 : rhydd Wade-Evans Hussa yn 567–74, W.Ch.O. 97.

[4] Lloyd, H.W. 100, 126, n. 8.

i genhedlaeth, ceir *Ceritic* 450 ; Dumngual Hen 510 ;
yna i lawr Ach V deuir at Beli 690, Teudebur 720,
Dumnagual 750. Troer yn awr i'r *Annales*, ac yno
gwelir fod yr amcan-gyfrif yn weddol agos i iawn, ac eto
mai ffôl fuasai dibynnu gormod ar ffigurau a gafwyd ar
amcan o'r fath, canys o dan 750 rhoir marwolaeth
teudubr filius beli, ac o dan 760, *dunnagual filii teudubr
moritur*, h.y. deng mlynedd ac nid deng mlynedd ar
hugain oedd rhwng marw Tewddwfr a marw Dyfnwal ei
fab. Bras amcan yn unig a geir drwy'r dull hwn o
amseru unigolion mewn achau, ac ni honnir dim arall.

A derbyn 510 fel amcan am flodau dyddiau Dyfnwal
Hen, dyry hynny Rydderch, ei orŵyr, yn 600. Gwedda
hyn yn burion i fuddugwr Arfderydd (573–5), gorchfygwr
Gwenddoleu (cefnder Gwrgi a Pheredur), a gelyn Hussa
(585–92).

Ond y mae ateg nodedig o werthfawr i hyn mewn llên
estron, sef ym Muchedd Columba (521–97) gan Abad
Iona, Adamnan (624–704). Ysgrifennwyd y fuchedd
cyn 700, ac y mae ar gael mewn copi a ysgrifennwyd yn
fuan ar ôl 700. Ynddi dywedir fod y sant Gwyddelig yn
gyfeillgar â Rhydderch mab "Tothail" (ffurf Wyddeleg
Tudwal), brenin Alclud (neu Dumbarton ger Glasgow),
ac iddo ei gysuro trwy broffwydo na thraddodid ef i
ddwylo ei elynion ond y cai farw yn ei dŷ ei hun ar wely
plu. Ac felly y bu, medd Adamnan. O ffynhonnell
Wyddelig, ac ar awdurdod sydd bron yn gyfamserol,
dyma dystiolaeth fod brenin o'r enw Rhydderch mab
Tudwal yn Alclud yn ail hanner y chweched ganrif ;
amser, lle, ac enw'r tad i gyd yn cyd-daro â'r traddodiad
Cymreig. A chan fod y traddodiad hwnnw am amser
Rhydderch yn gywir brofedig, haws credu mai dilys
hefyd yw ei dystiolaeth i Urien a'r lleill o wŷr y Gogledd
yn y chweched ganrif.

Heblaw *Bonedd Gwŷr y Gogledd* (B.G.G.), ceir hefyd mewn amryw lawysgrifau *Fonedd y Saint* (B.S.)[1]. Yn Pen. 16, llawysgrif o ddechrau'r drydedd ganrif ar ddeg, ceir ach Cyndeyrn Sant, sefydlydd Llanelwy a Glasgow :

> Kyndeyrn garthwys m. ewein m vryen. A denw verch llu lewdwn lluyd o dinas eidyn yny gogled y vam.

Felly Pen. 45, llawysgrif o ddiwedd yr un ganrif, lle gelwir ei fam *"Denyw uerch lewdwn luydawc,"* neu Leuddun Luyddawg. Dinas Eidyn yw Dunedin neu Edinburgh, a gelwid yr ardal gynt yn *Lleuddiniawn* (gw. H. 21, M.A. 144a), oddi wrth y Lleuddin hwn (cf. *Lothian*). Ym muchedd Cyndeyrn (gw. L.B.S. ii, 231) gelwir ei fam *Theneu*, merch Leudonus, brenin Leudonia ; a'i dad yn *Ewen* mab *Erwegende* (in gestis historiarum vocatur *Ewen* filius regis *Ulien*), neu *Eugenio Eufurenn rege Cumbriae*, yn ôl *Brev.* Aberdeen. Dengys y ffurfiau y drafferth a gafodd y cofianwyr gydag enw *Urbgen, Urien*. Amserir un o'r bucheddau rhwng 1147 a 1164, a'r llall yn 1180, L.B.S. ii, 231.

Amheus yw Wade-Evans (W.Ch.O. 193) o gysylltiad Cyndeyrn â Llanelwy. Yn yr achau a luniodd, td. 194, dilynodd Harl. 3859 a rhoi *Pabo*, taid Asa neu Asaph, yn fab Cenau ap Coel, wedyn deil fod Asa yn hŷn o dair cenhedlaeth na'i athro tybiedig Cyndeyrn. Yn ôl B.G.G., fodd bynnag, mab oedd Pabo i *Arthwys* m. *Mar.* m. Cenau, h.y. collwyd dwy genhedlaeth yn ach Harl. 3859. Wrth adfer y rheini, llenwir llawer o'r bwlch a flinodd Mr. Wade-Evans. Bu Cyndeyrn farw yn 603

---

[1] Testunau da yn L.B.S. iv, 369–73, a chan Wade-Evans yn y *Rev. Celt.;* cf. Hafod 16 (tua 1400) Kyndeyrn m. garthwys m. owein m. vryen a denw verch levdvn lwydavc o dinas eidin yn y gogled y vam.

(L.B.S. ii, 240) neu 612 (Ann. Camb.), h.y. 614, oherwydd
bod yr *Annales* ddwy flynedd ohoni yma (felly W.Ch.O.
194). Ar yr wyneb nid yw'n amhosibl i dad gŵr a fu
farw yn 614 fod yn ymladdwr go heini yn erbyn Ida a'i
feibion.

Yn ôl B.S. mab Sawyl m. Pabo yw *Assa ;* cf. ach
"Deinyoel m. dunawt m. pabo." Mam hwnnw oedd
"Dwywei verch Leennawc," ac felly chwaer y Gwallawg
a enwyd yn barod gynifer o weithiau (td. xxi), cyfoeswr
Urien. Yn yr *Annales,* dan 595, nodir marw *Dunaut rex;*
dan 584, dispositio *danielis* bancorum ; dan 580, marw
Guurci et peretur. Troer i'r Achau sy'n dilyn yn Harl.
3859, Rhif XI yw ach *Dunaut map pappo ;* Rhif XII
yw un *Gurci ha peretur.* Dengys hyn syniad casglwr yr
achau tua 954 pwy oedd y Dunawd Frenin a fu farw
yn 595. Isod, td. 16, disgrifir Dunawd fel gelyn Owain
(ab Urien), a Phasgen (ab Urien); yna daw Gwallawg
fel gelyn Elphin (ab Urien). Nid yw hyn yn amhosibl,
os cywir yw oes meibion Urien yn ôl Nennius; ac nid yw
rhoi Dwywei, chwaer Gwallawg, yn wraig i Ddunawd yn
drais ar amserau beth bynnag am deimladau. Ond pan
geisir cysoni'r achau â bucheddau'r saint, y mae gwrth-
drawiadau go enbyd. Cymoded y Saint ! Fy mhwnc i
yw fod Cyndeyrn, a fu farw yn nechrau'r seithfed ganrif,
yn ôl yr achau a'r bucheddau, yn fab Owain ab Urien, a
bod yr olaf, felly, yn perthyn i ail hanner y chweched
ganrif. Gelyn iddo oedd Dunawd (fab Pabo, isod td. 12),
ac yn ôl yr *Annales* bu brenin o'r enw farw yn 595. I'r
achwr, Dunawd fab Pabo ydoedd.

Cyn gadael Bonedd y Saint a'u helbulon, dylwn nodi
ach arall, sef "Buan m. Ysgwn m. Llywarch Hen"
(L.B.S. iv, 369, 371 ; Hafod 16, 110). Ef a roes enw i
Fod(f)uan yn Llŷn, meddir, ond nid oes dim amdano ar
gael, nac am ei dad. Yn B.S. daw ei ach ar ôl rhai

Cyndeyrn mab Owain ab Urien; Gorwst,[1] ŵyr "Elfin m. vryen"; "Cadell m. vryen." Dyma ei ddosbarthu yntau, fel ei daid, gyda theulu Urien.

Tyst arall i gyfnod Llywarch y carwn dynnu sylw arbennig iawn ato yw ach Gruffudd ap Cynan, gw. Arthur Jones, H.G.C. td. 102. Ysgrifennwyd Buchedd Gruffudd yn Lladin, a chyfieithwyd honno i Gymraeg ; diflannodd y gwreiddiol, ond cadwyd cyfieithiad go gynnar o ran ohoni yn Pen. 17, llawysgrif o tua 1250. Credaf mai teg amseru'r fuchedd Ladin yn ail hanner y ddeuddegfed ganrif, a'i lleoli yng Ngwynedd. Gwaith edmygwr di-ben-draw o Ruffudd ydyw. Ar ei dechrau rhydd ei achau Cymreig a Gwyddelig, gan ei olrhain yn ôl i Seth m. Addaf m. Duw. Ni fynnwn ei ddilyn lawn cyn belled, ond gellid tybio fod y rhan gyntaf o'r achau hyn yn cynrychioli traddodiad swyddogol llys brenhinol Gwynedd. Yno[2] ceir a ganlyn :

> Rodri maur m. mervyn vrych m. guryat m. elidir
> m. sandef m. alcwn m. tagit m. gweir m. *dwc* m.
> *llewarch hen* m. elidir lledanwyn m. meirchyawn
> gul m. gorwst ledlum*m* m. keneu m. coel gotebauc.

Yn ôl yr *Annales*, lladdwyd Rhodri Mawr yn 877 ; bu farw *Mermin* yn 844. A chyfrif 30 o flynyddoedd i gen-hedlaeth, bu farw Llywarch Hen tua 604. Ond peidied neb a chredu hyn yn rhy bendant, canys yn ôl y canu bu

---

[1] Ei fam ef oedd Euronwy v. *Klydno Eidyn*, medd Pen. 16 a Pen. 45, L.B.S. iv, 369, 371 ; cf. *Cy*. ix, 173, Clinog eitin m. Cinbelim m. *Dumn gual hen*. Amserwyd yr olaf ar antur uchod tua 510 ; felly Clydno, tua 570. Gallasai merch i'r olaf fod yn wraig i fab Elffin ab Urien.

[2] Gweler hefyd Lyfr Llewelyn Offeiriad, sef Jesus 3 (gynt XX), *Cy*. viii, 87, llsgr. o'r bedwaredd ganrif ar ddeg (A.C.L. iii, 56, 100), lle'r olrheinir Rhodri i *douc m. Llewarch hen;* gw. ymhellach H.C.C. 36–9. Hefyd gw. ach Cilmin Droetu . . . ab *Dwywg* ab Llowarch hen, L.D. ii, 139, 147 : ac Owen's *Pem*. iii. 209.

Llywarch fyw i weld claddu ei feibion oll! Digon o dystiolaeth yw, serch hynny, fod cofnodion llys Gwynedd yn y ddeuddegfed ganrif yn mynd ag oes Llywarch i gyffiniau'r chweched ganrif, yn hollol gyson â'r traddodiad a olrheiniwyd uchod.

Arhosais cyhyd ar yr achau cynnar a'u tystiolaeth unfryd o blaid rhoi Urien yn y chweched ganrif, oblegid ddarfod i Mr. Peredur Jones gynnig yn ddiweddar ei roi ynghanol y ddegfed. Ymddengys hynny i mi yn hollol amhosibl. Dull Mr. Jones o ategu'r ddamcaniaeth newydd yw cymryd ach Syr Rhys ap Thomas, a chan gyfrif tair cenhedlaeth i ganrif, gweithio'n ôl i Urien, ei hynafiad. Dewisodd 14 o enghreifftiau o'r ach hon; nid oes ond dwy yn rhoi digon o enwau ynddi i gludo Urien hyd yn oed i'r ddegfed, un gan L. Dwn, a'r llall gan D. Benwyn, dau achwr o ddiwedd yr unfed ganrif ar bymtheg. Eto er gweld bod y deuddeg eraill yn ddiffygiol, cymer Mr. Jones fod y ddwy hyn yn gwbl gyflawn. Y rheswm am hyn yw damcaniaeth arall o'i eiddo, sef mai tylwyth Scandinafaidd oedd teulu Urien. Ei sail dros hynny drachefn yw tebygrwydd tri o'r enwau i enwau Llychlynwyr, ac wrth gael Urien yn y ddegfed ganrif, cyfnod posibl i ddylanwad Scandinafaidd, atega'r ddwy ddamcaniaeth ei gilydd. Rhois fy rhesymau eisoes dros wrthod yn bendant y ddwy ddamcaniaeth hyn. Ar un llaw ceir digon o dystiolaeth achyddol sydd ganrifoedd yn hŷn na Lewys Dwn o blaid cynharwch Urien, ac ar y llall nid Scandinafaidd yw dau o'r enwau y dibynna arnynt, ac am y trydydd, er y gall fod yn Gymraeg neu Scandinafaidd o ran ffurf, eto mewn ach sy'n gyforiog o enwau Cymreig, nid oes angen petruso prun yw.[1]

---

[1] *Y Cymmrodor*, xxxv, 117–56; *Arch. Camb.* 1934, 348: yr enwau Cymreig yw *Urien* ac *Eliffer* neu *Elifer;* y llall yw *Mar,* neu *Mor.*

Dyry L. Dwn amryw gyfeiriadau at Lywarch a'i feibion. Fe'i geilw weithiau yn *Arglwydd Penllyn* (L.D. i, 308, ii, 147, 243); dro arall *Brenin Gwynedd* (L.D. ii, 104); dro arall *Brenin Cymru* (L.D. ii, 98) ; ac unwaith *Brening Boem* (L.D. ii, 14). Felly Urien Rheged ; yn ôl L.D. ii, 26, ef oedd "iarll Rheged a brenin Scotland, arglwydd Gwyr Kydwelly a Carnwallon, yn amser Arthur yr oedd"; td. 49, "Eirian Rheged, brenin Skotland;" td. 57, "Vrien king of Reged in Scotland and king of Gwyr in South Walles and lord of Yskenen, Corwal and Kydwely and also knight of ye round table in Arthur's time, hee mared Marget Lefaien do and heire to Curloyes duke of Corwall." Nid achyddiaeth yw peth fel hyn ond rhamant, ac o'r rhamantau y tardd.

Dyma restr o blant *Lwarch Brening Boem* : Gwgair, Pill, Llawr, Mvchudd, Maen dwynog, Nefydd, Sanddef, Selif, Dylig, Lliver, Ddeigri rrad, Maddog, Medel, Heylyn, Gwill, Sawl, Llowren, Kymry, Llychedwg, Kynwy, Llywenydd gorwynion, Gwen kydyfan (L.D. ii, 14).

Dyma blant *Llowarch Hen ab Elidr Lydanwyn, Brenin Gwynedd* : Gwir ab Llowarch a Llawr Machydd, Pill, Maen, Dwyog, Nevydd, Sandde, Selyv, Dilig, Lliver, Deigr, Nudd, Madog, Medd, Heilin, Gwell, Sawyl, Llorien, Cenau, Llychedwy, Cenllig, Llywenydd, Gorwynion, ag o verched Gwen yr henav, Rhiell, Kainvron, Rhagaw, Ceindeg, Gwladus. . . . 24 o veibion a 6 o verched. Y Llowarch hen yma a gladded yn Llanvor ymhenllyn, ag yno mae ei vedd ev ; a charreg y mur yr Eglwys a brivia hynny" (L.D. ii, 104).

Wrth gymharu'r ddwy restr â'i gilydd ac â'r canu, gwelir sut y ffurfiwyd hwy. Nid oes angen eu cywiro yma fesul enw.

Am y cyfeiriad at garreg ym mur Llanfor yn profi mai yno y mae bedd Llywarch, ni phrawf ddim o'r fath, os yr un a welais i yw hi.   Y llythrennau sy'n aros ar honno yw :

CAVOSENIARGII

Cydiwyd y tair llythyren gyntaf yn ei gilydd, gw. y llun gan Westwood, L.W. pl. 74, a'r nodion arni, td. 163. Efallai i rywun ddarllen y diwedd fel *-arch*, ac wedyn gasglu mai coffa Llyw*arch* oedd ; *e.e. Anc. W. Poetry*, 156.

§3.   TEULU CYNDRWYN YN YR ACHAU.

Yn llaw Guttyn Owain, Peniarth 131 B 112 (c. 1450) ceir ach Cyndrwyn "ap Ywain ap Vrien ap Kynfarch" etc., a nifer o'i blant megis Eluan pywys, Kynon, Gwion, Rhiadaf,[1] yn eu plith, *Ehedyn* (gw. ar XI, 88 c, 89a), ond ni sonnir am Gynddylan.   Yna rhestr o'i ferched, yn eu plith, *Heledd*.   Ni wn pam y gwnaed Cyndrwyn yn fab Owain ab Urien, oni chymysgwyd ef â *Chyndeyrn* ab Owain (gw. uchod td. xxvi).

Ceir cymysgedd arall yn L.D. ii, 15 :

> Plant Gledwyn oedd Kynan, Heddyn, Kynwr-
> aidd gwyn, Gwenog, Loiw, Pasgen, Hawrwlli,
> Rradaf, Gwion, Kytion, Morvael, Elian, Kyn-
> waedd., O veibion ac o verched yr oedd Hem-
> bryd, Meissyr, Gwlidr, Gwenddwyn, Gwladys,
> Hailedd, Madlan, Meddvyl.

Torcalonnus yw darllen *Gledwyn* am Gyndrwyn, a *Kytion* am *Kynon ;* ond nid wyf yn sicr fy hun o bob enw yn llaw G.O.   Ganddo ef, fodd bynnag, ceir *Haiarnllen* yn lle *Hawrwlli ;* ond yr enw cyntaf o'r merched ganddo yw

---

[1] Daeth yr enw hwn nid o'r englynion ond o'r odlau ; gw. Rhif XIII, 36 ; ateg i hynafiaeth y rheini, cf. *Morvael* isod â XIII, 54.

Gwenalogie (bai am *Genealogia ?*); yna daw *Senr*, *Medd-wyl* (*Meddnyb ?*), *Medlan*, *Gwledr*, *Meisir*, *Kemvrit*, *Heledd*, *Gwladus*, *Gwenddwyn*. Yn sicr *Ffreuer* yw ei *Senr*, a *Cheinfryd* yw *Kemvrit*.

Y mae mwy o debygrwydd i wir yn B.S. (gw. L.B.S. iv, 370); yno rhydd dwy lawysgrif o'r drydedd ganrif ar ddeg (Pen. 16, Pen. 45), dri sant yn feibion "*Hygarfael m. Kyndrwyn o lystinwynnan yg kereinyawn*," sef Elhaearn[1] yng Nghegidfa (Guilsfield ym Mhowys), Llwchhaearn yng Nghedewain, a Chynhaearn yn Eidd-ionydd neu Eifionydd. Tybiwyd mai Llysin, plwyf Llanerfyl, neu Foelfeliarth, Llangadfan, oedd Llystyn-wynnan. Enw un o bum tref Caereinion yn 1290 oedd *Lestynworman* (bai am *-wennan*, darllen *-wenn-* fel *-worm-*).[2] Yn bendifaddau y mae tueddau Caereinion yn perthyn i fro Heledd ; a chan yr hoffid ailadrodd yr un elfennau yn enwau ceraint, gwerth sylwi ar debyg-rwydd enwau *Hygarfael* a *Charanfael* ei nai, cf. *-haearn* yn enwau'r trisaint. Yn sicr nid oes obaith o'r "Cyn-drwyn Vychan ap Cyndrwyn Fawr ab Aelfred brenin Cornwal" sydd gan L.D. ii, 98b.

I geisio amseru'r saint, sylwer fod Elhaearn yn ddis-gybl Beuno, a ymrafaeliodd â Chadwallon (lladdwyd 634). Yn ôl B.S. yr oedd mam Beuno yn chwaer i fam Cyndeyrn (gw. uchod td. xxvi). Cafodd Beuno Aberriw (gw. ar XI, 71b) gan Fawn fab Brochwel (Ll.A. 120), bai am frawd Brochwel, medd L.B.S. i, 211. Cyfarfu â Thysilio ym Meifod, a digiodd wrth neiaint neu wyrion Cynan ap Brochwel. Efallai fod ei ddisgybl Elhaearn, ŵyr Cyndrwyn, a nai Cynddylan, beth yn iau na'i feistr.

---

[1] *Melhayarn* yn Pen. 16, trwy gamddarllen *Ael-* ?

[2] L.B.S. i, 110 ; M.C. ii, 359 ; iv, 189 ; viii, 335 ; *Camb. Reg.* ii, 366. Yn ei grynodeb o lawysgrifau Cymraeg, rhydd Lhwyd, A.B. 258a, gynnwys *Y Kynveirdh Kymreig*, o law R. Vaughan : yno ceir *Kerdh meibion Kyndhruyn o lŷs Dynuennain ym Mhouys*.

Yn ôl XI, 111a, yr oedd Cynddylan yn gyfrannog ym mrwydr Cogwy—ni phetrusaf ddarllen *Cogwy* am *Togwy* y llawysgrif ddiweddar—yn 642. Dyna'r amseriad mwyaf pendant y trewais arno. Un awgrym arall, bu Heledd fyw i wylo ar ôl Caranfael ap Cynddylan,[1] a dengys hyn fel y mae Canu Heledd yn nesu at ganol y seithfed ganrif am ei ddigwyddiadau.

Yn ôl yr *Anglo-Saxon Chron.* dan 577, lladdwyd gan y Saeson Cuthwine a Ceawlin dri brenin o'r Brython, sef *Comail, Condidan,* a *Farinmail* ym mrwydr Deorham, a chymryd tair tref, Gloucester, Cirencester, Bath. Tybiwyd mai bai am Gynddylan yw'r enw canol,[2] ond nid yw'r amser na'r lle yn cydfynd â'r traddodiad.

Haws credu cyfeiriad yn y Trioedd at Gwiawn ap Cyndrwyn fel un o'r tri phorthor (beth bynnag a olygai hynny) yng Ngwaith Perllan Fangor,[3] os yr un yw'r frwydr honno a brwydr Caer 615. Ceir Gwiawn yn Rhif XI, 32c, a sonnir am dir Brochfael yn 37c ; ac ŵyr Brochfael Ysgithrog, sef Selyf ap Cynan, oedd arweinydd y Cymry (gwŷr Powys ?) ym mrwydr Caer. Teg yw tybio y buasai gwŷr Caereinion mewn lluydd mor agos i'w treftad.

§4. CYSONDEB Y CANU A'R ACHAU.

Pa gyn belled y cytuna'r englynion â'r achau a'r cofnodion a gasglwyd uchod ? Ai cyfoeswyr Llywarch yr achau yw cyfoeswyr Llywarch yr englynion ? A leolir hwy yn gyffelyb ?

---

[1] XI, 90–7.
[2] Panton 30, 45.
[3] H.W. 179 ; *Cy.* vii, 129 ; R.M. 304, **gwiwawn uab kyndyrwynn.** Gw. Parry, *Brut.* 201.

c

Yn y *Bonedd* gelwir hwy yn wŷr y Gogledd, sef Gog-
ledd Lloegr a De'r Alban.[1] Yn ôl Nennius, ymladdasant
yn erbyn teulu Ida, brenin "Dewr a Berneich," sef
Northumbria ; awgryma hynny mai yn ei gyffiniau ef
yr oedd eu tiriogaethau hwythau. Llwyddodd Urien i
warchae'r gelyn am dridiau yn Ynys *Metcaud* (neu
Medcaut); yn ôl Nennius yn yr ynys honno y bu farw
Cudbert, a gwyddys drwy Beda mai yn Lindisfarne y
bu'r sant hwnnw farw, sef Holy Island, ar lan môr
Northumberland.[2] Lladdwyd Urien yn y rhyfel
(hwnnw ?) medd Nennius ; bu farw yn Aber Lleu, medd
yr englyn ; *godir Pen(n)awc* yw'r ardal ; a'r fro y bu'n
ymladd ynddi *tir Bryneich*,[3] sef Bernicia, rhan ogleddol
Northumbria, o'r Tees neu'r Tyne i'r Forth. Yn ôl yr
achau, mab Cynfarch oedd Urien, felly yn yr englynion;[4]
cefnder oedd i Lywarch, felly'r englyn,[5] a Gwên ap
Llywarch yn nai iddo.[6] Urien *Rheged* ydoedd, a gwae
Rheged o'i golli,[7] a diffaith aelwyd Rheged ar ei ôl.[8]
Carwn draethu ar safle Rheged yn helaethach ; digon
yn awr, efallai, fydd rhoi fy marn mai yn rhywle yn y
Gogledd yr oedd, h.y. nid yng Nghymru ond yn yr hen
Ogledd. Yn B.T. 56, 14 ; 62, 22, cysylltir Urien â
Chatraeth, a'r enw tebycaf i hwnnw y gwn i amdano yw
Cataracta Beda, sef Catterick yn Sir Efrog. Saif
Dunragit hefyd ger Stranraer, yn ne-orllewin yr Alban.

I ddychwelyd at Urien a'i deulu yn yr englynion.

---

[1] *Tal*. 55–8.
[2] Plummer, *Bede*, i, 275 ; ii, 125–6.
[3] III, 13a ; 15b ; cf. XIII, 20.
[4] III, 7c, 23c.
[5] III, 21c.
[6] I, 22b.
[7] III, 5a, 10b, 18c.
[8] III, 47–59.

Enwir ei chwaer Efrddyl ;[1] gelwir ef yn dad Owain,[2] a daw'r olaf i mewn droeon, weithiau ar ei ben ei hun, weithiau gyda'i dad neu ei frodyr.   Owain Rheged a fagodd Pelis yng nghanu Mechydd ap Llywarch.[3] Enwir Dunawd fab Pabo fel gelyn Urien,[4] Owain,[5] a Phasgen,[6] mab arall i Urien.   Daw enw march yr olaf, sef Arfwl Melyn,[7] yng ngherdd Mechydd.   Brawd Owain yn sicr yw Elphin,[8] gelyn Gwallawg, un o'r pedwar brenin y cyfeiriwyd atynt gyn amled yn barod.   Gelyn y bardd yw Morgant,[9] un arall ohonynt, yn ôl pob tebyg ; a thybir mai'r un un yw Morken,[10] gelyn Cyndeyrn Sant, mab Owain ab Urien, y sant a gafodd nawdd Rhydderch ap Tudwal, cyfaill Columba yn y chweched ganrif.

Yn ôl yr *Annales* bu Maelgwn Gwynedd farw yn 547 ; er nad yw Dr. Lloyd yn derbyn y dystiolaeth hon fel un derfynol, dywed nad yw ymhell o'i lle.[11]   Sut bynnag, anodd credu y buasai Maen ap Llywarch mewn oed i fod yn faer iddo.[12] Ni elwir Maelgwn yr englyn yn Faelgwn *Gwynedd*, ond ef yw Maelgwn mawr y chweched ganrif.

Gan fod R. Thomas yn priodoli yr hyn a elwais yn Ganu Heledd i Lywarch, tybia i'r bardd ar ôl marw Urien ddyfod o'r Gogledd i Gymru, a'i noddi ym Mhowys gan Gynddylan ap Cyndrwyn.   Gan mai Brochwel Ysgithrog

[1] III, 30a, a nodyn td. 129.
[2] III, 20c.
[3] VII, 16c, 18c.
[4] III, 3c, V, 5a.
[5] III, 37c.
[6] III, 38c.
[7] VII, 14a.
[8] III, 39c, 51b.
[9] III, 41a.
[10] L.B.S. ii, 235.
[11] H.W. 131.
[12] IV, 5c.

oedd hen arglwydd Powys, tybia ymhellach fod Cyn-
drwyn yn fab iddo, neu o leiaf yn berthynas agos, neu
onide, sut y gallasai roi'r llys brenhinol i Gynddylan ?
Wedyn, tybia mai treftad Cuawg mab Cyndrwyn oedd
Aber Cuawg (gw. Rhif VI), lle noddwyd y bardd yn ei
henaint.[1] Dyma'r unig gynnig a welais i gysylltu achau
y ddau Ganu ; ac nid yw ond tyb ar dyb. Eto sylwer
ei fod yntau (ar bwys *Ms. vet.!*) yn lleoli Cyndrwyn yn
"Llys dynwennan near Caer Einion."

Gwelir hefyd ei fod yn ceisio ei orau gydio'r ffeithiau a
wêl yn y canu â'r ffeithiau hysbys iddo mewn ach a
chronicl. Pa ddull amgenach oedd yn bosibl iddo ?
Y drwg yw ail adroddwyd ei gasgliadau fel pe baent yn
ffeithiau, a lluniwyd buchedd Llywarch ohonynt. A
drwg arall yw fod amryw wedi gweithio ar y deunydd yn
yr un dull ganrifoedd o'i flaen. Effeithiodd y canu ar
gynnwys yr achau fel yr effeithiodd y rhamantau am
Urien ar ach Urien, ac oherwydd hynny nid yw cysondeb
pennill ac ach yn ateg ddwbl i wirionedd bob amser,
canys gall un fod yn fenthyg oddi ar y llall. Un tyst,
nid dau. Pan rydd Mostyn 110, 170, "Henwae meibion
lhywarch hên," fel "Pyll, Selyf a Sandef, Eithyr Erthyr
ac argad tri cheimyat aflawen llew araf ac vrien" nid yw
ond dangos y gwyddai Thomas Williams o Drefriw am
Rif VIII isod, h.y. gwelsai Lyfr Du Caerfyrddin.

Serch hyn oll, wrth weld y canu yn cytuno mor dda
ag achau a chofnodion amryfal, gorfodir fi i gredu fod y
bardd a'i cyfansoddodd wedi ceisio bod yn ffyddlon, hyd
y medraf, i draddodiad a amserai Urien a Llywarch yn
y chweched ganrif, a Chynddylan a Heledd yn hanner
cyntaf y seithfed. Nid yw hynny yn profi ei fod ef ei
hun yn byw yn y canrifoedd hynny mwy nag y mae
ymgais golygydd y *Mabinogi* i lwyfannu ei bobl yntau

---

[1] Addl. 14884, td. 118 ymlaen.

"Cyn Crist" yn profi ei gyfnod ef. Daw hynny i'r golwg yn y naill achos a'r llall lle bynnag y rhoir i mewn yn y ddrama bethau na weddent ond i oes y dramodydd.

Os caf achub y blaen ar ddiwedd fy ymchwil, dyna yw Canu Llywarch a Chanu Heledd, gweddillion dwy ddrama a luniwyd ym Mhowys i bortreadu cymeriadau o'r chwechedd a'r seithfed ganrif, ond eu hawdur neu eu hawduron yn byw mewn oes ddiweddarach. O leiaf, os caf ddatgan fy namcaniaeth yn y geiriau hyn, bydd yn help i Gymro heddiw ddeall natur yr hen ganu yn well. Nid drama yn yr ystyr bresennol a feddylir, ond chwedl ddramatig o'r hen ddull, y peth nesaf i ddrama yng nghelfyddyd gynnar Cymru. Yn yr adrannau nesaf ceisiaf ddangos beth oedd elfennau'r cyfryw chwedl.

§5. CYFARWYDDYD

Yn y Mabinogi disgrifir penaethiaid Cymru yn gwledda yn eu llysoedd, ac yna, ar ôl y bwyta, daw'r gyfeddach a'r difyrrwch. Un dull o ddifyrru'r amser oedd adrodd chwedlau ; ac un enw ar chwedl a hanes oedd *cyfar-wyddyd*. Gelwid y neb a'i dywedai yn *gyfarwydd*, yn y lluosog *cyfarwyddiaid*. Ar ôl y wledd yn llys Pryderi, cymer Gwydion ap Dôn arno'i hun fel pencerdd ddi-ddanu'r teulu ar ymddiddanau digrif a chyfarwyddyd, nes bod pawb yn ei hoffi. Ac nid rhyfedd, canys ef, meddir, oedd y cyfarwydd gorau yn y byd.[1]

Gellir rhannu y chwedlau cynnar a ddiogelwyd mewn llawysgrifau i ddau ddosbarth yn ôl eu ffurf, sef cyfar-wyddyd mewn rhyddiaith oll, a chyfarwyddyd mewn rhyddiaith a barddoniaeth. Yn yr ail ddosbarth

[1] P.K.M. 69, gw. hefyd td. 103–11, 224.

amrywia swm yr elfen farddonol yn ddirfawr, e.e. ym
mhedair cainc y Mabinogi nid oes ond 5 englyn mewn
92 tudalen, tra ceffir 28 englyn mewn 5 tudalen yn stori
Trystan ac Esyllt. Nid oes raid aros yma i drafod prun,
os yr un, oedd y dull cysefin ; digon fydd aros i weld
beth yw swydd englynion mewn chwedl.

Cymerer i ddechrau y Mabinogi. Yr englyn cyntaf
yw un Efnysien[1]—ymffrost milwr wedi lladd ; yr ail
yw un Math i roi enwau *Tri meib Gilfaethwy ;*[2] y gweddill
yw'r tri englyn lle cyfarch Gwydion ei nai Lleu (a
droesai'n eryr), pob un yn dechrau gyda'r un geiriau,
sef *Dar a dyf.*[3] Felly swydd ei bum englyn yw datgan
ymffrost, rhifo tri ar gerdd, a chyfarch. Nid yw ymffrost
ond math o deimlad personol angerddol yn mynnu llafar ;
saif am ymson a thelynegu ! O ganu hynafiaethol, rhyw
gymorth cof, y daeth yr ail. Am y trydydd, dechrau
ymddiddan yw pob cyfarch. Os erys heb ei ateb,
dichon iddo droi'n ymson, neu'n ddull o annerch y pell
neu'r marw, a llithro i'r dosbarth cyntaf. Os atebir,
wele ddadl fyw a dramatig, a chyfle ffraethineb a choegni.
Bron iawn na ddywedwn fod modd dosbarthu hefyd
holl ganu Llywarch a Heledd dan y tri phen uchod. Er
prinned englynion y Mabinogi, cynrychiolant yr holl
deulu. Meddylier am ymffrost ac ymson yr hen ŵr yn
Rhif II ; ymsonau Heledd, a'i chyfarchiadau i'r marw
yn Rhif XI ; cyfarch yr Aelwyd ddiffaith gan un, a'r
Stafell dywyll gan y llall.[4] Wedyn didoler y Trioedd
ar gân a welir yn Rhif VIII, *Goreu trywir* (2, 6), *Tri*

---

[1] P.K.M. 43.
[2] P.K.M. 76.
[3] P.K.M. 89–90.
[4] Isod td. 18–19, 35–7. Sylwer ar "*dy* bentan" yn y ll. olaf ;
hefyd 22b.

meib Llywarch (3).[1] Ac yna casgler ynghyd yr ymddi-
ddanau eraill sydd yn troi'r gerdd yn ddrama fyw—yn
sicr, ni bydd llawer yn weddill, er bod peth.

Troer yn awr at stori Trystan ac Esyllt.[2] Yn y ffurf
gyflawnaf arni mewn dwy lawysgrif ceir gair byr mewn
rhyddiaith i roi'r hanes : Trystan yn dianc i Goed
Celyddon gydag Esyllt ; yna gŵr honno, sef March ap
Meirchion, yn erfyn ar Arthur ddial ei gam ; Arthur
a'i wŷr yn cau am y coed ; Esyllt yn eu clywed, ac yn
crynu ; Trystan yn ei chysuro mewn englyn ; ac yna
â'i gledd yn ei law yn cyrchu'r llu, ond nid oedd neb a
feiddiai ei wynebu, canys pwy bynnag a dynnai waed
ar Drystan a'i lladdai, a phwy bynnag y tynnai yntau
waed arno, marw fyddai. "Ni laddaf fi fy hun er ei ladd
ef", meddai March yn ddoeth iawn. "Na minnau
chwaith", ebe'r lleill. A dihangodd Trystan. Yr oedd
Cai yn caru morwyn Esyllt, a daeth ymlaen i ddweud y
newydd wrth Esyllt mewn englyn. Diolcha Esyllt
mewn englyn arall ; etyb Cai yn gyffelyb, a hithau
drachefn. Wedyn aeth March yr eilwaith at Arthur,
a rhoir ail gynnig ar ddal a dofi Trystan, i ddechrau trwy
anfon telynorion i ganu iddo o bell, ac yna feirdd i ganu
englynion moliant iddo. Yn olaf daw Gwalchmai
ymlaen, a'i gyfarch mewn englyn. Etyb y llall, ac o
dipyn i beth, o englyn i englyn, deuir ag ef at Arthur.
Cyferchir Trystan ganddo yntau mewn tri englyn cyn
cael ateb. O'r diwedd ymostwng Trystan i Arthur ;
rhydd hwnnw ei ddedfryd, bod un i gael Esyllt pan fo
dail ar y coed, a'r llall pan na bo : y gŵr i ddewis gyntaf.
Dewisodd yntau'r adeg pan na byddai dail, a gorfoledda

[1] Cf. R.M. 308, Ac y cant arthur eglyn. Sef yw vyn *tri
chatuarchawc* / mened a llud llurugawc / a cholovyn kymry
karadawc.
[2] B. v, 115–29.

Esyllt, mewn englyn, mai Trystan a'i piau, gan fod celyn, eiddew, ac yw yn dal eu dail tra font byw.

Dengys y crynodeb uchod nad oes angen ond ychydig frawddegau o ryddiaith fel rhagymadrodd, a rhwng y gwahanol ymddiddanau "englynol" na bydd y stori'n gyflawn ac eglur. Eto, er prinned ydynt, rhaid eu cael. Gwelir hyn wrth gymharu llawysgrif arall[1] lle na cheir dim ond yr englynion o ddechrau ymddiddan Gwalchmai a Thrystan, a'r pennawd hwn :

> Llyma yr englynion a vu rhwng Trystan ap Tra-llwch a Gwalchmai ap Gwyar gwedi bod Arthvr yn i geissio dair blynedd a phan gafas i weled y fo a fwriodd wyth ar hvgain o wyr a milwyr Arthur : ac ef a geissiodd gantho ddyfot at Arthvr ac nis doeth er neb ond er Gwalchmai ar tavod avr, ac yna y doeth ef at Arthur.

Gwelir i rywun gael yr englynion moel mewn copi lle collesid y cychwyn, ac iddo amcanu at eu hystyr yn y pennawd hwn—a methu! Medrwn ei gywiro yn rhwydd, gan fod copi cyflawn yn ein meddiant, ond beth a wnelem, tybed, pe na bai ond yr englynion yn ein dwylo ?

Dyry hyn oleufynag gwerthfawr ar ran o'n llenydd-iaeth gynnar. Arferid addurno cyfarwyddyd ag englyn-ion. Yr oedd y chwedl yn hawdd ei chofio, a gallasai'r cyfarwydd ei hadrodd yn ei ddull ei hun, heb ofalu dilyn y gwreiddiol air am air. Pe bai angen diweddaru'r ieithwedd, nid oedd dim i'w atal. Ond gwell oedd cadw'r canu ynddi yn ei ffurf gyntefig. Rhwystrai mesur ac odl rhag i neb ystumio llawer ar air ac ymadrodd yn hwnnw, er bod hynny'n digwydd weithiau, pan fyddai'r gerdd ar gof ac nid ar femrwn. Rhag i hynny ddigwydd, weithiau ysgrifennid y rhyddiaith a'r canu, weithiau'r

---

[1] Pen. 111, 291.

canu'n unig. Ymhen amser, derfydd y traddodiad
llafar. Bwrier, pan ddêl y dydd hwnnw, na bydd ond
copi o'r englynion moel ar glawr, heb sillaf yn unman i
roi'r cefndir : pe felly, rhaid i ddarllenydd y canu geisio
llunio'r stori iddo'i hun o'r awgrymiadau a wêl yn
hwnnw. Hawdd iawn fydd cyfeiliorni o ddiffyg
defnydd, fel y gwnaeth y gŵr uchod.

Yng ngolau hyn dylem chwilio am drydydd math o
gyfarwyddyd, sef y dosbarth hwnnw na chadwyd dim
ohono ond y canu, h.y. copïau anghyflawn o'r ail ddos-
barth uchod. Dyna, mi gredaf, yw rhan helaeth o
gynnwys Llyfr Du Caerfyrddin. Cymerer, er enghraifft,
yr englynion ynddo, td. 81. Cyferchir yn yr englyn
cyntaf rywun o'r enw Ysgolan.

> Du dy farch : du dy gapan.
> Du dy ben : du dy hunan.
> I adu, ai ti Ysgolan ?

Daw'r ateb yn yr ail, "Mi Ysgolan Ysgolhaig," ac eir
ymlaen i gyfaddef y pechod a dduodd fyd yr ysgolhaig
hwn, sef llosgi eglwys, lladd buwch ysgol, a boddi llyfr
rhodd ;[1] wedyn ei benyd am hynny, a'i edifeirwch rhy-
hwyr, "Pes gwypwn ar a wn, ar a wnaethwn byth nis
gwnawn." Digon gwir, efallai, ond beth barodd yr holl
helynt ? Nid oes modd darganfod o'r chwech englyn a
gadwyd. Gallwn ddychmygu a dyfeisio, ond ni ellir
bod yn sicr, oddieithr o un peth, sef mai englynion ym-
ddiddan ydynt o gyfarwyddyd coll.

Eto B.B.C. 94: Ymddiddan Arthur â Glewlwyd
Gafaelfawr. Collwyd y diwedd gan fod darn o'r llaw-
ysgrif wedi diflannu, ond mwy o golled i astudwyr
rhamant Arthur yw ddarfod colli'r rhagair rhyddiaith

---

[1] Deallaf *rod* y llsgr. fel bai am *rot* yn ei horgraff gyffredin.
Am enghreifftiau eraill o *d* am *dd* ynddi, gw. B.B.C. 5, 4 ; 7, 2 ;
20, 4 ; 41, 14 ; 49, 16 ; 61, 9 ; 75, 9 ; 85, 2.

(neu'r chwedl hir) adroddai sut y bu i Arthur orfod ymostwng cyn ised ag erfyn am ei dderbyn i dŷ lle'r oedd Glewlwyd yn borthawr. Erbyn *Culhwch ac Olwen* y mae Glewlwyd yn borthawr i Arthur ei hun. Stori goll eto.

Eto B.B.C. 97 : englynion ymddiddan o chwedl lle ceir *coegawg* (dyn ag un llygad) braidd yn hy yn ymyl llys Gwallawg ab Lleinawg, ond fel yr â'r ymddiddan ymlaen, gwelir fod rhyw ŵydd wedi tynnu llygad Gwallawg ei hun, a melltithir hi dan bob lliw a all fod ar ŵydd ! Stori ddigri yn sicr, petasem yn ei gwybod.

Wedyn daw ymddiddan rhwng Gwyddneu Garanhir a Gwynn ab Nudd (97–100); darn am Drystan, Kyheig, a rhyw gorr (100–1); ymddiddan rhwng Vgnach a Thaliesin ar ei ffordd o Gaer Seon i Gaer Leu a Gwydion (101–2); englynion cyfarch Seithennin adeg boddi Maes Gwyddneu (106–7); ac yn olaf *Enwev meibon llywarch hen* mewn cymysgfa annisgrifiadwy (isod Rhif VIII, td. 30).

Beth yw hyn oll ond tynnu dŵr o'n dannedd ni, rhoi cipolwg ar stôr o gyfarwyddyd blasus, a'i guddio wedyn ? Cybydd memrwn, neu dlawd o femrwn oedd y copïwr. Anodd credu iddo roi'r cwbl a gafodd ef ei hun ! Tecach, efallai, yw barnu iddo gasglu o lawysgrifau cyfarwyddyd oedd yn ei gyrraedd yr hen englynion a gynhwysent, er mwyn diogelu'r rheini yn ei drysorfa farddonol ef. Llyfr Cerdd oedd ei lawysgrif i fod, nid llyfr Chwedl. Sylwer fod y cyfresi englynion hyn oll i'w cael mewn un adran o'r Llyfr Du presennol (td. 81–108), a bod y ddalen o'i blaen, sef td. 80, unwaith wedi bod yn ddalen allanol llawysgrif. A rwymwyd llyfr Englynion wrth gasgliad arall ? Y mae'n dechrau gyda chlamp o lythyren fawr addurnedig fel a geir ar ddechrau llawysgrif. Boed a fynno am hynny, y mae'r adran hon, neu'r llawysgrif hon, yn gyforiog o englynion hen gyfarwyddydau.

Nid oes achos petruso parthed eu natur.[1] Yn ôl y
patrwm a welir yn *Trystan ac Esyllt* a'r *Mabinogi*, dygant
nodau eu dosbarth. Englynion cyfarch yw rhai, eng-
lynion ymddiddan yw eraill, ond bod y prif lefarwr
weithiau yn mynnu'r llwyfan iddo'i hun, ac yn tueddu i
ymson a chwyno ar ei dynged.

Yn eu canol (B.B.C. 89–93) daw Rhif VII isod (td.
27–9), canu Mechydd ap Llywarch Hen. Cymharer hwn
â'r lleill, a gwelir beth yw. Fel cefndir iddo rhaid bod
unwaith gyfarwyddyd hir, *Cyfranc Mechydd â Mwng
Mawr Drefydd*, neu'n fyrrach, *Marwchwedl Mechydd*.
Collwyd y rhyddiaith, cadwyd yr englynion. Bwrier
golwg dros y gweddill o'r caniadau a alwaf yn Gylch
Llywarch a Chylch Heledd, a gwelir mai yma yw eu lle
hwythau. Nid ydynt namyn y canu mewn cyfarwydd-
ydau coll.

Bydd yn hwylus trafod yn awr rai o nodweddion
cyffredin y math hwn o ganu dramatig.

§6. LLINELLAU LLANW

Mewn ymson ceir un llefarwr yn datgan ei deimladau,
heb neb yn ateb. Math o un-gan yw, a'r ungeiniad â'i
fryd ar ei brofiad ei hun. Pan fo gofyn ac ateb, fel rheol
rhoir pennill cyfan i'r naill a'r llall. Eithriad yw dechrau

---

[1] R.C. xxxiv, 387–8, barn yr Athro J. Loth. Gweler hefyd
lyfr anhepgor H. M. ac N. K. Chadwick, *The Ancient Literatures*,
td. 34–5, a'r drafodaeth gyffredinol ynddo ar yr holl ddosbarth ;
ymdriniaeth deg a thra gwerthfawr. Nid wyf yn medru cydweld
â phob dim a ddywedir ganddynt am ganu Llywarch, ond y
mae'r dull cymharol o astudio llên gynnar a ddilynant hwy
eisoes wedi taflu goleuni llachar ar faes oedd yn dywyll iawn
gynt, ac y mae eu gwaith yn addewid am fwy.

Ymddiddan Arthur a Glewlwyd, lle rhoir y gofyniad
mewn un llinell, a'r ateb yn y nesaf. Anodd oedd estyn
cwestiwn ac ateb bob tro i hyd englyn, ac felly goddefid
llinell neu ddwy o eiriau llanw, a rhoi'r gwir ymddiddan
yn y llinell olaf. Nid oedd cymaint o esgus dros i'r
ungeiniad arfer llinellau llanw, ond ni waherddid hynny
iddo ; neu'n hytrach gellid tybio y disgwylid iddo yntau
eu harfer weithiau. Prun bynnag, fe'u ceir mewn ungan
ac ymddiddan, ond yn arbennig yn yr olaf. Eu cyn-
nwys yw canu Natur o'r hen ddull, a chanu diarhebol ;
brawddegau enwol, sydyn, swta, a'u celfyddyd yn eu
cynildeb[1]. Pwysleisiaf unwaith eto nad oes a wnêl eu
cynnwys ddim oll â'r ymddiddan, ac yn hyn o beth
gwahaniaethant oddi wrth eiriau llanw mewn cywydd,
sydd bob amser yn perthyn yn agos i'r testun. Nid yn
unig fe'u ceir ar ddechrau englyn, ond ymddengys fel pe
bai defod i'w rhoi ar ddechrau cerdd, neu adran o gerdd,
i nodi mai dechrau ydyw. Llinell gyntaf y gân natur
enwocaf yn y Llyfr Du yw *Llym awel: llwm bryn*[2],
cf. isod td. 1, 1b, *Llem awel:* td. 18, 47a, *Tawel awel*,
dechrau'r gân i Aelwyd Rheged : td. 23, 2a, *Llem awel
llwm benedyr byw ;* td. 44, 87a, *Teneu awel*, dechrau cân
i Hedyn. Cymharer hefyd ddechrau gorhoffeddau a
marwnadau y Gogynfeirdd.[3] Hyn sy'n cyfrif am y
llinell *Abrwysgl fydd tonn anfeidrawl*, ar ddechrau ym-
ddiddan Gwalchmai a Thrystan,[4] ac am ugeiniau o
linellau digyswllt ar ddechrau nifer mawr o englynion
Llywarch.

---

[1] Ar y canu hwn, gw. Glyn Davies, *Trans. Cym.* 1912–13,
81–128 : Jackson, *Early Welsh Gnomic Poems.*

[2] Isod, td. 27, B.B.C. 89.

[3] M.A. 142b, 146a, 198b, 221b, 230a, 251a.

[4] B. v, 117.

§7. CYMERIADAU

Goddefiad, mae'n debyg, oedd y llinellau llanw, ond amcan oedd y Cymeriadau, sef trefnu fod nifer o'r englynion yn cychwyn gyda'r un sain, yr un gair, yr un geiriau, ac weithiau yr un llinell.[1] Trwy hyn helpid y cof i gydio ynghyd nifer o englynion, a gwneud cadwyn neu osteg ohonynt. Os ystyriwn odl, sef diweddu llinellau â'r un sain, yn hyfryd i'r glust, felly hefyd yr ystyrid dechrau llinellau â'r un sain yn hyfrydwch a chelfyddyd. Mewn un gân isod, mi dybiaf i'r bardd geisio canu ar y wyddor am ennyd ; pedwar englyn yn A, un yn B, tri yn K, cf. Awdl Lewys Glyn Cothi, Gwyneddon 3, 281–98, am enghraifft gyflawn yn y bymthegfed ganrif, a gorchest Nennius yn Lladin, ar ddechrau'r nawfed, rhoi rhes o eiriau yn nhrefn y wyddor.[2] Ceir Cymeriad ar ddechrau odlau byrion y Gododdin, ond mewn cadwyni o englynion y digwydd amlaf. Yn Llyfr Coch Hergest er enghraifft ceir 36 o englynion yn dechrau gydag *Eiry Mynyd ;* 18 *Bit ;* 8 *Gnawt ;* 9 *Kalangaeaf ;* 33 *Gorwyn ;* 15 *Lluest ;* 11 *Yn llongborth ;* 9 *Oed re redeint dan uordwyt gereint | garhiryon grawn,* a'r llinell olaf yn dechrau *rudyon ruthur eryron* mewn saith o'r rheini.[3] Hefyd cf. B.B.C. 97, lle ceir 4 *Boed emendiceid ir guit.*

O bump englyn y Mabinogi ceir 3 yn dechrau *Dar a dyf ;* yn *Trystan ac Esyllt* 2 yn *abrwysgl fydd ;* 8 *Trystan gynheddfav ;* 3 *Gwalchmai gynheddfav.* Cymharer isod td. 3–5, 6 yn *Gwen,* 5 yn *Pedwarmeib ar hugeint ;* td. 9-10, 7 yn *Baglan brenn ;* y cadwyni hir sydd yn Rhif III, td. 11–19 ; Rhif IV, td. 20 ; Rhif VI, 23–4 ; ac yn

[1] Gw. *Cerdd Dafod,* 290–8 ar hyn yn y beirdd diweddarach.

[2] Mommsen, td. 144. Am gamp Ieuan ap Sulien 1085–91, gw. Haddan a Stubbs, *Councils* I, 663–7 ; Lloyd, H.W. 460.

[3] R.P. 7–15.

arbennig Rhif XI, 33–9, sef 14 *Kyndylan ;* 16 *Stauell Gyndylan ;* 6 *Eryr Eli ;* 5 *Eryr Penngwern ;* 7 *Eglwysseu Bassa*, heb sôn am gadwyni byrrach trwy'r gwaith.

Heblaw'r Cymeriad dechreuol ceir hefyd fath arall, *Cyrch-gymeriad*, sef cysylltu diwedd pennill â dechrau'r nesaf. "Y ffurf fwyaf cyffredin arno yw ail-adrodd gair o ddiwedd y pennill cyntaf ar ddechrau'r ail".[1] Am hwn, gw. td. 10–11, 17c yn cydio wrth 18a ; 18c wrth 19a ; 19c wrth 20a. Sylwer hefyd fod diwedd 20c yn cydio'n ôl wrth ddechrau 17a, nes bod y gadwyn yn gron.[2] Addurnai'r Gwyddyl eu cerdd yn gyffelyb.[3]

Efallai fod hyn yn ddigon i ddangos debyced yw celfyddyd canu Llywarch a Heledd i'r englynion a geir mewn cyfarwyddydau cyflawnach.

§8. ENGLYNION BEDDAU

Yn y canu a briodolir i Lywarch ceir enghreifftiau o fath arall o englynion, sef englynion beddau. Y casgliad hynaf a gorau o'r rheini yw un y Llyfr Du, lle ceir 69 ohonynt.[4] Yn Pen. 98 B. 48b, rhydd Dr. Davies "Anghwaneg o Englynion y beddau o law vviliam salsbri

[1] C.D. 293.

[2] C.D. 70, 294.

[3] Meyer, *Irish Metrics*, 10, Connecting the last word of a stanza by alliteration with the first . . . word of the following stanza, a practice much used in longer poems as an aid to memory (*fidrad freccomail*, neu *conachlann*) ; 12, The concluding word of every poem must repeat either the whole or part of the first word (or first stressed word) of the poem.

[4] B.B.C. 63–9, 13 : chwanegwyd 4 atynt mewn orgraff a llaw ddiweddarach.

medd Rossier Morys", 18 mewn nifer. Printiais 5 o'r
rhain isod, XII, 6–10 ; gresyn fod y testun mor llwgr.[1]

Hynodrwydd yr englynion hyn yw ddarfod eu cyfyngu
i feddau hen arwyr cyfarwyddyd a chwedl   Ni sonnir
ynddynt am Ruffudd ap Llywelyn, Rhodri Mawr,
Cadwallon, ond nodir bedd Gwydion, Dylan, Pryderi,
Lleu Llaw Gyffes, Mabon fab Modron, a'u cyffelyb. Fel
rheol, gorseddau neu feddau "dan y glaw", ar hyd a lled
y broydd ydynt. O gyfarwyddyd y deuant, nid o
gronicl ; y cwestiwn yw ai o un cyfarwyddyd ai o
gyfarwyddydau lawer.

Yn *Rev. Celt.* xxiii, 303–48, argraffodd Stokes nifer
o benillion Gwyddeleg go debyg i'n henglynion beddau
ni, dan y teitl *Aidheda forni do huaislib Erenn,* gwaith
Cinaed húa Artacain, pencerdd Gogledd Iwerddon, a fu
farw yn 975, medd y llawysgrifau. Er mai marwol-
aethau'r ceimiaid yw'r testun, medrai ambell bennill
gymryd ei le yn y rhestr Gymraeg, gan nad yw ond
cyfeiriad cryno at fedd neu feddau. Ar ddelw y canu
Gwyddeleg, gellid tybio mai gwaith un bardd yw corff
yr englynion Cymraeg, hynafiaethydd yn odli beddau
arwyr yr hen chwedlau. Dichon hefyd fod englyn bedd
yn rhan o bob cyfarwyddyd am angau arwr, ac mai
casglu'r cyfryw ynghyd a wnaeth yr hynafiaethydd, e.e.
hawdd y gallasai marwchwedl Pryderi gynnwys englyn
i nodi ei fedd ym Maentwrog. Sylwer ar y modd y daw
englyn bedd Seithennin ar ddiwedd y gân am foddi Maes
Gwyddneu (B.B.C. 107, 3). Ond eto, gallasai copïwr y
gân honno ei chwanegu ati, o gasgliad annibynnol, ac
nid ei fod yno yn y chwedl gyflawn.

---

[1] Gw. M.A. 65, a, b, am ryw fath o destun. Ymddengys i
Ed. Lhwyd weld llsgr. W. S. ei hun yn nhŷ'r Weddw Wynne
o Fod Ysgallen, Sir Gaernarfon. Os printiwyd ei gopi yn gywir
yn *Paroch.* i, 154–5, nid oedd fawr o gamp arno.

Pa esboniad bynnag a dderbynnir, nid damwain yw fod y tri englyn bedd nesaf at ei gilydd yn B.B.C. 64, 9–14, yn sôn am Lan *Heledd*, bedd *Cynddylan*, a bedd *Gwên ap Llywarch Hen*. Ymhellach, Cymeriad y ddau gyntaf yw *Gwedi ;* troer i'r detholiad o Pen. 98 isod, td. 49, a cheir dau englyn yno hefyd yn dechrau *Gwedi*, a'u gwrthrych hwythau yw un a enwir yng nghanu Llywarch, sef Llofan Llaw Ddifo, y gŵr a laddodd Urien. Awgryma hyn mai cadwyn o waith un bardd yw'r rhain, neu ynteu fod y casglwr yn dethol yn bur drefnus o gasgliad o'r cyfarwyddydau hyn. A heb os yn y byd, nid yw englyn bedd Gwên a geir isod (td. 4, 23) yn ei le iawn. Petasai yn sefyll ar ôl 28 (td. 5), buasai'n addasach. Ond haws gennyf gredu mai o gasgliad fel un y Llyfr Du y daeth, i ddechrau i ymyl y ddalen, ac wedyn i'r testun.

Nid dibwys yw hyn oll i ategu'r farn fod canu Llywarch a Heledd yn hŷn na'r ddeuddegfed ganrif. Ni ellir amseru crynhoi englynion beddau'r Llyfr Du at ei gilydd yn ddiweddarach na'r ganrif honno, ac wele englynion o'r canu hwn, neu'n sylfaenedig arno, yn cymryd eu lle'n naturiol gyda detholion o'r chwedlau hynaf Cymraeg, chwedlau sydd mor hen fel na ŵyr neb ddim oll am y mwyafrif o'r arwyr y cyfeirir at eu beddau.

Un pwynt arall cyn gadael hyn. Yn nes ymlaen (B.B.C. 67, 8–11) daw'r ddau englyn hyn :

> Neum duc i Elffin y prowi vy bartrin.
> > Gessevin vch kinran.
> Bet Ruvaun, ruyvenit ran.

> Neum duc i Elffin y browi vy martrin.
> > vch kinran gessevin.
> Bet Ruwaun, ry-ievanc daerin.

Bardd Elffin oedd Taliesin ; yn sicr yn ei enau ef y
gosodir y ddau hyn, sy'n gwplws perffaith o ran cymeriad
a chelfyddyd. Ond o ble y daethant ? Carwn gynnig
mai o gyfarwyddyd lle rhoes Elffin ei fardd ar brawf—
rhan o'r ffurf hynaf ar *Hanes Taliesin.* Nid anodd yw
dychmygu'r cefndir. Bedd arwr anhysbys ; y bardd yn
honni gwybod y dirgelion ; Elffin, i'w brofi, yn ei ddwyn
at y bedd, "Pieu y bedd hwn ?" Etyb yntau, "Gofyn i
mi, mi a'i gwn !"[1] A dyna'r ddau englyn yn mynegi'r
gyfrinach. Am beth tebyg cf. y chwedl Wyddeleg
Agallamh na Senórach, neu Ymddiddan y Gwŷr Hen ;
daw Cáilte, un o lu Finn, at Padrig Sant, a chaiff yr olaf
gyfle gwych i holi un o arwyr paganaidd yr hen gyfnod
pam y gelwid y bryn yma a'r rhyd acw ar yr enwau a
oedd arnynt. Rhydd yntau'r stori, gw. *Silva Gadelica*
i, 117 ; ii, 127–8. Medd Padrig, "Piau y bedd hwn ar y
bryn lle'r ydym ?" "Nid anodd", ebe Cáilte, "Cynran
o Ffianna Iwerddon a fu farw yma, sef Airnelach", a
rhydd yr hanes. "Pwy sydd yn ne'r bryn ?" medd
Padrig. "Salbhuide", ebe'r llall, a hanes hwnnw dra-
chefn, gan ddiweddu gyda phennill. Y mae'r ddau
englyn Cymraeg yn addas i ddigwyddiad tebyg, mewn
chwedl debyg, ac yn profi, o leiaf i mi, fod rhai o englyn-
ion beddau y Llyfr Du yn bod fel rhan o hen gyfarwyddyd
cyn eu casglu i gyfres. Amhosibl credu y buasai
lluniwr cyfres yn canu dwy linell gyntaf y ddau englyn
hyn. O'r tu arall nid oes angen gwadu posibilrwydd
cyfres gan Gymro[2] fel gan y Gwyddel, ac i'r rhain, ac
eraill fe ddichon, gael eu chwanegu o bryd i bryd ati.

[1] Cf. B.B.C. 67, 16 ; hefyd 69, 6, awen ae divaud imi.
[2] Cf. Hugh Owen, *Y Cymmrodor,* xxvii, 115–52, casgliad o
gyfeiriadau at gewri mewn enwau lleoedd ; yn llaw Dr. J. D.
Rhys, Pen. 118, 829–37 ; rhyddiaith. Isod, Rhif. VIII, cyfres
o englynion i roi enwau meibion Llywarch. Eto nid yn unswydd
y canwyd hi, ond ei chasglu o chwedlau.

Ymddengys i mi mai o darddell o'r fath y daeth **yr**
englynion beddau isod, td. 7, a td. 47, yn ogystal a td. **4,**
rhif 23.

§9. CHWEDL UN ENGLYN

Wrth sôn am gyfarwyddyd uchod, meddyliwn **am**
chwedl hir â chadwyn o englynion ynddi ; ond ceir hefyd
chwedlau byrion i egluro enw lle neu berson neu ddig-
wyddiad, a'r cnewyllyn mewn englyn.   Un o ddiarhebion
y Cymry oedd "Tyst yw'r chwedl i'r englyn",[1] brawddeg
awgrymiadol.   Dyma enghraifft :[2]

> Yma y canlyn yr Englynion a ganwyd pan fu
> Cad goddeu, yr hon a eilw eraill cad Achren.[3]
> A'r gad honno a fu o achos iwrch gwyn a chenau
> milgi a hanoeddynt o Annwn, ac Amathaon ap Don
> a'i daliodd.   Ac am hynny yr ymladdodd Arawn
> brenin Annwn ac Amathaon ap Don.   A gwr
> oedd yn y gad oni wypid ei henw ni orfyddid arno.
> A gwraig oedd o'r tu arall, a elwid Achren, ac oni
> wypid ei henw ni orfyddid arnynt.   A Gwydion
> ap Don a ddychmygodd henw y gwr, ac a ganodd
> y ddau Englyn a ganlyn.

> > Carngraff fy march rhag ottoyw
> > bann blaen gwern ar yasoyw
> > Brân ith elwir briger loyw.
> >   neu fal hyn.

[1] W. Salesbury, O.S.P.
[2] Pen. 98 B. 81–2 ; M.A. 127b ; Skene, F.A.B. i, 206.
[3] M.A. 187a, hawl echrys *ochren;* R.P. 171 a 3, hyspys echrys
ochren.

Carngraff dy farch yn nydd cad
bann blaen gwern ar dy angad
Brân lorgrig ai frig arnad
Y gorfu Amathaon mad.
                    Gwydion ap Dôn ai kant.

Ceisio egluro'r englyn y mae'r chwedl, ond anghyflawn yw.
Dengys hyn fod englynion unigol neu gyplau yn y tra-
ddodiad, a bod cais i esbonio'r cyfryw.[1] Enghraifft o
hynny yw Rhif IX, td. 31 ; a heb esboniad na chwedl,
Rhif X. Defaid crwydr yw'r rhain, anodd eu corlannu,
ac ni ŵyr dyn ple i'w cael, e.e. trewais ar Rif X y dydd o'r
blaen yn ach Nant Mynach, Mallwyd, L.D. ii, 242.

§10. CANU LLYWARCH

Ar ôl ceisio arloesi'r ffordd, y mae'n hwyr bryd bellach
gyfyngu'r drafodaeth i'r canu ei hun. Rhannaf ef yn
ddau gylch, un oddeutu Llywarch a'r llall oddeutu
Heledd. Y tebyg yw bod mwy nag un chwedl ym
mhob cylch : yn sicr felly yng nghylch Llywarch.

Yn y Llyfr Gwyn uwchben Rhif II–I ceid teitl,
Englynion Llywarch, fel y prawf P. a T. Yn y Llyfr
Coch nid oes deitl, ond dechreuir gyda llinell gyntaf
Rhif II, ac eir ymlaen i'r diwedd ; yna heb dorr o fath
yn y byd daw Rhif I, fel petai'r cwbl yn ffurfio un gân
hir. Enwir Llywarch yn II, 10c, 21a, a chwyna hwnnw
yn 20b ar ôl ei feibion Llawr a Gwên. Petaswn wedi
cadw at drefn y llsgr., buasai'n rhaid i mi alw englyn
cyntaf Rhif I yn 22 a dal ymlaen. Ond y mae Gwên
yn fyw yn 22, ac am ddwsin o benillion wedyn. Gan
hynny, gwneuthum 22 yn ddechrau cân newydd, ac er

[1] Cf. *Cy.* xxvii, 140, hanes Arthur yn lladd tair chwaer Cribwr
Gawr, ac yna'n canu englyn milwr.

mwyn gwell trefn amser, rhois hon o flaen y llall fel
Rhif I. Anturiaethau Llywarch ym Mhowys yw'r ddwy.
   Rhif II. Ymson neu ungan ar ei hyd, a gwych o
gerdd Hen Wr ydyw. Portreadir ef i'r dim : ei ymffrost
yn ei ieuenctid coll, pan oedd yn ffraeth, yn hy, ac yn
hardd; bellach "Wyf cefngrwm, wyf trwm, wyf truan".
O'r blaen câi groeso yn llys Powys, a chwmni ddigon ;
bellach ni ddaw neb ar ei gyfyl, a'i unig gydymaith yw
baglan bren. A garai gynt sydd gas ganddo'n awr,
merch, estron, march glas. Y pedwar peth casaf ganddo
erioed, daethant arno gyda'i gilydd, "Pas a henaint,
haint a hoed". Ac eto gwêl ei lygaid hen ddeilen grin
ar ffo o flaen y gwynt, a deffry rhyw dosturi rhyfedd
ynddynt. "Y ddeilen hon", meddai,
<blockquote>
Gwae hi o'i thynged !
Hi hen ; eleni ganed.
</blockquote>
Gwyrth o deimladrwydd, a chynildeb meistr yn y
datganiad. Prin, a phrin iawn yn ein llên, yw cyd-
ymdeimlad â Natur ; cyffredin yw edliw iddi na rydd hi
ei chydymdeimlad, neu ymdwyllo â'r syniad mai dagrau
cydymdeimlad yw'r glaw. Ond yma cawn y peth prin
hwnnw wedi ei ddatgan fel na allai neb ond Cynfardd.
   Yn Rhif I ceir i ddechrau Ymddiddan rhwng Gwên
a'i dad. Myfi sy'n gyfrifol am rannu'r gerdd a rhoi
enwau'r llefarwyr : felly cywired pawb yn ôl ei fympwy,
gan nad oes awgrym yn y llawysgrif, a hawdd methu.
Rhaid bod darn o ryddiaith yma gynt i roi'r amgylch-
iadau, rhywbeth i'r perwyl hwn :

> Llywarch Hen oedd bennaeth yn y Gogledd, a
> chefnder Urien Rheged. Yr oedd ganddo 24 o
> feibion, a lladdwyd hwy o un i un yn y rhyfeloedd
> â'r Saeson. Dewisodd un ohonynt adael y llys
> a mynd yn feudwy,[1] gan na charai ryfel. Gwên

---

[1] Damcaniaeth noeth, cofier, i gyfrif am yr amheuaeth am ei
ddewrder. Efallai mai ar faeth gydag Urien y bu.

oedd hwnnw. Tebyg oedd o ran ei natur i
Dysilio, mab brenin Powys, a aeth yntau at
grefydd ac ymwrthod â'r llys. Ymhen hir a hwyr,
clyw Gwên yn ei gell ddarfod lladd ei frodyr oll,
ac nad oes neb mwyach i wylio'r rhyd, sef Rhyd
Forlas ar Lawen yn ymyl Croesoswallt. Y mae'r
wlad yn agored i'r gelyn. Annioddefol yw hyn
iddo. Bwria ymaith ei grefyddwisg, ymarfogi, a
dychwelyd adref. Ond pan ddêl i mewn, nid
yw ei dad ar y cyntaf yn eı adnabod; buasai
oddi cartref yn rhy hir.

Yna daw'r cyfnewid englynion, 1–11. Amheus yw'ı
tad o'i ddewrder, a dreng yw ei eiriau, ond o'r diwedd
lleddfa ei dôn. . Wedi i'r ddau ddyfod i ddeall ei gilydd,
Llywarch yn canmol ei ddewrder ef ei hun estalm, a'i
barodrwydd i ruthro i'r gad,—awgrym fod Gwên yn
araf deg iawn i gychwyn. Ffyrniga hyn y llanc ac etyb
yn goeglyd (13) mai'r hen ŵr ei hun yw'r unig dyst i'w
wrhydri, ac na bu hen ŵr erioed yn fachgen llwfr. Wedyn,
ymaith ag ef. Dyma'r cyfwng i'r cyfarwydd ddisgrifio'r
bachgen yn mynd yn harddwch ei arfau ar ei farch
rhyfel tua'r rhyd ; a'r gwylio yno drwy'r nos. Ond cyn
y bore dyma'r gelyn ar ei warthaf. Rhoesai Urien, ei
ewythr, gorn iddo, fel y gallai alw am gymorth, petai'n
galed arno, ond yn y ddadl â'i dad deffroesai balchder
y llanc, a phan ddywed am iddo ganu'r corn, os bydd
angen, etyb nad yw am ddeffro'r rhianedd ! "Ni lygraf
fy mawredd", meddai. Felly, er bod llu Lloegr arno,
ni fyn blygu i alw am help, ac "Ar Ryd Forlas y llas
Gwên". Dyma gennad yn dwyn y newydd i'w dad,
a thyr yr hen ŵr allan i ganu mawl a marwnad Gwên
(14–28). O'i feibion oll ef oedd y gorau. Pedwar mab
ar hugain : y cwbl wedi mynd. Llesseint (fe'u lladdwyd)

colledeint (fe'u collwyd). Ac ar y gair yna y dylai'r gerdd a'r cyfarwyddyd orffen.

Nid felly yn y Llyfr Coch, fodd bynnag ; ymddengys fel petai'r gerdd yn dal yn ei blaen. Ond os creffir, gwelir mai o chwedl newydd y daw'r englynion nesaf. Nid Cyfarwyddyd Gwên ap Llywarch Hen a chyfranc Rhyd Forlas mwyach, ond Marwchwedl Pyll, mab arall i Lywarch, a laddesid cyn Gwên, a hynny ar Afon Ffraw. Llywarch sydd yma eto yn marwnadu, ond Pyll yw ei ddewis fab yn awr. Felly 29–39. (Ond credaf y dylid tynnu 37 allan a'i roi mewn cyfres o Englynion Beddau, gw. VIII, 6.)

O 40 hyd 44, ceir Englynion Beddau (ar y rheini gw. uchod, §8), yna englyn ar ôl *Talan* (cf. XII, 5), dau i foli a chwyno ar ôl *Dwc*, ac un o fawl i *Kyny*. Ymddengys fel petai rhywun wedi casglu dernynnach o amryw chwedlau am feibion Llywarch, ac wedi eu chwanegu at y darnau mwy sylweddol uchod o Gyfarwyddyd am y teulu. Y nodwedd gyffredin i'r cwbl yn I a II yw, eu bod oll efallai yn perthyn i ddiwedd oes Llywarch pan adawsai'r Gogledd, a thrigo yng Nghymru, a'u bod oll o farwchwedlau.

Y mae Rhif III yn perthyn i gyfnod cynharach ym mywyd Llywarch. Lleolir y digwyddiadau, hyd y gwelaf, yn y Gogledd. Tywyll i mi yw'r sôn am Unhwch a Dunawd fab Pabo yn 1–6, ond y mae Urien Rheged yma fel gelyn Unhwch, ac isod, 37, 38, gelyn Owain (ab Urien) yw Dunawd. Dywedir na ffy Dunawd (yn 3c), a gellir casglu na wnaeth, canys cadwyn o englynion i ben Urien yw 7–19, y pennaeth wedi ei ladd, a'r bardd yn cludo'i ben ymaith rhag i'r gelyn ei amharchu. Rhyfel rhwng Cymry (Brython) a'i gilydd ydyw. Sonnir am ymladd yn nhir Bryneich, sef gogledd Northumbria, a chytuna hynny â'r cyfeiriad yn Nennius at farw Urien,

er na sonnir yma am Forgan fel ei brif elyn. Gelyn
y bardd ei hun yw Morgan yn 41a.

Cadwyn i gladdedigaeth celain Urien yw 20–27 ; yna
dau englyn *Anoeth*, 28–9, i ddatgan na welir milwyr
Rheged byth eto yn cydwledda ; dau englyn i dristwch
Efrddyl, chwaer Urien, ar ôl lladd ei brawd yn Aber
Lleu, 30–1 ; canmol rhyw bennaeth a elwir Rhun, 32–5 ;
englyn crwydr 36 ; dwy blaid yn ymladd, Dunawd,
Gwallawg, Brân, Morgan ar un ochr, yn erbyn meibion
Urien, Owain, Pasgen, Elffin, ac yn erbyn y bardd,
37–41 ; lladd rhyw Elno, 42–3 ; chwaneg am Urien, ac
enw Llofan, yr un a'i lladdodd, medd y Trioedd,[1] 44–6.

Wedyn, 47–59, cân go gyflawn a gorffenedig i Aelwyd
Rheged. sydd erbyn hyn yn ddiffeithwch ac anialwch,
dan do o ddrain, danadl, a mieri ; a hwch a chywen yn
lle'r cymdeithion llawen gynt. Nid byw Urien nac
Owain chwaith, ac felly rhaid bod ysbaid rhwng dig-
wyddiadau 1–6 ag ymweliad y bardd, pwy bynnag yw.
Cefnder Urien (h.y. Llywarch) sy'n cwyno uwch ei gelain
yn 4c, ond nid oes dim yn y gân i brofi pwy yw'r ym-
welydd â'r aelwyd ddiffaith. Yn y cysylltiadau haws ei
wneud yn Llywarch na neb arall.

A bwrw golwg dros y cyfan, gall yr englynion oll
ddyfod o un cyfarwyddyd hir am helynt Urien a'i
feibion, neu ynteu o geinciau perthnasol, megis ceinciau'r
Mabinogi.

Yn Rhif IV clywir Llywarch yn annerch ei fab Maen,
ac yn rhygnu'r un hen dant, sef ymffrost hen wr yn ei
wrhydri ei hun yn ei ieuenctid, a symbylu Maen i efel-
ychu ei dad fel rhyfelwr eiddgar   Llywarch biau 1–5 ;
tybiais gynt[2] mai Maen oedd piau 6–8, ond bellach argy-
hoeddwyd fi mai ei dad biau 6, beth bynnag am 7–8.

[1] R.M. 303.
[2] P.Ll.H. 21.

Y mae'r cyfeiriad at Faelgwn yn 5c o blaid lleoli'r chwedl yng Nghymru, gw. hefyd ar 7a.

Diddorol iawn yw Rhif V ; copi diweddar o ymddiddan mewn hen orgraff, a geid mewn chwedl a eglurai sut y daeth Llywarch Hen i Lanfor, Meirionnydd. Ymddiddan yw rhyngddo ef â'r pendefig a'i gwahoddodd yno : y portread yn hollol gyson â'r un yn Rhif II. Bron na chlywch lais cwynfanus yr hen ŵr ; Duw wedi cefnu arno ; Urien wedi marw ; ac yntau yn y goedwig yn byw ar fes. Bugail lloi ydyw bellach. Ni wn ym mhle i asio 10 ; efallai mai ar ôl marw Gwên, yr hen ryfelwr yn troi allan i gymryd lle ei fab lladdedig ; efallai mai cyn dyfodiad Gwên, ac mai clywed am ei dad â'i darian denau yn gwylio'r rhyd a dynnodd hwnnw adref.

Rhif VI. Ni chredaf am funud fod yr ungan hon yn perthyn i Gylch Llywarch o gwbl. Yn y Llyfr Gwyn y teitl yw *Englynion mab claf*, a daw o flaen *Englynion llywarch* (Rhif II-I) ; cydiodd copïwyr diweddarach y ddau deitl, a gwneud *mab claf* yn fab Llywarch[1] yn lle'n enw cyffredin, "gŵr gwahanglwyfus";[2] gwnaeth eraill y *mab claf* hwn yn enw ar Lywarch Hen ei hun, ac felly ei leoli yn ei henaint a'i glefyd yn Nôl Guawg, ger Machynlleth, oherwydd y cyfeiriadau at Aber Cuawg yn y testun.[3] Diau fod yma chwedl, ond ni wn am bwy.

O ran celfyddyd y mae'r englynion hyn yn fwy cywrain na'r lleill, er lluosoced eu llinellau llanw, e.e. odla'r gair cyrch yn amlach ag ail linell toddaid. Eu testun yw cŵyn gwahanglwyfus wedi ei adael ar ôl yn Aber

---

[1] B.M. Add. 14867, 25b, "Englynion Mabclaf ap Llywarch i'r Gôg. Llywarch Hen ai cant medd Ed Lhwyd. Macclaf ap llywarch ait Tomas Williams Phys[ygwr]".

[2] Gw. isod 173–4.

[3] *H. Powys Fadog*, i, 345 ; H.E. xv ; Addl. 14884, 119b ; ac isod, td. 162.

Cuawg ; deffry cân y gog dristwch yn ei enaid.   Pan â'r
rhyfelwŷr i gad, ni all ef fynd oherwydd ei anaf (17–8),
cf. VII, 5, lle ceir yr un datganiad, ond o lyfrdra ?
Cyweirnod ei gân yw 29c, "Ni ad Duw dda i ddiriaid",
gw. td. 173.   Y mae Duw a dyn yn ei erbyn, ac anobaith
wedi ei feddiannu.   Ymddengys 31–2 fel atodiad, rhywun
yn gweddïo ar i Dduw fod yn garedig wrth yr estron
hwn.   Bu gynt, meddai, yn facwy ac yn filwr mewn llys
brenin.   Nid Llywarch yw'r claf, neu buasai wedi dweud
droeon "Wyf hen !"   Ond perthyn y gân i'r un vsgol ;
y mae Duw a thynged wedi eu cymysgu yn gyffelyb ym
meddwl y neb a'i lluniodd.   Buddiol yw ei hastudio
gyda'r lleill.

Priodolir Englynion yr Eiry i Lywarch Hen (ac ar
yr ymyl i Fapclaf ap Llywarch) yn Pen. 98 B. 51, ac
yn y rheini hefyd lleddir ar y diriaid, megis "Ni haedd
diriaid ei garu.   Cynghori d. nid hawdd.   Ni cheidw
d. ei dda"; ac wedyn daw atsain o VI, 29c, "Ond geni
dedwydd nid rhaid / *ni rydd Duw dda i ddiriaid*".
Cyferbynnir y dedwydd a aned yn ffodus â'r diriaid
a aned dan felltith.   Ac eto yn Pen. 102, 10, ceir tri
englyn "Duad", lle dangosir tosturi tuagat y truan
anffodus[1] fel yn 31c, ac nid y condemniad rhwydd
a ddatgenir mor gyffredin.   Y mae i'r englynion
hyn le arbennig yn hanes meddwl yng Nghymru.

Rhif VII.   Canu Natur, a brawddegau diarhebol yn
gymysg—dyna'r cychwyn.   Ond clywaf sŵn dadl
drwodd.   Gadewais allan y llinellau llanw, er mwyn
amlygu'r ymddiddan ; y mae un llefarwr yn hel pob math
o esgusodion rhag mynd i ryfel, a'r llall yn lladd ar
lyfrdra.   Medd un, "Y mae'n rhewi'n rhy galed i filwyr
droi allan ; ni fedraf fi fynd o achos anaf ; byr dydd".
Etyb y llall, "Meccid llwfr llawer cyngor ; er pob

___
[1] Gw. isod td. 173, ar 29c.

ymdrech i osgoi, daw angau yn ei amser. Och, Gyn-
ddylig, na buost gwraig ! Os byr yw'r dydd, gwych yw
nos i ruthro ar y gelyn, ond cael cysgod tarian, a march
da, a chyfeillion dewr diofn". Yna (13–19) ceir ym-
ddiddan eglur, rhwng Mechydd (?) ap Llywarch ar un
llaw, a gŵr o'r enw Pelis ar y llall. Yr olaf sy'n arwain
teulu Mechydd i Fryn Tyddwl, a Rhodwydd Iwerydd.
Er bod yr eira'n disgyn, honna y gŵyr y ffordd ; y
mae wedi ei ddisgyblu i ryfel gan Owain Rheged ei hun.
Nid yw'r stori'n glir, ond y peth nesaf yw Mechydd yn
galw'n daer ar ei deulu, "Na ffowch !" Yna daw llais
(Llywarch ?) i ganu marwnad Mechydd, a chwyno wrth
Dduw, "Arglwydd nef, peraist dristwch i mi !" Lladd-
wyd Mechydd gan filwyr Mwnc Mawr Drefydd. Yn ôl
Dr. J. D. Rhys yn hanes y Cewri, "*Mwghmawr Drefi* a
oedd yn trigo yn [y] caereu yssydd dir yr awr hon i
Rosser Howel o'r Gaer", a hynny "ygwlad Brycheinawc
yn agos i dref Aber Hodni"—felly cawr oedd y Mwnc
hwn, â'i gaer ger Aberhonddu,[1] o leiaf dyna lên gwerin
diwedd yr unfed ganrif ar bymtheg.[2] Ai'r gaer Rufeinig
yno oedd y gaer hon ?[3] Nid rhyfedd fuasai geni chwedl-
au am amddiffynfa o'i bath ; ac nid rhyfedd chwaith yw
cael Llywarch a'i deulu yn gymeriadau ynddynt, canys
merch Brychan oedd ei fam.[4] Hefyd, yn nherfynau
Llangors,[5] yn yr un ardal, rhydd Llyfr Llandaf enw
clawdd ger llyn Syfaddon, "claud *lyuarch hen*," a brawf
fod enw Llywarch Hen yn hysbys yn y fro honno cyn
gynhared beth bynnag a dechrau'r ddeuddegfed ganrif.
Amserir y llawysgrif tua 1140 ; gall y terfyn fod yn hŷn

---

[1] *Cy.* xxvii, 134, Pen. 118.
[2] Cf. yr ach isod, td. 183, ar 20b.
[3] Wheeler, *Prehistoric and Roman Wales*, 229–30, 232.
[4] Gw. uchod, td. xxiii.
[5] L.L. 146.

o lawer os yw'n ddilys, canys rhoddwr y tir i'r eglwys yw Awst, brenin Brycheiniog yn y seithfed ganrif.[1]

Os enw lle yw *Cafall* yn 22a (gw. td. 184–5), dyna gyfeiriad arall o bosïbl at yr ardal hon, gan fod Carn Cafall ym mro Buellt.

Rhif VIII. Casgliad cymysg ar y ddalen olaf i'r Llyfr Du ; cyrraedd waelod y tudalen olaf, a dichon fod chwaneg yn y rhan a gollwyd. Digwydd amryw o'r englynion yn y caniadau hysbys i ni, gw. y nodiadau. Er enghraifft, ceir rhif 6, a rhif 12, yn adran olaf Rhif I. Efallai fod hynny yn profi fod y casglwr yn berchen ar ein Rhif II–I ni ; neu ynteu gwyddai am y cyfarwyddyd neu'r casgliad lle cafwyd hwy i'w chwanegu at Rhif II–I. Daw eraill allan o'r testunau sydd ar gael heddiw yn y Llyfr Du (7, 8, 10, 11), ac eraill o darddellau anhysbys bellach. Y mae'n werth ystyried y posibilrwydd fod tarddellau'r cyfan ar un adeg yn y Llyfr Du, pan oedd yn gyflawn, neu yn un o'r llawysgrifau a gyfrwymwyd i ffurfio'r llyfr anghyflawn presennol.[2] Sut bynnag, yr oedd enwau meibion Llywarch ar chwâl yn chwedlau'r ddeuddegfed ganrif, a dyma gais cynnar i'w casglu ynghyd, gw. uchod am gynigion eraill (td. **xxx**).

Rhif IX. Enghraifft o chwedl un englyn. Atodiad o bell yw i Rif I. Sylwer ar y bwlch yn ll. 2 o'r llawysgrif ; ni wyddai'r ysgrifennydd ple bu'r frwydr y lladd-wyd Gwên, ond dyry farch inni i'w chwanegu at yr ysbardunau aur yn I, 12b ! Hefyd, cymar yw ei fesur

---

[1] Lloyd, H.W. 271.

[2] Cf. Dr. Evans, B.B.C. xl : "It is clear, therefore, that a quire is missing between i and ii, between iii and iv, and between vii and viii, or that the Manuscript is made up of different fragments". "The fact that pages 1, 8, 9, 80, 96, and 108 are stained, shews that they were once 'outside' pages, and formed separate parts. We have in the B.B.C., probably, only mere fragments of the collection originally made".

i VIII, 1. Gwerthfawr yw fel sampl o'r hyn a arhosai
ar gof gwlad o'r hen gyfarwyddyd. Yn ei *Prehistoric
and Roman Remains of Denbighshire*, dyry Mr. Ellis
Davies (td. 333) ddyfyniad o lythyr anfonwyd at Ed.
Lhwyd yn 1693 : ar ôl sôn am Garnedd Owen a Rhun,

> hic etiam est bron et Bedh Alarch cujus patris
> Llowarch *benedictio ironica* frequens volitat per
> ora virum.[1]

Dengys hyn fod englyn arall o Gylch Llywarch ar lafar
Dinbych. Nid yw enw Alarch mewn unrhyw englyn a
welais i, na chwaith yn rhestrau L. Dwnn o feibion
Llywarch (td. xxx); ond y mae'r ansoddair *ironica*
yn addas i aml linell o ganu Llywarch, ac efallai y daw'r
benedictio i'r golwg eto. Cyfeirir mewn hen freinlen
(1183) at ffrwd o'r enw *Alarch* a red i Afon Geirw, ac
nid yw *Kairrunhok* neu Gaer Unwch ymhell ;[2] yr ardal
yw Cwm Maen (*Abercummein*), rhwng y Bala a Cherrigy-
drudion. Ond fel y dengys Mr. Ellis Davies, wrth y
Cae Haidd, ym mhlwyf Llanrwst, y dylid chwilio am
fedd Alarch, canys o fewn hanner milltir iddo cedwir yr
enw Bron Alarch.

Rhif X. Dau englyn moel ; rhaid dychmygu
chwedlau fel un IX i'w gosod ynddynt. Yn sicr dylid
darllen *Maen* yn lle *Paen* yn y cyntaf. Y mae'r ail â
delw Llywarch yn berffaith arno ! Tybier fod rhywun

---

[1] Cf. *Parochialia* ii, 22, Q.m. from Yspytti Karnedh Rhyn
. . . A - - *rch vab Lhywarch hen* un mildh odhiwrth i gilydh ;
iii, 115, Enquire at Rhyd Lanvair in ye way to Lh. Rwst 2 m.
from Yspytti Karnedh Rhyn . . . dh *Alarch vab lhywarch* sev
haner milhdir odhiwrth 'r gilith.

[2] M.C. iv, 23–4, usque ad Rivulum qui dicitur Alarch et sic
Alarch usque ad Geyro, gw. hefyd isod td. 112, 223 ; a nodiadau
ar y lleoedd yn y freinlen, M.C. vi, 347–8. Enw cyffredin yw
alarch yn VII, 25b isod.

yn ceisio cysuro'r hen ŵr, gan ddweud mor hael yw ei noddwyr wrtho. "Ie", ebe yntau, gan gadw ei gymeriad i'r diwedd. "er eu bod yn haelion, bu imi unwaith lawer o blant teg llawen, a heno 'ddwyf fy hunan !"

§11. CANU HELEDD

Gan adael Llywarch a'i deulu yn llwyr, down bellach at gylch o ganu a chwedlau am deulu Cyndrwyn. Y prif arwr yw Cynddylan ap Cyndrwyn. Lleolir ei lys, sef Pengwern, yn Amwythig ; fe'i lladdwyd wrth amddiffyn Tren, a chedwir yr enw yn Afon Tern, Sir Amwythig. Fe'i claddwyd yn Eglwysau Bassa, sef Baschurch, ar y goror. Perthyn y cyfarwyddyd yn ddi-os i Bowys.

Gogoniant y ddrama hon yw'r prif gymeriad ynddi, Heledd, chwaer Cynddylan. Yn lle hen ŵr yn cwyno ar ôl ei fabolaeth a'i feibion, dyma chwaer yn wylo ar ôl ei brodyr. Yn ei genau hi y rhoir pob pennill bron. Cymharer y canu ffurfiol i Aelwyd Ddiffaith Rheged, td. 18–9, â'r canu angerddol i Stafell Gynddylan, td. 35–7. Cofia un am y cŵn, a'r hebogiaid, y medd a'r pair llawn cig, cyflawnder bwyd a llyn, a meddwon a'u cri am chwaneg, elwch llu. Ond y llall am gartref clyd, tân a channwyll a gwely ; cwmni hapus a cherddau, gwen gyweithydd ; y prif bethau yw golau a chynhes-rwydd. Gorffen y cyntaf bob englyn yn gytbwys a threfnus ; ond tyrr angerdd teimlad ar draws y cyfer-bynnu celfydd yng nghân y llall.[1] Nid oes ddagrau na sôn am ddeigryn uwch Aelwyd Rheged. Ond llifa'r dagrau ar ruddiau Heledd wrth edrych ar ei chartref, a chlywir *w* ei chwyno ym mhob gair o'r llinell,

Wylaf wers : tawaf wedy.

[1] Td. 35–6, 19c, 23c, 27c, 30c.

Dyna gelfyddyd ac ymatal heb ei fath, ond yn yr englyn-
ion hyn ! Ac yn wir, dull Heledd yw wylo ennyd, a
thewi wedyn, nes i rym teimlad, wedi ei gronni'n rhy hir,
rwygo'r argae a dyfod allan ar ruthr, "Gwae fi, Dduw, fy
mod yn fyw". Merch yw yn ystormydd ei theimladau
trist ; a merch hefyd pan ddywed fod marw ei chwaer
wedi melynu ei grudd a dagrau wedi cochi ei llygaid.
Cofia iddi gael medd Trenn i'w yfed, ond cofia hefyd am
feirch hywedd i'w marchogaeth, a dillad "cochwedd", a
"phlu melyn". Yn awr nid oes ganddi ond "cylched o
groenen gafr galed", heb "duddedyn", yn lle gwely
esmwyth ; a "rhuchen" o groen yw ei gwisg wrth wylio
ei buwch ar y mynydd. Ac erstalm, pan oeddent deg o
bryd, "fe gerid merched Cyndrwyn, Heledd, Gwladus, a
Gwenddwyn".

Wrth gymryd y canu o'i gwrr, gwelir fod y rhan
gyntaf yn gyfres o gadwyni hirion, pob cadwyn ar un
testun, 3–17 ; 18–33 ; 34–9 ; 40–4 ; 45–51 ; 52–6 ;
dyna hanner y gân mewn chwe chadwyn, heb fwlch.

Dechreuir yn ôl y ddefod, "Sefwch allan, forynion, a
syllwch Gynddylan werydre" (cf. B.B.C. 106, Seithenhin,
saw-de allan. Ac edrychuir-de varanres môr). Geilw ar
ei morynion i ddyfod allan ac edrych ar lys Pengwern yn
fflamio. Ple'r oeddent, felly ? Wedi ffoi i fyny'r
bryniau, ac yn llechu mewn bwthyn yno. Yna, 3–17,
Moliant ei brawd Cynddylan, sydd hefyd yn farwnad
iddo. Pan ddaw'r nos, beiddiant ddisgyn i lawr hyd at
furddyn llosgedig Pengwern, ac wrth edrych ar y dinistr
a'r difrod, cyfyd Heledd ei llef, "Stafell Gynddylan ys
tywyll heno", a cheir yr ail gadwyn. Y gorchwyl nesaf
fydd chwilio am gorff Cynddylan, a hynny yn y tywyll-
wch ; dychmyger y daith. Wrth iddynt nesu i faes y
frwydr, clywant lef orfoleddus Eryr Eli, sydd wedi bod
yn gwledda ar waed calon Cynddylan ; ac etyb Eryr
Pengwern, sydd yntau yn "Eiddig am gig Cynddylan",

a'i grafanc yn ddyrchafedig amdano. Dyma'r lle i
Heledd ganu 34–44. O arswyd i arswyd, o ofn i ofn,
deuir o hyd i'r pennaeth marw. Wedyn rhaid tybio ei
gludo i Eglwyseu Bassa, a chael y rheini wedi eu difa,
yn farwor, yn lludw. Eto gwell bedd yn y fynwent
honno nag ar y maes ; dyna yw 45–51. Yn y gadwyn
nesaf, 52–6, cyferchir y Dref Wen, sydd bellach ŷn
anial, a'i gwerin wedi eu lladd.

Fel y gwelir, y mae'r cadwyni hirion hyn yn cydio yn
ei gilydd yn bur rhwydd, ac ychydig iawn o ryddiaith
sy'n angenrheidiol i'w cysylltu. Credaf mai un cyfar-
wyddyd oedd y cyfan hyd yma. Ond o hyn ymlaen,
nid yw cyn hawsed darganfod na dyfeisio cefndir addas.
Efallai i'r un peth ddigwydd ag yn Rhif I, sef Marw-
chwedl Gwên yn tynnu ati Farwchwedl Pyll, ac wedyn
dernynnau o chwedlau yn ymgynnull ac yn asio yn
honno. Felly yma, copi da o Ganu Cynddylan yn denu
ato ddarnau eraill o ganu o amryw chwedlau am Heledd
a'i hanffodion.

Yn gyntaf oll daw canu i Ffreuer, chwaer Heledd,
57–65. Y mae hwn yn weddol gyflawn, a cheir Cymeriad
rhwng dau englyn, wedyn pedwar, wedyn dau, ac yna
un yn rhydd, er bod enw Ffreuer ynddo. Eglur yw fod
Ffreuer wedi marw, a chyferchir y marw gan Heledd, un
ai yn y tŷ neu yn y bedd. Gwyn ei byd hi, Ffreuer,
heno mor dawel yw, a'i brodyr wedi eu lladd ! Nid ei
marw hi sy'n peri i Heledd wylo drwy'r nos, ac wylo yn
y plygain wedyn. Cwyno y mae hi ar ôl ei brodyr a
cholli ei gwlad. Yna daw'r pennill rhydd (65), sy'n rhoi
un o anhepgorion y ddrama, canys datguddia falchder
ysbryd yr unbennes ddifraw gynt, pan oedd ei brodyr
yn fyw.

> Mi a Ffreuer a Medlan.
> Kyt ytuo cat ym pob mann,
> Ny'n tawr : ny ladawr an rann.

Pennill rhydd hefyd yw 66 ; Heledd yn dwyn ei hun fuwch i'r mynydd uchel am ddiogelwch. Amdani nid oes ond rhuwch neu groenwisg ; aeth yr unbennes falch yn fugeiles lom. Dygwyd y ddau eithaf a'u gosod ochr yn ochr.

Problem i mi yw 67 a 68, canu i afonydd fforchog (gw. td. 223). Methaf a gweld mai yma yw eu lle, canys torrant ar rediad yr ungan. Yn 69–72 clywir Heledd yn dal ymlaen i gyferbynnu ei bywyd fel bugeiles a thywysoges, cf. Llywarch Hen pan oedd yn fugail lloi.

Yna daw dernyn o fawl i ŵr o'r enw Gorwynion o fro Edeirnion, 73–5 ; yn ôl rhai mab ydoedd i Lywarch Hen, efallai hynny, neu efallai mai taro ar ei enw yma ac isod yn 80, a barodd i rywun dybio hynny, gan dybio hefyd mai Llywarch biau'r canu hwn. Pwy bynnag ydoedd, ar ei fedd ef, medd englyn 80, y saif Heledd i edrych yn hiraethus ar ei hen fro ; ac yn 81 enwir mewn englyn sy'n gwplws iddo *Dinlleu Vreconn*. Os o Edeirnion y daeth, fe'i claddwyd ger Hafren.

Yna daw dau englyn rhydd i ddau le oedd wedi eu diffeithio ; y cyntaf yw Gyrthmwl, a'r ail (77) yw Ercal, a fu unwaith yn fro i deulu Morial, ac yn fagwrfa iddynt, ond bellach sydd yn brysur yn troi eu cyrff yn llwch.

Yn 78 clywir llais Heledd eto, a llais arall yn 79 yn ei hateb. Pwy, nis gwn. Dyma'r tro cyntaf i beth tebyg i ymddiddan ymrithio o'r canu. Ungan gan Heledd yw'r cwbl hyd yma. Ar ôl hyn daw'r englynion ar fedd Gorwynion, ac o Ddinlleu Wrygon (?), neu'r Wrekin. Os cysylltwn yr englynion uchod i Ffreuer yn ei bedd (?) â gwaith Heledd yn sefyll yma eto ar fedd, ac yn cyfarch Gyrthmwl ac Ercal, nad ynt bellach ond mynwentydd, gwelir ond odid beth yw ail ran y ddrama ; ar ôl claddu Cynddylan a'i brodyr aeth Heledd yn orffwyllog, neu i arfer yr hen air am fam Culhwch, "ygwylltawc heb dygredu anhed". Crwydrai o fedd i fedd, o fryn i fryn, i wylo am ei brodyr, a syllu ar dir ei mebyd. Hiraeth am ei hen fro, a hiraeth am ei brodyr sydd yn ei lladd. Felly y deallaf 78a ; daw rhywun i'w chyfarfod ar ei chrwydriadau, a gofyn pwy yw. Etyb hithau, "Heledd hwyedig ym gelwir"; enw i'w disgrifio yn ei chyflwr presennol. Yna tyrr allan, "O Dduw, i bwy y rhoddir meirch fy mrodyr ac eu tir ?" Ac ymaith â hi.

Dernyn anghyflawn ac aneglur yw 82. Yna daw ungan Heledd eto, 83–6, "Llas fy mrodyr ar unwaith", meddai, "Duw a'u dug rhagof, ac arnaf fi y mae'r bai !"

Yn 87 dechreuir adran newydd, fel y dengys y llinell lanw ddefodol, *Teneu awel ;* a cheir testun newydd, cyhoeddi gwarth ar y neb a adawodd *Hedyn* yn ei galedi, 87–9.

O 90 i 97 ceir testun newydd eto. Y mae Caranfael, mab Cynddylan, i lawr yn y dyffryn yn brwydro â'r gelyn. Ar y bryn saif Heledd yn edrych, ac yn cyfarch cydymaith. Ni ŵyr hwnnw beth sy'n digwydd, ai niwl ai mwg, ai llwch yn codi mewn brwydr. Ond daw cennad â'r newydd yn y man ; Caranfael wedi cwympo. Yna daw Marwnad Caranfael gan Heledd. Rhaid bod y chwedl hon wedi ei hamseru ysbaid ar ôl y cyfarwyddyd cyntaf yn y gyfres.

Ansicr wyf o ffurf 98–101 ; efallai mai ymddiddan rhwng Heledd ag un o'i brodyr sydd yma. Dau englyn bedd yw 102–3, ac efallai y gellir lleoli'r beddau yn ardal Llanwddyn, gw. y nodiadau. Ungan gan Heledd ar yr hen ddolur yw 104–6, ac yna rhoir ei chŵyn ar ôl ei chwiorydd. Er mai o lawysgrifau diweddar y daw 107–13, ni ddylid eu diystyru. Y mae awdurdod Dr. John Davies o Fallwyd o'u plaid, a gwelir fel y mae 107a yn cyplysu â 98a ; ac 108a â 85a, 86a, 99a.

Englyn crwydr yw 110 ; felly 111, ond rhydd yr olaf gyfeiriad pwysig at frwydr hanesyddol, sef Maes Cogwy, 642.

Erys dau englyn, y cwbl a gadwyd o Gylch gwahanol o gyfarwyddyd, sef yr un am Lemen(n)ig[1]. Ni wn ddim am dano, ond a rois yn y nodyn ar 112c. Diddorol yw ddarfod cadw'r rhain ynglŷn wrth ganu Heledd[2].

Am y gweddill o'r testunau, printiwyd XII a XIII er mwyn hwylustod cymharu. Os darllenir Rhif XIII ar ôl Rhif XI, fe welir ar unwaith fod y gân hon o ran ffurf ac ysbryd yn dra gwahanol i'r englynion, er mai marwolaeth Cynddylan yw ei thestun hithau. Perthyn i ddosbarth arall o hengerdd.

§12. TYNGED A THRAHA

Ceisiais ddangos mewn lle arall fod y cyfarwydd a bortreadodd Lywarch nid yn unig wedi llwyddo i roi llun cywir o hen ŵr, ond bod ei gydymdeimlad ag ef a'i dosturi tuag ato wedi eu tymheru â pheth cellwair.[3] Medr dynnu deigryn i'r llygad a gwên ar y wefus hefyd. Ond y mae mwy o ddyfnder yn y chwedlau na hyn. O dan y cyfan i gyd y cynsail yw cred mewn Tynged—neu, os mynnwch, dyna un o'r cynseiliau, a'r llall yw'r gred fod balchder trahaus yn arwain i gwymp.

Truan o dynged a dyngwyd i Lywarch, meddai ef ei hun,[4] ac yr oedd y dynged honno yn ei grym o'i eni ymlaen. Nid rhyfedd iddo dosturio wrth y ddeilen grin ; gwae hithau o'i thynged.[5] Dau dyngedfennawl oedd-

---

[1] *Llemenic* yn y Llyfr Gwyn (*Cy.* vii, 130), a B.B.C. 68, 4 ; ond *llemennic* yn R.M. 306 ; cf. V.V.B. 172, *lemenic*, glos ar "salax" ; B.T. 48, 14, gorwyd *llemenic*.

[2] Gw. ar td. lxxi.

[3] P.Ll.H. 22.

[4] II, 21 ; V, 9.

[5] II, 14b.

ynt, ac ni allent ddianc, canys nid oes nawdd rhag
tynghedfen.[1] Y dedwydd yw'r un a aned ar awr dda,
ac am y llall diriaid yw,[2] a dyna'r hen gyferbyniad
rhwng mad ac anfad hefyd. Lladdwyd Gwên, ac medd
ei dad yn ei anobaith, "Betwn dedwydd, dianghut".[3]
Lladdwyd Urien, a chwyna Llywarch oherwydd y
"llam" neu'r ffawd a dynghesid iddo ef.[4] Ond, chwedl
y Mab Claf, "Da i ddiriaid ni ater, namyn tristyd a
phryder"; nid oes obaith iddo am ddim arall. Felly
"hir gnif heb esgor lludded" oedd rhan Llywarch o'i
febyd. Meddyliai'r cyfarwydd yn gyson amdano fel
gŵr wedi ei dynghedu i golli popeth, a cholli pawb.
Tristach yw hi arno na hyd yn oed ar feibion dynion yn
gyffredin, er dywedyd o Fyrddin yn ei drallod,[5]

> Neur rhoed i lwyth y ddaear
> Diofryd o bawb a gâr.

Ni chredai pawb fod tynged mor haearnaidd â hynny,
canys credid nad rhaid i ddedwydd ond ei eni ac y deuai
pob bendith iddo heb eu ceisio. Ond gŵr anffodus yw
Llywarch.

   Unwaith, fodd bynnag, wrth sôn am ei feibion lladd-
edig, dyry'r hen ŵr esboniad arall, "Drwy fy nhafawd
llesaint", h.y. fe'u lladdwyd o achos rhywbeth a ddy-
wedodd ef.[6] Nid ar dynged yn unig y mae'r bai. Mewn
englyn bedd clywir yr un gyffes, "Meu gerydd, mi a'i
gorug".[7]

[1] R.P. 6 a 21.
[2] Gw. uchod td. lvii.
[3] I, 19c.
[4] III, 22c, 25c, 31b ; cf. B. iii, 24, Ni rygelir y *dryglam*.
[5] R.P. 4b 25–6.
[6] I. 28c.
[7] VIII. 9c.

Troer at ganu Heledd, a chlywir yr ail nodyn hwn yn gliriach. Nid yn unig, "A fynno Duw, derffid",[1] ond "Gwae ni wna da a'i dyfydd";[2] lludw yw Eglwysau Bassa, "Fy nhafawd a'i gwnaeth";[3] collwyd ei brodyr, "O anffawd fy nhafawd yt lessaint";[4] dug Duw ei brodyr rhagddi, "Fy anffawd a'i gorug".[5] Dyma gyplysu *anffawd* a *thafawd* mewn modd eglur a phendant. Y mae mwy y tu ôl i'r trychinebau na chreulonder Tynged ; cyfeddyf y diriaid iddo bechu â'i dafod, ac mai ef trwy hynny a dynnodd farn ar ei anwyliaid ac arno'i hun. Sut ?

Methwn a deall[6] nes gweld yr un peth mewn cân o'r un dosbarth yn y Llyfr Du.[7] Trychineb eto, boddi Maes Gwyddneu, sef Cantre'r Gwaelod. Ond uwchlaw llifeiriaint y dinistr, clywir diasbad neu lef Mererid, fel Heledd arall, i ddechrau ar fan caer, ac yna oddi ar farch gwinau (wrth ffoi, mi debygaf), i'r un perwyl bob tro, "Gnawd gwedi traha tranc hir. Gnawd gwedi traha atregwch. Gnawd gwedi traha tramgwydd. Gnawd gwedi gormodd eisiau". Boddwyd Maes Gwyddneu o achos traha.[8] Mae traha yn dwyn gwarth, XI. 75b.

[1] XI. 2c.   [2] 21c.   [3] 46b.
[4] 57c.   [5] 86b.   [6] P.Ll.H. 29–30.

[7] B.B.C. 106–7 ; cf. hefyd eiriau Bleddyn Fardd ar ôl colli tri mab Gruff. ap Llywelyn ; H. 67 .—

> *Rhy draws* fuam oll cyn eu colli.
>
> *Rhy drist* yn gwnaeth Crist, croes oleuni.
>
> *Rhy drwm* fu eu bâr am beri lluoedd.

[8] Etyb y gerdd i'r dim i'r stori am foddi *Cer a Iz* yn y Llydaweg, gw. *Istor Breiz*, 1894, td. 47-9. Meddwon oedd ei thrigolion, ac wedi ymroi i bob pechod. Agorwyd y llifddorau, ni wyr neb gan bwy. Boddwyd y gaer. Ar rybudd Gwenole Sant, ffôdd Gradlon Frenin ar ei farch â'i ferch Dahut yn ei sgîl, ond deil y llifeiriant ef. Daeth llais o'r nef yn peri iddo daflu ei ferch ddrwg i'r môr ; gwnaeth yntau hynny a dihangodd. "A rhoes Duw ormod i yfed i feddwon Cer a Iz !"

Y cwestiwn yn awr yw a ellir darganfod traha yng ngeiriau Heledd. Credaf y gellir, sef englyn 65. Byd da helaethwych sydd iddi hi a'i chwiorydd ; ac nid ofna i galedi ddyfod ar ei chyfyl. "Pe bai cad ym mhob man, ni waeth gennym. Ni leddir ein teulu ni !" "Ny'n tawr", yw ei gair. Eto, 98, "Amser y bum frasfwyd, ni ddyrchafwn fy morddwyd, er gŵr a gwynai claf gornwyd". Ond ar ôl traha daw tramgwydd ; ar ôl gormod, eisiau. Credai Heledd ei hun mai ei geiriau trahaus hi a laddodd ei brodyr, ac a losgodd Eglwysau Bassa.

Ac os oes diasbad ar wefus Mererid Cantre'r Gwaelod, fe'i clywir hefyd ar wefus Llywarch, "*Diasbad* a ddodir yngwarthaf Llug Fynydd, Odd uch pen bedd Cynllug". Yna daw'r geiriau a ddyfynnwyd yn barod, "Meu gerydd ; mi a'i gorug".[1] Pa draha a welwyd yn Llywarch ? Tybed nad y balchder naturiol i ŵr o'i ysbryd rhyfelgar ef, wrth weld o'i ddeutu ei bedwar mab ar hugain, yn eurdorchog bob un ? Ac yng ngrym y balchder hwnnw symbylai hwy'n ddibaid i ryfel. Pwy allai ei orchfygu ? Nid oedd y gelyn a ymosodai arno ond megis llyg yn crafu craig.[2] Eto collodd ei feibion oll, a chollodd bopeth a feddai. Tynged a thraha yn dwyn dinistr—dyna hanfod y ddau brif gyfarwyddyd hyn, hyd y medraf i weld o'u gweddillion.

§13. Y TRIOEDD

Cynnar yw'r ysfa i droi deunydd yn drioedd yn llên y Gwyddel a'r Cymro. Barna Meyer fod Trioedd Gwyddelig tua 850–900 ;[3] ni fedraf roi amseriad mor bendant i'r

[1] VIII, 9c, cf. hefyd y *kyuetliw* yn 12b.
[2] III, 40, 41.
[3] *The Triads of Ireland*, x.

rhai Cymraeg. Ceir darn o gasgliad o Drioedd Meirch
yn Llyfr Du Caerfyrddin—yr unig ryddiaith ynddo ;[1]
felly tua 1200. Enwir Carnaflaw(g) march Owain ab
Urien ; Arfwl Melyn,[2] march Pasgen ab Urien ; a
Drudlwyd, march Rhydderch Hael. Felly amlwg yw i
rywun geisio rhestru fesul trioedd feirch arwŷr hanes a
chwedl. Ceid copi cyflawnach yn Llyfr Gwyn Rhydd-
erch—gw. y darn ohono yn *Cy.* vii, 130–1 ; a chasgliad
arall yn ogystal o natur mwy cyffredinol. Yn yr olaf
gwelir enw Llywarch Hen :

> Tri lledyf vnben ynys brydein. Manawydan ap
> llyr. A llywarch hen. A gwgon gwron ap
> peredur ap eliffer. Ac y sef achaws y gelwit [y]
> rei hynny yn ledyf vnbyn. wrth na cheissint
> gyuoeth. Ac na allei neb y ludyas vdunt.[3]

> Tri trwydedawc llys arthur. A thri anuodawc :
> llywarch hen ; a llemenic a heled.[4]

Nid oedd Llywarch mor *lleddf !*[5] Ond os 'crwydredig'
neu 'aflonydd' a digartref yw ystyr *anfodawg*[6] (negydd
bodawg 'sefydlog'), medrir deall sut y cafwyd lle yn yr
un tri i Heledd a grwydrai'n ddigartref o fedd i fedd, ac
i Lywarch aflonydd, y cadwyd chwedlau am ei grwydr-
iadau mewn gwahanol gyrrau o'r wlad.

---

[1] B.B.C. 27-8.

[2] Gw. ar VII, 14a.

[3] *Cy.* vii, 128.

[4] *Ibid.*, td. 130 ; cf. R.M. 304, 306 : *G. Guto'r Glyn.* 172.

[5] Ond gw. P.K.M. 227–8 ar hen ystyr y gair, yn arbennig
B.A. 31. Y mae'r Triawd yn hŷn lawer na'r esboniad a gynigir
yma ac yn P.K.M. 49.

[6] B. iv, 60 : I.G.E.[2] 311, Gofid i'r *anfod* rodol.

Yr hyn sy'n newydd (ac anhygoel) yw i'r ddau hyn
gael noddfa yn llys Arthur, a thrwydded, neu ganiatâd,
i aros yno ar gost Arthur. Dengys hyn fod y Triodwr
braidd yn niwliog am drefn y canrifoedd. Iddo ef "pobl
erstalm" oeddynt, ac "erstalm" yr oedd llys Arthur yn
gyrchfan pob arwr, ac yr oedd digon o straeon am Owain
Rheged fel un o filwyr ei lys. Os felly, pam na allasai
ei ewythr Llywarch hefyd gyrchu'r un lle, nid fel
marchog ond fel gŵr adfydus? Gyrrwyd Heledd yno
ar ei ôl, o'r seithfed ganrif yn ôl i'r chweched! Cymysg-
lyd iawn yn ddiau, ond eto dengys fod y gwŷr llên gynt
yn gweld tebygrwydd rhwng ffawd Llywarch a ffawd
Heledd, a bod ganddynt drydedd stori gyffelyb am ŵr
o'r enw Llemenig. Dyna sy'n dangos nad damwain
noeth a barodd fod dau englyn am Lemenig i'w cael
mewn un llawysgrif wedi eu cydio wrth ddiwedd cyfres
am Heledd.

Rhaid amseru'r ail o'r Trioedd hyn mewn cyfnod pan
oedd Cylch chwedlau Arthur yn llyncu Cylchoedd eraill
—yn ddi-halen, a bri Arthur gymaint nes bod rhaid trwy
deg neu hagr orfodi pob chwedl arwrol i ddechrau neu
orffen oddeutu'r Ford Gron. Neu'n debycach fyth, yr
oedd y cyfarwyddiaid eisoes wedi cyflawni'r orchest hon
cyn cyfnod y Trioedd, fel nad oedd raid i'r Triodwr ond
eu dilyn hwy. Deuai cyfle'r hynafiaethwyr wedi i'r
cyfarwyddyd ymsefydlu, nid cynt. Gwŷr y cofio, nid
gwŷr y creu, fuasai'n llunio Trioedd. Gan hynny,
tecach yw rhoi'r cyfarwyddyd di-Arthur, lle noddir
Llywarch ym Mhowys—yr un a gawsom ni, mewn cyfnod
cynharach na'r ffurf Arthuraidd arno, a ddaeth i glust
neu ddwylo casglwr y Trioedd. Ni fanylaf ymhellach
ar amser y Triawd dan sylw, canys annoeth fai tybio fod
pob un o'r Trioedd wedi ei lunio yn yr un a'r unrhyw
amser, ond mi wn fod rhai o'r Trioedd yn hysbys cyn
1160, gw. B.B.C. 104, 1, a hefyd P.K.M. xxiv–xxx.

Fel enghraifft o waith diweddarach lawer, cymerer y Trioedd yn Lewys Dwn, i, 10, lle dywedir fod gan Arthur 24 o farchogion. Yn eu plith,

> Tri chyngoriad varchog ; Kynon ap Kludno ; Aron ap Kynvarch, *Llywarch hen* ap Elidir Lydanwyn. Ar tri yma gynghorwyr Arthur pan vai galeta ; ai kyngor vyddai mor ddyallus ag mor ddoeth na allai neb i orfod ef un amser.[1]

Os edrychir ar rai o'r enwau eraill, megis Syr Bwrt, Syr Galath, Syr Lanslod du Lac, Blaes Iarll Llychllyn, fe welir ddarfod ffurfio'r trioedd hyn o'r rhamantau diweddar am y Greal Santaidd a'r cyffelyb, ac nid o'r hen gyfarwyddydau yn unig.

§14. AWDURIAETH

Ar ôl yr hyn a ddywedwyd yn barod, prin y mae angen pwysleisio nad Llywarch Hen yw awdur yr englynion hyn a briodolwyd mor gyson iddo. Cymeriad yn y ddrama yw, ac nid y cyfansoddwr ; felly Heledd. Buasai lawn mor rhesymol ddal mai Gwydion biau'r englynion yn y Mabinogi, ac yn chwedl Cad Achren, neu mai Arthur a ganodd yr englyn yn *Culhwch ac Olwen* i farf Dillus fab Eurei.[2] Gwaith y cyfarwydd dienw yw'r englynion fel y chwedlau eu hunain. Oherwydd tebyced testun a chelfyddyd yr englynion ynddynt, hoffwn gredu mai'r un gŵr athrylithgar a luniodd y cyfarwyddyd am Lywarch a'r un am Heledd ; ond y mae gwaith yr holl ysgol mor debyg i'w gilydd nes na feiddiaf ond awgrymu y dichon hynny fod.

---

[1] Cf. R.W.M. ii, 446, Llan. 12, 38, testun arall o'r un peth.
[2] R.M. 133.

§15. AMSERIAD

Dangosais uchod fod peth o'r testun cyn hyned â'r
ddeuddegfed ganrif ; ceisiais amseru Llywarch hanes yn
hanner olaf y chweched. Nid yn ei oes ei hun y buesid
yn ei wneud yn brif gymeriad cyfarwyddyd o'r fath.
Felly rhaid gadael bwlch ar ôl y chweched iddo gael
amser i aeddfedu fel deunydd chwedl. Os cywir yw
rhoi Cynddylan yn nechrau'r seithfed, gofynnir ysbaid
iddo yntau aeddfedu yn gyffelyb, ac felly cynigiais mai
rhywdro tua chanol y nawfed y lluniwyd y ddau gyfar-
wyddyd, dyweder oddeutu 850. Yn y chweched yr oedd
tiriogaethau'r Brython yn llawer lletach na Chymru
heddiw. Yng nghanu Llywarch crebychodd Cymru i'w
maint presennol ; erys atgof am y Gogledd, ond lleddir
Gwên, yr olaf o'i feibion, ar oror Cymru heddiw. Cladd-
esid un ohonynt yn Llangollen, ac un arall ym Mwlch
Rhiw Felen yn ymyl. Dengys geiriau Heledd fod
dyffryn Hafren, ac Ercal yn Sir Amwythig, yn llaw'r
gelyn. Nid oes i Drenn berchen mwyn, a'i noddfa hi
yw glannau Dwyryw, y tu uchaf i Berriew, Aber-ryw,[1]
cwrr Sir Drefaldwyn, goror Powys.

Os yw'r Mabinogi yn esgeuluso Powys, ac yn rhoi
chwedlau Gwynedd, Dyfed, a Gwent yn unig, dyma
gyfarwyddyd sy'n sicr yn deillio o Bowys, eithr nid o
Bowys yn nydd ei bri, ond mewn cyfnod o adfyd, a
thristwch. Dioddefodd lawer mewn rhyfeloedd yn
erbyn Mercia ; bu Offa farw yn 796, a chyn hynny
gwelodd gwŷr Powys Glawdd Offa yn torri trwy eu
gwlad i'r môr, ac yn ysgar rhan helaeth ohoni oddi wrth
y gweddill. Yn 822, yn ôl nodyn cwta yn yr *Annales*,
cymerodd y Saeson feddiant o Bowys.[2] Yn 854–5, bu

---

[1] Cf. R.P. 129 b 39, *aberryw* odli â *dryw*.
[2] *Cy*. ix, 164, regionem poyuis in sua potestate traxerunt.

farw yn Rhufain yr olaf o linach teyrnedd Powys, sef
Cyngen, ac y mae disgrifiad yr hanesydd[1] o'r hen bererin
alltud hwnnw yn dwyn ar gof yn anorfod yr hen ŵr
adfydus arall, Llywarch Hen, a gollasai yntau ei wlad a'i
bopeth.   Tybed mai Cyngen a awgrymodd i'r cyfarwydd
destun ei gyfarwyddyd ?   Pwy ŵyr ?   Sut bynnag,
ffafriol yw stad Powys oddeutu 850 i lunio drama â hen
frenin alltud yn brif gymeriad ynddi.

   Rhwng 850 a 900 nid yw'r cefndir mor addas.   Erbyn
hyn y mae'r Daniaid yn pwyso'n drwm ar Wessex a
Mercia, ac wrth weld trallod y Saeson, cenfydd bardd o'r
De gyfle ei genedl i ddial eu cam, ac ennill Prydain yn ôl,
trwy uno'r Cymry, y Gwyddyl, gwŷr Ystrad Glud, a
Llydaw, gyda byddinoedd Scandinafiaid Dulyn, a gyrru'r
estron i'r môr.   Dyna gnewyllyn *Armes Prydein* yn
Llyfr Taliesin.[2]   Nid oes lygedyn o obaith buddugoliaeth
o'r fath yn ymsonau Heledd.   Yn y Gogledd, dyma
gyfnod Rhodri Mawr, y gŵr a unodd Wynedd a Phowys
yn deyrnas gref.   Olrheiniwyd uchod[3] ei ach ef yn ôl i
Ddwg ap Llywarch Hen.   Pan oedd ef ar ei orsedd ac
yn ffynnu, nid oedd achos canu cyn drisied, ac ni weddai
i gyfarwydd dynnu llun ei hynafiad Llywarch fel eng-
hraifft o deyrn trallodus tyngedfennol.

   A derbyn "oddeutu 850" fel damcaniaeth am eu
hamseriad, bydd digon o fwlch rhwng Llywarch hanes a
Llywarch chwedl, a digon o amser hefyd i chwedlau
Llywarch a Heledd gymysgu â'r chwedlau Arthuraidd,
cyn geni'r casglwr Trioedd.

---

[1] Lloyd, H.W. 324–5.
[2] B.T. 13–8.
[3] Td. xxviii.

§16. YR IAITH

Os yw'r ddamcaniaeth hon yn gywir, dylai fod olion Hen Gymraeg yn iaith yr englynion. Dylai yn ddiau, ond y mae dau ben y gosodiad yn ansicr ; ni ŵyr neb pa nodweddion ar Gymraeg 850 a lwyr ddiflanasai erbyn 1200, ac ni ŵyr neb chwaith pa faint o newid sydd wedi digwydd yn iaith y testun cyn iddo gyrraedd Llyfr Coch Hergest, neu hyd yn oed y Llyfr Du.

Y mae gennym filoedd o linellau o ganu'r Gogynfeirdd, beirdd swyddogol llysoedd y tywysogion, rhwng 1100 a 1300. Ond gan y gwyddom ei bod yn arfer gan yr ysgol hon ddynwared ffurfiau a chystrawennau'r Cynfeirdd, sef y beirdd cyn 1100, ai teg i ni eu dyfynnu hwy fel tystion i Gymraeg y ddeuddegfed ganrif ? A ellid dyfynnu o gywyddau Goronwy Owen i brofi beth oedd Cymraeg 1750 ? A yw'r gwahaniaeth rhwng iaith cywyddau Goronwy a iaith dyrïau Elisa Gowper yn profi fod yr olaf yn byw gannoedd o flynyddoedd ar ôl y llall ? Neu'n well byth, wrth y safon hon, ym mha ganrif y gosodid Williams Pantycelyn ? Gwyddom yn burion fod y tri yn gyfoeswyr ; go anodd fuasai profi hynny oddi wrth eu hiaith. Perthynent i wahanol ysgolion ; amcan gwahanol oedd i'w canu ; nid am yr un gwrandawyr y meddylient wrth gyfansoddi. Bwrier na buasai gennym o holl gynnyrch llenyddol y ddeunawfed ganrif ond dwsin o benillion, a deugant neu dri o eiriau unigol, rhai y gwyddem hyd sicrwydd eu bod wedi eu copïo yn y ganrif honno, byddem wedyn ar dir go debyg i'r un yr ydym arno ynglŷn ag englynion Llywarch, wrth geisio amseru'r canu yn ôl ffurfiau'r iaith. Prinder safonau sicr.

Nid oes neb yn amseru'r Mabinogi yn ddiweddarach na 1150–1200 ; a gall fod yn hŷn o ganrif ; ond y mae ei ryddiaith yn anhraethol haws ei ddeall nag odlau

Cynddelw (1150–1200). Pwrpas y cyntaf oedd difyrru'r amser i'r llys, trwy adrodd stori iddynt a fedrent ei deall wrth ei gwrando. Os dewisai cyfarwydd roi peth o'i chwedl mewn englynion, rhaid i'r rheini hefyd fod yn syml a hawdd, neu collid pwynt y cyfan. Nid felly'r bardd llys; ni ddisgwylid iddo ef fod yn ddealladwy i'r dorf. Gallai fynd i'r cynfyd am air a chystrawen heb i neb feio arno, canys ei amcan ef oedd synnu, nid diddori. Nid yw anhawster ei iaith, gan hynny, yn brawf o gwbl o hynafiaeth ei gyfnod. Ond os ceir iaith anodd mewn englyn o gyfarwyddyd, y mae hynny yn brawf pendant o gynharwch, canys dengys fod y math hwnnw o eiriau a chystrawen yn eiddo cyffredin i bawb adeg cyfan-soddi'r englyn, ac nid yn orchest rhai.

Felly Canu Llywarch a Heledd. Hawdd yw ambell linell ac ambell englyn; ond cynigier cyfieithu cadwyn! Darganfyddir yn fuan fod geirfa'r Gogynfeirdd yma fel iaith bob dydd, a bod cystrawennau rhodres y rheini yma ar arfer wrth rydd ymddiddan. Y mae gennyf gryn gydymdeimlad ag Ieuan Fardd a'i chwyrnad pan glywodd am gyfieithiad Richard Thomas:

> Mi a ddeisyfais arnoch yscrifennu *Specimen* o gyfie[i]thiad seisnig Mr. Richd Thomas o waith Lhywarch Hen. Os yw wedi ei jawn gyfieithu e ddylid ei argraphu. I mae gennyf i ddatsgrif-iadau o hen gopiau awduraidd o waith yr hen Fardd ond i mae ynddo lawer o eiriau nad wyf i yn eu deall. Ag myfi a welais gymmaint o henwaith ond odid ag a welodd R. Thomas ag ir wyf yn meddwl fy mod yn deall yr jaith cysdadl ag un Cymro pa bynnag yn yr oes hon.[1]

---

[1] B.M. Addl. 14884, 159, "Extract of a letter from the Reverend Mr. Evan Evans to Mr. Owen Jones . . . dated Aberystwyth May 8th, 1779"

Rhyw ffroenochi y mae Ieuan, ond eto dywed galon y
gwir. Y *mae* yn y canu syml hwn lawer o eiriau anodd
iawn eu deall, cytunaf yn rhwydd. Ond y mae'r anaws-
terau hyn, pa mor ddiflas bynnag ar y pryd, yn bwysig
i ategu hynafiaeth y cyfarwyddyd gwreiddiol. Weithiau,
fodd bynnag, nid ydynt ond cibddellni golygydd a
chopïwr! Methais a deall XI, 39b, am Eryr Eli ar faes
y gwaed, gw. td. 211 :

Kyuore kinyawa.

A methodd eraill o'm blaen! Ond ddoe damweiniais ar
yr esboniad. Mewn hen lawysgrifau fel y Llyfr Du,[1]
a hefyd yn y darn hynaf o Gymraeg y gwn amdano, sef
yr ail nodyn yn I lyfr St. Chad., L.L. xliii, ceir ʀ yn aml
yn lle *r ;* y mae ʀ yn debyg iawn i ᴋ, a chymysgid hwynt
(cf. isod, td. 62, *rac kat;* 171, *Rerygyl, Kerygyl*). Wrth ddar-
llen *Ry-uore* 'rhy fore', ceir ystyr addas i'r cysylltiadau
a grym arswydus yn yr englyn. Gwleddai'r Eryr yn
rhy fore! Yn lle hen air anodd, *cyfore*, dyma ddau air
diweddar (a hen), y gwrthwyneb i *ry-hwyr*. Ac eto, er
nad oes hen air prin yma, y mae beiau'r copïwr yn
tarddu o fethu a deall llawysgrif wedi ei hysgrifennu
mewn hen ddull. Ac nid hon yw'r unig enghraifft.

Yn y Nodiadau drwodd tynnais sylw at olion yn
nhestun y Llyfr Coch o orgraff hŷn, a brofai ond odid fod
gwreiddiol unwaith yn orgraff y Llyfr Du, e.e.:

> *e* am *y ;* I 1b *llem ;* 14a *welas ;* 39a *Lloeger.*
>
> *i* am *y* : I 48a *kyni ;* [III, 2c *llewenid*], III, 46c
>   *wisc ;* VI, 14c *gwiw ;* XI, 45c, *Argoetwis*
>   (ond cf. PT).
>
> *n* am *u* am *w* : VI, 24b *bydant.*

---

[1] B.B.C. **3**, 1, 3, 5, 6, 7, 8, etc.

-*d* am -*t* : I, 2c *trigwyd ;* III, 28a, 29a *byd* ;
XI, 87b *pereid.*
-*t* am *d* am *dd* : III, 32b *bedit.*
-*w* am *f* : I. 40b, *dewawt ;* IV, 7a *Mewyrn.*

Gan fod rhan o'r canu ar gael yn y Llyfr Du, nid yw'r
rhain ond ategu'r farn y daethid iddi hebddynt, o bosibl.

Ond y mae ychydig o enghreifftiau o orgraff hŷn nag
un y Llyfr Du. Yn y *Computus* (c. 920) ceir *e* unwaith
(*diconetent*) ac -*ei*- amryw weithiau am -*ei*- Cymraeg
Canol, megis *cimeir*, cyfeir ; *ceis.* Yn y *Juvencus* (c. 850)
ceir *per* peir ; *couer* cywair ; *guoled* goleith, sy'n dangos
e am *ei ;* a hefyd *coueidid* cyweithydd ; *cein ; Meir ;*
sef arfer *ei* am *ei.* Pan ddeuai ysgrifenwyr y ddeuddeg-
fed ganrif ar draws enghreifftiau fel y rhai cyntaf,
arferent eu troi i'w horgraff eu hunain, sef -*ei*-, heb
betruso nac ystyried. Yn hen destun y canu hwn rhaid
fod *celen* am 'celyn' ; ond trowyd ef yn *celein* (!) ddwy-
waith yn ein copïau ni (gw. ar XI, 69b, 112a), arwydd
fod y copiwyr yn gynefin â throi *e* yn *ei* mewn geiriau
eraill ynddo, cf. XI, 40b *atles* am *atleis*, un ai damwain
hollol, neu anghofio diweddaru ?

Mewn Hen Gymraeg, fel y dengys y glosau, safai *l* am
l ac *ll.* Ceir rhai enghreifftiau yma hefyd o *l* = *ll*, gw. ar
III, 46c, *Louan Law* Difro ; hefyd ar I, 23b ; II, 5b.

Nodwedd arall mewn hen orgraff oedd -*gu*- am -*w*-,
megis *aguen* yn Nennius (c. 800) am *awen ;* dengys hyn
pam y methodd y Llyfr Coch yn I, 2c, lle rhoes *awen* am
"A Wên !" ac yn II, 6b, *ewyn* am *e giŵyn.*

Sicrach profion o hen orgraff na'r rhain yw dau enw
personol yn y Canu. Ar y cyntaf, *Elgno* (yn lle *Elno*[1]),
gw. ar III, 42a. Dieithr oedd yr enw, neu ni buasai'r

---

[1] L.D. ii, 16, Gohelith Dogveiling ; *Elvo* ab Dogvael (bai am
Elno). Cf. Jes. 20, *Cy.* viii, 90, *Elno* m. Docuael m. Cuneda
wledic.

Llyfr Coch byth wedi cadw'r *-g-* ynddo mwy nag yn *Beuno*. Ysgrifennodd *-g-* yn hwn, am ei bod yn ei wreiddiol ; a rhaid fod ei wreiddiol yn hŷn na'r Llyfr Du, canys *Beuno, Clytno, Mochno* sydd yn hwnnw, nid ffurfiau yn *-gno*.

Yr ail enw yw *Caranfael*, a ysgrifennwyd fel Caran*mael* yn XI, 92c, 93a, 94c, 96a, 97a. Yr oedd *-mael* mewn enwau o'r fath wedi troi ar lafar yn *-fael* er cyn amser ysgrifennu Llyfr Llandaf (c. 1135–40), canys ceir yn hwnnw *Fernuail* (td. 158, 175, 179, 191, 200). Yn yr achau yn Harl. 3859, a gasglwyd ynghanol y ddegfed ganrif, fel y tybir, ceir *Canantinail*, bai amlwg am *Carantmail* mewn llaw Hiberno-Saxon, medd Phillimore ;[1] yn yr *Historia*[2] hefyd ceir *Fernmail*. Pa bryd rhwng y ddegfed ganrif a'r ddeuddegfed y dechreuwyd dangos[3] y treigliad o *m* i *f* yn y cyfryw enwau ? Nis gwn, o ddiffyg llawysgrifau cyfamserol. Mewn cân i ŵr o Bowys a fu farw yn 1187, rhydd y Llyfr Coch *Caranuael* (R.P. 148b, 41). Nid anwybodaeth o'r ffurf, gan hynny, a barodd iddo roi *-m-* bum gwaith yng Nghanu Heledd, ond ffyddlondeb (peiriannol) i'w wreiddiol. A pherthynai hwnnw i gyfnod cynharach na'r Llyfr Du, lle ceir *Briauael, Elwael, Ffyrnuael, Morvael*, heb un *-mael* yn eu plith.

Pwy bynnag a dybio nad yw'r mân bwyntiau hyn ond ymgais i henu cân ifanc, cafodd afael ar y llosgwrn yn

[1] *Cy.* ix, 180.

[2] Mommsen, td. 192.

[3] Cf. y *Computus*, tua 920, lle ceir *cimeir*, ac eto ysgrifennir *deruid* am "derfydd". Yn Llyfr Llandaf cymysgir orgraff gwahanol gyfnodau drifflith drafflith ; ceir *Arthmail* ac *Arthvail* *Brochmail* a *Brochvail;* *Elmail* ac *Elvail;* ond *Fernuail* yn gyson, byth *Fernmail*. Prawf amledd y ffurfiau yn *v, u* (=f) fod y newid wedi hen ddigwydd ; ond mewn breinlenni cynnar disgwylid *-mail* yn rheolaidd.

lle r cyrn. Yn hytrach, arfer y copïwyr oedd diweddaru, a gwnaent hynny weithiau er mawr nïwed i fesur ac odl. Unwaith eto carwn dynnu sylw at yr hyn a ddigwyddodd yn III, 30–1. Y gair cyrch yn 30a yw *henoeth*, sef yr un un ag yn englynion y Juvencus (*henoid*); copïwyd ef fel yr oedd, heb ei ddeall. Yn 31a ail-adroddid ef, ond erbyn hyn yr oedd y copïwr yn effro, a throes ef yn *heno !* Mwy na hynny, newidiodd y gair o'i flaen, sef *trallawt* (y ffurf a odla â *daerawt*, ac â *brawt* yn 31b, c) i *drallot*,[1] gan lwyr andwyo'r englyn. Dyna'r math o driniaeth sydd wedi dileu hynafiaeth gwedd yr englynion hyn.

Yn I, 4a, b, digwyddodd peth cyffelyb. Yr odlau yn y Llyfr Coch yw *ath welwyf, ath gwynnwyf, ar gnif.* Gwelir ar unwaith i'r copïwyr ddiweddaru'n greulon yma eto. Adferer -*if* yn *a, b,*[2] a cheir *ath welif, ath gwynif,* yn odli'n llawn â *gnif* yn *c ;* a gwell fyth, trwy hynny ceir dwy ferf amser presennol (neu ddyfodol) person cyntaf yn -*if*, ffurf dra hynafol a ddisodlwyd mor llwyr gan y ffurf yn -*af*, fel na cheir bellach ond ychydig iawn o enghreifftiau ar glawr. Gwyddai'r Gogynfeirdd amdani, ac yn ôl eu harfer, ceisiai'r rhai hynaf ohonynt ei defnyddio weithiau i ddangos eu dysg, ond buan y diflannodd.

Perthyn yr englyn, fodd bynnag, i gyfnod mor gynnar nes bod *gwelif* a *chwynif* mor ddealladwy i wrandawyr chwedl a *gwelof* a *chwynaf.* Daw i mewn eto yn 5c, *mudif*, ac yn III, 2c, mewn englyn a gollwyd o'r Llyfr Coch, ond a ddiogelwyd yn PT., gw. hefyd XIII, 4, 10, etc., darn arall o hengerdd, lle gwedda'n burion.

Dengys glosau'r nawfed ganrif fod un ffurf ar y pres. myn 3ydd llu. yn -*ynt*, nid -*ant* (Juv. *limnint, scamnhegint*);

---

[1] Ceir -*ot* yn R.P.T.

[2] Gwell hynny na dynwared *Myv. Arch.* 93a, a throi *gnif* yn *gnwyv*, ac yn 5c droi *mudif* yn *mudav !*

felly yma *llwybryn* V, 8c. Ceir yma hefyd nid yn
unig ffurfiau berfol yn *-awt* (I, 9a, VI, 24b, XI, 43a, b),
awr (XI, 65c), *-at* (gw. ar I, 30a, cf. XI, 96c), a'r ffurf
oddefol lu. *llesseint* (I, 28b, XI, 57c), amhers. yn *-ittor*
(VII, 24a, XI, 12c) ; amherff. 3ydd un. yn *-i* (XI, 7c,
35a, b); pres. 3ydd un acennog yn *-it* (gw. ar XI, 87b);
a ffurfiau anodd iawn ar y ferf *bod*, megis *bwyat* (I, 25a,
XI, 85a, 86a, 99a), *buei* (XI, 29b); *bwyn* (I, 26a), *bydat*
(I, 30b), a'r cyffelyb, ond dyma sy'n bwysig, fod eng-
hreifftiau o'r holl bwyntiau hynafol hyn wedi eu chwalu
drwy'r canu. Ac os am hen gystrawen mewn brawddeg,
cf. I, 21b, 43c, II, 11c, 12c ; VII, 5b, XI, 25c, 49a.

Gwyddys mai *broder* yw hen luosog *brawd* ; y mae yma
(I, 42b, XI, 100 c, 104 a); ceid *-ydd* yn y pres. 2 un., felly
I, 4a, VII, 15a ; bu *ma-es* a *ca-wg* yn ddeusill unwaith,
felly I, 46a ; V, 1a ; hen ffurf *gwanwyn* oedd *gwaean-
hwyn*, gw. ar II, 6a ; bu *cyffes* unwaith ar arfer fel an-
soddair, mewn ystyr arbennig, a *cein* a olygai 'gefn',
gw. II, 1a ; hen ffurf y rhagenw *fy* yw *my*, gw. XI, 62b,
a hefyd 27c. Rhown ni y dibynnair yn ail, gynt gellid
ei roi yn gyntaf, cf. XI, 81b ; hefyd 1b. Benthyg o'r
Saesneg yw *tarian*, a'r hen air Cymraeg oedd *ysgwyd* ;
yma, *ysgwyd* bob tro, byth *tarian*. Ond defnyddia
Cynddelw y gair *tarian* yn 1160 yn ogystal ag *ysgwyd*,
gw. B.B.C. 104, 8 ; 105, 7.

Ceir llawer o'r nodau hyn ar ganu Meilyr yn 1137
(M.A. 140a); ond awdl sydd yno, ac englynion cyfar-
wyddyd sydd yma. Ni synnwn ddim wrth weld
goddau f'armerth mewn cywydd gan Oronwy Owen ;
buasai'n syfrdanol mewn emyn o waith Pantycelyn, ei
gyfoeswr ; nid llai felly mewn carol gan Dick Hughes
neu Lelo dros ganrif ynghynt.

Ac un peth arall : ni welais air yn yr eirfa a adwaenwn
fel benthyg o'r Ffrangeg, cf. P.K.M. xxxiii.

§17. Y GELFYDDYD

O ran y defnydd, hoffai'r Cynfeirdd wrthgyferbynnu yn
anad dim, megis yn llinell gyntaf y Gododdin, "Greddf
gŵr : oed gwas". Amcanent gyfosod dau eithaf. Y
mae'r englynion hyn yn llawn o'r peth, a heb fanylu
cyfeiriaf at rai enghreifftiau, er mwyn dangos pa mor
gyffredin yw.

Yng Nghân yr Henwr (Rhif II) cyferbynnir yr hyn yw
yr hen ŵr â'r hyn a fu. Yn III, Pen Urien wedi ei dorri ag
Urien yn fyw ; ei gelain ar y maes, a'r frân a ddisgynasai
arni :

Ac ar ei fron wen fran ddu !

Wedyn yr Aelwyd wag ddiffaith a'r Aelwyd lawn lawen.
Yn IV cymhwysa Llywarch linell gyntaf y Gododdin
ato'i hun ! Yn V, côg yn canu, claf yn cwyno, cf.
VIII, 1, yr adaren yn canu uwch ben bedd Gwên. Yn
IX, march Gwên yn farw, a'r hyn oedd gynt pan farch-
ogai Gwên ef. Yn X, tŷ llawn o blant, a thŷ gwag.
Yn XI, arch o ystyllod du a chnawd gwyn Cynddylan ;
y stafell dywyll a fu gynt mor olau ; hen fywyd Heledd
yn y llys, a'i bywyd yn awr fel bugeiles ; Ercal fu'n magu
gwŷr, yn awr yn eu malu'n llwch (77); rhychau yn para,
yr arddwyr yn diflannu (87). Ymhellach, cf. englynion
y beddau yn *Gwedi* (XII), a'r penillion lle ceir *heno* yn air
cyrch.

O ran datganiad, hoffid ail adrodd yr un geiriau
drosodd a throsodd, gw. uchod ar eu dull o gadwyno
drwy Gymeriadau. Hoffid llinellau llanw o ganu natur
a diareb. Ac eto pan ddeuid at y gwir bwnc, y gamp
oedd cynildeb mewn geiriau. Ni wn am neb a allai
ddweud cymaint mor gryno. Fel addurn i'r llinell
defnyddid Cyseinedd—dechreuadau cyffelyb i eiriau

yn y llinell—ac Odl fewnol, neu'r un diweddiadau :

(Deilen grin)   Hi hen : eleni ganed.
(Gyrthmwl)   Hi gyfa : difa ei gwŷr.
(Ercal)   A gwedi rys mag, rys mâl.
(Heledd)   Hir hwyl haul : hwy fy nghofion.
(Urien)   Oedd cledr cad, cywlad rwyd.

Wrth gyferbynnu pethau, hawdd cyferbynnu geiriau ;
ac amlwg yw yr hoffid chwarae ar amwysedd geiriau ac
enwau priodol :

I. 29c.   Ac am ddwylan *Ffraw, ffrowyll.*
I.45c.   *Talan, telaist* ddeigr heddiw.
III. 17a.   Pen a *borthaf* a'm *porthes.*

Dyna pam y rhois y gorau i'm cyfieithiad cyntaf o IV, 6c :

Nyt over gnif ym hogi[f] Maen.

Nid hogi *carreg* y mae'r hen ŵr â'i eiriau rhyfelgar, ond
rhoi mwy o fin ar ei fab *Maen.*   Nid yw *Maen* yn dig-
wydd yn aml fel enw person (er cynefined *Pedr*), a thro-
wyd ef yn *Paen* yn X, 1 ;   credaf fod chwarae ar
amwysedd yr enw yno hefyd (cf. XI, 89a, *Hedyn ehedyei*).
Dywed Ed. Lhwyd[1] y credai rhai "mai dan y bryn a elwir
Penmaen rhôs y by *Llys-maen* ap Llywarch hen ap Elidr
Lydanwyn lle mae'r ffynnon dhy yr hon a berthyne i
Lysvaen".   Pwy all brofi na gwrthbrofi. hýn ?   Gall
mai gŵr o'r enw Maen oedd biau'r llys ; gall mai llys o
feini (nid coed) ydoedd.   Nid yr enw Llysfaen a dyrr y
ddadl.

I ddychwelyd at X, 1, lle'r enwir *march Maen, Efion-
ydd mynydd malaen,* efallai y dylid cyfeirio at enw lle yng
nghyffiniau Port-din-*llaen,* ac Eifionydd ; os gwelodd rhai
enw Maen ap Llywarch yn *Llysfaen,* Dinbych, tybed a
geisiwyd esbonio *Llith-faen* ar odre'r Eifl yn gyffelyb ?

[1] *Parochialia* i, 40.

Y mae *llith* yn awgrymu bwydo march ; buasai *llithr* yn atgoffa codwm y march a'i farchog !

Anesmwyth wyf hefyd ynglŷn â I, 44b, *ammarch*. Yn fy nodiad petruswn beth oedd yma, ai enw lle ai enw cyffredin (negydd *parch*). O'r diwedd cefais hyd i le o'r enw *Dôl Ammarch*, plwyf Talyllyn, rhwng Dolgellau a Machynlleth, gw. Lhwyd, *Parochialia* i, 5.

Sylwodd Gerallt Gymro yn niwedd y ddeuddegfed ganrif ar hoffter ein beirdd ni a'r Saeson o Gyseinedd fel addurn i'w canu.[1] Geilw ef yn *Annominatio* ; a rhydd fel enghraifft :

Dychaun Dyu da dy unic[2].

Yn nes ymlaen (cap. xiv), rhydd enghreifftiau o ffraethineb ac arabedd y Cymry ; y gyntaf yw chwarae ar enw merch, *Tegeingl*, a oedd hefyd yn enw lle. Cyson yw hyn ag arfer yr englynion.

§18.   MESURAU

Nid oes yn y canu hwn ond gwahanol fathau o englynion o'r hen ganiad. Arnynt, gweler *Cerdd Dafod*, 315–21. Gadawaf XII a XIII allan, a thrafod y lleill yn dri dosbarth : 1, Cylch Llywarch, I–V, VII (19 cyfan), VIII–X ; 2, Cylch Heledd, XI ; 3, Cân y Mab Claf, VI. Yn y dosbarth cyntaf ceir 180 o englynion ; yn yr ail, 113 ; yn y trydydd, 32 ; cyfanswm, 325. O'r nifer hwn,

---

[1] D.K. cap. xii, Prae cunctis tamen rhetoricis exornationibus, annominatione magis utuntur ; eaque praecipue specie, quae primas dictionum litteras vel syllabas convenientia jungit. (Arg. *Everyman*, 173.)

[2] Ceir ffurf ddiweddarach yn Engl. y Clyweit, B. iii, 13, digawn duw da y unic. Defnyddia Gerallt hen ffurf yr arddodiad *i*, sef *ddi*, fel Llyfr Llandaf 1140 : nid ffurf y Llyfr Du (1200).

ansicr wyf am fesur tua thri dwsin ; ac wrth rifo sillafau amryw eraill petruswn beth i wneud ag ambell lafariad, neu gywasgiad o lafariaid ; a hefyd a rifwn ragenwau ôl neu beidio. Rhaid wrth y rheini weithiau, bryd arall dylid eu diystyru, e.e. rhydd y Llyfr Coch I, 45c, fel

> talan teleisty deigyr hediw.

Yn B.B.C. 108, fodd bynnag, y testun yw :

> talan teleiste deigir imi hetiw.

Wrth anwybyddu'r rhagenwau ceir llinell reolaidd o saith sillaf. Trwy'r canu mi geisiais roi'r cyfryw mewn llythrennau italig, pan nad oedd eu hangen yn y mesur.

Y mae gormod o gysondeb yma mewn rhif sillafau i neb fodloni ar nifer acenion yn unig, ac o'r tu arall, y mae gormod o amrywio yn hyd y llinellau i neb wadu nad oedd rhyddid i chwanegu sill neu ddau pan oedd galw. Nid llygredd yn y testun yw'r achos, er bod hynny'n bosibl weithiau.

Yn y dosbarth cyntaf, Canu Llywarch, o'r 180 y mae 71 yn *Englyn Milwr*, 7,7,7 ; oddeutu 10 yn rhifo 7, 7, 8, pedwar yn 8, 7, 7, a rhyw ddau ddwsin yn amrywio (un yn 6, 7, 7 ; dau yn 7, 8, 7 ; un yn 8, 8, 8 ; a thri yn 8, 8, 7, etc.). *Englyn Penfyr* o 11, 6, 7, sydd mewn 11 ; o 10, 6, 7 mewn 18 ; o 9, 6, 7 mewn 13 ; ceir tri yn 10, 6, 8 ; pedwar yn 11, 5, 7 ; tri yn 10, 5, 7, a thri yn 9, 5, 7 ; a nifer yn amrywio mwy oddi wrth y patrwm. O *Englyn Byr Crwca* nid oes yma ond tri (un yn 7, 10, 7, a dau yn 7, 10, 6).

Yn yr ail ddosbarth, Canu Heledd, o'r 113, dyma'r cyfartaledd : *Englyn Milwr*, 7, 7, 7 ; o hwn ceir 31 ; un yn 7, 7, 8, dau yn 8, 7, 7, a phedwar yn 7, 8, 7 ; hefyd un yn 6, 7, 7, a dau yn 8, 8, 7. *Englyn Penfyr* 11, 6,7, pedwar ; 10, 6, 7, ugain ; 9, 6, 7, tri ar ddeg ; 10; 5, 7, saith ; 9, 5, 7, pump ; 10, 6, 8, efallai chwech. *Byr Crwca*, 7, 10, 6, pedwar ; 8, 11, 6, un (?); 8, 10, 6, dau, efallai dri.

Yn y trydydd dosbarth, Cân y Mab Claf (32) ; *Englyn Milwr*, 7, 7, 7, deuddeg ; 7, 7, 8, un ; 8, 7, 7, un. *Penfyr*, 11, 5, 7, dau ; 10, 6, 7, saith ; 9, 6, 7, un (?); 10, 6, 8, tri. *Byr Crwca*, 7, 9, 6, un.

Yn y rhain oll nid oes ond tair llinell (yn fanwl, tair *hanner* llinell), ond digwydd hefyd saith o benillion pedair llinell, sef VI, 15 (7, 7, 6, 7); VIII, 1, a IX (Englyn Cyrch); X, 1 (Englyn gwastad, yn odli); XI (E. gwastad yn proestio); XI, 1 (10, 6, 6, 8); XI, 87 (7a, 6b, 6b, 7a). Ni wn beth yw I, 41.

Yn y tri dosbarth ynghyd dyma'r cyfartaledd rhwng y tri math o englynion :

Englyn Milwr, 7,7,7	.	.	.	114
Dulliau eraill	.	.	.	26
Penfyr yn –,6,7	.	.	.	87
yn –,5,7	.	.	.	24
yn 10,6,8	.	.	.	12
Byr Crwca	.	.	.	11
				274

Chwaneger at y rhain 8 pennill pedair llinell, dyna 282; erys felly o'r 325 y nifer sylweddol o 43 heb eu dosbarthu. Eto dengys y daflen anghyflawn hon fod dros 140 o'r englynion yn *Englyn Milwr ;* a thros 123 yn *Benfyr*, a'r rheini yn weddol reolaidd.

I gymharu troer yn awr at y dwsin englynion (y Tri a'r Naw) o'r nawfed ganrif a gadwyd yn y Juvencus, Caergrawnt. Anghyflawn yw un englyn, fel na thâl i'n pwrpas. O'r unarddeg eraill, Englyn Milwr yw un, 7,7,7 Penfyrion yw'r lleill, a dyma eu hydau : dau yn 9.6.7

dau yn 10, 6, 7 ; un yn 11, 6, 7 ; tri yn 10, 6, 8 ; un yn 11, 6, 8 (?); ac un yn 10, 6, –. Gwelir yma yr un math o ryddid ynglŷn â rhifo sillafau ag yn y testun, ac eto cedwir yn agos at y patrwm. Buasai'r unarddeg yn cymryd eu lle yn hwylus yng nghanu Llywarch a Heledd, parthed hydau.

Yn nesaf ystyrier eu celfyddyd. Ceir Cymeriad llythrennol yn cydio'r Tri ynghyd (*ni, ni, na*); yn y Naw, y mae dau yn dechrau gyda *dicones*, a'r nesaf gyda *gur dicones ;* yna daw dau yn *it cluis*, h.y. Cymeriad geiriol, cf. uchod, td. xlv. Yn y llinell gyntaf y mae'r pumed sill yn odli â'r brifodl mewn pump o'r englynion, cf. I, 1a, 18a, 30a, 39a ; VI, 1a, 3a ; XI, 33a, 50a, etc., ond nid yw hyn yn orfodol eto, gw. yr ail o'r Tri Englyn, lle'r odlir y chweched â'r brifodl, cf. I, 27a, 28a ; ac am y pedwerydd yn odli felly gw. XI, 35a.

Ac ni fedrir craffu ar odlau'r Juvencus heb sylwi fod yn eu plith, heblaw proest, fath arbennig a elwais yn Odlau Gwyddelig (gan fod y beirdd Gwyddelig yn arfer rhai tebyg), megis odli *-er* ac *-edd ; -awt, -awc,* cf. I, 1, *-ŵyn, -wyf ;* 42, *-el, -er ;* III, 56, *-awr, -awl ;* XI, 56, *-al, -ar ;* 92, *aer, mael ; -yng, -yrn ;* 100, *-edd, -er.* Gwelais odlau cyffelyb yn B.B.C. 73–7, mewn awdl i Hywel ap Goronwy a fu farw yn 1106, ond ni welais neb o'r Gogynfeirdd ar ôl hynny yn eu harfer o gwbl oll. Wrth gwrs, nid yw fod y pencerdd ar ôl 1100 yn osgoi'r math cynnar hwn o odli yn profi na allai'r cyfarwydd ei arfer ar ôl hynny. Y cwbl a ddywedaf yn awr yw fod odlau Gwyddelig i'w cael yn y Juvencus yn y nawfed ganrif, a hefyd yn englynion Llywarch a Heledd ; a bod y beirdd swyddogol wedi rhoi'r gorau iddynt er y ddeuddegfed ganrif.

Cymharer hefyd y math o Gyseinedd sydd yn englynion y Juvencus a'r math a geir drwy'r testun, a gwelir debyced ydynt. Nid cynghanedd, ond eto ar y ffordd tuag yno, ac yn cynhyrchu llinellau cynganeddol megis o ddamwain. Afraid nodi enghreifftiau.

Yn olaf, cymerer y Tri Englyn o ran eu hystyr. Anaddas yw cymharu'r Naw, gan mai cerdd grefyddol ydynt hwy, ond y mae'r Tri yn ateb i'r dim i'r math hwnnw o englynion a ddisgwylid mewn cyfarwyddyd, gw. uchod td. xxxviii. Perthynant i'r un byd a chanu Llywarch, ac i'r un dull llenyddol. Ymson neu ungan pennaeth wedi colli ei deulu oll ond un ffranc—dyna ydynt ; ni fyn ei gysuro, ac y mae llawenydd yn amhosibl iddo. Gair cyrch y tri englyn yw *henoid* (henoeth, heno); a dyma'r Cyferbyniad a hoffai bardd Llywarch a Heledd hefyd, sef rhwng *heno* drist a rhyw neithiwyr neu ddoe hapus. Ni fyn un ganu na chwerthin, *cet iben med nouel*, "er i ni yfed medd gloyw", a hefyd *namercit mi nep leguenid henoid*, "nac arched neb i mi lawenydd heno". Ac medd Llywarch i ateb iddo i'r dim, *Ni'm guna lleuenit llad* (VII, 21); ni wna cwrw lawenydd iddo, ar ôl clywed am ladd ei fab Mechydd. Pe buasid yn ail ysgrifennu y Tri Englyn yn orgraff y ddeuddegfed ganrif, mi wrantaf y tybiai pawb mai dernyn o gerdd Llywarch oeddent.   Neu'n groes, pe troid III, 30, yn ôl i orgraff y nawfed,

Andit Ebrdil ablaguen henoid.

dywedid, "Dyma chwaneg o englynion y Juvencus !" Mewn geiriau eraill, o ran ysbryd a chelfyddyd, y cymheiriaid gorau yn ein llên i'r englynion hynny yw Canu Llywarch a Heledd.   Cynnyrch yr un ysgol o feirdd yw'r naill a'r llall, a'r beirdd hynny yn defnyddio yr un arfau, yn yr un dull, ac i'r un amcan.   Nid penceirddiaid mohonynt, ond cyfarwyddiaid.

§19. NODION CYMYSG

Ar ôl buddugoliaethau mawr Rhagfyr 1215, cyfarchwyd Llywelyn ab Iorwerth gan Einiawn fab Gwgawn ;[1]

> *Llywelyn boed hŷn* boed hwy dichwein
> *No Llywarch* hybarch hybar gicwein.

h.y. dymunai iddo fyw'n hwy na Llywarch (Hen). Wedyn cymhara ef i'r Tri Hael, Nudd, Rhydderch, a Mordaf ; yn 1215 nid oes ond *un* Hen Ŵr : yr oedd y cyfarwyddyd wedi sicrhau hynny.

Yn *Englynion y Clyweit*,[2] a luniwyd i helpu cofio diarhebion, rhoir dihareb i Urien (10), Cynfarch (11), Heledd neu Hyledd (28):

> A glyweist di a gant Hyled,
> Merch Kyndrwyn mawr y ryued ?[3]
> Nyt roi da a wna tloded.

Hefyd Llywarch (34) :

> A glyweist di a gant Llywarch
> Oed henwr drut dihafarch ?
> Onyt kyfarwyd, kyfarch.

Yn 62 yr enw yw *Kyndrwyt*, ond odlir â *mwyn ;* felly *Cyndrwyn*. Amseriad : gellid cynnig diwedd y ddeuddegfed neu'r drydedd ganrif ar ddeg. Y mae'r ddihareb a roir yng ngenau Heledd yn ategu'r dehongliad a gynigiwyd uchod (§12), ar amcan y cyfarwyddyd amdani. Etyb ail linell englyn Llywarch hefyd i gymeriad yr hen ŵr yn y Canu, cf. II, 18.

Pabell Llywarch Hen, yn ôl *Mont. Coll.* ix, 204, yw cylch o feini ger Llanfor, Meirionnydd ("a circle of large stones"), gw. Lloyd, H.W. 246, "*Pabell Ll.H.* a stone

---

[1] Lloyd, H.W. 648 ; M.A. 226 a b ; H. 52.
[2] B. iii, 4–21.
Gw. ar III, 33a, am yr ystyr.

enclosure, and *Castell Llywarch*, a mound, have long been known at Llanfor''. Bûm yn Llanfor yn holi, a methais a chael gafael ar neb a wyddai ple'r oeddynt. Uwchben yr eglwys ymgodai bryncyn â chloddiau ar ei ben ; yr enw a roid arno oedd "Moel y Llan". Wedyn gwelais nodyn Lhwyd, *Paroch*. ii, 64, "Mae mann ym mhentre Llanvor a elwir Pabell Llywarch shiarel o gerrig gwedy i dodi ar i penneu ag yn awr yn Gadles". Cf. *Camb. Reg.* 1795, 192, "a *circle* of great stones" yn ôl R. Vaughan, Hengwrt. Gan mai gair diweddar yw *pabell* am yr hen unigol *pebyll*, nid oes flas y cyn-oesoedd ar yr enw hwn, ond fe'i ceir hefyd yn Pen. 267, 39 (R. i, 1078), a ysgrifennwyd yn 1635–41.

§20. CRYNODEB

Gwell yw edau yn gyfrodedd nag yn ungor, medd y ddihareb, a chan fod amryw o'r edafedd a weais uchod braidd yn fain, gwell eu cyfrodeddu yn awr.

Nid oes drafferth i brofi fod y canu hwn yn ysgrifenedig yn y ddeuddegfed ganrif, ac yn gynnar yn y ganrif honno. Y mae ôl diweddaru ar yr orgraff, ac weithiau ar ffurfiau geiriau ; erys ambell bwynt o orgraff cynharach na'r ddeuddegfed, ond prin ydynt. Perthyn Llywarch i hanner olaf y chweched ganrif, a Chynddylan i hanner cyntaf y seithfed, eithr nid yn y cyfnod hwnnw y canwyd yr englynion. Rhan ydynt o chwedlau a luniwyd am arwyr y dyddiau gynt, ond collwyd yr elfen ryddiaith, fel mewn cyfarwyddydau eraill. Nid yw eu hawdur neu eu hawdwyr yn medru portreadu tiriogaeth y Brython yn 550–600 ; meddwl yr ydys am Gymru ddiweddar, Cymru eu hoes eu hunain, a gwŷr Lloegr yn ymosod ar Bowys yng nghyffiniau Clawdd Offa, nid brwydro tua Chaer Lwytgoed (Lichfield) a Hexham, ond yn ymyl

Croesoswallt ac Amwythig. Collwyd y gwastadeddau
yn llwyr, ac nid oes obaith am eu hadennill. Dyma
gyflwr meddwl 850, nid 550, nid 650. Fel y digwydd,
cadwyd tri englyn o gyfarwyddyd mewn llawysgrif o tua
850 ; cyfetyb celfyddyd y rheini a'u hysbryd i'r dim i
ganu Llywarch. Pe tybid mai yng nghanol y nawfed y
lluniwyd chwedlau Llywarch a Heledd, rhydd hynny
amser iddynt ymgolli yn y Cylch Arthuraidd cyn cyfnod
llunio Trioedd. Ni ellir gosod y cyfnod hwnnw yn ddi-
weddarach na 1050–1100, canys ceir Trioedd yn y Mabi-
nogi a gŵyr Cynddelw am rai cyn 1160, heb sôn am
Drioedd Cyfraith. Rhaid rhoi chwedlau Llywarch a
Heledd yn ddigon cynnar iddynt gyfrannu at gasgliad
yr Englynion Beddau ; tynnwyd hwnnw o'r cyfar-
wyddydau hynaf. Cytuna hynny â'r awgrym a rydd y
Trioedd eu bod wedi eu corffori yng Nghylch Arthur. Y
mae'r ddwy ganrif o 850 i 1050 yn bosibl hyd y medrir
barnu oddi wrth iaith gweddillion prin y cyfnod hwnnw
yn y glosau, y Computus, Llyfr Llandâf, ac yn arbennig
englynion y Juvencus. Nid yw Ffrangeg eto wedi
lliwio'r iaith ; felly nid ar ôl dyfodiad y Norman. Ar y
cyfan, y cefndir addasaf a'r cyfnod addasaf yw Powys
tua 850. Golyga hyn dybio fod cryn ddiweddaru wedi
bod ar orgraff a ffurfiau, ond tystia hanes testun
Ymddiddan Arthur a'r Eryr, a'r newid fu ar englynion
Trystan ac Esyllt mai diweddaru oedd arfer cyfarwydd-
iaid a chopiwyr. Mwyaf yn y byd, gan hynny, yw'r
pwys a ddylid ei roi ar hynafiaeth yr eirfa, y gystrawen,
ac yn arbennig y ffurfiau berfol yn yr englynion hyn.
Y mae cyfatebiaeth â hanes testunau hen chwedlau
Iwerddon yn ategu'n gryf y casgliad uchod, ac yn gwa-
hardd yn bendant i neb frysio i daeru mai oed y llaw-
ysgrif hynaf lle cadwyd chwedl yw amser cyfansoddi'r
chwedl honno.

§21. Y TESTUN

Seiliwyd y testun printiedig ar un y Llyfr Coch a'r Llyfr Du yn bennaf. Rhois deitlau oedd eisoes yn y llawysgrifau i VIII, X, ond myfi sy'n gyfrifol am bob teitl arall, ac am yr ymgais i dorri'r cyfan i fyny yn ymsonau ac ymddiddanau. Cywired y darllenydd. Rhois ddarlleniadau John Jones Gelli Lyfdy (P) a Thomas Williams o Drefriw (T) o'r Llyfr Gwyn, yn y testun weithiau, bryd arall ar waelod y ddalen. Yno saif R am destun y Llyfr Coch yn ôl Dr. Evans. Popeth a chwanegais at destun y llawysgrif rhois ef rhwng bachau petryal, [], a defnyddiais *italig* i nodi geiriau nad oes mo'u hangen i bwrpas mesur. Mi biau hefyd yr atalnodi.

CANU LLYWARCH HEN

I

GWÊN AP LLYWARCH A'I DAD.

GWÊN.

1 NA wisc wedy kwyn : na vit vrwyn dy vryt.
　　Llem awel ; chwerw gwenwyn.
　　Amgyhud vy mam mab yt wyf.

LLYWARCH.

2 Neut atwen ar vy awen
　　Yn hanuot o un achen.
　　Trigwyd oric elwic, A Wen !

GWÊN.

3 Llym vympar, llachar ygryt.
　　Armaaf y wylyaw ryt.
　　Kyn nyt anghwyf, Duw gennyt !

LLYWARCH.

4 O diengyd, ath welif.
　　O'th ryledir, ath gwynif.
　　Na choll wyneb gwr ar gnif.

1b, achwerw R.　1c, amgyhud RPT.　2b, cun RPT.　2c,
tri gwyd RPT ; awen R, wen PT.　3c, anghyf R, anghvyf P.
4a, welwyf R, welvyt P, welwyt T.　4b, gwynnwyf R,
gvynyf P, gwynyf T.　4c, gwyr RPT ; er T.

GWÊN.

5 Ny chollaf dy wyneb trin wosep wr,
   Pan wisc glew y'r ystre.
   Porthaf gnif kynn mudif lle.

LLYWARCH.

6 Redegawc tonn ar hyt traeth.
   Ech adaf torrit aruaeth.
   Kat agdo gnawt ffo ar ffraeth.

GWÊN.

7 Yssit ym a lauarwyf,
   Briwaw pelydyr parth y bwyf.
   Ny lauaraf na ffowyf.

LLYWARCH.

8 Medal migned ; kalet riw.
   Rac carn cann tal glan*n* a vriw.
   Edewit ny wnelher ny diw.

GWÊN.

9 Gwasgarawt neint am glawd caer.
   A minneu armaaf
   Ysgwyt br[w]yt briw kynn techaf.

LLYWARCH.

10 Y corn a'th rodes *di* Vryen,
   A'e arwest eur am y en,
   Chwyth yndaw, o'th daw aghen.

GWÊN.

11 Yr ergryt aghen rac aghwyr Lloegyr
   Ny lygraf vym mawred :
   Ny duhunaf rianed.

5a, dy wyneb RPT. 5b, yr R, ar PT ; ysgre T. 6c, ac
ado R, a gado PT. 7a, Issit P, Issic T. 7b, briaw R. 8b,
kat uarn P, rac uarn tal T. 9a, gwasgarawc T. 9c, bryt R,
bryd PT. 11a, aghywyr R, anghwyr PT. 11b, lhygraf T.

12 Tra vum *i* yn oet y gwas draw
   A wisc o eur y ottew,
   Bydei re ruthrwn y waew.

GWÊN.

13 Diheu diweir dywäes,
   Ti yn vyw a'th dyst ry las !
   Ny bu eidyl hen yn was.

MARWNAD GWÊN.

LLYWARCH.

14 Gwen wrth Lawen yd welas neithwyr,
   [Cat g]athuc ny techas,
   Oer adrawd, ar glawd gorlas.

15 Gwen wrth Lawen yd wylwys neithwyr
   A'r ysgwyt ar y ysgwyd.
   Kan bu mab ym*i* bu hywyd.

16 Gwen wrth Lawen yd wyliis neithwyr
   A'r ysgwyt ar y gnis.
   Kan bu mab ym*i* nyt egis.

17 Gwen gwgyd gochawd vy mryt
   Dy leas ys mawr
   Casnar nyt car a'th ladawr.

 12c, re y R, re P, ry T. 13a, dy wir dy waes PT. 14a,
ith P, yth T. 14b, tochas P, nyt ochas T. 15a, vylyvs P,
wylyvs T. 15c, A chan RPT. 16b, gnis PT. 16c, nydiegis
RP, ny dieghis T. 17b, *dy leas*—PT.

18 Gwen vordwyt tylluras a wylyas neithwyr
    Ygoror Ryt Uorlas.
  Kan bu mab ymi ny thechas.

19 Gwen, gwydwn dy eissillut,
  Ruth[yr] eryr yn ebyr oedut.
  Betwn dedwyd dianghut.

20 Tonn tyruit ; toit eruit.
  Pan ant ky[n]vrein ygovit,
  Gwen, gwae ryhen o'th etlit.

21 Tonn tyruit ; toit aches.
  Pan ant ky[n]vr[e]in y [ne]ges,
  Gwen, gwae ryhen ry'th golles.

22 Oed gwr vy mab, oed [d]isg[y]wen hawl,
    Ac oed nei y Vryen.
    Ar Ryt Vorlas y llas Gwen.

23 (Prennyal dywal gal ysgwn
  Goruc ar L[l]oegyr llu kyngrwn.
  Bed Gwen uab Llywarch Hen hwnn.)

24 Pedwarmeib ar hugeint a'm bu,
  Eurdorchawc tywyssawc llu.
  Oed Gwen goreu onadu.

25 Pedwarmeib ar hugeint a'm bwyat,
  Eurdorchawc tywyssawc cat.
  Oed Gwen goreu mab o'e dat.

18c, a chan RPT. 19b, ruth RPT. 20b, aut R ; kyvrein
R, kynrein ygofnit P, cynrein T. 21b, aut kyfvrin R. ant
kynrein P, cynrein T ; ygnes RPT. 22a, oedisgwen RPT.
22b, y—PT. 23b, loegyr R, Loegr P ; kyndrwyn RPT.
23c, hen yw RPT. 24a, ar ugaint P, ar ugeint T (*heb h hefyd*
25a, 26a, 27a).

26 Pedwarmeib ar hugeint a'm bwyn,
   Eurdorchawc tywyssawc vnbynn.
   Wrth Wen gweissyonein oedyn.

27 Pedwarmeib ar hugeint yg kenueint Lywarch
   O wyr glew galwytheint.
   Twll eu dyuot clot trameint.

28 Pedwarmeib ar hugeint a ueithyeint vygknawt
   Drwy vyn tauawt lledesseint.
   Da dyuot vygcot colledeint.

PYLL.

LLYWARCH.

29 Pan las [vy mab] Pyll, oed teuyll briw,
   A gwaet ar wallt hyll,
   Ac am dwylann Ffraw ffrowyll.

30 Dichonat ysteuyll o esgyll ysgwydawr
   Tra vydat yn seuyll,
   A vriwat ar aghat Byll.

31 [V]yn dewis ar vy meibon,
   Pan gyrchei bawp y alon.
   Pyll Wynn, pwyll tan trwy lumon.

27c, tvllen P, tylhen dynot T.   28a, aneithyeint R, aueith-
yeint P.   28b, *drwy vyn tauawt*—R.   28c, dynot vyghot coll
edeint T.   29a, tenyll P.   30a, ystauell R, ysteuyll P,
ystewylh T ; esgill P.   31a, Dyn R, yn PT.   31b, pavb P,
pawb T.   .31c, lunon R, lumon PT.

32 Mat dodes mordwyt dros obell gorwyd
    O wng ac o bell.
    Pyll [Wynn], pwyll tan trwy sawell.

33 Oed llary llaw aergre ; oed aele eilwyd.
    Oed dinas ar ystre.
    Pyll Vyn, oed peithyll eu[r]de.

34 Pan sauei yn drws pebyll
    Y ar orwyd erewyll,
    Ardelwei o wr wreic Pyll.

35   Briwyt rac Pyll penngloc ffer.
    Ys odit llywyr yt lecher yndaw.
    Eidil heb dim digoner.

36   Pyll Wynn, pellennic y glot.
    Handwyf nwyf yrot o'th dyuot yn vab,
    A'th arab atnabot.

37 Goreu tridyn y dan nef
    A werchetwis eu hadef,
    Pyll, a Selyf, a Sandef.

38 Ysgwyt a rodeis y Byll,
    Kyn no'e gyscu neu bu doll.
    Dimiaw y hadaw ar wall.

32a, y uordwyt RPT.   32b, wug R.   32c, sawel R, sawell P, sawelh T.   33a, aelaw RP.   33c, doet perchyll eude R, oed perchyll ende P, perchylh ende T.   35a, briwit PT.   35b, lhywyr yt lhecher T.   36a, pell cunic RP, pelh ennic T.   36c, araw R, arab PT.   37b, eu P, y RT.   38a, y ysgwyt PT. 38c, dimi P, dim i T.

39 Kyt delei Gymry ac elyflu Lloeger
   A llawer o bell tu,
   Dangossei Byll bwyll udu.

BEDDAU.

40 Na Phwyll na Madawc ny bydynt hirhoedlawc
   O'r dewawt a getwynt :
   Rodyn na rodyn, kygreir vyth nys erchynt.

41 Llyma *yma* bed diuei
   Tringar y veird ysei
   Y glot lle nyt elei
   Byll, pei pellach, parei.

42 Maen, a Madawc, a Medel,
   Dewrwyr, diyssic vroder,
   Selyf, Heilin, Llawr, Lliwer.

43 Bed Gwell yn y Riw Velen.
   Bed Sawyl yn Llan Gollen.
   Gwercheidw llam yr bwch Lloryen.

44 Bed rud neus cud tywarch.
   Nis eiryt gweryt ammarch.
   Bed Llygedwy uab Llywarch.

39a, elyflu o RP, eliflu o T. 39c, danghossais T ; ydu PT.
40c, vyt R, vyth P. 41a, yma RPT. 41b, veird R, neid PT.
41c, nat PT. 41d, pell ach paraei PT. 42b, diessig P. 42c,
rhydd P, lloryen *yn lle* lliwer, *a cholli* 43 *oll.* 43a, oed gwell R,
oedh gwelh T. 43c, llamyr R, lham yr T. 44b, nyseiryd R,
nys eiryd P ; am march R, amarch PT.

TALAN.

45 Pell odyman Aber Lliw.
Pellach andwy gyfedliw.
Talan, teleisty deigyr hediw.

DWC.

46 Eryueis i win o gawc.
Ef *a* racwan rac Reinyawc.
Esgyll gwawr oed waewawr Dwc.

47 Ediuar gennyf pan ym erchis Duc
Nat gantu [r]y drewis,
Kyn ny dyuei hael hoedel mis.

KYNY.

48 Atwen leueryd Kyni.
Pan disgynnei yg kyfyrdy
Penn gw[y]r pan gwin a dyly.

I I

CÂN YR HENWR.

1 KYNN bum kein vaglawc, bum kyffes eiryawc:
Keinmygyr uy eres.
Gwyr Argoet eiryoet a'm porthes.

45a, llyw R.   45b, am dwy T.   45c, Tylan P.   46b, ragwan
P ; rennawc T.   47a, ymercheis R, ym ercheis P ; duc P,
—R.   47b, y diewis R, y drewis P, y dreweis T.   47c, kyny P,
cyn y T.   48b, kynyrdy P, cynyrdy T.   II 1b, ny R, vy PT.

2 Kynn bum kein uaglawc, bum hy,
  Am kynnwyssit yg kyuyrdy
  Powys, paradwys Gymry.

3 Kynn bum kein vaglawc, bum eiryan ;
  Oed kynwaew vym par, oed kyn[wan].
  Wyf keuyngrwm, wyf trwm, wyf truan.

4 Baglan brenn, neut kynhayaf.
  Rud redyn ; melyn kalaf.
  Neur digereis a garaf.

5 Baglan brenn, neut gayaf hynn.
  Yt uyd llauar gwyr ar l[l]ynn.
  Neut diannerch vy erchwyn.

6 Baglan brenn, neut gwa[ea]nnwyn.
  Rud cogeu ; goleu e gwyn.
  Wyf digarat gan uorwyn.

7 Baglan brenn, neut kynteuin.
  Neut rud rych ; neut crych egin.
  Etlit ym edrych y'th yluin.

8 Baglan brenn, ganghen nodawc,
  Kynhellych hen hiraethawc,
  Llywarch lleueryd uodawc.

9 Baglan brenn, ganghen galet,
  Am kynnwysy Duw diffret.
  Elwir prenn kywir kyniret.

2a, y gynyrdy PT. 3b, kymwaew RPT ;   oed kynn R,
kyn P, cym T.   6b, ewyn R, —T, ynghwyn P.   6c, digarat
PT, di garyat R.   7a, baglavc P.   7c, etlit PT, etryt R.
8a, uodawc R, vodawc PT.   9b, diffraeth P, diphraeth T.
9c, elwir RPT ; kynniret R, kyniret P, kymret T.

10 Baglan brenn, byd ystywell.
    Am kynhelych a uo gwell.
    Neut wyf Lywarch lauar pell.

11 Kymwed y mae heneint
    A mi o'm gwallt y'm deint,
    A'r cloyn a gerynt yr ieueinc.

12 Y mae heneint yn kymwed
    A mi o'm gwallt y'm danned,
    A'r cloyn a gerynt y gwraged.

13 Dyr gwenn gwynt ; gwynn gne godre
    Gwyd ; dewr hyd, diwlyd bre.
    Eidyl hen, hwyr y dyre.

14 Y deilen honn, neus kenniret gwynt.
        Gwae hi o'e thynghet !
        Hi hen ; eleni y ganet.

15 A gereis yr yn was yssy gas gennyf,
        Merch, estrawn, a march glas.
    Neut nat mi eu kyuadas.

16 Vym pedwar prif gas eirmoet,
    Ymgyuerynt yn vnoet,
    Pas a heneint, heint a hoet.

17 Wyf hen, wyf unic, wyf annelwic oer,
        Gwedy gwely keinmic,
        Wyf truan, wyf tri dyblic.

10c, lawer RPT. 11a, Y mae heneint yn kymwed RPT.
11c, ieueing PT. 13a, gve P ; *yna u uwchben, a* gne *mewn
llaw ddiweddar*. 15a, gereis i yr yn RP, er yn T. 15b
merch y T. 16a, ym R, vym T. 16b, yngyueruydynt R,
yt gyueruydynt P, yt gyuyruydynt T.

18 Wyf tridyblic hen, wyf annwadal drut.
    Wyf ehut, wyf annwar.
    Y sawl a'm karawd, ny'm kar.

19 Ny'm kar rianed ; ny'm kenniret neb.
    Ny allaf darymret.
    Wi a agheu, na'm dygret !

20 Ny'm dygret na hun na hoen
    Gwedy lleas Llawr a Gwen.
    Wyf annwar abar, wyf hen.

21 Truan a dynghet a dynghet y Lywarch
        Yr y nos y ganet ;
    Hir gnif heb escor lludet.

III

URIEN RHEGED

UNHWCH DUNAWD AC URIEN.

1 DYMKYWARWYDYAT Unhwch dywal,
    Baran yg kyolwch,
    Gwell yd lad nogyt ydolwch.

2 Dymkyuarwydyat Unhwch dywal,
    Preid kyflauan gnif,
    Llewenid lluyd llywijf.

18c, myn kar R, nym P. 19c, wi angheu T ; dyghret T.
20a, dyghret T. 21a, a dynghwyt y R, dygwyt PT ; lwyarch
R. 1b, bar PT. 2, —R. 2b, cyulauan T. 2c, lhwyd
lhywuf T.

3 Dymkyuarwydyat Vnhwch dywal,
   Dywedit yn Drws Llech,
   "Dunawt uab Pabo ny tech".

4 Dymkyuarwydyat Vnhwch dywal,
   Chwerw blwng chwerthin mor,
   Ryuel dorvlodyat, [budic ior].

5 Vryen Reget greidyawl gau[a]el eryr,
   Gal Vnhwch glew hael,
   Ryuel godic, budic uael.

6 Vryen [Reget] greidyawl gauael eryr,
   Gal Vnhwch berchen mawr
   Kell llyr kein ebyr gwyr glawr.

PEN URIEN.

7 Penn a borthaf ar vyn tu,
   Bu kyrchynat rwng deulu ;
   Mab Kynuarch balch bieiuu.

8 Penn a borthaf ar vyn tu,
   Penn Uryen llary llywyei llu,
   Ac ar y vronn wenn vran du.

9 Penn a borthaf mywn vyg crys,
   Penn Vryen llary llywyei llys,
   Ac ar y vronn wen vrein a'e hys.

10 Penn a borthaf y'm nedeir,
   Yr Erechwyd oed uugeil,
   Teyrn vron treulyat gennweir.

3a, dy vedit PT. 3c, nyt ech T. 4c, dornlodyat P. 6b,
enawr RPT. 7a, auntu R, ar vn tu PT. 7c, kyiris balch
bieu P, cyiris b. bieu T. 8b, llywei R, llywye P, lhywiei T.
9c, Vrien ae PT. 10a, vedeir R. 10b, P, yr yrechwyd R.

11   Penn a borthaf tu mordwyt,
      Oed ysgwyt ar wlat ; oed olwyn yg kat,
      Oed cledyr kat kywlat rwyt.

12 Penn a borthaf ar vyg kled,
    Gwell y vyw nogyt y ued.
    Oed dinas y henwred.

13 Penn a borthaf o godir Penawc,
        Pellynnyawc y luyd,
        [Penn] Vryen geiryawc glotryd.

14 Penn a borthaf ar vy ysgwyd.
    Ny'm aruollei waratwyd,
    Gwae vy llaw llad vy arglwyd.

15 Penn a borthaf ar vym breich,
    Neus goruc o dir Bryneich
    Gwedy gawr gelorawr veich.

16 Penn a borthaf yn aghat
    Vy llaw ; llary ud llywyei wlat.
    Penn post Prydein ryallat.

17 Penn a borthaf a'm porthes.
    Neut atwen nat yr vy lles.
    Gwae vy llaw, llym digones.

18 Penn a borthaf o du riw.
    Ar y eneu ewyn[v]riw
    Gwaet ; gwae Reget o hediw.

11a, borth P.   11b, ar y wlat R, PT—y.   11c, cledyf R.
12c, henuwred P, hennwred T.   13a, gedir P.   15a, vy P.
15c, P, gwawr R ; veirch RPT.   16b, lla:yud R. llaryd P.
18b, ac y RPT.   18c, PT, hedi R.

19 Ry thyrvis vym breich, ry gardes vy eis.
    Vyg callon neur dorres.
    Penn a borthaf a'm porthes.

CELAIN URIEN.

20 Y gelein veinwen a oloir hediw
    A dan brid a mein.
    Gwae vy llaw llad tat Owein.

21 Y gelein veinwen a oloir hediw
    Ym plith prid a derw.
    Gwae vy llaw llad vyg keuynderw.

22 Y gelein ueinwenn a oloir [hediw]
    A dan vein *a* edewit.
    Gwae vy llaw llam ry'm tynghit.

23 Y gelein veinwen a oloir [hediw]
    Ym plith prid a thywarch.
    Gwae vy llaw llad mab Kynuarch.

24 Y gelein ueinwenn a oloir hediw
    Dan weryt ac arwyd.
    Gwae vy llaw llad vy arglwyd.

25 Y gelein ueinwen a oloir hediw
    A dan brid a thywawt.
    Gwae vy llaw llam ry'm daerawt.

26 Y gelein veinwenn a oloir hediw
    A dan brid a dynat.
    Gwae vy llaw llam ry'm gallat.

19a, ny thyr vis R, ny thyrnis P ; rygardwys R, ry gardws
PT.   19b, ry T (*ymyl* neûr).   20b, prid PT.   22a, 23a, heno
RPT.   23b, PT, thyweirch R.   25b, 26b, prid PT ; danat PT.

27 Y gelein veinwen a oloir hediw
    A dan brid a mein glas.
    Gwae vy llaw llam ry'm gallas.

ANOETH.

28 Anoeth byd brawt bwyn kynnull
    Am gyrn buelyn, am drull ;
    Rebyd uilet Reget dull.

29 Anoeth byd brawt bwyn kynnwys
    Am gyrn buelyn, am [u]wys ;
    Rebyd uilet Regethwys.

EFRDDYL.

30 Handit Euyrdyl aflawen henoeth,
    A lluossyd amgen.
    Yn Aber Lleu llad Uryen.

31 Ys trist Eu[y]rdyl o'r drallawt heno,
    Ac o'r llam a'm daerawt.
    Yn Aber Lleu llad e brawt.

RHUN.

32 Duw Gwener gweleis y diuyd
    Mawr ar uydinawr bedit.
    Heit heb uodrydaf hu byd.

27b, prid PT. 28a, bravt bvyn yn T. 28c, nilet P. 29c,
reget hwys T, regethwis R.   30c, 31c, lhen T.   31a, or drallot
R, ei drallot P, ei dralhot T.   31c, eu R, Llen llad en P, en T.
32a, dinyd P, diûyd T. 32b, bedit RPT.

33 Neu'm rodes *i* Run ryueduawr
   Cant heit, a chant ysgwydawr,
   Ac vn heit oed well pell mawr.

34 Neu'm rodes *i* Run, rwyf yolyd,
   Can tref a chant eidyonyd,
   Ac vn [tref] oed well nog yd.

35 Ym myw Run, reawdyr dyhed,
   Dyrein enwir eu byded,
   Heyrn ar veirch enwired.

ANAF.

36 Mor vi gogwn vy anaf
   Ar glyw pob un ymhop haf.
   Ny wyr neb nebawt arnaf.

DWY BLAID.

37 Pwyllei Dunawt, marchawc gwein,
   Erechwyd gwneuthur kelein
   Yn erbyn cryssed Owein.

38 Pwyllei Dunawt, vd pressen[t],
   Erechwyd gwneuthur catwen[t]
   Yn erbyn kryssed Pasgen[t].

39 Pwyllei Wallawc, marchawc trin,
   Erechwyd gwneuthur dynin
   Yn erbyn kryssed Elphin.

33a, P, ryuedliawr R, ryneduawr T. 34b, cantref RPT ;
eidiouyd P, oi dionyd T. 34c, nogyd RP, no gyd T. 35a,
riawdr T. 35b, enbyded T. 36a, ni PT ; gogunwy T. 36b,
ym po P. 37b, gwnethur P. 38c, 39c, kyfryssed R ; cyu-
ryssed, cynryssed T.

40 Pwyllei Vran uab Ymellyrn
    Vyn dihol *i*, llosgi vy ffyrn.
    Bleid a uugei wrth ebyrn !

41 Pwyllei Uorgant ef a'e wyr
    Vyn dihol, llosgi vyn tymyr.
    Llyc a grauei wrth glegyr !

42 Pwylleis i pan las Elgno
    Ffrowyllei lauyn ar eidyo
    Pyll a phebyll o'e vro.

43 Eilweith gweleis gwedy gweithyen awr
        Ysgwyt ar ysgwyd Vryen.
    Bu eil yno Elgno Hen.

44 Ar Erechwyd ethyw gwall
    O vraw marchawc ys gweill.
    A uyd uyth Uryen arall ?

45 Ys moel fy arglwyd, ys euras gwrth,
        Nys car ketwyr y gas.
    Lliaws gwledic rydreulyas.

46 Angerd Uryen ys agro gennyf,
        Kyrchynat ym pob bro,
    Yn wisc Louan Law Difro.

40a, y Mellyru P, y melhyrn T.   40b, dehol PT ; syrnu P,
syrnn T.   40c, anugei P.   anngei T ; obyru P, obyrn T.
41b, dehol PT.   41c, glegir P.   42b, eidio PT.   42c, febyll P.
43a, gweithyeu R, gweith ien aur P.   43c, bueil RP.   44a,
gwallt RP, gwalht T.   46c, wisc RP, wisg T.

DIFFAITH AELWYD RHEGED.

47 Tawel awel, tu hirgliw.
  Odit a uo molediw.
  Mam Vryen ken ny diw.

48 Llawer ki geilic, a hebawc [g]wyrennic,
  A lithiwyt ar y llawr,
  Kynn bu erlleon llawedrawr.

49 Yr aelwyt honn a'e goglyt gawr,
  Mwy gordyfnassei ar y llawr
  Med a meduon [yn] eiriawl.

50 Yr aelwyt honn, neus kud dynat,
  Tra vu vyw y gwercheitwat.
  *   *   *

51 Yr aelwyt honn, neus cud glessin.
  Ym myw Owein ac Elphin,
  Berwassei y pheir breiddin.

52 Yr aelwyt honn, neus cud kallawdyr llwyt.
  Mwy gordyfnassei am y bwyt
  Cledyual dyual diarswyt.

53 Yr aelwyt honn, neus cud kein vieri.
  Coet kynneuawc oed idi.
  Gordyfnassei Reget rodi.

47a, hirglyw R, hirgliv PT. 47b, molet liw T. 47c, mam
R, nam PT ; nyt iv T. 48a, A llawer P, a lhawer T. 48b, y
lawr T. 48c, bu yr lleon ll wedràwr PT. 49a, goglyt RPT.
49c, eiryawl PT. 50c,—RPT. *Rhydd* M.A. 86b mwy
gorddyvnasai eirchiad. 51c, R, breid din PT. 53a, ken.
Yna dwy linell wag P.

54 Yr aelwyt honn, neus cud drein.
   Mwy gordyfnassei y chyngrein
   Kymwynas kyweithas Owein.

55 Yr aelwyt honn, neus cud myr.
   Mwy gordyfnassei babir
   Gloew, a chyuedeu kywir.

56 Yr aelwyt honn, neus cud tauawl.
   Mwy y gordyfnassei ar y llawr
   Med a medwon [yn] eiryawl.

57 Yr aelwyt honn, neus clad hwch.
   Mwy gordyfnassei elwch
   Gwyr, ac am gyrn kyuedwch.

58 Yr aelwyt honn, neus clad kywen.
   Nys eidigauei anghen
   Ym myw Owein ac Vryen.

59 Yr ystwffwl hwnn, a'r hwnn draw.
   Mwy gordyfnassei amdanaw
   Elwch llu a llwybyr arnaw.

54b, ych yngrain P, ych ygrain T. 54c, vymvyna
kywithas yvein P, vymwynas cyueithas ywein T. 55c,
chynedeu P. 56c, eyryavl P. 58a, kynen P, cŷnen T.
58b, eidiganei PT. 59a, ystyfvl PT. 59c, arnaw R, arnav
PT.

IV

LLYWARCH A MAEN.

1 MAEN WYNN, tra vu[u]m y'th oet,
Ny sethrit vy llenn *i* a thraet.
Nyt erdit vyn tir *i* heb waet.

2 Maen Wynn, tra vum y'th erbyn,
A'm ieuenctit y'm dilyn,
Ny thorrei gesseil vyn teruyn.

3 Maen Wynn, tra vum y'th erlit,
Yn dilyn vy ieuenctit,
Ny charei gesseil vyg gwythlit.

4 Maen Wynn, tra u[u]um *i* efras,
Oedwn dywal galanas.
Gwnawn weithret gwr kyt bydwn gwas.

5 Maen Wynn, medyr di yn gall.
Anghen kyssueil ar wall.
Keissyet Uaelgwn uaer arall.

6 Vyn dewis *y* gynran a'e gaen
Arnaw ; yn llym megys draen.
Nyt ouer gnif ym hogi[f] Maen.

1a, Maen wynn (*trwodd yn* PT), Maenwynn R. 1b, throet
P, thrœt T. 1c, ny 'erdit T ; wœt T. 2b, dylyn PT. 2c,
thorei T, thor P. 3a, erlyt P. 3b, dylyn T. 3c, gvitlit P,
gwitlit T. 4b, oedwli R, oedvli P, oedun i T. 5a, medyr d
yn gall PT. 5b, kyssueil RP, cyssueil T ; ar wall R, ar all P,
ar alh T. 5c, Maelgun PT. 6a, gyuran PT, gyfran R. 6b,
ym RP. 6c, ynn P, yn T.

7 Anrec ry'm gallat o dyfryn Mewyrnyawn
  Yg kud yg kelwrn.
  A haearn llym llas o dwrn.

8 Boet bendigeit yr aghysbell wrach,
    A dywawt o drws y chell,
  "Maen Wynn, nac adaw dy gyllell !"

V

GWAHODD LLYWARCH I LANFAWR.

LLYWARCH.

1 MEURYGAWG marchawg mäes,
  Tra fynnws Dofydd fy lles,
  Nid ysswn megis moch mes.

PENDEFIG.

2 Llywarch Hen, na fydd diwyl,
  Trwydded a geffi *di* anwyl.
  Tarn dy lygad. Taw ! Nag wyl.

LLYWARCH.

3 Hen wyf fi, ni'th oddiweddaf.
  Rhodd am gyssul, cwdd archaf ?
  Marw Vrien : angen arnaf.

7a, Aurein P, aurem T ; mewyrnyawn R, meivrnyavn P,
mewrnyawn T.   7b, yg ygkud R ; yg kelvrn P, yghelwrn R.
7c, a PT, — R. TESTUN. B.M. Add. 14867, 147b : Panton
14, i, 133, gw. M.A.³ 96a. 1c, fegis. 3b, rot.

PENDEFIG.

4 Ai dy gyssul cyrchu Bran,
Can diwg ag argynan ?
Marw meibion Urien achlan.

5 Na chred Fran ; na chred Ddunawd.
Na chay ganthudd yn ffossawd.
Bugail lloe, Llanfawr llwyprawd.

LLYWARCH.

6 Yssydd Lanfawr dra gweilgi,
Y gwna mor molud wrthi.
Llallogan, ni wn ai hi.

7 Ysydd Lanfawr tra Bannawg,
Ydd aa Clwyd yng Nghlywedawg.
Ac ni wn ai hi, laallawg.

PENDEFIG.

8 Keis Dyfrdwy yn ei therfyn,
O Weloch hyd Traweryn.
Bugail lloe, Llanfawr llwybryn.

LLYWARCH.

9 Truan o dynged a dynged i Lowarch
Y nos i ganed
Hir gnif heb esgor lludded.

10 Teneu fy ysgwyd ar asswy fy nhu,
Cy[d] bwyf hen, as gallaf.
Ar Rodwydd Forlas gwiliaf.

7a, llafnfawr.   8c, llafnawr.   9a, a dynged a dyngwyd.

VI

CLAF ABERCUAWG.

1 GOREISTE ar vrynn a eruyn uym bryt,
    A heuyt ny'm kychwyn.
    Byrr vyn teith ; diffeith vyn tydyn.

2 Llem awel ; llwm benedyr byw.
    Pan orwisc coet teglyw
    Haf, teryd glaf wyf hediw.

3 Nyt wyf anhyet ; milet ny chatwaf.
    Ny allaf darymret.
    Tra vo da gan goc, canet !

4   Coc lauar a gan gan dyd
    Kyfreu eichyawc yn dolyd Cuawc.
    Gwell corrawc no chebyd.

5 Yn Aber Cuawc yt ganant gogeu
    Ar gangheu blodeuawc.
    Coc lauar, canet yrawc.

6 Yn Aber Cuawc yt ganant gogeu
    Ar gangheu blodeuawc.
    Gwae glaf a'e clyw yn vodawc.

7 Yn Aber Cuawc, cogeu a ganant.
    Ys atuant gan vym bryt
    A'e kigleu nas clyw heuyt.

2a, benedyr RP, benyd yr T.   2b, coglyv P, coglyw T.
2c, tyryd PT.   3a, nnlet P.   4b, *etc.*, tuawc PT.   4c, chybyd
T.   7b, adnant P.

8 Neus e[n]deweis *i* goc ar eidorwc brenn.
  Neu'r laesswys vyg kylchwy.
  Etlit a gereis neut mwy.

9 Yn y vann odywch llonn dar
  Yd e[n]deweis *i* leis adar.
  Coc uann, cof gan bawp a gar.

10 Kethlyd kathyl uodawc hiraethawc y llef,
   Teith odef, tuth hebawc.
  Coc vreuer yn Aber Cuawc.

11 Gordyar adar ; gwlyb neint.
  Llewychyt lloer ; oer deweint.
  Crei vym bryt rac gofit heint.

12 Gwynn gwarthaf [bre ; gwlyb] neint ; dew-
    eint hir.
   Keinmygir pob kywreint.
  Dylywn pwyth hun y heneint.

13 Gordyar adar ; gwlyb gro.
  Deil cwydit ; divryt divro.
  Ny wadaf, wyf claf heno.

14 Gordyar adar ; gwlyb traeth.
  Eglur nwyure ; ehalaeth
  Tonn ; gwiw callon rac hiraeth.

8a, eidiorvc brenin P. 8b, llaessvys P, lhaeswys T. 9a,
yn y vrudoduch P, yn y vudod wch lhom T. 10c, vrener P.
11a, gordvyar P (*felly yn* 13, 14, 15, 16a), gordwyar T. 11b,
lhewychit T. 12b, kem megyr P, cein T. 12c, dylyvn pvyth
hvn P. 13a, gordvyar P, gordwyar T (*gw. ar* 11a.). 13b,
dinryt difuro P. 14b, ehelaeth P. 14c, gvrv PT.

15 Gordyar adar ; gwlyb traeth.
Eglur tonn, tuth ehalaeth.
Agret y mabolaeth ;
Carwn bei kaffwn etwaeth.

16 Gordyar adar ar edrywy ard.
Bann llef cwn yn diffeith.
Gordyar adar eilweith.

17 Kynnteuin, kein pob amat.
Pan vryssyant ketwyr y gat,
Mi nyt af ; anaf ny'm gat.

18 Kynteuin, kein ar ystre.
Pan vrys ketwyr y gatle,
Mi nyt af : anaf a'm de.

19 Llwyt gwarthaf mynyd ; breu blaen onn.
O ebyr dyhepkyr tonn
Peuyr : pell chwerthin o'm kallon.

20 Assymy hediw penn y mis
Yn y westua yd edewis.
Crei vym bryt ; cryt a'm dewis.

21 Amlwc golwc gwylyadur.
Gwnelit syberwyt segur.
Crei vym bryt ; cleuyt a'm cur.

22 Alaf yn eil ; meil am ved.
Nyt eidun detwyd dyhed.
Amaerwy adnabot amyned.

16c, *gw. nodiadau*. 17a, 18a, kyntenin P. 18c, nym
ede T. 19a, bryv P, briw T. 19b, dyhepkor T. 19c, on T.
0a, Jsymy T, Jssymy P.

23 Alaf yn eil ; meil am lat.
   Llithredawr llyry ; llonn cawat.
   A dwfyn ryt ; berwyt bryt brat.

24 Berwit brat anuat ober.
   Bydaut dolur pan burer,
   Gwerthu bychot yr llawer.

25 Pre ator pre ennwir.
   Pan uarno Douyd, dyd hir,
   Tywyll vyd geu ; goleu gwir.

26 Kerygyl yn dirch mat ; kyrchynyat kewic.
      Llawen gwyr odywch llat.
      Crin calaf ; alaf yn eiliat.

27 Kigleu don drom y tholo,
   Vann y rwng gra[ea]n a gro.
   Krei vym bryt rac lletvryt heno.

28 Osglawc blaen derw ; chwerw chweith onn.
   Chwec evwr ; chwerthinat tonn.
   Ny chel grud kystud callon.

29 Ymwng ucheneit a dyneit arnaf,
      Yn ol vyg gordyfneit.
      Ny at Duw da y diryeit.

30 Da y dirieit ny atter,
   Namyn tristit a phryder.
   Nyt atwna Duw ar a wnel.

23b, llithregavr P, llithregawr T.   23c, a dwfyn R, agdvfyn
P, ag dufn T.   24b, bydant RPT.   25a, preator pie enwir P.
26a, Rerygyl R, Perigyl P, perigl T ; dirchiuat kyrchyuyat R,
dirthmat kyrchynyat P, dyrth mat T.   26b, o duch PT.
26c, ynd R, yn PT.   29a, dyuet R, dyueit P, dyweit T.

31 Oed mackwy mab claf ; oed goewin gynran
    Yn llys vre[e]nhin.
   Poet gwyl Duw wrth edëin.

32 Or a wneler yñ derwdy,
   Ys tiryeit yr a'e derlly.
   Cas dyn yman *yw* cas Duw vry.

VII

MECHYDD AP LLYWARCH.

1 LLYM awel ; llum brin. Anhaut caffael clid.
    Llicrid rid ; reuhid llin.
   Ry seiw gur ar vn conin.
     . . . .

2 Ottid eiry ; guin y cnes.
   Nid a kedwir o'e neges.
   Oer llinnev, eu llyu heb tes.
     . . . .

3 Segur yscuid ar iscuit hen. . .

4 Kadir yscuid ar yscuit glev. . .

5 Ottid eiry ; tohid istrad.
   Diuryssint *vy* keduir y cad.
   Mi nid aw ; anaw ni'm gad.
     . . . .

6 Meccid llvwyr llauer kyghor. . .

7 Ir nep goleith lleith dyppo. . .

8 Dricweuet llyvrder ar gur. . .
     . . . .

31a, mackvyf P ; goein R, goewin PT ; gyuraη R, gynran P. 31c, edein PT, y dewin R. 32a, derwd RPT. 32b, ystiryeit R, ysdirieit P, ys dirieit T. TESTUN. B.B.C. 89–93.

9 Nid vid iscolheic ; nid vid*e* leic, unben.
    Ny'th eluir in dit reid.
    Och Gindilic, na buost gureic !

        .   .   .

10 Ry dieigc glev o lauer trum.

        .   .   .

11 Kalangaeaw, gurim gordugor blaen gruc.
    Goreuynauc ton mor.
    Bir dit ; deruhid ych kighor.

12 O kiscaud yscuid ac aral goruit,
    A guir deur diarchar,
    Tec nos y ffisscau escar.

MECHYDD (?)

13 Kinteic guint ; creilum coed.
    Crin caun ; caru iscun.
    Pelis enuir, pa tir hun ?

PELIS.

14 Kin ottei eiry hid in aruul melin,
    Ni'm gunaei artu awirtul.
    Towissun*e* lu y Brin Tytul.

MECHYDD.

15 Can medrit mor ruit y rodwit a rid—
    A[r] riv eiry a diguit—
    Pelis, pan vid kyvarwit ?

PELIS.

16 Ni'm guna pryder im Pridein heno,
    Kyrchu bro priw uchei[n],
    Y ar can kanlin Owein.

MECHYDD.

17 Kin imtuin ariweu ac yscuid arnad,
      Diffreidad kad Kynuid,
      Pelis, pa 'tir y'th uaguid ?

PELIS.

18 Y gur a rithao Duw o rigaeth carchar,
      Rut y par o penaeth,
      Owein Reged a'm ryvaeth.

MECHYDD.

19 Can ethiv ruiw in rodwit Iwerit,
      A teulu, na fouch !
      Gwydi met, meuil na vynuch.

LLYWARCH (?)

20 Y bore gan las y dit,
      Ban kirchuid Mug Maur Treuit,
      Nyd oet uagaud meirch Mechit.

21 Ni'm guna lleuenit llad,
      O'r chuetleu a'm diallad,
      Mechit, golo guit arnad.

22 Kyuaruuan am Cavall
      Kelein aruiar ar wall.
      Kywranc Run a'r drud arall.

23 Canis fonogion Mugc a lataut Mechit—
      Drudwas nis amgiffredit—
      Periw new, pereiste imi dyuit.

24 Guir igrid ; rid rewittor.
      Oeruelauc tonn ; brith bron mor.
      Re[e]n rothid duvin kighor.

25 Mechit mab Llywarch, dihawarch vnben,
      Glwystec llenn lliw alarch,
      Kyntaw a ffruincluymus march.

VIII

ENWEU MEIBON LLYWARCH HEN.

1 TEC yd gan ir adaren
   Ar perwit pren, vch pen Gwen.
   Kin y olo dan tywarch
   Briwei calch [mab Llywarch] Hen.

2 Goreu trywir in ev gulad
   Y amdiffin ev treuad,
   Eithir, ac Erthir, ac Argad.

3 Tri meib Llywarch, tri aghimen kad,
     Tri cheimad awlawen,
   Llev ac Arav ac Vrien.

4 Handid haus im achuisson
   O'e adav ar lan awon,
   Y gid a llv ewur llwydon.

5 Tarv trin, ryuel adun,
   Cledir kad, kanvill o gimun
   Ren new, ruy a endeid hun.

6 Gorev [t]rywir y dan new
   Y amdiffin eu hadew,
   Pill a Seliw a Sandew.

7 Y bore gan las y dit,
   Ban kirchuid Mug Maur Trevit,
   Nid oet vagaud meirch Mechit.

8 Kywarv[u]an am Cavall
   Kelein ar wiar ar wall,
   Kyvranc Run a'r drud arall.

TESTUN. B.B.C. 107-8.

9 Diaspad a dodir ygwarthaw Lluc Vynit
   O duch pen bet Kinlluc.
   Meu gerit ; mi a'e goruc.

10 Ottid eiry ; tohid istrad.
   Diwrissint kedwir y cad.
   Mi nyd aw ; anaw ni'm gad.

11 Nid uid yscoleic ; nid vid *e* leic, vnben.
   Ni'th elwir in dit reid.
   Och Kindilic, na buost gwreic !

12 Pell otima Aber Llyv.
   Pellach yn duy kyuetliw.
   Talan, teleist*e* deigir *imi* hetiw.

I X

MARCH GWÊN.

EF a ddamweiniodd lladd march Gwên ap Llywarch
Hen mewn brwydyr yn   a gwedi lladd y
march; ef a las Gwên : ag yn hir o yspeit gwedi hynny
y rroesbwyd pengloc y march yn lle karrec yn sarn
dros aber oedd yn emyl y mann y lladdessid y march :
ac yn ol hynny y damweiniawdd i Llywarch Hen
dramwyaw ar hyd y ffordd honno, ac yno y dyvod
gwas i Lywarch wrth i veistr ; "Rakw bengloc march

TESTUN. Mostyn 131 (617) ; B.M. 32 (129), yr englyn
yn unig. Yn yr olaf ceir yr amrywiadau : *a*, dydh ; *b*, phriw
hydh tafledydh ; *d*, am llowarch.

Gwên ap Llywarch, ych mab chwi !'' Ac yna y
kanodd Llywarch yr Englyn hwnn ar y testyn hwnnw :

> Mi a welais ddydd i'r march,
> Ffriw hydd, tafliedydd towarch,
> Na sangai neb ar i ên
> Pan oedd dan Wên ap Llowarch.

> > > > Llywarch hen a'i kant.

X

AM ARWDIR EVIONYDD.

> Mor swrth y syrthiodd march Maen
> Mewn graean dir grodir graen.
> Efionydd mynydd malaen.
> Lle ny bo mign y bydd maen.

AM EI BLANT.

> Ymy bu, cyd baen haelion,
> Afarwy byd bod hebddun,
> Llawer o blant teg llawen.
> A heno 'dd wyf fy hunan.

TESTUN. B.M. 32 (129). *Teitl y Cyntaf.* Hen ynglyn
am arwdir E. Gramadeg J. D. Rhys, 184, Lhowarch hen i
bharch Paen ei bhab, Paan gwympodh yn Eibhiônydh.
Teitl yr Ail. B.M. 32, Llowarch Hen am ei blant 34 oedhynt.
Amrywiadau, *b* avarwy byd (*ymyl*, avar ir byd) ; *c*, dhwy.
Mostyn 131, 843 ; *a*, ym i bv kyd ; *b*, avar yr byd ; *c*, rwyf.

CANU HELEDD

XI

CYNDDYLAN.

1 SEFWCH allan, vorynnyon, a syllwch
  Gyndylan werydre.
  Llys Benngwern neut tande.
  Gwae ieueinc a eidun brotre.

2 Vn prenn ygwydvit a gouit arnaw,
  O dieinc ys odit.
  Ac a uynno Duw derffit.

3 Kynndylan, callon iäen gaeaf,
  A want twrch trwy y benn.
  Cu a rodeist yr cwrwf Trenn.

4 Kynndylan, callon godeith wannwyn,
  O gyflwyn am gyuyeith,
  Yn amwyn Tren, tref diffeith.

5 Kyndylan, befyrbost kywlat,
  Kadwynawc kildynnyawc cat,
  Amucsei Tren tref y dat.

6 Kynndylan, beuyrbwyll ovri,
  Kadwynawc kynndynyawc llu,
  Amucsei Tren hyt tra vu.

1a, syllyvch P, syllywch T. 1b, werydre g. RPT ; weridre
T. 1c, benn gwern R, Pengwern PT. 1d, ieueing P. 2a,
prenn a govit R, pren y gwydvit a gonit P, y gwydvit T.
2b, dieing P. 2c, deruit P, dervit T. 4b, angyfyeith P,
anghyfieith T. 5a, Cyndelan T. 6a, Kyndelan P.

7 Kyndylan, callon milgi,
   Pan disgynnei yg kymelri
   Cat, calaned a ledi.

8 Kynndylan, callon hebawc,
   Buteir ennwir gynndeiryawc,
   Keneu Kyndrwyn kyndynnyawc.

9 Kyndylan, callon gwythhwch,
   Pan disgynnei ym priffwch
   Cat, kalaned yn deudrwch.

10 Kyndylan, Gulhwch gynnifiat llew,
   Bleid dilin disgynnyat,
   Nyt atuer twrch tref y dat.

11 Kyndylan, hyt tra attat yd adei
   Y gallon mor wylat
   Gantaw mal y gwrwf y gat.

12 Kyndylan Powys borffor wychyt,
   Kell esbyt, bywyt ior,
   Keneu Kyndrwyn kwynitor.

13 Kyndylan Wynn uab Kyndrwyn,
   Ny mat wisc baraf am y drwyn
   Gwr ny bo gwell no morwyn.

14 Kyndylan kymwyat wyt,
   Armeithyd na bydy[d] lwyt,
   Am Drebwll twll dy ysgwyt.

7b, kymerli P, cymerli T.   7c, ladei RPT.   10a, Gulwch P.
10b, blei R, bleid PT.   12a, por for P ; wych yt RP, wyrh
yt T.   13a, Kyndelan P (*felly* 14a, 15a).   13b, baryf PT.

15 Kynndylan, kae di y riw
   Yn y daw Lloegyrwys hediw.
   Amgeled am vn ny diw.

16 Kyndylan, kae di y nenn
   Yn y daw Lloegyrwys drwy Dren.
   Ny elwir coet o vn prenn.

17   Kan vyg callon i mor dru
   Kyssyllu y ystyllot du gwynn gnawt
   Kyndylan kyngran canllu.

STAFELL GYNDDYLAN.

18 Stauell Gyndylan ys tywyll heno,
   Heb dan, heb wely.
   Wylaf wers ; tawaf wedy.

19 Stauell Gyndylan ys tywyll heno,
   Heb dan, heb gannwyll.
   Namyn Duw, pwy a'm dyry pwyll ?

20 Stauell Gyndylan ys tywyll heno,
   Heb dan, heb oleuat.
   E[t]lit a'm daw amdanat.

21 Stauell Gyndylan ys tywyll y nenn,
   Gwedy gwen gyweithyd.
   Gwae ny wna da a'e dyuyd.

22 Stauell Gyndylan, neut athwyt heb wed,
   Mae ym bed dy yscwyt.
   Hyt tra uu, ny bu dollglwyt.

17a, gan RPT.   17b, kyssylltu R, kysyllu y P, cysyllu T.
20c, elit RPT.

23 Stauell Gyndylan ys digarat heno,
    Gwedy yr neb pieuat.
    Wi a angheu, byr y'm gat ?

24 Stauell Gyndylan, nyt esmwyth heno,
    Ar benn carrec hytwyth,
    Heb ner, heb niuer, heb amwyth.

25 Stauell Gyndylan, ys tywyll heno,
    Heb dan, heb gerdeu.
    Dygystud deurud dagreu.

26 Stauell Gyndylan ys tywyll heno,
    Heb dan, heb deulu.
    Hidyl [vyn neigyr] men yt gynnu.

27 Stauell Gyndylan a'm gwan y gwelet,
    Heb doet, heb dan.
    Marw vy glyw ; buw mu hunan.

28 Stauell Gyndylan ys peithawc heno,
    Gwedy ketwyr bodawc,
    Eluan, Kyndylan, Kaeawc.

29 Stauell Gyndylan ys oergrei heno,
    Gwedy y[r] parch a'm buei,
    Heb wyr, heb wraged a'e katwei.

30 Stauell Gyndylan ys araf heno,
    Gwedy colli y hynaf.
    Y mawr drugarawc Duw, pa wnaf ?

23a P, dicarat T, digaryat R. 23c, PT, owi R ; byr P, byrr R. 24b, hydvyth P. 26b, heb dan PT, —R. 27b, goet R, toet T. 27c, ·yw my T. 28a, peithwac RPT. 28b, uodawc R, vodawc ɪ'. 30c, y R, a PT ; drugaravc PT, drugawc R.

31 Stauell Gyndylan ys tywyll y nenn,
    Gwedy dyua o Loegyrwys
    Kyndylan ac Eluan Powys.

32 Stauell Gyndylan ys tywyll heno
    O blant Kyndrwyn[yn]
    Kynon a Gwiawn a Gwyn.

33 Stauell Gyndylan a'm erwan pob awr,
    Gwedy mawr ymgyuyrdan
    A weleis ar dy benntan.

ERYR ELI.

34 Eryr Eli, ban y lef [heno],
    Llewssei [ef] gwy[a]r llynn,
    Creu callon Kyndylan Wynn.

35 Eryr Eli, gorelwi heno,
    Y gwaet gwyr gwynn novi.
    Ef y goet ; trwm hoet y mi.

36 Eryr Eli a glywaf heno,
    Creulyt yw ; nys beidyaf.
    Ef y goet ; trwm hoet arnaf.

37 Eryr Eli, gorthrymet heno
    Diffrynt Meissir myget !
    Dir Brochuael, hir rygodet.

38 Eryr Eli, echeidw myr,
    Ny threid pyscawt yn ebyr.
    Gelwit gwelit o waet gwyr.

35b, gvyn gvyn P, gwyn gwynoui T, gwyr gwynn novi R.
36c, twrwm RP. 37a, gorthcymet P. 37b, dyffrynt PT ;
mygedawc RP. 37c, dir R, du PT ; hir —T. 38a, echeidw
myr RPT.

I

39 Eryr Eli, gorymda coet [heno],
    Kyuore, kinyawa.
    A'e llawch llwydit y draha.

ERYR PENGWERN.

40 Eryr Penngwern penngarn llwyt [heno]
    Aruchel y atle[i]s,
    Eidic am gic [a gereis].

41 Eryr Penngwern penngarn llwyt [heno]
    Aruchel y euan.
    Eidic am gic Kynndylan.

42 Eryr Penngwern pengarn llwyt [heno]
    Aruchel y adaf.
    Eidic am gic a garaf.

43 Eryr Penngwern, pell galwawt heno
    Ar waet gwyr gwyla[w]t.
    Ry gelwir Trenn tref difawt.

44 Eryr Penngwern, pell gelwit heno
    Ar waet gwyr gwelit.
    Ry gelwir Trenn tref lethrit.

EGLWYSSEU BASSA.

45 Eglwysseu Bassa y orffowys heno,
    Y diwed ymgynnwys.
    Cledyr kat, callon Argoetwis.

39b, R, kynora knyava P, cyuor cnyava T. 39c, lhuydyt T.
40b, atles R, atleis PT. 41b, yenan P. 43b, gwylat R,
gnylyat P, guylyat T. 44b, gwelliti P, gwelit i T. 45a, y or
fovys P, y orphowys T. 45c, ar goetwys P, ar goet wys T.

46 Eglwysseu Bassa ynt ffaeth heno.
   Vyn tauawt a'e gwnaeth.
   Rud ynt wy, rwy vy hiraeth.

47 Eglwysseu Bassa ynt yng heno
   Y etiued Kyndrwyn[yn],
   Tir mablan Kyndylan Wynn.

48 Eglwysseu Bassa ynt tirion heno,
   Y gwnaeth eu meillyon.
   Rud ynt wy, rwy vyng callon.

49 Eglwysseu Bassa collassant eu breint,
   Gwedy y[r] diua o Loegyrwys
   Kyndylan ac Eluan Powys.

50 Eglwysseu Bassa ynt diua heno.
   Y chetwyr ny phara.
   Gwyr a wyr a mi yma.

51 Eglwysseu Bassa ynt baruar heno,
   A minneu wyf dyar.
   Rud ynt wy, rwy vyg galar.

Y DREF WEN.

52 Y dref wenn ym bronn y coet,
   Ysef *yw* y hefras eiryoet,
   Ar wyneb y gwellt y gwaet.

53 Y dref wenn yn y thymyr,
   Y hefras y glas vyuyr,
   Y gwaet a dan draet y gwyr.

47c, lau P.   48b, y gnaeth en P, y gwnaeth eu R ; meillion
P.   50b, y chetwir PT ; fara P.   51a, barnar PT.   52a, y
bron PT.   53a, ynyt hymyr RP, ynyt hynny T.   53b,
hefuras T

54   Y dref wenn yn y dyffrynt,
Llawen y bydeir wrth gyuamrud kat,
Y gwerin neur derynt.

55   Y dref wenn rwng Trenn a Throdwyd,
Oed gnodach ysgwyt tonn yn dyuot o gat
Nogyt ych y echwyd.

56   Y dref wenn rwng Trenn a Thraual,
Oed gnodach y guaet ar wyneb [y] gwellt
Noc eredic brynar.

FFREUER.

57 Gwynn y byt, Freuer, mor yw diheint heno,
Gwedy colli kenueint.
O anffawt vyn tauawt *yt* [l]lesseint.

58 Gwynn y byt, Freuer, mor yw gwann heno,
Gwedy agheu Eluan,
Ac eryr Kyndrwyn, Kyndylan.

59 Nyt angheu Ffreuer a'm de heno.
Am damorth brodyrde
Duhunaf wylaf uore.

60 Nyt angheu Ffreuer a'm gwna heint,
O dechreu nos hyt deweint,
Duhunaf wylaf bylgeint.

61 Nyt angheu Ffreuer a'm tremyn heno,
A'm gwna grudyeu melyn,
A choch dagreu dros erchwyn.

54b, gynanrud R, gynannrud P, gyuannrud T. 56b,
gauet R, ganet P. 59a, anghen P. 59b, R, vrodyrde PT.
59c, welaf P. 60c, blegeint P, blygeint T. 61c, chocheu RT
chochen P.

62 Nyt angheu Ffreuer a erniwaf heno,
     Namyn my hun yn wan glaf,
     Vym brodyr a'm tymyr a gwynaf.

63 Ffreuer Wenn, brodyr a'th uaeth,
     Ny hanoedynt o'r diffaeth,
     Wyr ny uegynt vygylyaeth.

64 Ffreuer Wenn, brodyr a'th uu,
     Pann glywynt gywrenin llu,
     Ny echyuydei ffyd ganthu.

65 Mi a Ffreuer a Medlan,
     Kyt ytuo cat ym pob mann,
     Ny'n tawr ; ny ladawr an rann.

BUGEILES LOM.

66 Y mynyd kyt atuo vch,
     Nyt eidigafaf *y* dwyn vym buch.
     Ys ysgawn gan rei vy ruch.

AFONYDD.

67 Am haual ar auaerwy
     Yd aa Tren yn *y* Trydonwy
     Ac yd aa Twrch ym Marchnwy.

68 Am haw[a]l ar eluyden
     Yd aa Trydonwy yn Tren
     Ac yd aa Geirw yn Alwen.

62a, ernwyaf T.   62b, ny wan R, uy P, wy T.   63a,
maeth PT.   63b, P, hannoedynt R ; diffaeth R, dissaeth PT.
64c, echynydei P.   65b, PT, ymbop R.   66c, ysganyn P.
67a, RT, hanal ar anaerwy P.   67c, ym R, y PT.   68a, hawl
R, havl PT ; elnyden P.

NEWID BYD.

69 Kynn bu vyg kylchet croen[nen] gauyr galet
   Chwannawc y gelyn,
   Ry'm goruc y uedw ued Brynn.

70 Kynn bu vyg kylchet croennen gauyr galet,
   Kelyngar y llillen,
   Ry'm goruc y uedw ued Trenn.

71 Gwedy vym brodyr o dymyr Hafren,
   Y am dwylan Dwyryw,
   Gwae vi, Duw, vy mot yn vyw !

72 Gwedy meirch hywed a chochwed dillat
   A phluawr [mawr] melyn,
   Mein uyg coes, ny'm oes dudedyn.

GORWYNION.

73 Gwarthec Edeirnyawn ny buant gerdennin,
   A cherd neb nyt aethant
   Ym buw Gorwynnyon, gwr anchwant.

74 Gwarthec Edeirnyawn ny buant gerdennin,
   A chant neb ny cherdynt,
   Ym byw Gorwynnyon, gwr eduyn[t].

75 Gwarthegyd gwerth gwyla negyd
   Ar a dyuo dra, gwarth a'e deubyd.
   Mi a wydwn a oed da,
   Gwaet am y gilyd, gwrda !

69b, gelein RP, galein T. 69c, yn R, y T ; bryum R,
brynn PT. 72a, chocwed R, chochved P, chochwed T.
72b, T, phlwawr RP. 73c, gorwynnyonn R, gorvynnyon P,
gorvynnion T ; gwyr RT, gvyr P ; a uchuant R, auch vant
PT. 74a, gerdnnin R, gerdeum P, gerdenin T. 74c, ednyn P.
75a, warth gwarthegyd R, PT—warth. 75b, dyno PT.
75d, gilid P.

GYRTHMWL.

76 Bei gwreic Gyrthmwl bydei gwan hediw,
    Bydei bann y disgyr.
    Hi gyua ; diua y gwyr.

ERCAL.

77 Tywarchen Ercal ar erdywal wyr
    O etiued Moryal,
    A gwedy rys mac rys mal.

HELEDD.

78 Heled hwyedic y'm gelwir.
    O Duw ! Padiw yt rodir
    Meirch vym bro[dyr] ac eu tir ?

ADLAIS.

79 Heled hwyedic a'm kyueirch,
    "O Duw! Padiw yt rodir gurumseirch
    Kyndylan, a'e bedwardeg meirch ?''

GORSEDD ORWYNION.

80 Neur sylleis olygon ar dirion dir
    O Orsed Orwynnyon.
    Hir hwyl heul : hwy vyghouyon.

76c, gyna dina P, gyñ na diua T. 77a, Erkal P. 77b,
etined R, etmed PT. 77c, macrysmal R. 78a, hwedig P,
hwedic T. 78b, a Duv P, a duw T ; yth RPT. 79a, hwedic
PT. 79b, a Duv P, a duw T ; yth RPT ; gurumseirch RT,
gur=ymseirch P. 80c, vyg konyon P.

DINLLEU VRECON.

81 Neur sylleis [olygon] o Dinlleu Vreconn
   Ffreuer werydre.
   Hiraeth am damorth vrodyrde.

[*Dernyn.*]

82 Marchawc o gaer adanaw
   Nyt oed hwyr
   A gwynnyon gwr o sanneir.

HELEDD.

83 Llas vym brodyr ar vnweith,
   Kynan, Kyndylan, Kynnwreith,
   Yn amwyn Tren, tref diffeith.

84 Ny sanghei wehelyth ar nyth Kyndylan.
      Ny thechei droetued vyth.
      Ny vagas y uam uab llyth.

85 Brodyr a'm bwyat ny vall,
   A dyuynt ual gwyal coll.
   O vn y vn edynt oll.

86 Brodyr a'm bwyat a duc Duw ragof.
      Vy anffawt a'e goruc.
      Ny obrynynt ffaw yr ffuc.

HEDYN.

87 Teneu awel : tew lletkynt.
      Pereid y rycheu.
      Ny phara a'e goreu.
   [Tru] ar a uu nat ydynt !

81a, llysseis R, sylleis P, sylheis T ;   dinlle ureconn R,
dinllen vroci vre/conn P, dinlhen vreconn T.   82c, sanneir RT,
san neir P.   84a, sagei P, saghei T.

88 As clywo a Duw a dyn,
    As clywo ieueinc a hyn,
    Meuyl barueu madeu Hedyn.

89 Ym byw Hedyn ehedyei
    Dillat yn aros gwaedvei.
    A'r glas vereu naf nwyfei.

CARANFAEL.

90 Ryuedaf din cleir na diw
    Yn ol. Kilyd keluyd, clyw !
    Yg gwal tyrch torri cneu knyw.

91 Ny w[n] y ae nywl ae mwc,
    Ae ketwyr yn kyuamwc.
    Ygweirglawd aer yssyd drwc.

CENNAD.
92   Edeweis y weirglawd aer.
    Ysgwyt digyuyng ; dinas y gedyrn,
        Goreu gwr Garanmael.

HELEDD.
93 Karanmael, kymwy arnat.
    Atwen dy ystle[n] o gat.
    Gnawt man ar gran kyniuiat.

94   Kymwed ognaw, llaw hael,
    Mab Kynndylan clot auael, dywedwr
        Kynndrwynin Caranmael.

88b, yeueing P, y ieueinc R. 89a, ehedyn RPT. 89b, gwaet
PT. 89c, nvyfei P. 90a, dinkleir P. 90c, gwal PT, gwall R.
91a, ny vy RPT. 92c, Garamnael P. 93a, Karamnael P
(*hefyd* 94c). 94c, kyndrvynn P, Cyndrwyn T.

95   Oed diheid ac oed [dihat]
       Oed diholedic tref tat a geissyws
       Caranmael yn ynat.

96   Karanmael, kymwed ognaw,
       Mab Kyndylan clot arllaw ; nyt ynat
       Kyt mynnat ohonaw.

97 Pan wisgei Garanma[e]l gatpeis Gyndylan
       A phyrydyaw y onnen,
       Ny chaffei ffranc tanc o'e benn.

HELEDD A'I BRAWD CLAF.

98 Amser y bu[u]m vras vwyt,
       Ny dyrchafwn vy mordwyt
       Yr gwr a gwynei, claf gornwyt.

BRAWD.

99 Brodyr a'm bwyat inneu
       Nys cwynei gleuyt cornwydeu,
       Vn Eluan, Kyndylan deu.

HELEDD.

100 Ny mat wisc briger nyw dirper o wr
       Yn diruawr gywryssed.
       Nyt oed lleuawr vym broder.

BRAWD.

101 Onyt rac agheu ac aeleu mawr,
       A gloes glas uereu,
       Ny bydaf leuawr inneu.

95b, RT, detholedic P ; geissywys R, geissivs P, geisiws T.
96b, ar llaw P.   97a, garanmal R, Garamnal P ; kynndylan
R, Gyndylan P.   97c, frang tang P, Phrang tang T.   98c,
kornvyt P, cornwyt T.   99b, gvynei kleuyt P, gwynei cleuyt
T.   101a, anghen ac aelyeu P, aelieu T.

BEDDAU MAES MAODDYN.

102 Maes Maodyn, neus cud rew,
 O diua da y odew,
 Ar ued Eirinued eiry tew.

103 Tom Elwithan, neus gwlych glaw,
 Maes Maodyn y danaw,
 Dylyei Gynon y gwynaw.

TRENN.

104 Pedwarpwnn broder a'm bu,
 Ac y bob un penn teulu.
 Ny wyr Tren perchen ydu.

105 Pedwarpwnn broder a'm buant,
 Ac y bob un gorwyf nwyvant.
 Ny wyr Tren perchen k[e]ugant.

106 Pedwarpwn terwyn o adwyn vrodyr
  A'm buant o Gyndrwyn.
  Nyt oes y Drenn berchen mwyn.

CHWIORYDD HELEDD.

107 [Amser i buant addfwyn,
 I cerid merched Cyndrwyn,
 Heledd, Gwladus, a Gwenddwyn.

108 Chwiorydd a'm bu diddan.
 Mi a'u colleis oll achlan,
 Ffreuer, Medwyl, a Medlan.

102c, eirinned P, erinned T. 103b, a danav PT. 104a,
petwar pvn P (felly 105a, 106a) ; pvn T. 104c, y du PT.
105a, pvn T. 106a, petwar pvm T. 107–13. Testun.
B.M. Add. 14867, 166b–167a. *Amrywiadau* : 108a, bydiddan.

109 Chwiorydd a'm bu hefyd,
    Mi a'u collais oll i gyd,
    Gwledyr, Meisyr, a Cheinfryd.

CYNDDYLAN A CHYNWRAITH.

110 Llas Cynddylan ; llas Cynwraith.
    Yn amwyn Tren, tref ddiffaith.
    Gwae fi, fawr aros eu llaith.

MAES COGWY.

111 Gweleis ar lawr Maes Cogwy
    Byddinawr, a gawr gymwy.
    Cynddylan oedd kynnorthwy.

LLEMENIG.

112 Celyn a sych o du tân.
    Pan glywyf godwrf godaran,
    Llu Llemenig mab [Mawan].

113 Arbennig lleithig, llurig ynghyhoedd,
    Aergi gwyth gwaithfuddig,
    Fflam daffar llachar Llemenig.]

109a, bw. 111a, togwy. 112a, Celain. 112c, Mahawen
113b, airgi. Gadewais allan RP 17b, 3–6, fel amherthynasol
Yn Add. 14867, daw ar eu hôl, " Yma y tervyn yn y Llyfr
Coch. Ond medd y Dr. Davies, ' Ar ol hyn ir oedd mewn un
Llyfr yr hyn sydd yn canlyn '," a rhoir y testun uchod o
107–113.

XII

ENGLYNION BEDDAU

[B.B.C. 64.]

1 Gwydi gurum a choch a chein,
  A goruytaur maur minrein,
  In Llan Helet bet Owein.

2 Gwydi gweli a gwaedlan,
  A gviscav seirch a meirch cann,
  Neud ew hun bet Kintilan.

3 Piev y bet da y cystlun,
  A wnai ar Loegir lv kigrun ?
  Bet Gwen ab Llyuarch Hen hun.

4 Bet Elchwith ys gulich glav.
  Maes meuetauc y danav.
  Dyliei Kynon yno i kiniav.

5 Bet Talan Talyrth, yg kinhen teir cad
        Kymynad pen pob nyrth.
     Hyget agoret y pirth.

[Pen. 98 B 48.]

6 Neud am ddiau cwm am waith fuddig
        Gwr clod ior waith fuddig.
     Arwynawl gedawl Gredig.

7 Gwedi seirch a meirch crychrawn,
  A gwawr, a gwewyr vniawn,
  Amdinon rythych dros odreon,
  Pen hardd Llovan Llaw Estrawn.

8 Gwedi seirch a meirch melyn,
   A gawr, a gwaywawr gwrthryn
   Am dineu rhych bych dros odreon
   Penhardd Llovan Llaw y gyn.

9 Bedd Llovan Llaw Ddivo yn arro Venai,
      Yn y gwna tonn tolo.
   Bedd Dylan yn Llan Feuno.

10 Bedd Llovan Llaw Ddivo yn arei o Venai,
      Odidawg a'i gwypo,
   Namyn Duw a mi heno.

XIII

MARWNAD CYNDDYLAN.

1 DYHEDD deon diechyr by - -
   Rhiau, a Rhirid, a Rhiossedd,
   A Rhygyfarch lary lyw eirassedd.
   Ef cwynif oni fwyf i'm derwin fedd,
5 O leas Cynddylan yn ei fawredd.

   Mawredd gyminedd a feddyliais
   Myned i Fenai, cyn ni'm bai fais.
   Carafi a'm enneirch o dir Cemais,
   Gwerling Dogfeiling Cadelling trais.
10 Ef cwynif oni fwyf i'm derw llednais,
   O leas Cynddylan, colled anofais.

TESTUN. Panton 14, 1, 124 ; B.M. Add. 14867, 143b ;
gw. B.B.C.S. vi, 134–41 am yr amrywiadau mewn orgraff.
10, coled.

Mawredd gyminedd, i feddyliaw
Myned i Fenai, cyn ni'm bai naw !
Carafi a'm enneirch o Aberffraw,
15 Gwerling Dogfeiling Cadelling ffaw.
Ef cwynif oni fwyf i'm derwin taw,
O leas Cynddylan, a'i luyddaw.

Mawredd gyminedd, gwin waredawg,
Wyf colledig wen, hen hiraethawg.
20 Collais pan amwyth alaf Pennawg
Gwr dewr diachar diarbedawg.
Cyrchai drais tra Thren, tir trahawg.
Ef cwynif oni fwyf yn ddaear fodawg,
O leas Cynddylan, clod Caradawg.

25 Mawredd gyminedd, mor fu daffawd
A gafas Cynddylan, cynran cyffrawd ;
Saith gant rhiallu'n ei ysbyddawd,
Pan fynnwys mab pyd, mor fu barawd !
Ni ddarfu yn neithiawr, ni bu priawd.
30 Gan Dduw py amgen plwyf, py du daerawd ?
Ef cwynif oni fwyf yn erwydd rawd,
O leas Cynddylan, clod addwyndawd.

Mawredd gyminedd, mor wyf gnotaf,
Pob pysg a milyn yd fydd tecaf,
35 I drais a gollais, gwyr achassaf,
Rhiau, a Rhirid, a Rhiadaf,
A Rhygyfarch lary [ior] pob eithaf.
Dyrrynt eu [p]reiddiau o ddolau Taf,
Caith cwynynt ; brefynt, grydynt alaf.
40 Ef cwynif oni fwyf yn erw penylaf
O leas Cynddylan, clod pob eithaf.

25, dafawd. 27, yspeidawd. 29, Hy darfu. 30, daear-
awd. 31, ni erwrth wawd. 35, gwir. 38, Reiddeu a toleu
Taw. 39, briwynt.

Mawredd gyminedd, a weli di hyn ?
Yd lysg fy nghalon fal etewyn.
Hoffais *i* feuedd / eu gwyr a'u gwragedd/
45 [Fy ngomedd] ni ellyn(t).
Brodyr a'm bwyad, [oedd] gwell ban fythyn,
Canawon Arthur fras, dinas dengyn,
[Y] rhag Caer Lwytgoed nis digonsyn.
[Oedd] crau y dan frain, a chrai gychwyn.
50 Briwynt calch ar drwyn, feibion Cyndrwynyn.
Ef cwynif oni fwyf yn nhir gwelyddyn,
O leas Cynddylan, clodlawn unbyn.

Mawredd gyminedd, mawr ysgafael
Y rhag Caer Lwytgoed, neus dug Morfael.
55 Pymtheccant muhyn, a phum gwriael ;
Pedwar ugain meirch, a seirch cychafael.
Pob esgob hunob ym mhedeirael,
Nis noddes mynaich llyfr afael.
A gwyddwys yn eu creulan o gynran claer
60 Nid engis o'r ffosawd brawd ar ei chwaer.
Diengynt a'u herchyll trewyll yn taer.
Ef cwynif oni fwyf yn erw trafael,
O leas Cynddylan, clodrydd pob hael.

Mawredd gyminedd, mor oedd eiddun
65 Gan fy mryd, pan athreiddwn Pwll ac Alun !
Irfrwyn y dan fy nhraed hyd bryd cyntun ;
Pludde y danaf hyd ymhen fy nghlun.
A chyn ethwyf *i* yno i'm bro fy hun,
Nid oes un car ; neud adar i'w warafun.
70 A chyn ni'm dyccei *i* Dduw i'r digfryn,
Ni ddigones neb *o* bechawd cyhafal fy hun.

44, mewredd. 45, Ni ellynt fy nwyn. 54, Moriael.
56, cyhawael. 60, Ni ddiengis. 62, trawael, trafwael. 64,
moroedd errun. 66, irwrnn. 67, plwde. 70 digfryn ?
71, cyhawal i mi hun.

NODIADAU

NODIADAU

I

1a **Na wise,** gw. 5b, 16b. Defnyddid *gwiscaw* am ymar-
fogi, cf. P.K.M. 29, erchwch y wyr y llys *wiscaw*
amdanunt ; 71, Ar hynny *guiscaw* a wnaethant wynteu ;
73, E gwyr hynny a neilltuwyt, ac a dechreuwyt *gwiscaw*
amdanunt, ac ymlad a wnaethant ; C.Ch. 181, perwch
awch holl niueroed *gwiscaw arueu* . . . Ac yna y *gwisgassant*
agos y ugain mil ar vrys.

   kwyn. Rhydd D. ddwy brif ystyr (Querela, querimonia,
lamentatio. Actio, lis, dica), sef cwynfan, a chyngaws
cyfreithiol ; ond ceir trydedd hefyd, sef benthyg o'r Ll.
cēna "cinio, gwledd", cf. B.B.C. 106, Boed emendiceid y
morvin ae hellygaut *guydi cvin.* Yr ystyr yma yn ôl
Rhys yw "after supper" ; gwrthyd Loth hyn, a deil na
ddefnyddir *cwyn* felly yn yr hen destunau, R.C. xxiv,
350, 359. Rhydd ef "après plainte" fel y meddwl, a
dyfynna'r llinell hon i ategu. Ond cf. R.P. 170 b 8, Preidyn
oed y *gwyn* kyn noe gwydaw, h.y. gwleddai'r arwr ar
breiddyn, sef ysbail, cyn ei farw ; B.A.23, oed menych
guedy cwyn i escar, cf. S. "quarrelsome in his cups !" Felly
y deallaf y testun, "Paid ag ymladd ar ôl gwledd".

   brwyn, "trist" ; cf. Gw. *brón* "sorrow, grief", *brónach*
"sorrowful" (C.I.L. 266, 268 ; A.C.L. iii, 179) ; gw. D.G.
lxxix, 8 (Pen. 49, 94b ; Pen. 54, 80), Nid oes glefyd,
na *bryd brwyn* / A êl ynddaw o Landdwyn.

   bryt, "meddwl" ; felly *bryd brwyn* "melancholy, iselder
ysbryd."

1b **llem awel,** brawddeg enwol. Y goddrych yw *awel,* a'r
traethiad yw *llem.* Nid oes angen berf, gan fod cyfosod
y geiriau, a phwysleisio'r traethiad, yn ddigon i gyfleu'r
meddwl. Dyma un o hoff ddulliau'r beirdd cynnar yn eu
canu natur, a'u canu diarhebol. Mewn cân yn y Llyfr Du
(B.B.C. 89, gw. VII, 1a), ceir *llym awel,* gyda'r ansoddair

gwrywaidd yn y traethiad, er bod y goddrych yn fenyw-
aidd : credaf mai hynny sydd yma hefyd, ond bod y Llyfr
Coch wedi digwydd cadw *llem* o ryw lsgr. hŷn lle ceid *e* am
y ; gw. P.K.M. 89, *lenn, glenn* am "lynn", "glynn" ; cf.
orgraff y Llyfr Du o'r Waun.   Daw'r un frawddeg eto yn
VI, 2a.

1c   **Amgyhud.** Methais wrth ddarllen *na'm cyhud* gyda Skene,
F.A.B. ii, 261 ; H.E. 124 (gw. *Early Welsh Poetry*, 37–8,
73–4) a thybio mai ymddiddan â'i *fam* yr oedd Gwên.
Rhaid deall amgyhudd fel datgan (cf. H. 12, 14, 21 ; B.T.
41, 14 : a'r hen ferf *amcawdd, amceuddant*).   Clywsai Gwên
ei fam yn dweud mai mab oedd i Lywarch. Felly Llywarch
yw'r un a gyferchir.
      Sylwer ar y modd yr odlir *wyf* ag *-wyn* yn yr englyn.

2a   **awen,** cf. B.B.C. 69, 6, Etri bet . . . *awen* ae divaud imi ;
63, Tedei tad *awen* (Nennius, Talhaern *tat aguen*) ; H. 197,
Am roto douyt . . . *Awen* gan awel pan del pylgeint : yn y
rhain ysbrydoliaeth y bardd a olygir.   Am ystyr ehangach,
gw. H.M. ii., 196, Ar marchawc yna a gymerth *awen milwr-
yaeth* o newyd yndaw, ac a gerdawd racdaw yn lew. Yn y
testun, defnyddir am galon y tad yn cynhesu pan wêl
ei fab : nid dawn bardd ond dawn tad.

2b   **yn hanuot,** ein hanfod. Ychydig, os dim, sydd o wahan-
iaeth ystyr rhwng *bod* a *hanfod* mewn llawer testun. Golyga
hanfod o weithiau gyfansoddiad, weithiau darddiad, cf.
D.B. 47, Samos : odyno y *hanoed* Pitagoras ; 63, A *hanvo*
o'r daear ; 102, A'r glaw, kyt *hanffo o*'r mor ny byd hallt ;
F.B.O. 51, y rei a *hanffo o*'e waet ; S.D.R. 51, y genedyl yd
hanoed ohonei.

      o un achen. Gan fod *o* mor aml yn dilyn *hanfod*, hawdd
cywiro *cun* y llsgr. i *o un :* ceir mesur rheolaidd felly.
Ar *achen, echen,* gw. Ll-J. G. 6b, "llinach, teulu" ; a Wms.
L.C.B. ar *ehen* mewn Cernyweg, "tribe, family, kind, sort" ;
hefyd B. vii, 36–8, ar y berthynas â *cenedl,* am-*gen,* cf.
M.A. 167b, ym peryf . . . bwyf geinyad, Yr mab yr mawr-
dad . . . Yr yspryd uchel *or vn echen :* 247b, Handoet d**y**

achoet . . . *O echen* lawen ; 162a, *o* bedeir *echen.* Felly *o un echen* "of one stock, of the same origin, related to one another". Am frawddeg debyg mewn amgylchiad cyffelyb, cf. R.M. 106, Arthur a'r llanc dieithr, Culhwch, "Mae vyg callon yn tirioni wrthyt. Mi a wn dy hanuot om gwaet".

2c   **oric,** bachigyn o *awr.*

     elwic, cf. R.P. 10a, 7 ; B.T. 48, 15 ; 72 b 19 ; B. ii, 31, lle cyferbynnir *dielw* (Ll. *vile*) ag *elwic a chu* (Ll. *carum*). Felly ansoddair yw o *elw* " budd, eiddo, cyfoeth", a golyga "gwerthfawr, valuable, dear" ; *oric elwic,* "a good while".

     I gael synnwyr, deallaf *tri gwyd* y llsgr. fel *trigwyd,* gyda -*d* o orgraff hŷn am -*t* y Llyfr Coch.

     A Wen. Gan fod *awen* eisoes yn odli yn yr englyn, deallaf *awen* y Llyfr Coch fel cyfarch Gwên, gydag *a* gyfarch fel yn *a wr,* (*h*)*a wŷr,* etc. ; gw. VII, 19b, *a* teulu ; XI 78b, *O Duw*=*a Duv* yn P. *a duw* yn T.

     Am *Gwên* fel enw dyn (nid *Gwenn !*) gw. M.A. 264–5, awdl farwnad i Wên fab Goronwy (hefyd B.A. 24, 15, cf. 11, 14).

3a   **gryt,** "brwydr" ; cf. Gw. *grith* "bloedd, twrf" ; *armgrith* "clash of arms", fel *arfgryd* yn Gymraeg, gw. G. 38a. Hefyd cf. *grydwst.*

3b   **armaaf.** Gair anodd ; arno gw. G. 42a, a nodyn Ll-J. yn B. iv, 147–8 : dyry ef *armäu* "cynnal, dwyn, dal, cryfhau, nerthu". Ond nid yw'r ystyron hyn yn gweddu yn y testun, hyd y gwelaf ; a phetrusaf rhwng "arfaethaf" a "pharatoaf". Ar gychwyn i'r rhyd y mae Gwên, a ffarwelio y mae yn y ll. nesaf. Gw. isod, 9b ; hefyd H. 8, pryd y bo kyfnod yn kyuodi / y ssawl y ssy met *ar maa fi ;* H. 9, traethaf *armaf* or meint y ynni ; ac yn ôl pob tebyg, B.T. 60 *armaf* (yn lle *arinaf*) y blwydyn nat wy kynnyd. Yn groes i G. 38b, deallaf *arvaf* yn R.P. 48 a 3 fel berf o'r un ystyr ; Divei ion eruei *arvaf* y ganmawl, "arfaethaf ei ganmawl".

     ryt, cf. P.K.M. 5, B.A. 32, en cadw *ryt.* Deuai'r gelyn bob amser drwy fwlch yn y mynyddoedd, neu drwy ryd ar yr afon derfyn, ag eithrio gelyn tramor, bid sicr.

3c **kyn nyt anghwyf.** Ar *cyn ni* "though not", gw. P.K.M.
99 ; W.G. 446–7. *anghwyf*, pres. dib. laf. un. o'r ferf
sy'n fwy cyffredin fel cyfansodd, *dianghaf;* cf. B.A. 13,
anghwy; 22, *anghei;* 33, *anghassant.* Nid negydd yw'r
di-, ond yma golyga "allan" (cf. *noethi, dinoethi*), fel nad
oes fawr o wahaniaeth ystyr.

Duw gennyt, "boed Duw gyda thi, God be with thee,
Good-bye". Gw. ffarwel Cynddelw i'w fab marw,
Dygynnelw, M.A. 185a, Dygyn yw hebod bod byd /
Dygynnelw, *a Duw gennyd!* Cf. H. 296, Dos, *a duw
gennyt;* B.B.C. 83, oet reid *duu genhin;* a brawddegau
fel W.M. 65b, Dos y eisted *a bendith duw genhyt;* H. 163,
bendith duw gennwch, gynreinyon (wrth gyfarch arglwyddi'r
llys).

4a **diengyd,** pres. myn. 2 bers. un. yn *-ydd* (diweddarach
-y, -i) ; gw. W.G. 319.

ath wellf. Nid rhagenw perthynol yw'r *a* yma, ond
geiryn rhagferfol y cydir wrtho'r rhagenw canol *'th.*
Cyfystyr yw *ath welif* i *fe'th welaf,* neu *mi'th welaf.* Ond
gw. W.G. 276, 281.

Yn R. ceir *welwyf, gwynnwyf* yn 4a, b ; *welvyt, gvynyf,*
yn P., ond dengys yr odl â *gnif* fod yn rhaid adfer yr hen
bresennol myn. laf. yn *-if* i odlau'r ddwy linell. Digwydd
weithiau yn yr hen ganu megis B.A. 1, 5, *gwneif;* B.B.C.
100, *kuinhiw;* H. 6, 108, *kenif,* etc. ; ond disodlwyd ef yn
llwyr gan y ffurf yn *-af,* gw. W.G. 319, 332. Gresyn na
chadwesid ef fel dyfodol. Wrth ei droi yn *-wyf,* rhydd y
Llyfr Coch yr ystyr iawn yma, ond yn 3c, troes *anghwyf* yn
anghyf!

4c **wyneb,** yn yr ystyr o "anrhydedd", gw. P.K.M. 175, ar
wynebwerth; cf. W.M. 230a, dwyn dy *vyneb* di a wnaf ;
235b, Mynet a wnaf i ath *wyneb* di a dygaf i genhyf ;
R.P. 6 b 12, kadw dy *wyneb;* G.M.L. 182, Ll. MS. 116,
O myny gadw dy *wyneb,* kadw dy eir.

Wedyn yn y llsgr. ceir *gwyr:* ymddengys fel petai'r
synnwyr yn gofyn *gŵr;* cf. XI, 73c, lle ceir *gwyr* yn y llsgr.
yn amlwg yn lle *gwr,* fel y dengys 74c. Felly hefyd yn
R.P. 14a, 34, 37, gwelir cymysgu *gwyr* a *gwr.* Gan hynny
diogel yw darll. *wyneb gwr* "the honour of a warrior".

ar gnif R, *er gnif* P.T.   Yr enw yw cytras Gw. *gním*
"gwaith, gweithred", yma "caledwaith brwydr, caledi" ;
cf. B. vi, 206, 214, nit guor *gnim* molim map meir ; B.B.C.
83, ruit *ygniw;* 91, avonit *igniw.* Am *ar* yn ystyr *er*, gw.
B. iii, 259, *ar* lles=*er* lles ; hefyd, sylwer ar yr amrywio eto
yn 5b.

5a   Mewn toddaid odlir y pumed sill yn y ll. gyntaf â'r
brifodl, os odlir yn fewnol o gwbl ; cf. 1a, *kwyn, vrwyn* ; 18a,
etc.   Nid yw *dy* o flaen *wyneb* yn cyfrif fel sill yn y mesur,
ac o'i adael allan daw'r toriad cyntaf yn y ll. ar y pumed,
a cheir *wyneb trin woseb wr* i ateb i *wyneb gwr* 4c. Os dar-
llenir *dy wyneb* fel *d'wyneb*, cedwir mesur, ond collir y
cyfateb i 4c.   Rhaid deall *trin woseb wr* fel disgrifiad o
Lywarch, a'r ymddiddan oll fel un rhyngddo ef a'i fab,
a chau'r fam allan.

trin wosep wr.   Odlir *wyneb, wosep*, ond nid oes odl â
b, c.   Cyfansodd yw *trin wosep* o ddull cyffredin yn y
Gogynfeirdd, a chyfansoddir ef drachefn ag *wr*, ond acennir
wr ar wahân.   Yn ôl D. rhodd yw *goseb, gwoseb*, cf. Cy. ix,
332, lle glosir ef fel "kellenic" ; cf. M.A. 196b, Yth aruod
ossod ossep, Yth arueu nyth arueit neb ; 208b, *Gosseb*
rotyad eur rad rwyt ; 209b, Nef yr gwr arwr *eur ossep*
cerddeu.   Yn y Cyfreithiau (A.L. i, 360, 636, 638, 646, 662,
664) sonnir am farch yn *wosseb*, neu *bitwosseb, byth yn osseb*,
fel braint swyddwr, cf. march yn *breswyl* mewn testunau
eraill (G.M.L. 251).   Gan fod *gosod* yn golygu "attack"
(cf. *ymosod*), y mae *gosod oseb* a *thrin woseb* yn gyfystyron ;
gydag *wr*, y meddwl yw "un sy'n barod bob amser i roi
brwydr i'w elyn," milwr dewr.   Felly deallaf eiriau
Gwên i olygu "Ni chollaf dy anrhydedd, O filwr dewr".

5b   **gwisc,** gw. ar 1a.

ystre, cf. isod 33b, oed dinas *ar ystre ;* B.T. 31, ar ystrat
ar ystre ; M.A. 140b, Perchen pefr *ystre* o re fyngawc
(=H. 3, or re wygawc) ; H. 23, gnaws am bann bennyal
ystre ; 95, *ystre* hynt wastad ; 290, Caeroet gwenlliant
gwynllywc se, caradwy lywy lewych *ystre ;* M.A. 218a,
Difuddiawg farchawg feirch *ystry ;* H. 6, ennillawd llyw
ystre lle i gilyt.   Y cwbl sydd gan D. yw *ystref* "habitatio,
domicilium" ; *ystry*, "Idem quod *ystref*", fel petai'n ddull

diweddar ar *ys-tref*. Ond nid oes *-f* hyd yn oed yn Llyfr
Aneirin, gw. B.A. 13, gododin *ystre* = 34, *stre ;* 17, kynnif
aber rac *ystre ;* 18, kynnedyf y ewein esgynnv *ar ystre ;* 29,
ar ystre gan vore godemles. Y mae'n anodd penderfynu'r
ystyr yn fanwl, ond cf. Ll. *striga* "gwanaf, rhych, mewn
gwersyll y lle gwag rhwng y minteioedd, rhes o bebyllau",
cytras â'r Ell. *strich* (gw. Andrews, a Walde, *s.v.*). Os yw
hyn yn iawn, gellir ei esbonio fel "goror, glan ; ffin, ardal,
bro ; clawdd terfyn, gwrthglawdd ; neu res hir (o feirch)" ;
cf. y modd y dilynir "kynnif aber *rac ystre*", yn B.A. 18
gan "gynnu aber *rac fin.*" Daw'r holl enghreifftiau sy'n
hysbys i mi yn hwylus o dan un o'r ystyron perthnasol hyn.
Yn y testun, ymarfogi y mae'r glew ar gyfer amddiffyn y
terfyn, yn hytrach nag at gyrch dros y terfyn.

5c **porthaf,** yma "dioddefaf" ; gw. D. *porthi* "ferre, gerere,
portare" ; B.B.C. 34, ny *forthint* ve vygilet ; 51, Guydi
porthi heint a hoed ; 86, *porthi* penid ; W.M. 116a, ac
yvelly *porth* y gawat (gw. ystyron eraill, P.K.M. 298).

gnif, gw. ar 4c ; *porthi gnif* yw dioddef caledi ; cf. R.P.
14a, 29, *porthit gnif* bob kyniuiat "every warrior endures
hardship".

mudif. Ceid gynt y berfenw yn *-if*, cf. B. vi, 206, *molim*
"moli", ond er bod modd deall *kynn mudif* yma fel "cyn
mudo", gwell gennyf ddeall fel "cyn mudaf", gw. ar 4a, b ;
cf. 9c, kynn *techaf*, lle ceir pres. myn. 1af. ar ôl *kynn*
"before" ; H. 8, kyn *bwyf* deyerin, lle ceir pres. dib. 1af.
ar ei ôl.

lle. Cadarnha hyn yr esboniad uchod ar *ystre ;* addo
y mae Gwên na symud o'i safle ar y ffin, cf. B.A. 7, nyt
adawei adwy yr adwryaeth ("llwfrdra").

6a **redegawc,** cf. R.P. 9b, 37, redegawc vyn deigyr hediw.
6b **ech adaf,** neu *echadaf*. Os deuair, "allan" yw *ech*, a
"llaw" yw *adaf*. Ar *ech* "out of" (cf. Ll. *ex*, Galeg
Exobnus, Gw. *esomun*, *eh-ofn*), gw. H. 288, *e.* awyt ; B.T.
10, *e.* y gadwynawr ; B.A. 4, *e.* e dir : a chan mai cyfystyr
â llaw, ac adaf, yw *anghad* (gw. isod 30b, XI, 42b), cf. yn
arbennig B.T. 25, heint *ech y anghat*. Ar *adaf* gw. M.A.
144a, ei win o'i wen *adaf ;* 189a, Bwyd adar oe *adaf ;*
R.P. 158b, Od a i urwydr ai *adaf* vridoc. Am y ddeuair

ynghyd, gw. B.A. 19, *echadaf* heidyn haearnde. Y tebyg
yw, felly, mai "o law" yw ystyr *ech adaf*. Ond ceir *o law*
hefyd mewn priod-ddull arbennig fel "wedi", heb flas o
ystyr *llaw* "hand" ; gw. B.T. 22, 26 ; Llan. 2, 212, Llymma
o law hynn y treithir o antkrist ; Pen. 7, 210, *O law hynn*
y gwelwchi mab dyn yn eiste ar dehev y nerth ac yn dyvot
yn ewybyr nef ; R.P. 10 a 23, Gwae a dwc daffar *o law*,
cf. *am law, ger llaw, heb law*, ac *yn ol llaw*. A eill *ech adaf*
olygu rhywbeth tebyg, ai ynteu a ddylid ei ddeall yn
llythrennol ? Dibynna hyn ar y modd y deallir gweddill
y frawddeg yn y testun : llythrennol yw yn B.A. 19.

torrit aruaeth. Ystyr arfaeth yw bwriad, pwrpas ; gw.
G. 38a, R.P. 7b, keluyd kelet y *a.;* 20b, nyt un *a*. kaeth
a ryd ; 148a, *aruaeth* yw gennyf . . . dodi dwfyr yth
varwnat ; M.A. 242a, Dyn yn fyw ni fedd oi *arfaeth*. Nid
mor hawdd penderfynu ystyr *torrit*. I ddechrau, gall *torri*
fod yn ferf gyflawn neu anghyflawn, gyda gwrthrych neu
heb un. Gall *-it* fod yn derfyniad pres. myn. 3ydd. un.
mewn dihareb fel hon : mewn Cymraeg Canol ceir ffurf
yn *-it*, sy'n rhoi grym amhersonol perffaith, gw. ar III,
22b, cf, P.K.M. 191 ; ond y defnydd arferol yw fel amher-
sonol amherffaith. Yr olaf yn unig sydd yn fyw heddiw.
Yr ystyron posibl, gan hynny, yw (1) tyrr arfaeth, (2) tor-
rwyd arfaeth, (3) torrid arfaeth ; a chyda'r rhain rhaid
cydio *echadaf* yn y naill ystyr neu'r llall, "o law" neu "wedi,
wedyn". Nid oes ond ystyriaethau cyffredinol a all ein
helpu i benderfynu rhyngddynt. Mewn dihareb, R.P. 21,
dywedir "Nyt neb a ued oe aruaeth", h.y. ni all dyn fod yn
sicr y medr gyflawni ei fwriad ; cf. y dyfyniad uchod o
M.A. 242a ; yn R.P. 37b, o'r tu arall, (Duw) "Ef a ued a
uedyr oe aruaeth", gall Duw gyflawni ei arfaeth ef. Y
mae gan Dduw, ond nid oes gan ddyn, "feddiant" ar ei
arfaeth. (Am ystyr *meddu*, gw. B. i, 30.) Cynigiaf ddeall
y testun yng ngolau'r rhain fel senn i Gwên ; ei fwriad,
meddai ef, yw gwylio'r rhyd, ond torrwyd arfaeth dyn lawer
gwaith ar ôl ei llunio, medd y llall.

6c   **kat agdo** (R. *ac ado*, P.T. *a gado*). Dengys P.T. mai
agado oedd yn y Llyfr Gwyn ; rhannodd R. hyn yn *ag ado*,
a throi *ag* yn *ac* yn ôl ei orgraff ei hun, cf. M.A. 211b,

Breyenhiŋ breisc werin brwysc *ado* (*acdo*) ; ceir *ado* yn
H. 275, yn y ll. hon, ond *acdo* yn R.P. 166a.   Ymhellach,
cf. R.P. 20 b 24, pan elwir chwelit *acdo* ; B.T. 35, Nac eillt
nac *ado*. na bryn na thyno ;   B.B.C. 90, Guenin igodo
oer*agdo* rid. reuid rev. pan vo.   Yn ôl Loth, A.C.L. i, 403,
angdo yw'r olaf, a chynnig mai "surface" yw'r ystyr ;
gwrthyd ei gysylltu wrth *acdo*.   Yn ôl G. 6, *acdo*, "? gor-
chudd, llen, cysgod", gan gymharu *angdo*, a dal bod modd
deillio *acdo* ohono ;   G. 16, *angdo*, "gorchudd tenau ?".
Cyfeiria hefyd at R.P. 7 b 30, Eiry mynyd dyd *acdooeth*.
Nid oes gennyf ddim pendant i'w chwanegu, ond cf. B.T. 57,
kat gwortho ny bu ffo pan pwyllatt.

　　ffraeth, "parod, cyflym", yma "parod ei dafod" ; gw.
H.G.Cr. 203.

7a　**yssit ym,** "y mae im" ; gw. W.G. 350 ar *yssit*, ac isod ar
　　VI, 20a.   Gwahaniaether rhwng *yssid* "there is, there are" ;
　　yssid (o *ysu* "bwyta"), ac *yssydd*, "who is, who are".

7b　**briwaw pelydyr,** dryllio gwaewffyn ; cf. chwil-*friw*, a
　　briw-wydd ; nid fel *briw* "clwyf" heddiw, a *briwo*, *brifo*
　　"to hurt".

　　parth y bwyf, lle bwyf, cf. H. 17, bryt pawb *parth yd*
garwy (fel Matt. vi, 21) ; B.B.C. 68, *parth ydvei* ny bitei fo.

7c　**llauaraf.**   Y trydydd pers. pres. oedd *llefair*, gyda'r
　　affeithiad rheolaidd o *a* i *e* o flaen *ai* ; oddi yno lledodd y
　　ffurf *llef*- drwy'r ferf.

8a　**migned,** corsydd, cf. *migneint*, Tal *Mignedd* yn Arfon.
　　Rhydd D. *mign* "coenum, lutum, ablutum, ablues", h.y.
　　baw, llaid ; ond mewn enwau lleoedd cors wleb yw *mig(i)n*
　　fel rheol.   Yn Arfon clywais, fodd bynnag, *migin* am ôl
　　neu sathrfa defaid neu anifeiliaid eraill yn yr eira.

8b　**rac.**   Rhydd P. *Kat*, bai am *Rac*, yn hytrach nag am
　　kant, gan, er B.B.C. 91, 10, canys *rac* sydd gan T, copi o'r
　　un llsgr.

　　cann, sef *march* cann neu wyn.   Mewn cerdd gadewid yr
enw march allan, ac arfer yr ansoddair ei hun ; cf. B.B.C.
99, 1, kywruy *cann* ; B.A. 1, ar bedrein *mein vuan* ; B.B.C.
2, *gwelugan* ; *mein winev* ; M.A. 149a, Lliaws *gwinau* . . .
llwyd a *llai* lliaws *erch*, etc. ; H. 6, kinteic ar *gann* ; 15, ar
gann a *glas*.

tal glann, "front", neu "edge of a bank". Tyrr ymyl y lan wrth i'r anifail lamu dros yr afon, cf. B.B.C. 91, Briuhid *tal glan* gan garn carv culgrwm cam. A'r defnydd o *tal*, cf. M.A. 183a, Ar daryan daer *daluriw*, "with shattered front" **briw,** gw. ar 7b. Yma, berf gyflawn, pres. myn. 3ydd. un

8c   **nydiw.** Dyfynnir y ll. fel dihareb yn B. iii, 11 (Englynion y Clyweit), ac yn B. iv, 8 (265). Medrir darll. y ferf a'r negydd ynddi fel *nid yw*, cf. R.P. 9 b 38, amgeled ādyn *nyt ydiw* (odl â *hediw, biw) ;* 15 a 39, amgeled am vn *nydiw* (odl â *hediw, riw*). Ond ceir gwell cyseinedd wrth ddarll. *ni ddiw* yn M.A. 183a, H. 169, am danaw *ny daw ny diw* / nym gad adoed hoed hetiw : cf. hefyd M.A. 185b (H. 165), hydyr eu gwir or gwr *ny diw;* 205a, Kynan darogan derwyton *dy daw* / Ef *dy diw* o urython . . . Un oet well, vt mwynbell Môn : R.P. 151 a 5, Unbenn dawn amgen *ny diw.* Am y meddwl, cf. H. 16, Nyd oes gystetlyd y hael . . . *Nyd ydiw yn uyw ny daw ny dotyw* / ny chynnhan ny chlyw . . . hyd pan del kynan : ac yn arbennig cf. R.P. 20b, Atuant adaw ny wnehyd (lle'r etyb *atuant* i *nydiw* y testun).

Ceir *diw* mewn Hen Gymraeg gyda'r rhagddodiad *ar-* yn Juv. 68 (V.V.B. 45), sef *ardiu* gl. ar *instat.*   Yn ei nodyn cymhara Loth Cern. *ni thue* "ni ddaw" â'r Llyd. *deu, mar deu* "os daw", ;   `ia'r *diu* wrth y ffurf Gymraeg *deu=* "daw", ffurf na wel s i erioed.   Petasai modd rhoi'r ystyr "be present" i'r *diu* hwn, eglurai'r enghreifftiau uchod. Y mae *ni ddiw* mor agos i "nid yw" nes bod R.P. unwaith wedi rhoi *nyt ydiw* yn ei le : bryd arall y mae'n cyfredeg â *ni ddaw* : bryd arall disodlir ef gan *ni ddoddyw;* yn M.A. 205a, yr unig ystyr bosibl i *ef dy diw* mewn marwnad fel hon yw "there has come".   Darogan y beirdd oedd y deuai Cynan : ond *daethai* un oedd well nag ef, udd Môn. Onid ffurf ar *doddyw* neu fai amdano ydyw ?   Teg, fodd bynnag, yw dweud fod *instat* yn ei ystyron cyffredin yn perthyn yn nes o lawer i ferf fel *gorddwy* yn Gymraeg.

9a   **gwasgarawt.** Ar *-awt* fel terfyniad i'r pres. myn. 3ydd. un., gw. W.G. 323 : H.G.Cr. 138, 152, 264 ; Dyfodol yw'r ystyr fel rheol, meddir ; ond yma gall fod yn bresennol.

Yn wir, gellid darll. *gwasgarawc* gyda T, a chymharu
redegawc yn 6a uchod.

Y mae'r ll. yn fyr o ddeusill neu dri. Pe rhoddid *cereint*
neu *cenueint* i mewn, a gair unsill wedyn, fel *llif*, ceid ystyr
dda. Hawdd fuasai neidio dros *cenueint* o flaen *neint;*
ond ni roddai hynny odl ar y pumed heb wthio gair arall
i mewn. Can nad oes awgrym yn y llsgr., gwell ymatal.

9b   **armaaf,** gw. uchod ar 3b. Gwna *arfaethaf* y tro fel
ystyr yma hefyd ; ei arfaeth yw peidio â chilio nes bod ei
darian yn dyllog.

9c   **ysgwyt br(w)yt briw.** Ansoddair "toredig, tyllog" yw
briw yma ; cf. 7b, 8b ; M.A. 183a, ar *daryan* daer *daluriw;*
B.A. 34, 10, *scuyt* grugyn . . . *tal briv* bu. Ni ddeallaf *bryt*
yn y cysylltiad hwn : darll. *brwyt*, gair o ystyr gyffelyb i
briw, sy'n digwydd yn aml gydag *ysgwyt*, fel ei gyfansawdd
tryfrwyt; cf. R.P. 147a, Gnawt vot *ysgwyt vrwyt vriwdoll*
arnaw. Gan y disgwylid treigliad ar ôl gair benywaidd fel
ysgwyt, fel a geir yn y dyfyniad uchod, deallaf *brwyt briw*
y testun fel olion hŷn orgraff megis yn B.A. 34, 10, neu
ynteu bai wrth gopïo, darllen *v* o fath neilltuol fel *b*. Mewn
ambell law anodd gwahaniaethu rhyngddynt ; gw. hefyd
G. 79a ar *brwyt*,[2] a B. xi, 94–6, ar *bruit* "braith, stained".

    techaf, "ffoaf, ciliaf yn ôl" ; cf. Gw. *techim* "I flee" ;
B.A. 1, 13; 31, 16, etc. ; ac isod III, 3 c ; XI, 84b. Ar
kynn yn union o flaen berf, gw. ar 5c.

10a   **a'th rodes di Vryen.** Anwybyddir y rhagenw ôl *di* yn
y mesur. Rhagenw perthynol yw'r *a ;* yna daw *'th*,
rhagenw mewnol, cyflwr datif. Ar Urien gw. y Rhag-
ymadrodd. Ewythr Gwên ydoedd o gefnder ei dad, cf.
isod ar 22b.

10b   **arwest,** "llinyn, tant", gw. P.K.M. 193, G. 43b.

10c   **o'th daw,** *o* os ; *'th* fel yn 10a ; "os daw iti".

11a   **ergryt,** yn ôl D. " tremor, horror", o *er* a *gryd*. Gwell
gennyf dybio mai *ar-* affeithiedig i *er-* o flaen *y* yn y sill
nesaf yw'r rhagddodiad, ac mai *cryd* "cryndod" yw'r enw,
cf. H, 16, Ethiw dy *ergryd* yn eithauoet byd. Ei ystyr yw
"ofn, arswyd" ; cf. ei gyfystyr *ergryn* (o *cryn*), Pen. 14, 4,
o ovyn ac *ergryn*.

aghywyr, R. ond gwell yw *anghwyr,* P.T. yma. Nid oes odl â'r pumed sill (*aghen*), na chwaith â'r brifodl yn *b, c,* sef *-ed* (=*edd*) ; ond cydia sill gyntaf *aghen* ac *aghwyr,* a gellid, mi dybiaf, arfer *-yr* fel math o broest i *-edd,* gan fod *-er* yn odli ag *-edd,* cf. B.T. 24. 23. Cynnig Lloyd-Jones ddarll. *anhywyr* neû *anghywir* (G. 19a) ; tybiais innau y gellid odl pe darllenid *aghimen* "gwyllt, ffyrnig", cf. B.B.C. 107, tri *aghimen* kad. Diogelach yw glynu wrth y testun, ond odid, a deall *angwyr* fel cyfansawdd o *angh-* a *gwŷr;* am *a* yn aros heb ei haffeithio gan *y,* cf. V.V.B. 39, *anbiic, anbithaul.* Gellid *angh-* o *anc* fel yn di-*anc, cyfranc* (cf. Pedersen, V. G. ii, 558 ; Walde ar *nanciscor;* Stokes, U. S. 31), neu'r *anc* sydd yn *anghad* "llaw" (? bach "hook" cf. Gw. *écath*) : cf. hefyd *gwanc* "greed", *ainc* "lust", gw. P.K.M. 183. Petrusaf prun : ond diogel yw cyfieithu *angwyr* fel "warriors" neu "robbers" ; cf. M.A. 204 b 6, llyw llu *agde.*

11b **llygraf,** difethaf ; nid "corrupt" ond "spoil" ; gw. P.K.M. 171.

vym mawred, cf. B.T. 14, 14, nyt oed *yr mawred* nas lleferynt ; 24, 23 (Bedw yn hwylio i frwydr y Coed) Bedw yr y vawr vryt. bu hwyr gwiscyssit (cf. uchod ar 1a), nyt yr y lyfyrder. namyn *yr y vawred;* B., vi, 137, 6, ar *manred.*

11c **duhunaf,** dihunaf ; try *i* yn *u* o flaen *u,* cf. *uddunt* (iddunt) ; gw. XI, 59c ; B.B.C. 85, 3, *duhunau.*

Am ddigwyddiad cyffelyb, gw. hanes Rolant yn Roncesvalles, gw. Y.C.M.², td. 141–2, Ny liwir byth y Rolant y uot yn gornawr yr ofyn paganyeit.

12a **tra vum yn oet,** gw. IV, 1a.

12b **y ottew,** ei ysbardunau, cf. B.B.C. 72, En llogporth gueleise *gottoev* (odli â *gvaev, gloev*) ; ond yn yr un ll. rhydd R.P. 14a, gweleis i *ottew.* Sylwer mai aur oedd yr ysbardunau.

12c **re ruthrwn.** Nid oes *y* rhyngddynt ond yn R., cf. ar *is mod cephitor* yn B. iii, 256 ; B.B.C. 72, Oet *re rereint* dan vortuid gereint=R.P. 14a, Oed *re redeint;* H. 49, am rotes meirch *re rewyt* adanaf ; B.A. 23, Gueleys y deu oc eu tre *re rygwydyn* ; gw. R.C. xli, 218–19 ar *rhe, ryre, dyre* fel berfau ; yma credaf mai ansoddair yw *re* yn golygu cyflym, cf. *dyre* fel ansoddair yn M.A. 204b, Dy ryd y doryf *dy re orwydawr;* 149b, Gnawd march o feirch rabire / Yn farch dewr yn farch *dyre;* R.P. 8 a 27, bit besgittor *dyre;* bit drud glew.

gwaew : proest sydd yma, nid odl, ond gw. W.G. 114 ar *goyw* fel yr hen ffurf, Galeg *gaesum,* Gw. *gae;* hefyd cf. Loth, R. C., xxxvi, 158.

13a   **diweir** yn R, sef 'ffyddlon" (gw. ar *anniweir* P.K.M. 303), ond *dy wir* yn P.T, cf. H. 330, llun diweir uun *dywir* uawl. Yr ystyr fuasai " gwir iawn."

    dy waes yn P.T, *dywaes* yn R. I gael mesur rhaid darll. *-wä-es,* a chyfrif *-es* fel proest i'r odl yn *b, c,* sef *llas, was,* cf. B.B.C. 66, 3, *guanas* ar ddiwedd ll. 1af. englyn : *dioes, neges* yn odli yn *b, c ;* B.T. 67, 10, Py delis *maes,* pwy ae *swynas.*

    Yn y testun gellid deall *dywaes,* boed ungair boed ddeuair fel enw, neu'r rhagenw *dy* "thy", gydag enw. Yn M.A. 202a, H. 267, ceir *dywaes* fel berf (perff ?) 3ydd. un. yn ll. gyntaf englyn : ef yn atteb ny *dywaes* nac / nac uchel na hanes. (Y mae un sill yn eisiau yn y ll. hon ; *atteb neb* ?). Rhoir yr enghraifft hon gan Pughe o dan *dywaesu* "to warrant, to assert", a thardd y gair hwnnw o *gwaes, dywaes* "a warrant, an assertion". Dilynir ef gan S.E. Ar *gwaes,* dyfynna Pughe y ll. a geir yn B.B.C. 59. Oian a parchellan . . . Nac achar *waes.* Na char warvy. Ei gyf- ieithiad yw " love no *pledge,* love no play." Ceir testun arall yn Pen. 3, B. iv, 128 (nac achar *vaes* nac achar warwy), nes bod petruster prun ai treigliad o *maes* ai o *gwaes* sydd yma, ac o'r ddau, *maes* ymddengys addasaf i fochyn !

    Ceir digon o enghreifftiau o *gwaesaf* "warrant" (Gw. *faesam, foessam* "nawdd, amddiffyn"—arno gw. Pedersen, V.G. ii, 629, enw i ateb i'r ferf *fosisiur* "cyfaddef" ; cf. hefyd *foisitiu* "cyffes, avowal, acknowledgment"), gw. ymhellach Loth, R.C. xxxviii, 300. Daw o'r un gwr. â *saf, sefyll* (Ll. *sto, sisto*). Petasai modd cydio *gwaes* wrth *gwaesaf* ceid ystyr go addas, un ai "warrant", neu, gan gofio *dywaes nac,* rhywbeth fel "datgan, assert".

    O'r tu arall, gellid *gwa-es,* o *gwa,* H. 8, Rwyf pob*ua* mor wyt da ; B.T. 40, Golychaf wledic pendeuic pop *wa* (yr un

gair, medd Loth, R.C. xxxii, 194, a'r Gw. *fó* "da") ; a'r
terfyniad a welir yn *ma-es*, neu *llaw-es*. Ond golygai hyn
aberthu'r posibilrwydd o gysylltu'r testun â'r enghraifft o
dywaes yn M.A. 202a. Coeglyd yw'r sylw, "Diau fod dy
haeriad yn wir oll ! Ond nid oes neb byw i'w hategu â'i
dystiolaeth".

13c **eidyl hen.** Anodd deall sut i gymryd y ll. gan y gall
olygu dau beth : "Ni bu eiddil-hen yn fachgen", h.y. y
mae'r hen ŵr eiddil wedi anghofio beth yw bod yn fachgen
ieuanc ; neu ynteu, "Nid eiddil fu'r hen ŵr pan oedd yn
fachgen". Soniwn am *wan hen* a *gwan ifanc*, ac y mae
hynny o blaid y cyntaf. Y mae II, 13c, mor amwys â'r
ll. hon ; yno hefyd gellir cymryd *eidyl hen* gyda'i gilydd,
neu ynteu wneud brawddeg enwol ohonynt, "weak is the
old ; slow are his movements". Yn y testun y mae'r
ail ystyr yn cyd-fynd mor dda â'r coegni sydd yn yr
englyn, ac mor wir am ymffrost yr hen yn ei wrhydri yn ei
ieuenctid (cf. IV, 1–4), nes fy nhueddu bellach i'w dderbyn.

14a **Llawen,** enw'r afon yr oedd Rhyd Forlas (18c, 22c)
arni ? Cynnig Pughe, H.E. 131, mai'r *Lune*, yr afon y saif
Lancaster arni : yn ôl *Cymru* O. Jones lladdwyd Gwên "yn
Rhyd Morlas, afonig yn tarddu yn mynydd Selattyn, ac yn
arllwys i'r Geiriog. Cedwir ei enw yn y palas a saif ar lan y
Forlas, yr hwn a elwir Prys Gwen" (ar y map heddiw *Prees-
gweene* ger Chirk). Yn sicr, dyma'r ardal y disgwylid coffa am
fab Llywarch ; ond ni fedrais ddarganfod yr enw yno.
Eithr cf. Cwm *Llawenog* yng Nglyn Ceiriog ; *Lleweni*, plas
y Salsbrïaid, ger Dinbych, ar lan Clwyd (o *llawen* a'r ter-
fyniad *-i*, nid *-y* fel O.J., gw. *Lyweni* yn odli â *hi*, Gwynn
Jones, T.A. i, 121) : yn Nant Ffrancon ceir Dol *Lawen*
(neu Dol *Awen*). Dengys y rhain, efallai, fod *llawen* yn
digwydd mewn enwau lleoedd.

yd welas : cf. 15a, *yd wylwys ;* 16a, *wyliis ;* 18a, *a
wylyas.* Felly y ferf yw *gwyliaw* "to watch". Dengys
wel- y testun ôl orgraff ryw wreiddiol lle ceid *e* am *y*.
Methwyd ag adnabod y gair yn ei hen ddiwyg, a chadwyd
yr hen ffurf y tro cyntaf ; yna, wedi ei ddeall, fe'i newidiwyd
yn rheolaidd i *wyl-.* O'i flaen rhydd R. *yd* (sef *ydd*, yn ei
orgraff ef) ; P. *ith ;* T. *yth.* Ceir *yd* yn bur gyffredin

o flaen berf mewn canu cynnar, a threiglir i'r feddal ar ei ôl, gw. isod VI, 5a, *yt ganant* : VIII, 1a, *yd gan*, y cyntaf o'r Llyfr Coch lle saif *yt* am *yd* heddiw, a'r ail o'r Llyfr Du, lle'r ysgrifennir yr un sain fel *yd*. Parai'r ffurf drafferth i'r copïwyr, a chymysgid ef ag *it* a safai mewn hen destunau am *ith, yth ;* cf. Sk. F.A.B. 82, Kywir *yth* elwir : 101, Enwir *yt* elwir : Kewir *yth* elwir : 106, Enuir *ith* elwir.

Yn y testun, dylasai R. fod wedi rhoi *yt ;* ond dengys P.T. mai *th* oedd y gytsain olaf yn y Llyfr Gwyn. Tybiodd R. mai enghraifft oedd o *th* am *dd* (cf. B.B.C. 34, 10, *forth* am ffordd), a throes hi yn *d* (sef *dd* yn ei orgraff ef). Heddiw arferem *y* yn syml, heb dreiglo'r ferf, neu *a* gyda'r ferf dreigledig.

Sylwer ar y rhyddid oedd gan y bardd i arfer gwahanol derfyniadau y trydydd perffaith o'r ferf ; a'r modd y tystia P.T. i -*ws* yn erbyn -*wys* R. yn 15a.

14b   **athuc.** Fel rheol 6 sill sydd yn ail linell englyn o'r math hwn : dichon felly y dylid darll. yma *catgathuc*, neu *catgaduc ;* cf. R.P. 70b, eil kynuawr *catgaduc*, gw. ar hwnnw G. 93a. Ystyr *caddug* yn ôl Ll.-J. yw ''caen, gorchudd'' ; yn ôl Loth, R.C. xxix, 23, ''brwydr'' gw. hefyd S.E. Rhydd D. a T.W. ''tywyllwch, niwl'''(caligo, obscuritas, nebula), fel yr ystyron ; a gellid cynnig darll. *yr caduc* ''er caddug, er tywyllwch'', neu *yg caduc*. Ni wn beth yw *athuc*.

    ny techas (cf. III, 3 b, *ny tech ;* ac 18c, *ny thechas*, lle dangosir y treigliad rheolaidd) gorff. 3ydd. un. *techu* ''cilio, ffoi''.

14c   **oer adrawd,** ''trist yw'r hanes'' ; defnyddir *oer* yn aml am drist ; cf. XI, 29a.

    clawd gorlas. Gall clawdd olygu ffos neu wal bridd, ''ditch'' a ''dyke'' ; cf. y clawdd y syrth y dall iddo a Chlawdd Offa. Yma, os enw cyffredin, ''green dyke'', cf. H. 16, *gorlas* gwellt didrif ; os enw lle, cf. *Forlas* yn 18b, 22c. Y mae'r gynghanedd â *glawd* o blaid *gorlas ;* a hefyd *Morlas* nid *Forlas*, a geffid ar ôl enw gwrywaidd fel clawdd. Codid cloddiau pridd gyferbyn â'r rhydau i'w hamddiffyn. Cf. V, 10c, ar *Rodwydd Forlas* gwiliaf.

15c   **kan,** o *cant,* hen ffurf *gan.*   Yn R.P.T. ceir *a chan,* sy'n
gwneud y ll. yn rhy hir.   Cadwyd yr hen ddarll. yn 16c, ond
collwyd ef eto yn 18c.

hywyd : cf. M.A. 143b, n. 12, haelion *hywyt* hawt y treit ;
145a, Arglwyd h. hir ; 208b, Arglwyt boed *hywyt* Hywel
(ar ddiwedd marwnad) ; 232b, naf nawt *hywyt* (odlir â
rwyt, kulwyt) ; B.T. 43, Am arglwyd *hywyd* hewr eiran ;
B.B.C. 87, Bu *hywit* ac ny bu doeth ; H. 33, yn *hywyt* yn
rwyt rac hwyedic ; 19, Gruffut . . . hywel . . . a *hywyt* oloed
(am gladdu) ; 214, trugar duw *hywyt* rwyt rinwetawc.
Felly daw o *hy-* ac *-wydd ;* yn ôl Strachan, R.C. xxviii, 202,
cytras â'r Gw. *súi,* gen. *suad* "doeth", gan dderbyn ystyr
Pughe i'r gair, sef "intelligent" ; cf. *gwy(dd)bod.* Ni thâl
yr ystyr mewn rhai, beth bynnag, o'r enghreifftiau uchod,
mwy nag yn y testun.   Beth am "rhwydd, cyflym,
parod" ?   Cf. H.G.Cr. 289, "parod, amlwg" ?

16a   **gwyllis :** y bôn yw *gwyli-* a chwanegir *-is* at hwnnw, cf.
dali-af, deliis, gw. P.K.M. 154, ar *dellis.*

16b   **ar yguis :** P.T. *ygnis.*   Os dilynir R. yna *ar y gwis,* hen
orgraff am "ar ei wisg" ; neu "ar ei *wis,* cf. Gw. *fís,* Ll.
visio : un ai fod ei darian ar ei arfau (cf. 1a, *gwisc* am arfau,)
neu yn amddiffyn ei wedd, ei wyneb.   O blaid darll. P.T.
y mae B.T. 58, Duw ryth *peris* rieu *ygnis* rac ofyn *dybris ;*
B.A. 37, *gnissint* gueuilon ar e helo ; B.T. 61, *gnissynt* kat
lafnawr a chat vereu.   *Gnissynt* wyr ydan kylchwyawr
lleeu.   Rhydd Pughe, ar bwys yr enghraifft olaf, *gnisiaw*
"to brandish, to flourish" : ystyr bosibl gyda llafnawr,
ond anaddas gyda "gwŷr o dan darianau".   Y mae *ar e
helo* yn B.A. 37, sef "ar ei helw", yn atgoffa B.B.C. 82, 3,
Ar helv uy ren y guiscaf "under the protection of the Lord"
(cf. swyn i ddiogelu defaid mewn Gwyddeleg, *Betha
Colmain,* 54, mo chaórig ro bet *ar seilb* an oenfir, *for seilb*
Colmain, h.y. "dan nawdd"), fel petai'r *gueuilon* yn ymochel
dan nawdd yr arwr ; felly B.T. 61, gwŷr yn ymochel dan
eu tarianau rhag y llafnau a'r berau ; B.T. 58, *rieu ygnis,*
"kings on guard", rhag ofn Urien.   Ond gw. B. xiii, 193, lle
cysylltir *gnis* â Gw. *gnúis* "wyneb", a *gnús* "snout".   Ystyr
gnisio yw brefu, tuchan.

16c   **nyt egis,** "ni ddiangodd", yn lle *nydiegis*. Camddarllen a barodd y newid, neu ynteu newid yn fwriadol yr hen ferf syml *engi* i'r cyfansawdd cyfystyr *diengi*, gan ddiystyru mesur. Gwnaed hynny droeon yn B.A. hefyd, gw. uchod ar 3c ; cf. B.T. 64, 24, tragynnis *yd eghis* heb warth.

17a   Testun yr holl englyn yn llwgr. Gellid diwygio mewn amryfal ffyrdd, megis,

> Gwen gwgyd gochawd vy mar.
>
> Dy leas ys mawr casnar.
>
> Nyt car a'th lad, a wanar.

Ond gan fod darlleniadau eraill lawn mor debyg i wir, gwell ymatal.

     gwgyd, gwgydd. Os enw, 1, un yn gwgu ; 2, ymladdwr, o wreiddyn *am-wg ;* os berf, ail bers. yn *-ydd* o'r ferf *gwgu.* Ond cf. H. 5, gwern *gwygid ;* B.A. 28, 22, dy *gwgei* en aryf en esgut.

     gochawd, o *cawdd,* tristwch, llid ; gw. G. 117 : geill fod yn ferf pres. 3ydd. un. ; gw. G. 156.

17c   **casnar :** gw. G. 115 arno fel enw arwr enwog ; cf. P.K.M. 162, 27, Gloyw Walltlydan uab *Cassnar* Wledic. Defnyddir fel cyfystyr ag arwr weithiau ; cf. M.A. 161a, As deupo *casnar* kar kyngreinyon . . . yg kein adef nef ; 236b, Oedd *casnar* post trydar treisblyg ; 283b, y dechreu oed wychuryd *casnar /-y* diwet boed y duw trugar. Hefyd gw. *kysnar,* B.A. 5, 20.

18a   **mordwyt tylluras,** ansoddair cyfansawdd i ddisgrifio Gwên ; cf. P.K.M. 44, y dywot *Mordwyd Tyllyon ;* B.T. 33, pan ladwyt *ymordwyt tyllon ;* R.M. 107, 139, echel *uordwyt twll.* Gan fod *twll* nid yn unig yn enw ond hefyd yn ansoddair (= tyllog), gellid cyfieithu *morddwyd twll* "of the pierced thigh" ; yn erbyn hynny y mae m. *tyllyon,* neu *tyllon.* Yn H. 299, *tyllon y alon* "pierced are his enemies", y mae'r ffurf yn rhoi synnwyr gyda *galon,* gair lluosog, eithr nid felly gyda *morddwyd,* gair unigol. Ymhellach, cf. B.A. 23, Gueleys y wyr *tylluavr* gan wavr a doyn (= 20, gweleis gwyr *dullyawr*). A derbyn y darlleniad cyntaf, cf. *tylluras.* Ar *tullius,* cynnig Walde y gall *Tullus,* a *Tullius,* yr enwau Rhufeinig, olygu i gychwyn "tew,

chwyddedig" ; os oes cytras Cymraeg, cyfansawdd o gyf-
ystyron yw *tyll-fras*, y ddwy elfen yn golygu "mawr". Buasai
"having mighty thighs" yn ansoddair addas i filwr. Medrid
deall *Tyllyon* wedyn nid fel lluosog ond fel ffurf ar *twll*
"mawr" ar ddelw *gwirion* o *gwir;* a sylwer mai -*ion* yw'r
terfyniad yn hwnnw hefyd cyn gynhared â'r Llyfr Du o'r
Waun, G.M.L. 184, a B.T. 54, 1. Eglurai hynny hefyd
pam y ceir *morddwyd tyllion* ochr yn ochr â *morddwyd twll;*
a pham y digwydd *gwyr tyllfawr* yn Aneirin heb sôn am
forddwyd o gwbl.

18b **Ryt Uorlas:** gw. ar 14a : *G. G. Mechain*, iii, 538.

19a **eissillut :** cf. M.A. 145b, H. 14, dreic Mon mor drud y
eissylud yn aer ; B.T. 12, nyt atwen drut meint eu
heissylut; B.T. 35, Pwy enw y teir kaer . . . nys gwyr ny
vo taer *eissylut* eu maer ; 67, Medel galon geueilat. *eissylut*
y tat ae teit (am Owein ab Urien) ; B.A. 12, haeladon ny
essyllut; 21, gogwneif *heissyllut* gwgynei gereint ; 31, arwr
mynauc anvonavc *eissyllut*. Amlwg yw mai "anian,
natur" yw'r ystyr ; nid oes gan D. a Pughe ond ffurfiau
ar *eisillydd* "offspring, progeny", ac felly darllenodd yr
olaf hynny yma, H. E. 132, ond cyfieithodd ef yn "inherent
disposition" ! Efallai mai cydweddiad ag *eissillydd* sydd
wedi rhoi *ll* yn *eissillut*, neu *eissyllut* yma ac yn B.A. :
efallai mai hen orgraff yw'r *l* yn B.T. am *ll* : o blaid *l* y
mae darll. H. 14.

19b **ruthyr.** Yn R.P.T. *ruth;* gellid cywiro i *tuth* (cf. B.A. 7,
eryr *tith* tiryon), ond addasach yw darll. *ruthyr* ar ddelw
B.A.1, 16, *ruthyr eryr en ebyr*.

19c **dedwyd.** Nid llawen hapus yw'r ystyr fynychaf, ond
hapus ffortunus (D. felix, beatus, faustus, fortunatus),
cf. y ddihareb, "Nid rhaid i ddedwydd ond ei eni". Felly
yma, petasai Llywarch wedi ei eni ar awr dda, ac yn ŵr
ffodus, buasai ei fab wedi dychwel yn fyw o'r frwydr.

Ar *petwn, dianghut*, berfau yn yr amser amherff. ond
gydag ystyr y gorberffaith heddiw, gw. P.K.M. 121.

20a **tyrult,** pres. myn. 3ydd. un. o *tyrfu* (Ll. *turbo*), cf.
cynhyrfu, gw. Ch.O. 34.

toit, pres. myn. 3ydd o *toi*.   Ar *-it* fel terfyniad gyda'r grym hwn, gw. W.G. 322–3.   Yn fynych odlir ag *-yd*, cf. VI, 13b, 21b, 23c ; VII, 1b.

eruit, erfid.   Yn ôl Geiriadur Pughe "a junction or meeting ; a conflict or rencounter."   Ei gyfieithiad o'r testun yw "let it cover the coast" ; ond yn H.E. 132, "let the assailants be covered".   Yn ôl Cy. ix, 332 (Hen. 34), ei ystyr yw "môr" ; W. Llŷn (*Barddoniaeth*, 276) "amcanion i daraw" ; *Peniarth Glossaries*, B. ii, 137, "ffrwd", "môr" ; Loth, R.C. xxxviii, 154, "bwyall" (cymhara *bidog* "dagger") "brwydr" (cf. *mid* yn dydd *m.* a *mitlan*) ; cysyllta ef â bôn *medel* ac â'r Hen Gelteg *mi-t-;* dyry Ed. Samuel, *Holl.* 219, Ac eraill a yrrant Bobl *ben yn erfid* i ymladd a'u gilydd "set them together by the ears" ; D. "videtur esse pl. ab *Arfod*".

Wele enghreifftiau : M.A. 153 b 11, Amdrychid *erfid* arfogion i lawr ; 185b, Kyunewid e. aruogyon ; 284b, Kadarn y eirvarn ae e. ae hawl ; 298b, Cannrwysg tonn e. llid llawfrodedd ; 319a, *Erfid* newid nwyf arfer cler am clwyf ; 323a, Mewn e. ei lid oedd daladwy ; 285a, I lawr Vadawc vawr vur e. Trystan ; B.B.C. 68, Aral guythuch urth *ervid;* R.P. 165a, Ef dyfu dreic llu . . . yn *eruit* yn aruot abar ; H. 111, Lloegyr e. braw lid brwyn ; 175, baet e. ; 324, medweis prydereis pryd tonn *eruid;* 227, Kywot dy was assaf assyll *erwit* wawr ḻawr ; 228, Wedy cat dramawr a gawr dr[e]mit / achhyuarwot pybyl *penn yn ervyt* (odli ag *-it*) ; B.A. 5, Oed *eruit* uedel.

Gan fod y gair mor ddyrys, cf. ymhellach, D. *bid*, gair Dyfed am wrych ; V.V.B. 54, *bitat*, gl. Llyd. ar *resicaret* (? *resecaret, reseco* "cut off, curtail, to check", cf. Hen Gern. *henbidiat* "parcus") : dosberthir gan Pedersen, V.G. ii, 463, gyda'r Gw. *ben-im* "taro, torri" (fel *cymynu, com-ben-*), lle ceir *-n-* yn y bôn pres. (cf. er-*lyn*, er-*lid;* di-*lyn*, di-*lid*), a ffurfiau eraill hebddi.   Gweler y gyfres yno o gyfansodd-eiriau Gwyddeleg, yn eu plith, *aithbe* (461) "trai" ; gyda *fo-* (C.=*go-*, cf. *go-fid*) "dinistrio, dileu, torri i lawr".   Ond deuai *go-fid, cymid, er-fid, tremid* hefyd yn rhwydd o'r gair *mid*.   Methais gael ystyr addas i'r holl enghreifftiau wrth gychwyn o *bid* nac o *mid :* efallai fod dau gyfansawdd

yma o darddiad gwahanol. Y mae *tonn erfid* fel cymhar-
iaeth i bryd merch, yn sicr yn golygu "breaking wave",
ond ni wn ai dros *argae* (cf. D.G.G. 17, am Forfudd, "Traws
eirwgaen wedd *tros argae*") ai wrth daro ar draeth. Yma,
i gyfateb i 21a, yr olaf a weddai ; ond y mae *cyfnewid erfid
arfogion* yn awgrymu milwyr yn hyrddio gwaywffyn at
ei gilydd, ac yn rhoi dyrnod am ddyrnod.

20b **ant kynvrein.** Bai yw *aut* yma ac yn 21b am *ant;* yna
daw'r goddrych lluosog, a disgwylid y treigliad meddal ;
cf. B.A. 5, 14, kwydyn *gyuoedyon ;* VI, 5a, yt ganant *gogeu.*

Am yr ail air rhydd R. *kyvrein* yma a *kyfvrin* yn 21b :
y mae P.T. o blaid *kyurein*, ac nid yw *fv* 21b yn erbyn, gan
mai arwydd orgraff yw *fv* am *v* neu *f*. Ond rhaid adfer
ymhellach i gael ystyr, a'r newid lleiaf yw troi'r *u* yn *n ;* sef
kynrein. Am hwnnw, cf. R.P. 147 a 31, *kynran* o hil *kynrein ;*
7 a 17, gnawt gan *gynran* eiryan araf ; 14a, 32, ar grann
kynran man rud ; B.B.C. 63, mauridic a *kinran ;* 67, 11 ;
96, 16 ; M.A. 252 a H. 71, Gwr a wnayth adaw adar ar
gynrein ; H. 117, Eryr ar *gynrein* yr yn *gynran*. Ond ceir
hefyd *cyngran* (R.P. 15 a 43 ; M.A. 154 b 19, 188 b 16 ;
cyngrein R.P. 13 b 27 ; M.A. 188 a 5, 191 a 47, 192a,
Cenawon Euein *cyngrein* cydneid ; ac yn debycach byth
i'r testun, *cynfrein ;* B.T. 44, 2, molut *gofrein* . . . escor
gynfrein ; B.B.C. 59, O kiwranc y *kynvrein* bron reinon
kifrvy ; R.P. 151b, bendith duw gennwch *gynreinyon*
(=H. 163, *gynnreinyon*,=M.A. 185a, *gynureinyon*); B.B.C.
6, O guaed *kinreinon* y dylanuan. Yn B.A. 2, ceir *kynran ;*
5, *kynrein* (enw dyn) ; 15, *kynrein* (enw cyffredin lluosog) ;
7, 15 (e *gynrein*) ; 36, 7, *cinerein.*

Awgryma rhai o'r enghreifftiau mai sengl yw'r *n* ar
ddiwedd *cynran ;* ni thâl ei esbonio felly fel *cynt-* a *rhann,*
ond gellid ei ddeall fel *cynt-* a *brân* (cf. H. 238, kynn*walch*),
sef *cyn(f)ran*, a thybio i'r *f* golli yn bur llwyr, fel y gwnaeth
yn *lled(f)rith*, *Ur(f)ien*, etc. Lluosog *cynfran* yw *cynfrain*
"tywysogion, champions". Daw *cynrein* fel enw unigol o'r
tu arall o *rhain* (cf. *Rhain* fel enw personol).

Yn y testun, boed *cynrein* neu *cynfrein*, lluosog yw, a
golyga "tywysogion, penaethiaid, rhyfelwyr".

ygovit : gw. P.K.M. 157, ar *gofud, gofid.* Haws deall i
-fi- droi yn *-fu-* nag i'r gwrthwyneb, *f* wefusol yn crynhau *i.*
Mynd *ygovit* yw mynd i ryfel.

20c   **etlit,** yr un peth â "llid", medd D.   Nid felly, os rhoir
yr ystyr ddiweddar iddo ; cf. M.A. 252a, Gwr am gwnayth
edlit gouit gouar ; W.M. 304a (Pen. 7), yny golles i liw **ay**
wed *o etlit* adaw llys Arthur a'r wreic vwyaf a garei (=W.M.
75a, Pen. 4, *o tra hiraeth* yn ol llys Arthur) ; H. 303, Echig
ynof cof neum cafas *edlid* am edlig teyrnas.   Yr ystyr **yw**
" hiraeth, tristwch, ymdeimlad o golled, regret, sorrow" ;
cf. 21c, lle ceir *ry'th golles* yn ateb i hyn ; neu B.A. 9, Mor
hir eu *hetlit* ac eu hetgyllaeth / En ol gwyr pebyr ; H.284,
Dym dotyw edliw ac *edlid* / am haelon haelder kynhenid.

21a   **aches,** G. 6, "llanw, llif, môr ; rhuthr ; llifeiriant ; llif
geiriau" ; cf. B.T. 7, *Tyrui aches* ehofyn y grad uchel y
gwaed (am don yn rhuo) ; 31, Teir llyghes yn *aches ;* 33,
dyrehawr llogawr ar glawr *aches ;* 66, dylleinw *aches.*   Yn
ôl Syr Ed. Anwyl, daw o'r Ll. *accessus ;* gwrthyd Loth hyn,
gw. R.C. xxviii, 421 ; xxix, 49 ; xxx, 263 ; xxxviii, 53.
Y mae enghreifftiau fel H. 136, twryf *aches* ar draeth
(cf. 138, twryf llanw yn aber) ; 162, twryf *aches* anotun, yn
profi, beth bynnag, fod i'r gair yr ystyr o lifeiriant y môr.

   toit.   Yn y cysylltiad, cf. Es. xi, 9, megis y mae'r
dyfroedd yn *toi* y môr (sicut aquae maris operientes).

21b   **y neges,** yn lle *ygnes* R.P.T., gan fod hynny yn rhoi ll.
rhy ferr o sill ; cf. B.B.C. 89, nid a kedwir *oe neges ;* W.M.
75b, teulu Arthur . . . yn mynet *y neges* vdunt ; G.M.L.
230, Ll.D.W. 7, pan uo reyt menet e teulu y *anreythyeu* neu
y *neges* arall, gw. C.Ll.Ll. 19 ; Ll. *necesse ;* R.M. 85, na
neges nac atteb.   Yn gyffredinol, "business, affair" ; am
filwyr, "cyrch, expedition, foray, raid", neu ryw daith
arall dros eu harglwydd.

21c   **ry'th,** y geiryn perffeithiol *ry,* ac *'th,* rhagenw mewnol
ail bers. gwrthrych y ferf : heddiw *a'th.*

22a   **gwr :** cf. B.A. 1, Gredyf *gwr* oed *gwas.*
   disgywen : cf. M.A. 162a, ae waedlan *disgywen. Disgywen*
gorten ; 168a, Mor wyf godedic dic d. ; 186b Gwyr Powys
pobyl d. ;   B.T. 33, yt lethrynt lafnawr ar pennawr
disgowen ; 78, bydhawt kymry kynnull yn *discowen.*   **Yn**

ôl D, "eglur", medd W. Llŷn, "splendidus" Dr. Powell ; felly R.C. xxix, 62, "brilliant". Eithr nid gair mawl mohono bob amser (cf. R.P. 5a, *disgiwen* bun, gwrthbwyth gwas), ond rhywbeth fel "ystyfnig, stubborn" ; un felly oedd Gwên yn ei hawl, sef "claim", gw. P.K.M. 110, 111 ; G.M.L. 187, cf. M.A. 176a, Detholeis . . . uy rwyf . . . yn *hawl wrt* (un fuasai'n gryf am ei hawliau).

22b   **nei y Vryen :** gw. 10a. Yn ôl Bonhedd Gwŷr y Gogledd (Sk. ii, 454), dyma'r achau, *Vryen uab Kynuarch mab Meirchawn* mab Gorust Ledlwm mab Keneu mab Coel : *Llywarch Hen mab Elidyr Lydanwyn mab Meirchawn*, etc. Yn III, 21c, geilw Llywarch Urien yn gefnderw.

22c   **Ryt Vorlas :** gw. ar 14a.

23a   Ceir yr englyn hwn eto, er nad air yn air, yn XII, 3. Nid yma y mae ei le, ond mewn casgliad o Englynion Beddau. Tybiaf i rywun ei ysgrifennu ar ymyl y ddalen mewn hen gopi, ac iddo lithro i'r testun yn y copïo nesaf.

prennyal. Yn ôl Pughe, "a coffer or shrine of wood" yn y testun ; a "warping trough" am *prenyal guedes ;* gw. A.L. i, 302–3, lle cyfieithir hyn "a weaver's loom." Yn Pen. 51 rhoes Gwilym Tew esboniad ar rai o eiriau Llyfr Aneirin : yno, td. 18, ceir "dymgwallaw gwledic dal ; oe brid *brennyal"* : yn ei eirfa daw *"prenial* yssgrin", B. i, 224. Gan fod llu mawr o'i esboniadau yn hollol anghywir, nid rhaid derbyn hyn chwaith yn ddigwestiwn. Pa ateg sydd ? Ceir yr un esboniad yn Pen. 169 (B. ii, 235), gwaith Roger Morys, 1588—ond copi yw o Pen. 51. Fe'i rhoir gan D. (1632), ond fel gwaith Gwilym Tew ("ait G.T."), a chwanegir "loculus, arca". Yn G.M.L. cynigir "coffin, grave" ; yn R.C. xxxviii, 164–5, dyfynna Loth Gw. *cranngall* fel cytras (cf. C.I.L. 506, *crann-gal* "wood, timber ; ships ; spear shafts" ; Dinneen, *crannghail* "lattices befor the altar, dividing the sanctuary from the body of the church ; a bier ; strains of music) ; a rhydd yr ystyron hyn i'r gair Cymraeg, "marwolaeth, elor (?), trysor, coffr, brwydr".

Rhydd T.W. *scrinium* "cist, ysgrin, prennol" : *loculus,* "prennol, elor neu arch" : felly *cistula, cistella ;* ar *capsa* "prennol, prenfol" ; *arcella, arcula* "prenfol" : D. *prenfol*

"arcula, vulgo *prennol:* D.G.G. 167, Y ferch wen o'r
dderw *brennol:* Pen. 14, 26, *prenvol* or fynitwyd ; S.G. 119,
prenvol; 305, *prenuol;* 339, a *phrenuol* tec yn y llaw . . .
y llestyr hwnn . . . y *prenuol:* W.M. 121a, agori *prenuol.*
Yn y rhain oll, "casket, box" yw'r meddwl ; a thybiaf mai
hwn oedd y gair a barodd ɨ G.T. roi "yssgrin" fel ystyr
prennyal—a methu fel arfer ! Nid yw'r ystyr o "arch,
blwch, casket" yn addas i gymaint ag un o'r enghreifftiau ;
cf. M.A. 141b (H. 5), cad rac tal prydein *prennyal* uechyt
(cf. H. 4 eisor *mechyt,* etc.) ; H. 127, nyd meu tewi . . .
am ywein prydein pryderi haual / *prennyal* ymdial ; 102
(Hywel), ys gwrtualch ym*prennyal;* 294, Pieu yr ysgw(y)t
. . . ar kanwayw am y thal / pwy r gle(w) llew llit aer
ddywal / ae deily kyfrwg *dwy brenyal;* B.T. 30, *prenyal* yw
y pawb y trachwres ; R.P. 120 b 7, gwar carr cwrr
prennyal.

Y mae'r Cyfreithiau yn profi yr arferid prenial am fath
o offeryn neu ddodrefnyn ; gwna "cad" ystyr addas yn
H.102, 294, yn fanwl efallai "brwydr â gwaywffyn" ; yn
y testun, efallai "cad". Cymerer gyda *dywal* am Wên
(cf. H. 294, *aer ddywal*), "un dywal mewn brwydr". Cf. B.T.
16, 12, *peleitral;* M.A. 163a, *cletyual.*

dywal, "ffyrnig, dewr, creulon". Yn aml ni fedrir
gwahaniaethu rhwng *dywal* a *dyfal* oherwydd amwysedd
yr orgraff, ond cf. M.A. 163a, Gauaelant ueirt y ged / Gal
dywal dyual diarbed.

gal : weithiau'n golygu gelyn, weithiau gelyniaeth ;
cf. *cas* yn y ddwy ystyr ; M.A. 143a, Gwalchmai ym gelwir
gal Edwin ac Eingl ; 199b, *gal* ac ef na cherwch ; 204a,
gal ac ef ny borthid ; B.T. 63, Mawr dyfal i *al* am y alon.
Ceir *gal penn* yn W.M. 240a am gur yn y pen (cf. Gw. *galar*
"afiechyd", W. 587). Mewn Gwyddeleg ceir *gal* "dewr-
der, deed, fight, valour", W. 587 ; *aur-gal* "brwydr,
cweryl," 381 ; *ir-gal* "brwydr, maes brwydr, arfau", 645 ;
C.I.L. / 120, *ar-gal* "contention", *immar-gal ;* cf. *ar-ial,* a
Gal-atiaid, un o enwau'r Celtiaid.

ysgwn. Yn ôl W. Llŷn, *Bardd.* 276, *esgwn, ysgwn*
"nerth" ; T.W. (yn ôl D.) "nefarius, nefandus" ; cf. M.A.
189a, *gal ysgwn* ysgwyd agkyuan ; H. 112, 119, *llid y ;*

B.B.C. 4, Llu Maelgun bu *yscun* y doethan ; 67, eidal tal y. ; 92, caru *iscun;* 98, *hv yscun* gur ; 105, hvil y. ; M.A. 162b, rac y. blymnhywd (=-wyd) ; Nys crawn ked escud rac *ysgwn;* Drud y. ysgwyd deu hanner ; 260, Rwyd ysgwyd *ysgwn* eurwlet ; 175a, Traethaf canmolaf kan mil gwyr *ysgun;* B.T. 30 yn y. gaenawc ; R.P. 9b, geir teulu yn y., 36b, 80a, 153b, 172b, kyuaruu y. ac ysgarant ; H. 327 (Merch) Escut am olut . . . *yscwn* am eylwyd. Ni fedraf dderbyn ystyr T.W. : ansoddair ac enw yw i ddisgrifio, e.e. llu Maelgwn yn dyfod, hwyl (=rhuthr), plymnwyd (=brwydr), rhyfelwyr, eurwledd, carw, tâl ; cynigiaf "parod, cyflym, cryf, dewr", ond "cyndyn" yn H. 327.

Ystyr y ll. oll yw "The fierce one in the spearfight, he of the stubborn valour", sef Gwên.

23b   **ar Lloegyr,** yn lle ar *L*oegyr, am y dilynid *ar* gan *ll,* nid y treigliad *l,* cf. H. 17, ar *lles* (nid ar *les* fel meddiw) ; **ac** wrth adfer *ll* ceir cyseinedd â *llu.* Ond cf. II. 5b ; XII, 3b.

kyngrwn : D. "rotundus" ; cf. XII, 3b, lu *kigrun.* Yma rhydd R.P.T. *kyndrwyn,* bai wrth ddarll. gwreiddiol aneglur, neu ddiofalwch hollol, ac atgo am enw tad Cynddylan, XI, 8c. Ond cf. R.P. 153b, llit odrud llud *llu gyngrun* (odl ag *-wn*) ; M.A. 150b, *Aer gyngrwn* ysgwn ; 162a, *Brwydyr gygrwn* gygres ; B.A. 5, 22, *gat gyngrwn;* M.A. 335b, Neud mau melynddwn / Orchfain (=archfain) *cyngrwn* (disgrifiad o farch neu filgi, main ei denewyn) ; R.P. 7 a 20, Eiry mynyd hyd *kyngrwn;* Ll.A. 93, ygkylch y nefawl drwyn hwnnw yd oed deu glaerwynnyon gannheit-bryt wyneb *kyngrynnyon;* 92, penn *gogygrwnn* gwedeid idaw ; 94, vrth *gyngrynnyon* ysgwydeu arwreidweith ; 94, *achyng / grynnyon* linnyev ; cf. Gw. *comchruind* "all round", *comchruinne* "orb", *comchruinniugud* "a gathering" (C.I.L. 437). Gyda *llu* yn y testun "cryno, compact", nid ysgarmes ddidrefn, ond brwydr reolaidd."

24a   Ceir wyth sill yma yn lle saith : pe gadewid *meib* allan, **a** chydio'r rhifol wrth 24b, ceid mesur rheolaidd. Eithr ni thycia hynny yn 25a, 26a, beth bynnag am 27a, 28a. Rhaid cyfrif wyth yn oddefiad.

Ar *meib*, lluosog *mab*, gyda'r rhifol, gw. R.M. 93, tri *meib*; R.P. 17 b 20, pedwar*gwyr*; B.T. 71, petry-*wyr* (cf. *pedry*-fan, *petry*-al) ; P.K.M. 141, hwech *wraged*.

a'm bu, "a fu i mi" ; grym datif sydd i '*m* yma.

24b   Pwynt o atalnodi yw cydio'r ll. wrth 24a, neu 24c : **os** cydir â'r ll. o'r blaen, disgrifiad yw o bob un o'r meibion ; os ag *c*, perthyn i Wên yn unig.   Felly 25b ; ond yn 26 y mae rhediad naturiol y meddwl dros gymryd *a*, *b* ynghyd ; ac wedyn *c* yn gwrthgyferbynnu.   Mi dybiaf fod hynny yn penderfynu hefyd sut i ddeall 24, 25, ac atalnodaf felly.

        eurdorchawc. Gwisgai'r rhyfelwyr enwocaf ymhlith y Celtiaid dorch (neu goler) o aur am eu gyddfau ; gw. Smith, *Gk. and Rom. Ant.* s.v. *torques;* Brit. Mus. *Guide to Early Iron Age Antiquities*, 1925, td. 162, "The collar of twisted metal was a national emblem among the Keltic peoples. . . . Certainly as early as B.C. 361 this form of collar had reached the west. . . . Finds in the graves, however, show that in La Tène I the torc was exclusively worn by women, and it only became part of the male insignia about 300 B.C." Yr oedd y tri chant o arwyr a aeth i Gatraeth (gw. B.A. 30) yn eurdorchawg bob un ; ac felly'r "trywyr a thri ugeint a thrychant eurdorchawc" a enwir, B.A. 6 ; a'r "tri *eur* deyrn *dorchauc*" oedd yn arwain, B.A. 5.   Ni wn a brofai'r dorch ddewrder arbennig y gŵr a'i gwisgai : yn sicr profai ei gyfoeth, a thynnai sylw'r gelyn ato, gan eu herio i ddyfod ymlaen i geisio ei hennill.

24c   **onadu,** onaddunt, ohonynt ; gw. W.G. 398–401.

25a   **bwyat** "oedd", amherff. 3ydd un., *bod;* cf. *gwyddiad* "gwyddai", W.G. 335, a gw. isod XI, 85a, 86a, 99a ; H. 146, ny *bwyad* diaber.   Ni fedraf gredu gyda W.G. 349 mai gorberffaith yw ; gw. hefyd G. 65b.

25c   **oe dat,** i'w dad ; gw. W.G. 277, 408.

26a   **bwyn.** Nid *bwynt* (=*boent*, pres. dib. 3ydd. llu.) fel B.T. 5, 15 ; rhaid odli ag -*ynn* yn *b*, *c*.   Cynnig W.G. 349 *bu-yn;* gwell gennyf *bwy-yn*, cf. B.B.C. 96, Gueisson am *buyint;* gw. hefyd G. 65b.

        Sylwer ar yr odl ag *unbynn*. Gellid darll. bwy-*ynt* yn *a*, ac oed*ynt* yn *c;* ond ni bu *t* erioed ar ddiwedd *unbyn*, llu. *unben* "pennaeth", o *un*- a *penn*-.   Rhaid tybio bod -*t*

wedi colli yn gynnar yn nherfyniad y 3ydd. llu. o'r ferf,
neu ynteu fod *nt* yn odl gyfreithlon ag *nn* (hen *nd*).   Yn y
gân gyntaf yn B.B.C. ceir amryw enghreifftiau o'r 3ydd. llu.
o'r ferf heb -*t*, megis *tirran, dygan, deuthan, kuynan,
wnaethan;* felly hefyd yn *Armes Prydein,* B.T. 13, odlir
dygobryssyn, vnbyn; dybydyn, gorescyn; telhyn, a lefeir *hyn;*
14, *terdyn, vnbyn, ynt, lleferynt,* etc.   Cynigiais amseru'r
Armes oddeutu A.D. 900.   Os y nawfed ganrif biau'r naw
englyn yn y Juvencus, dyna trei*din* yno (am "traethent") ;
gw. B. vi, 209 ; os y ddegfed a'u piau, dyna ddwy ganrif
o leiaf o flaen y Llyfr Du, ac ateg go dda i'r *Armes.*   Gall
yr odl yn yr englyn, felly, fod yn ddibetrus o'r nawfed neu
ddechrau'r ddegfed ganrif.

26c   wrth Wen, "compared with Gwên".

gweissyonein, bachigyn o'r llu. *gweissyon;* cf. H. **84,**
gwlad *ueibyoneyn,* B.B.C. 60, *veibon*[*e*]*in;* R.P. **5** a **31,**
gwragedeint; 32, *meibyonein.*   Buasai "striplings" yn rhoi
grym bychanus y terfyniad yn y testun.

**27a   **Yn sicr gellid gadael *meib* allan yma ; a cheid felly odl
ar y pumed, a ll. o ddeg sill.

kenueint, "teulu, llu" (nid *kenuein* R., oherwydd yr odl).
Daw o'r Ll. *conventio,* medd Loth, M.L. 148, benthyg
dysgedig ac afreolaidd, gan na ddisgwylid -*nf*- o'r Ll. -*nv*-.
Nid yw'r ystyr chwaith yn ateb yn rhy dda ; a phetrusaf
dderbyn y tarddiad.   Dyry D. "grex, proprie porcorum",
cf. Ll.A. 47, *y genveint voch;* H. 286, pob *kenueint* yn y
chreu (="sty") ; H. 4 (am Ruffudd ap Cynan) Arbennic **k.**;
B.B.C. 77 (Hywel ap Goronwy) pen pop *kinweint;* cf. M.A.
247b, *penn erchwys,* yn oreu keneu ; gw. isod XI, 57b,
Ffreuer, "gwedy colli *kenueint*", sef ei brodyr, ei theulu ;
M.A. 551a, Ac nit na mwy (="not only") y dynion byt
namyn *kenveint duw* e hun ae vugelyd heb diosparth a
gwneynt evelly.   Yn sicr nid yw S.E. yn iawn wrth roi
hyn fel enghraifft o *cenfaint* "convent, community of
monks" ; *k. duw ae vugelyd* yw "praidd Duw a'i fugeiliaid",
cf. Y.C.M.² 21, lle gelwir y 13 tlodion yn llys Siarlymaen yn
"kenedyl Duw".   Y bont drosodd i *convent* yw'r ystyr o
"familia".   Cf. *cên, cenedl.*

27b   **galwytheint.** Ar *gal*, gw. uchod ar 23a ; am {g}*wytheint,*
cf. B.B.C. 72, En llogborth y gueleise *vitheint;* 76, Ryvel
dywal vrien haval. arial *vytheint;* B.T. 36, Gweleis ymlad
taer . . . rwg *wytheint* a gwydyon ; 20, pan tynhit *gwytheint.*
Gwytheint pan tynnit ; 57, galystem y *wytheint* oed llafyn ;
71, poet y gan vrein ac eryr ac *wytheint;* M.A. 178a (R.P.
33b) ; 203b, cad w. ; H. 197, Onyt bleit a dreit drwy y w.
(R.P. 43b, M.A. 194a, *wythneint*, cf. B.B.C. 94, 5). Ceir
nodyn gan Ll.-J. arno yn B. iv, 145 : gwrthyd gynnig
J.M.-J. yn *Tal*. 167, sef "blades", a gwahaniaetha rhwng
wytheint a *gwytheint*, y cyntaf iddo ef yw "vultures", a'r
llall, tarddair o *gŵyth* "llid". Mewn cyfansoddiad gyda
gal, tybiaf mai gair yn golygu "llid" yw'r addasaf yn y
testun, cf. Juv. gl. or *guithlaun* tal, ar *fronte duelli*, gw.
V.V.B 141, B.B.C. 11, 6 ; 12, 9 ; 57, 3, dit *guithlonet;*
B.T. 67, 13 ; 3, 27 ; 31, 1, *gwyth* ac adwyth ; 33, 17, y gwr
an digones an nothwy rac *gwyth;* 34, 3, teir kenedyl
gwythlawn. Y mae digon o enghreifftiau eraill o *gŵyth*,
"llid, ffyrnigrwydd", a gellid cynnig "ffyrnig ym mrwydr"
fel ystyr *galwytheint*, hyd oni cheir gafael sicrach ar yr ail
elfen.

27c   **twll eu dyuot.** Nid yw *twll* "hole", na'r ansoddair
"pierced" yn ateb yma. Petasai modd ategu'r cynnig ar
18a, fod *twll* gynt yn golygu "tew, mawr", efallai ŷ gwnâi
hynny yma, " mawr o beth". Neu ynteu, cymerer *twll*
fel bai am *twl*, bai am *cwl*, D. "culpa, peccatum" ; Gw. *col*
"pechod, trosedd" ; M.A. 140, *cwl* clywed cystut ar grut
mynawc ; 149b, *cwl* oed fy ngadu cany adwyd ; B.A. 1,
kwl y uot adan vrein ; B. ii, 274, *kwl* a phechawt y gelwir ;
L.L. 120, cam*cul;* A.L. ii, 612, y ddyn wneuthur c. yn
erbyn y arglwyd. Buasai *cwl* yn y testun yn cydio wrth
c yn *clot.* Neu ynteu, *twll*, bai am *twyll*, ac yn cydio wrth
trameint.

     Haws deall *eu* fel hen ffurf yn golygu "yw", cf. W.G. 357,
ar pi-*eu.* Cymysgir mewn hen lsgr. *eu* ac *yu*, gw. P.K.M.
235, Ll.D.W. 29, sef *eu* henny ; R.P. 17b, Eur ac aryant
mor *eu* diuant eu dihenyd.

     trameint, dros fesur, gor-modd, rhy fawr ; cf. M.A. 178a,
ae balchrot t. ; 194a, A gotef paluawd dyrnawd t. ; 256b,

Treisswr yw agheu ar bob trosset. *Trameint* nyd kywreint an kywrysset.

Yr ystyron, felly, yw : 1, Mawr o beth yw dyfod clod y tu hwnt i fesur ; 2, Pechod neu fai yw ; 3, Twyll yw. Pa un bynnag a ddewiser, dylai ateb i 28c. Y mae'r meddwl yn ateb i'r ddihareb, "Rhy uchel a syrth".

28a Gadawer *meib* allan i gael odl ar y pumed ?

a neithyeint R, *aueithyeint* P. Yn y Llyfr Coch ei hun darllenais *a ueithyeint* heb betrustod. Cynnig Loth, R.C. xl, 343, "agrandissaient ma chair" (gan darddu *meith* o **mag*, **mak-tio-*, fel *ma-on* "arglwyddi" ; Gw. *magh* "mawr", *do-for-magar*, etc.), a deall *a* fel y geiryn rhag-ferfol, a'r ferf fel *meithio* "mwyhau". Nid wyf yn hoffi'r syniad o'r 24 meib yn tewychu cnawd Llywarch. Gellid cynnig *afieithieint*, tarddair o *afiaith* "llawenydd", y meibion fu yn llonni cnawd (ac ysbryd) yr hen ŵr ; neu chwilio am ferf *neithio* yma (cf. Ll. *necto*, a'r posibilrwydd cael *neith-iawr* "gwledd briodas" ohono, ac nid o *nuptialia*, *noptialia*, fel Loth, M.L. 190) ; neu gellid deall *a* fel yr arddodiad a roes *o* yn ddiweddarach (gw. B. vi, 213, Juv. *a guirdou* "o wyrthiau" ; 210, *ha rimed ;* v, 231, Ox. 1, is xxx *ha* guorennieu), a darll. *ueithyeint* fel enw haniaethol yn *-ieint*, ar ddull *maddeuaint* (maddeuant), *seibiaint* (hen ffurf seibiant), a'r bôn fel *maith* o wr. *magu*, cf. *meith*-rin. Tueddaf at yr olaf, "Pedwar ar hugaint o feithriniad fy nghnawd", fel pe dywedai "o ffrwyth fy nghorff". Felly H.E. 135, "the offspring of my body", gan ddarllen "o veithiaint". Efallai y dylid coffa yma hefyd R.P. 155 b 4, *om meithueint* synnwyr, a'r *-meith* sydd yn B.A. 15, 9, 15, 19, O win*veith* a med*veith* yt gryssyassant.

28b **drwy vyn tauawt** P.T. : nid oes dim yn R, ond cf. XI, 46b, Vyn tauawt a'e gwnaeth ; 57c, O anffawt vyn tauawt yt lesseint ; 86b, Brodyr a'm bwyat a duc Duw ragof. Vy anffawt a'e goruc. Y mae Heledd yno, a Llywarch yma yn cytuno i briodoli'r holl drychineb a ddaeth ar eu teulu i ryw air anffodus a ddywedasent hwy ; rhyw sylw balch, yn dwyn dig y nefoedd arnynt. Nid balchder calon yn unig, ond traha ar dafod leferydd. Cf. ymhellach yr

englynion ar foddi Cantre'r Gwaelod, B.B.C. 106, a diasbad,
neu ysgrech Mererid, "Gnaud guydi traha tramguit. Gnaud
guydi gormot eissev" ; gw. hefyd uchod ar 27c.

lledesseint : darll. *llesseint* "they were slain", i gael mesur;
cf. XI, 57c, *lesseint;* M.A. 194a, Ar ny las llosged lluoet
llesseint; B.B.C. 63, ny *llesseint* heb ymtial. Dosberthir
llas "lladdwyd" fel amhersonol yr amser perffaith : wrth
chwanegu *-eint*, rhaid affeithio *llas-* i *lles-* (cf. *car, cereint*),
a mwy, rhaid dosbarthu *llesseint* fel Modd Goddefol,
perffaith, 3ydd. pers. llu. gan fod *-eint* yn nodi'r rhif a'r
person, gw. W.G. 338, R.C. xxix, 27–8, xxxi, 490. Nid
ffurf amhersonol mwyach, ond ffurf bersonol oddefol ;
gw. hefyd ar 28c. Cymysgwyd y ffurf anarferol hon gan
y copïwyr â'r gorberffaith 3ydd. llu. modd mynegol, a
chynhyrchu *lledesseint;* cf. B.A. 9, 8, a chet *lledessynt* wy
lladassan. Cymharer y ffurf amhers. yn B.B.C. 72, 11,
a chin *rillethid* ve, llatysse(i)nt, â'r gymysgfa o'r un ll. yn
R.P. 14 a 38, wyntwy yn llad gyt asledeint. Amlwg yw
na ddeallid yr hen ffurf oddefol.

28c   **vygcot** R., *vyghot* T., fel pe bai am *fy nghod* "my bag", a
bod y bardd yn falch o'i god gardota ; ond ni welaf synnwyr
mewn cod yn *dyfod.* Pe diwygid i *bychot* "ychydig",
atebai'r ll. i 27c ; cwl yw dyfod gormod clod, da dyfod
ychydig. Ar *bychot,* cf. M.A. 231b, Gormot yw *bychod* o
bechodeu ; B.B.C. 10, kerit *vycho(d);* Cern. *bohes;* gw.
VI. 24 c. Yn y ddihareb, "Gwell *bychod ynghod* na chod
wag" (D.), ceir *bychod* a *chod* gyda'i gilydd !

     colledeint "they have been lost" ; gw. ar *llesseint* 28b.
Yno ffurfir y perff. 3ydd. llu. goddefol, trwy roi *-eint* at
llas, perff. amhersonol ; yma llunir ffurf debyg trwy roi
-eint at *colled* sydd yntau hefyd yn berff. amhersonol,
cf. *ganed.* Yn *llas* chwanegwyd *-t-* yn syth at y bôn
(*slad-*) ; yn *colled* chwanegwyd *-et-*. Ceir ffurf debyg yn
y Cpt. B. iii, 260, sef *diconetent,* cf. B.A. 17, *perideint;*
22, *gelwideint.*

29a   Dechrau cyfres newydd o englynion. Llywarch yn moli
mab arall iddo, sef Pyll, neu Pyll Wynn. Gellid mesur
trwy chwanegu */vy mab/,* er mwyn cael odl ar y pumed.

teuyll, lluosog *tafell*, cf. R.P. 125a, Nyt geir aghyuan diuan *deuyll*.

briw : gw. ar 7b, 9c. Yr oedd tarian Pyll yn ddarnau mân, gw. 30a, c.

29c **am dwylann** "on the banks of", enghraifft o'r deuol (cf. deu-rudd, dwy-law, deu-droed) yn lle'r lluosog, gan mai dwy lan sydd i bob afon, cf. XI, 71b.

Ffraw : cf. Aber-*ffraw* ym Môn ; ond gan mai *Frŏm*- neu *Frām*- oedd hen ffurf y gair, cf. Afon *Frome* yn Swydd Henffordd—yr oedd amryw afonydd o'r enw, gw. McClure, *British Place-Names*, 251 ; Hanes Alfred gan Asser, *Mon. Hist. Br.*, 478, lle rhydd y Cymro hwnnw *Fraw* neu *Frauu*, fel enw'r nawfed ganrif ar Afon *Frome*, Dorset ; cf. *llaw(f)*, Gw. *lām*.

ffrowyll : cf. III, 42b, *ffrowyllei* lauyn. Anodd credu mai *ffrewyll* "fflangell" sydd yn y naill le na'r llall. Rhydd Pughe yn ei Eiriadur, *ffrowyll* "outrage, commotion, tumult" ; *ffrowyllaw* "to act furiously, to brandish" ; ond yn H.E. "rapid was the stream" am y testun. Digwydd *ffraw* mewn ll. aneglur yn B.B.C. 12, minhev nev *frav*. molav *frav* fraeth (yn sicr bai yw'r ail am *llaw*, cf. 87, 15, *llau* fraeth) ; ac yng ngwaith Iolo Morganwg (*Cyfres y Fil*, 32, 66, 68), awdurdod di-awdurdod. Tybiaf mai gair Pughe a barodd i Loth roi *cyffraw*, a *deffraw* fel ffurfiau cynnar ar *cyffro, deffro* (R.C. xlii, 347), ond nid oes sail i'r cyfryw yn yr hen destunau. Gwelais *frywyll, frywyllaw* yn Llan. 2, 326, 329 ; a cheir yn R.P. 32 b 39 (am Grist), Dangos *ffrowylleu* ae holl archolleu ae gethreu ae greu ae groc a wna. Ffurf D. a T.W. yw *ffrewyll* "flagellum, flagrum". Mewn Gwyddeleg ceir *sraigell, srogill* "flagellum" ; ac fel gl. ar *flagello* (S.G. 66a) *srogod* (*Thes. Pal.* ii, 120, "leg. *sroglud* ?"). Y mae tarddu'r gair Gw. o'r Ll. *flagellum* yn haws lawer na'r gair Cymraeg, er Rhys (R.C. ii, 192, gw. Loth, M.L. 170) ; ond, sut bynnag, ni wedda'r ystyr yn y testun.

Ar ddelw pâr fel *cnau, cnewyll*, tybiaf fod modd cael *ffrewyll* i ateb i *ffreu* "llif, ffrwd" ; cf. B.T. 20, pet *ffreu* pet wynt ; 28, rywynt a *ryffreu;* Y.C.M. 50, gwaet yn *ffreuaw* allan ; B.A. 6, 22, gwaet*freu;* gw. Loth, R.C. xlii,

347, am gytrasau Llydaweg. Cf. ymhellach Boisacq ar *rheô* ; a'r cytrasau S. *stream*, Gw. *srŭaim* (dyma lle carwn roi *Frome*, *Ffraw*, sef o'r Celteg *srŏ-men*) ; *ffrwd*, Gw. *sruth ;* hefyd gw. Ped. i, 82. Buasai agosrwydd ystyr *ffrewyll* "stream", a *Ffraw* "stream" yn cyfrif am y ffurf *ffrowyll ;* ac efallai nad yw'n rhy feiddgar cynnig os daeth *scourge* o air sy'n golygu "blingo" (Ll. *ex-corio*), y gallai *ffrewyllu*, *ffrowyllu* olygu "chwipio nes bod y gwaed yn llifo".

O blaid ystyr debyg i'r hyn a gynigiwyd, y mae hoffter y Cynfeirdd o chwarae ar air : "Ar lannau *Ffraw*, *ffrydiau* (—o waed)".

30a   **dichonat.** Deallaf hyn fel cyfystyr â *dichonid* "gellid". Petrusaf rhag cynnig mai ansoddair berfol i ddatgan posibilrwydd yw (cf. ffurfiau yn -*adwy*, Ped. ii, 410–11), oherwydd bod *dichon* ei hun yn golygu posibilrwydd. Felly, -*at*, terfyniad syml i ffurfio ansoddair o *dichon ?*

     ysteuyll P., *ystewylh* T., yn lle *ystauell* R., er mwyn yr odl ag *esgyll*. I odli ar y pumed, anwybydder yr *y*- ar y dechrau, cf. V.V.B. 216, Juv. ad *stebill*, gl. ad *limina*. Hefyd *sgwydawr* (cf. B.A. 36, *scuytaur*) i gael ll. o ddeg sill.

     esgyll, llu. *asgell*, gw. G. 44. Ond gan mai *escill* fuasai mewn hŷn orgraff, a bod *sc* y pryd hwnnw yn debyg i *st*, gwell gennyf ddarll. *estyll*, llu. *astell*, cf. R.P. 125 a 7, Gwr a daw oe law lafyn *estyll* awchgrei. oe wanaf diuei win *ysteuyll*. Ar *astell* gw. G. 45, "eisen, ysglodyn, tafell". Dyry hyn gyseinedd â *steuyll*, cystal ag *esgyll* â *sgwydawr*.

30b   **tra vydat :** tra fyddai. Treiglid i'r feddal ar ôl y cysylltiad *tra*. Ar *bydat*, gw. G. 65b, cf. *gwyddiad*, *adwaenat*, W.G. 335, 354.

     seuyll, h.y. sefyll i ymladd, cf. R.P. 125a, Gwr gwrawl vyd ef pann vo yn *seuyll*.

30c   **briwat :** briwyd, torrwyd yn chwil-*friw ;* gw. ar 7b, 8b, 9c.

     aghat, angad, llaw, neu afaeliad llaw ; gw. ar III, 16a, cf. H. 45 (Cadfan Sant) agored y wann y wenn *aghad*.

     Byll, treigliad ar ôl enw benywaidd, cf. *llaw Dduw*, *llaw Fair*.

31a   **Dyn dewis** R., *yn dewis* P.T. (â lle gwag i'r brif lythyren o flaen *yn*). Darllener *Vyn*, cf. II, 16a, a gw. nodyn isod

ar IV, 6a.   Ar *dewis* fel ansoddair gw. S.E. cf. Ex. xxx, 23.
Cymer i ti *ddewis* lysiau ; Jer. xxii, 7, dy *ddewis* gedrwydd ;
a'r graddau cymhariaeth *dewisach, dewisaf.*   O'r Ll. *diviso,*
medd Loth, M.L. 160, ond gw. R.C. xiv, 311–12 ; xviii, 93 ;
Stokes, A.C.L. i, 112, Cern. *deveys* "choice" ; Llyd. *divis ;*
cf. Pedersen, V.G. i, 210.

dewis ar : cf. P.K.M. 13, pei caffwn *dewis ar* holl wraged
. . . y byt . . . ti a *dewisswn ;* H. 169, y duc duw *dewis ar* dyn.

31b   **bawp,** tr. ar ôl amherff. 3ydd. un. ; gw. P.K.M. 96 (329a).
galon, llu. *gelyn,* W.G. 213.

31c   **Pyll Wynn :** cf. 33c, 36a, XI, 13a, 34c, 47c, a W.M. 329b,
Kei *wynn ;* R.M. 300, Tri *gwyn* deyrn ynys prydein ; hefyd
cf. enwau Gwyddelig yn *Finn, Find.*   Rhaid darll. *Maen
Wyn* yn IV, gan nad yw'r ansoddair yn rhan hanfodol o'r
enw, gw. isod 42a ; cf. y ddwy santes, *Cein-wen, Dwyn-
wen, Llan Geinwen,* a *Llan Gain ;* ond Llan-*ddwyn,* gw.
L.B.S. ii, 52–5, 388.   Am saint golygai "santaidd" ;
am filwyr "o bryd golau, â gwallt golau".

pwyll tan : cf. 32c.   Yma nid "meddwl, doethineb", na
chwaith yr ystyr ddiweddarach "arafwch", ond "anian,
natur", cf. Y.C.M. 77, arauach yw vym *pwyll* noc vn
Rolant y diodef geiryeu Marsli ; H. 281, llym *anyan
trathan* trwy gras a choed.

llumon : nid *lunon* fel yn R ; cf. Pum-*lumon ;* clywais
fod pum ban ar y mynyddoedd hyn.   Rhydd D. farn
Wiliam Llŷn mai mwg yw ll. ond ei gynnig ef yw *llumman.*
Gelwid twll y mwg mewn tai yn *twll y llummon,* eithr,
meddai ef, nid am fod y mwg yn dianc allan y ffordd honno,
ond am mai yno y gosodid baneri neu lumanau.   Gwell
gennyf y ffurf *llumon* a brofir yma gan yr odl ; a chynnig
yr ystyr "corn, corn simnai", wedyn "mynydd tebyg i
gorn" ; cf. y defnydd o *bann,* "corn buwch", ychen *bannog,*
a hefyd *Bannau* Brycheiniog.   Rhydd F. W. *lum* fel
ffurf dafodieithol Saesneg "a chimney" ; *lum-head* (Scot.)
"a chimney top".   Ystyrier hefyd enw Llyn *Llumonwy,*
Loch Lomond, R.B.B. 192, "kanys tri ugein ynys a oedynt
yn y llyn, A thri ugain karrec a nyth eryr ympop karrec".

32a   **mat** "da, lwcus, ffodus" ; gw. B. ii, 121–2 ; B.B.C. 46,
Mat dodes y mortuit ar merchin march lluid ; B.A. 13,

Ny mat dodes y vordwyt ar vreichir mein llwyt ; B.T. **61**, ymathreu *ny mat* vrwytrwyt. Nid yw'r *dodi morddwyd ar farch* ond dull o ddweud "cychwyn i'r frwydr", neu "i daith", ac y mae'r ffawd neu'r anffawd yno o'r dechrau.

Gadewais *y* allan o flaen *mordwyt* a *gorwyd* i ddiwygio'**r** mesur. Gellid peidio â threiglo'r gwrthrych ar ôl y gorff. 3ydd. un., gw. *W. Syntax*, 193.

gobell "cyfrwy" ; gw. V.V.B. Ox. 2, *guopell* gl. ar *ultia*, cf. enw mynydd ym Meirionnydd a elwir *Rhobell*, sef *Yr Obell*.

32b   **o wng**, o agos (nid *o wug* fel R.), cf. B. iii, 25, Ny ellyr *emell* a hanuo *o hunc* (Ll.D.W. 32) ; Pen. 12, Dywedi *o wng* galanas *o bell ;* M.A. 261a, Llew ny ad lloegyr yn y *wnc ;* 266b, a chad yn *wg* (=H. 54), gw. Loth, R.C. xl, 353 ; P.K.M. 237 (ar *ynghei*). Ceir cyfansawdd *ymwnk* yn H. 351, ond gw. ar VI. 29a.

32c   **sawell.** Dengys *sawel* R. un ai ddiofalwch neu hen *l* am *ll.* Dyfynna D. y testun, gan gyfieithu i *fumarium ;* gw. T.W. ar hwnnw, "pibell simnai . . . corn simnai, twll y mwg, twll y lluman, sawell" ; cf. uchod ar 31c ; B.T. 22, 26, Amettawr am dottawr yn *sawell* (cyfeiriad at odyn i grasu ŷd ?).

33a   **aergre,** o *aer* a *cre* yn ôl G. 13a, "brwydr dwrf". Ar *cre-u* "crawcian" gw. Ch.O. 28. Nid yw *llaw* yn cyd-fynd â *brwydr-dwrf ;* a ddylid darll. *llew* neu *llyw ?* Neu ynteu ddarll. *aer-greu* (*creu* "gwaed") ? Neu *asgre ?*

aelaw. Felly R.T. Os derbynnir hyn, nid oes brif odl yn *a*, ac wrth gwrs, ceir enghreifftiau eraill o hynny. Ond nid odlir chwaith yn ôl ag *aergre.* Pe newidid hwnnw i *aergreu* gellid darll. yma *aeleu.* Os am odl â *b, c,* rhaid darll. *aele.* Rhydd G. *aelaw* "dygn, taer, rhwym, parod, rhwydd" ; *aele* "trist, alaethus, gresynus" ; *aeleu* "dioddefaint, poen".

eiluyd "eilwydd"? Cf. D.G.G. 184 "cyfarfyddiad cariadau, oed" ; 30 (Campau bun), Hael yn nhref am heilwin rhwydd/ . . . hynag *eilwydd.* Rhwydd am aur . . . afrwydd am *eilwydd.* Ufuddgamp . . . i feddgell. Diawg i *oed ;* H. **327** (merch) Escut am olut . . . yscwn am *eylwyd ;* M.A. **184b**, **199b** ; **343b** (mewn dychan), Lle anhardd, lle anaml selsig,

Lle anhoyw lle anosgeiddig, Lle *aelaw eilwydd* pellennig
(? lle amharod i groesawu dyn dieithr ?) Os darll. *aelaw*
yn y testun, "hael oedd Pyll y rhyfelwr, ond cas ganddo
oed dydd" (cf. Lhwyd, A.B. 216, *eilwydh*, "oed dydd, an
assignation of time, an adjourning"). Prin y golygai
hyn fod Pyll yn gyndyn i gadw oed â'i gariad. Tybed nad
amod, cyfamod (â'r gelyn) a olygir wrth *eilwydd* yma, a
bod Pyll yn gas ganddo'r cyfryw ? Cf. B.A. 6, Er *amot*
aruot aruaethei.

Os darll. *aele* "trist", yn lle *aelaw*, ceir ystyr go agos i'r
uchod : · parai amod (heddwch) boen i Byll. Er mwyn
mesur mwy celfydd, gwell diwygio'r testun.

33b **ystre :** gw. ar 5b.

  dinas "noddfa" ; cf. B.A. 10, glew dias *dinas* e lu ovnawc.

33c **vyn :** darll. fel *Wynn ;* gw. ar 31c.

  eude : darll. *eurde* "eurdde", D. "auratus" ; cf. M.A.
204b, H. 293, ny syll *eurde ;* 290, o wisc *eurde.*

  doet, R. Gall fod am *toet,* ond gwell efallai yw darll.
oed "oedd" gyda P.T. i orffen y gyfres sydd yn yr englyn.

  perchyll. Er gwaethaf y llsgr., nid moch bach sydd
yma ! Cynigiaf mai bai yw am *peithyll,* llu. *peithell,* gw.
R.B.B. 299, Ystrat *Peithill* (yn nhueddau Aberystwyth).
Anodd gwahaniaethu rhwng *-rc-* ac *-rt-* mewn rhai llsgr.,
a hawdd fuasai cam-ddarllen gair mor ddieithr â *peithyll.*

  Am ystyr bosibl, cf. *peithyn,* teilsen doi (o bridd neu
bren, D. "tegula, scandula, asser, lamina), *peithynau pridd
berwedig* "lateres cocti" ; T.W. *later* "priddell wedi ei
chrasu a'i chaledu" ; A.L. i, 258, *pethendo* "roofed with
shingles" ; W.M. 90b, Pen. 4, *toat* y neuad (=Pen. 16,
peithynen e neuad) a tebygei y vot yn eur oll. Rhydd
Lewis, G.M.L. 248, amryw enghreifftiau, dwy ohonynt
mewn disgrifiadau o arfwisg, lle cyfieitha i "plates of
armour". Gan fod toad tŷ a llurig gennog yn debyg i'w
gilydd o ran patrwm, gofynnais i Mr. Bryan H. St. J. O'Neil,
Swyddfa Gwaith y Llywodraeth, am hen arfau o'r math.
Yn ei ateb, cyfeiria at "a nice piece of bronze scale armour
(Roman) found at Corbridge on Hadrian's Wall. Actually
it is quite common, I believe. It has been figured in Brit.
Mus. Guide, *Greek and Roman Life* (1920), Fig. 83—bronze

plating from cuirasses either square tabs or round scales''.
Rhydd lun y darnau a gafwyd yn Corbridge ; hir-sgwar
ydynt, a'r conglau yn grwn.

O'r un gwr. a *peithyn* (Ll. *pectin-em* "crib", medd Loth,
M.L. 194), gellid *peithell* am genn haearn o'r math uchod,
neu astell doi ; cf. *priddell* gan T.W. am *later*. Hefyd
cf. M.A. 141a, Am drefan dryffwn . . . Tyrfai rac llafnau
pennau *peithwyt* (=*peithwydd*). (Cf. Gw. 1, *slind* pecten ;
2, *slind*, imbrex, a flat stone or tile, Windisch, W. 781.)

Yn y testun, ffurfia *peithyll eurdde* ansoddair i ddisgrifio
Pyll mewn arfwisg gennog addurnedig ag aur. Ystyrier
hefyd B.T. 27, 11, *berthyll*, B. v, 131, molaf y *berchyll*.

34a **pebyll,** gynt unigol ; y llu. oedd *pebylleu*.
   y ar, weithiau "oddiar", weithiau "ar".

34b   **erewyll.** Darll. Pughe *erwyll*, a'i gyfieithu "gloomy,
dark grey". Yn M.A. 188a (H. 105), Ryd *erwyll*, gwêl Loth
erfyll o *arfoll* (R.C. xxxi, 32). Gyda *gorwydd* "march",
haws tybio *er-wyllt;* ceid *gwyllt* gynt heb *-t*, gw. B. i, 229.
Ond gwna hyn y ll. yn fer o sill. Felly hefyd *aerwyll*
"llidiog mewn ymladd" G. 13b. Nid oes ond cynnig *er-*
neu *ar-* ac *-ewyll*, gwr. *ewyllys*, Llyd. *ioul* (B. v, 4) ; rhydd
hynny ystyr addas "eager, spirited, llawn awydd", a mesur
hefyd.

34c   **ardelwei :** gw. G.M.L. 24 ; P.K.M. 156–7 ar *arddelw*
"warranty". Ar *ymarddelwi* o gw. W.M. 63b, "Ae gwr y
arthur wyti. Ie, myn vyg cret, heb ef. Iawn lle yd
ymardelw o arthur. . . . A gyhyrdwys a mi o wr idaw mi ae
lledeis", h.y. pwy bynnag oedd yn ei arddel ei hun fel un
o wŷr Arthur. Felly yma : ymtalchïai gwraig Pyll ei
bod yn wraig i ŵr, i arwr, "Dyna fy ngŵr i !" Gw. G. 36,
W.M. 201b, y uorwyn a *ardelweist o honei* y dyt bu y
torneimeint.

35a   **briwyt :** o ran ffurf gall fod yn bresennol 3ydd. neu'r
gorff. amhers., "tyrr" neu "torrwyd".
   ffer, "cadarn", medd W. Llŷn, yn ôl D. cf. R.P. 20b,
pob llyfwr llemittyor arnaw. pob *ffer* dy atter heibyaw ;
gw. Loth, R.C. xli, 383–4 ar gysylltiadau'r gair : yn ei

gyfieithiad, yn anffodus cymerth *penngloc ffer* fel disgrifiad
o Byll, yn lle o'i elyn. Am *lletfer* gw. H.G.C. 110, a'r
cyfieithiad "ferinus".

35b   **ys odit,** "it is rare " : am *ys* cf. III, 45a, 46a ; *odit*
III, 47b.

     llywyr. Ceir amryw enghreifftiau o *llewyr, llywyr,*
megis M.A. 206a, Eryr gwyr *llewyr* lleissyawn ; 212b, Aryf
eryr gwyr *llewyr* llewyn ; 257b, Eryr *llewyr* llaw bergyng ;
B. iv, 8 (275), Ergryn *llywyr* lliaus eru. Yn B.A. 32, 13,
"letrud *leuir* a meirch a gwyr", ceir *leuir* yn yr hen orgraff
yn odli â *gwyr* mewn orgraff ddiweddarach ; felly saif
am *llewyr* neu *llywyr.* Yn y testun, fodd bynnag, efallai
mai *llywer, lliwer, llifer,* neu *llyfer* a ddylid ei ddarllen i odli
â *lecher;* cf. isod, enw un o feibion Llywarch, 42c, sef
Lliwer, ac enw un o deulu Brychan, Cy. xix, 26, *Chybliuer*
filius Brachan. Inde dicitur Merthyr *Chebliuer (De Situ
Br.)* ; *Kyfliuer (Cog. Br.* 30) ; L.B.S. ii, 217, *Cyflifer,* hefyd
Cyflefyr, a *Cyflewyr;* L.L. 32, merthir *cimliuer;* 44, m.
cibliuer.

     Gan fod y gair yn y testun fel pe'n golygu lle i lechu
mewn diogelwch, anodd credu mai'r un yw â'r enw personol.
Ond cf. H.274, dygwyt gwyr heb *leuyr* heb lann (mewn
brwydr), a B.A. 32, 13, uchod. Os medrir cael ystyr addas,
yna rhaid bodloni ar broest yn lle odl yn *a.*

35c   **eidil,** yn odli â *dim ?*

     digoner. Pa amser ? Nid gorchymyn mohono, ond
datganiad diarhebol ; felly cf. y defnydd o *bit* mewn
diarhebion a'r cyfryw, Morgan, B. vi, 29–34 ; hefyd
B.B.C. 2, 6, Moch *guelher* y niuer gan elgan ; isod, VI, 30a.

36a   **pellennic** yn sicr, nid *pell cunic* R. Daeth hynny drwy
gamddarllen -*en-,* fel -*cu-,* ond cf. B.A. 23, *pellynnic e glot;*
B.T. 57, yn dinas *pellennic;* H. 17, *Pellynnic* vyg khof yg
kynteuin ; 125, *Pellynnhic* uyg cof ; ac isod III, 13b,
pellynnyawc y luyd; B.T. 71, *pellenawc y luyd.* Awgrym-
odd Ll.-J. i mi y gall mai *pell-hynt, pellynt,* yw'r bôn ; cf.
H. 213, *pellhynt* pwyllawc. Esboniai hynny ffurfiau fel
W.M. 243b, osp a *phellenhic,* a'r ystyr ddwbl, lluoedd, clod,

etc., yn teithio *ymhell*, ac ymwelwyr yn cyrraedd *o bell*. Y mae *enn* ac *ynn* yn ymgyfnewid weithiau o flaen ac o dan yr acen, megis *cen*figen, *cyn*figen ; *enn*ill, *ynn*ill.

36b   **handwyf :** gw. isod ar 45b, a'r enghreifftiau yn M.A. 247b, 281b. Cyfystyr yw ag *ydwyf ;* felly D. "ydym" am *handym.* Ar *handit*, gw. P.K.M. 277 ; ar y tarddiad ceir barnau gwahanol yn W.G. 352–3, a chan Loth, R.C. xxxi, 501–2. Cf. B.A. 36, o ancwyn mynydauc *anthuim* cim mruinauc o goll gur gunet (cf. 33, o ancwyn mynydauc *handit* tristlavn *vy mryt*) ; 15, o osgord vynydawc *an dwyf* atveillyawc.

    nwyf. Yn yr enghreifftiau uchod, ceir ansoddair gyda'r ferf, ac arddodiad (sef *o*, cf. yma *o'th dyuot*). Dyry D. *nwyf* fel enw ("vigor, vivacitas, lascivia), cf. R.P. 82b, 5, 6, 13 ; fe'i ceir fel berf yn R.P. 168 a 34, Colleis gall atteb y neb am *nwyf ;* 17 a 12, naf *nwyfei.* Ond rhaid mai ansoddair yw yma="nwyfus, llawen". Yn ôl Stokes, R.C. xix, 388, y cytras Gw. yw *niam* "bright" ; yn ôl Meyer, R.C. xxxiii, 501, "*niab* cyffro, ynni ; *niabaim* "cyffroaf". Cf. isod XI, 89c, 105b.

36c   **a'th arab** P.T., *ath araw* R. Wrth dderbyn y cyntaf ceir odl â *vab*, a llusgir at at*nabot*. Ar *arab*, gw. G. 34, "mwyn, tirion" ; yma "hyfryd". Os dilynir R. cf. W.M. 250b, A *tharaw* lygat ymwelet ac wynt.

37a   Gweler VIII, 6.

37b   **gwerchetwis,** gorff. 3ydd un. *gwarchadw* gwarchod.

    eu hadef, eu cartref. Rhydd R.T. *y* am *eu*, gw. P.K.M. 329. Ar *addef* gw. G. 10, "trigfan, annedd".

37c   **Sandef :** yn ddiweddarach *Sandde*, gw. R.M. 108, *Sande* bryt agel ; W.M. 231b.

38b   **kyn no'e gyscu.** Tylledig oedd y darian, un ai cyn ei ladd, neu ynteu cyn iddo gysgu y noson honno. Defnyddir *noc, no* ar ôl yr arddodiad *cyn.*

    toll, benywaidd yr ansoddair *twll ;* gw. ar 18a.

38c   **dimiaw :** cf. B.T. 70, 2, Adoet hun *dimyaw* a *gwynaf.* Ai "trist, chwerw" ? Cf. Gw. *dim-bág* C.I.L. 650 "grief" ; *dimbáig* "grievous".

    y hadaw, ei gadael, sef yr ysgwyd.

ar wall, un ai o *gwall*, neu o *ball* "marwolaeth" (*w* am "f", cf. 40b) ; gw. eto IV, 5b ; VIII, 8b. Y mae'r gynghanedd yn yr olaf o blaid *ar wall*, sef "neglected" ; cf. 2 Sam. i, 21, yno y bẉriwyd ymaith darian y cedyrn yn ddirmygus, tarian Saul.

39a **kyt,** er, "though", gyda'r modd dibynnol.

Gymry : ar y tr. gw. *Byll* yn *c*, ac uchod ar 31b. Yn y Gododdin gelwir ein cenedl *Brython;* yn *Armes Prydein*, B.T. 13–8, cân na all fod yn hŷn na diwedd y nawfed ganrif, ceir *Cymro* unwaith, *Cymry* bedair gwaith ar ddeg, a *Brython* ddwywaith. Yma, gwell yw cynnig Lewis, B. x, 300, *Gymry* = *i* Gymru.

elyflu, torflu, gw. B. vi, 212, ar *elimlu* y Juvencus ; P.K.M. 242.

Lloeger, yn R.P. ceir *o loeger.* Darllenais *Ll-* i gael 10 sill yn *a*, a chyseinedd â *llawer* yn *b*.

39b **tu** "ochr", yma "ardal, bro" ; cf. *tuedd*, gw. P.K.M. 261–2.

39c **pwyll :** gw. ar 31c. Yma "synnwyr"—dysgai "well pethau" iddynt ; curo "synnwyr" i'w pennau.

udu, uddu, iddynt ; W.G. 112, 407.

40a **ny bydynt,** ni fẏdent "they would not be". Ar absen tr. ar ôl y negydd, gw. P.K.M. 130 ar *ny mynneis*. A ddylid darll. *bynt ?*

40b **dewawt,** defawd, yr *w* gyntaf am *f* fel yn orgraff y Llyfr Du o Gaerfyrddin. Eglurir y "ddefod" yn *c*.

40c **Pa fesur ?**

rodyn na rodyn "whether they gave or not" ; cf. Pen. 7, col. 86, nychaf y marchoc nosweith yn ymdangos idaw ac ef *kyssgv na chysgv;* C.Ch. 25, ac ef yn *cysgu na chysgu* "rhwng cwsg ac effro" ; R.B.B. 289, *gwelit na welit* "whether he was seen or not seen" ; A.L. i, 450, *mynho* y coetwr *na mynho* "whether willing or unwilling" ; *Cym.* ix, 5, *Barwn na farwn* a fo "baron or not" ; B.A. 12, *mi na vi* aneirin ; B.B.C. 62, *breenhin na breenhin.*

kygreir, cadoediad "truce" ; gw. S.E. Y gair am ofyn tangnefedd yw *erchi;* gw. Y.C.M. 18, a gwedy blinaw or kawr . . . *erchi kygreir* a oruc y rolant wrth gysgu.

nys erchynt "they would never ask for it" ; cf. B.B.C. 97, "Tarv trin . . . am oes naut". Yr ateb yw, "ath vit naut canys *erchit*".

41   Pa fesur ? Gellid trefnu'r llinellau mewn amryfal ddulliau.

41a   **llyma.** Gan fod *yma* yn rhan o'r gair (prun ai *a wely yman* ai *syll yman*), darll. *wely yma*, neu *llyma*.

41b   **tringar,** un hoff o frwydr, rhyfelgar.

ysei : cf. M.A. 212b, Dy gletyf dy glod *ry seas*, h.y. ei gleddyf a chwalodd ei glod. Felly darll. "y veird *ry se-ei* y glot", bod y beirdd yn taenu ei glodydd ? Ond y mae P.T. yn darll. *neid*, a *paraei* yn *c*. Pe derbynnid yr olaf, "buasai'r beirdd yn taenu ei glod lle nid elai Byll ei hun, petasai wedi para yn hwy". Ansicr iawn.

42a   **Maen :** gw. ar 31c ; cf. IV, *Maen Wyn*.

Medel. Defnyddir fel enw cyffredin am gwmni o fedelwyr (D. messorum turba, cf. Gw. *methel* "a party of reapers" Windisch, W. 688), ond digwydd hefyd am un medelwr, gw. B.B.C. 45, 9 ; M.A. 168 b 43. Sylwer ar yr odl -*el*, -*er*.

42b   **diyssic** "llawn ynni, vigorous" ? Fel rheol, *diessic* yn yr hen destunau ; fe'i ceir gydag unben yn B.B.C. 65 ; alltudion 67 ; neuad mor *diessic* B.A. 10 ; *diyssig* yn M.A. 144a am aderyn yn canu (*diessig* ar waelod y ddalen, a *diessic* yn H. 20, 21). Tybiodd Loth (A.C.L. i, 504–5) y gallai olygu "cyfoethog", a'i gydio wrth *eisiau* fel *di-eisiau*. Gall fod o *dias* a'r terfyniad -*ic*, neu o *ysic* gyda'r negydd, cf. R.W.M. i, 376, gwneuthur klais a briw ac *yssic* (cf. A.L. ii, 190, 468) ; D.W.S. gor o *yssic* ne vriw ; R.M. 150, na bei *yssic* ygkwaethach ai kic neu ascwrn ; Y.C.M. 91, ewch trwydunt a thyllwch wynt ac *essigwch ;* 97, ae vriwaw a mein ae *yssigaw*. Heddiw y mae *ysigo* yn golygu plygu heb dorri ; gw. Math. xii, 20, Corsen *ysig* nis tyrr, cf. Luc ix, 39.

42c   **Llawr :** gw. B. v, 5–6. Yn ôl *Mont. Coll*. iv, 239, cedwir ei enw yn Tomen Cefn*lloer* neu Cefn-*llawr*, ar dir Moel-froches, rhwng Llanfyllin a Llanrhaeadr ym Mochnant. Ond cf. B.B.C. 66, 1.

Lliwer : gw. uchod 35b, am yr enw Cyf*lifer*, neu -*liwer*.
Ai benthyg o'r Ll. *liber* "rhydd" ?   Yn ôl M.C. iv, 240,
coffeir *Heilyn* yn yr enwau Lletty H., Moel H., Llwybr H.,
a *Lliver* yn Rhos *Lliver*, Rhos *Llivorion* plwyf Llan-
rhaeadr. Cf. Loth, Ch. Br. 145, Caer Liuer.

43a   **Bed,** yn lle *oed* R., bai wrth ddarll. hen *b*, cf. Ll.A. 99,
Oys duwr deheu (yn lle *Bys*, cf. Dextrae Dei tu *digitus* yr
emyn Lladin).

Yn y Llyfr Coch rhoed tri dot ɔ dan y brif lythyren, a
Bedh ar yr ymyl.

Riw Velen, gw. Pennant, *Tours*, ii, 11–12. Gelwir y
bwlch i ddyfod o Lynn Eglwyseg *Bwlch y Rhiw Felen*, a
chan ei fod yn ymyl Llangollen (pum milltir i'r gogledd,
M.C. iv, 240), ac yr enwir Llangollen yn y ll. nesaf, gwell
credu mai yma y dylid chwilio am fedd Gwell ac nid yn y
Rhiwfelen a geir ym mhlwyf Garthbeibio, Sir Drefaldwyn
(*Mont. Coll.* vi, 9).   Yn hanes Collen enwir Bwlch Rhiwfelen
fel cartref Cawres y Bwlch, gw. L.B.S. ii, 160.

Llan Gollen. Ni fedraf gael sicrwydd am amseriad Collen,
ond rhoir ef yn y seithfed ganrif gan L.B.S. ii, 157.

43c   **llam yr bwch.** Yn ôl Pughe, enw mab Llywarch yw
Llavyr, a *Bwlch Llorien*, enw lle.   Trefn y geiriau, felly,
yw berf, goddrych, gwrthrych. Gynt ceid trefn arall
weithiau (cf. XI, 25c), sef berf, gwrthrych, goddrych.
O blaid mai hynny sydd yma, y mae tripheth : 1, Afreol-
aidd fuasai *Llamyr*, gydag *a* heb ei haffeithio o flaen *y* ;
disgwylid *Llemyr*. 2, Gall *yr* fod yn hen orgraff am y
fannod gyflawn, heb golli'r *r*, cf. glosau'r nawfed ganrif,
V.V.B. 165–7 ; Computus y ddegfed, a hyd yn oed rannau
o L.L., cf. 146, lycat *yr* finnaun . . . ar hyt *ir* claud . . . ar
hyt *yr* nant. Naturiol fuasai *Llam y Bwch* fel enw adwy
neu fwlch. 3, Ceir rhestrau o enwau meibion Ll. H. yn
Mostyn 110, 170 ; Pen. 131 B. 114, 279 ; L. Dwn, ii, 104.
Ym mhob un *Llorien* a geir, nid *Llamyr*.

Ym *Mont. Coll.* iv, 239, v, 108, dadleuir mai *Lloran*,
Llorian, ym mhlwyfi Llanrhaeadr Mochnant a Llansilin
yw'r Bwlch hwn, gan dderbyn darll. Pughe. Gan fod
modd egluro'r ffurfiau fel bachigyn *llawr*, petrus iawn yw

hyn. A droesai Llor*ien* yn Llor*ian* ar dafod yr ardal ?
Ceir *Lloran* yn odli ag -*an*, *Gwaith Gwallter Mechain* iii, 39.

44a   rud. Ceir *Nudd* yn rhestr L. Dwn ; *Rudd* ap Llywarch
Pen. 131, 279 ; a *rrud*, td. 114—o'r englyn hwn, yn ddiau,
trwy ddeall *rud* fel enw person. Ond mwy naturiol yw ei
ddeall fel ansoddair, "coch" ; cf. M.A. 257a, Gwely *rud*
gwilim ryuel : *rudued* . . . ac edenawc y danaw.

44b   eiryt, i gael odl â *gweryt* yn lle *eiryd* R.P. ? Yr ystyr
yn ansicr. Berf, pres. 3ydd. un. yw, o *aered-af* (cf. G. 13,
ar *aerawt, kyuaeret;* B. ii, 1–4) ; cf. *daered;* neu gw. B. ii,
123, ar *deiryt* "perthyn" (pres. 3ydd un. *deirydu, deirydaid*).
Neu cf. B.A. 30, 6, *dieirydaf.*

   gweryt. Arferir am " bridd' , gw. D.B. **43**, *gweryt* y
tir hwnnw (=cujus *terra*), cf. Isidor, *Etym.* xiv, 6 ; Solinus,
22, 8 ; D.B. 96, a *phrid* y gwlat honno a lad nadred ; am
"fedd", gw. R.P. 23 a 31 (Crist) Duw sul . . . kyuodes *oe
weryt;* cf. R.C. xxvii, 216, am y gair Llyd. *guered* "claddfa";
Cern. *gueret* (Voc. Corn. "humus"), *gweras* "ground, earth"
(Wms. L.C.B.). Er bod yr ystyr o bridd yn sicr (cf.
Pen. 14, 36, o *weryt e bed* yd edlynei y lygeit yn vynych),
eto rhaid ei fod weithiau'n golygu "tywarch", gw. B.T. 20,
20, *Gweryt* pan yw *gwyrd.* Ac mewn rhai cysylltiadau
golyga "wlad" ; cf. B.B.C. 66, 18, *gueryd machave* ae cut
(fel pe dywedid *tir* M.).

   ammarch. Un ai negydd "parch", gwaradwydd ; neu
fel Pughe, H.E. 141, enw lle. Dyry ef nodyn "There is a
Dôl Ammarch in Montgomeryshire". Dyfynnir hyn yn
Mont. Coll. v, 107, gw. uchod, td. lxxxiv. Gan fod yr
englynion yn enwi lleoedd arbennig, ac y buasai *gweryt
Amarch* yn ateb i'r enghraifft uchod o *Weryd Machawy*,
tueddaf at ddeall enw lle yma. Yr anhawster yw *eiryt;*
petasai'n gyfystyr â *deiryd*, gwell fuasai gennyf *amarch*
fel enw cyffredin, "ni pherthyn amarch i'r bedd hwn".
Ond ansicr wyf am rym *eiryd* (neu *eirydd*) yn y testun.

44c   Llygedwy. Yn Pen. 131, 114, 279, *Llynghedwy;* L. Dwn,
Llychedwy; H.E. *Llyngedwy,* cf. V.V.B. 144, Juv. *guollung*
(neu *ruid* "rhwydd"), gl. ar *uacuum.* Ceir Bryn Llyngedwy
ger Four Crosses, Pwllheli.

45a   **odyman,** oddiyma, gw. W.G. 433, ar *yman*.   Yn B.B.C.
108, 15, *otima*, gw. VIII, 12.

   Aber Lliw. Gan ei bod yn *bell*, nid Afon Lliw ger
Llanuwchllyn ; cf. yn hytrach H. 21, Neu dreitysy tra
lliw lleudinyawn dreuyt / neu dremyrth eurawc caer ar
deryt. Dyma *Liw* sy'n perthyn i'r hen Ogledd, ar y ffordd
i Leuddiniawn, y *Lothians*, ger Edinburgh. Ceir Lliw yn
y De hefyd, gw. B.B.C. 67, 3, yn yd a *lliv* yn llychur (cf.
L.B.S. ii, 110) ; a chymharer B.B.C. 98, Nid y tawue
(=Tafwy, Tawy, Tawe) nessaw a lawaraw urthid, namvin
y tawue eithaw (h.y. nid Tawy Cymru ond un arall ymhell).

45b   **andwy,** VIII, 12b, *yn duy*, T. *am dwy*, gw. ar *handwyf*
36b, a cf. ymhellach, B.T. 54, Yr dy haeled athrugared
vechteyrn byt. *An dwym* ninheu y nef kaereu kynnwys
genhyt : 71, Neu vi tywyssawc yn tywyll am rithwy *am
dwy* pen kawell ; 34, *andwy* pensywet ket ryferthi (cf. 80,
mydwy taliessin ; 69, *mydwyv* taliessin), B.A. 15, 22, *an
dwyf* atveillyawc. Os cywir fod (h)*andwyf* yn gyfystyr ag
"ydwyf", yna'r trydydd person yw (*h*)*andwy*, gydag -*wy*
fel hen ffurf i ateb i *yw*, cf. B. v, 243, *hittoi* "ydyw" ?
Pe felly, rhaid mai deall *andwy* fel " ein dwy" a barodd y
treigliad yn *gyuetliw*.

   kyuetliw : cf. B.B.C. 16, kenetyl noted ked *kywetliv;*
Pen. 14, 89 [Stephan] erchi na *chevetlywyei* ac wynt y
pechaut hwnnw. Y mae'r ail yn amlwg fel Actau vii, 60,
"Na ddod y pechod hwn yn eu herbyn"; nid felly'r llall. Ceir
lliw "colour" a hefyd "rhith, ffurf, pryd, ymddangosiad" ;
cf. *Hengwrt MSS.* ii, 241, Kymun, sef yw hynny, corff crist
dan *liw* bara a gwin : *eiliw, eilyw,* P.K.M. 274, "ymddang-
osiad" ; *lliwaw* "cyhuddo, accuse, reproach", P.K.M. 187,
A.L. i, 418, Pwy bynnac a vynnho *lliwaw* lletrat yn gyu-
reithawl dywedet welet y dyn or pann vo goleu y dyd hyt
pann vo pryt kyulychwr ar lletrat ganthaw ; ii, 226, *lliw*
bot dyn a dygo gwelet y lleidr ar lladrat gantho yn kerddet
drwy wlat *lliw dyd* gole (? ymgais i esbonio'r term) ; 770,
Si quis *lyw* [manifestum] uelit assignare . . . iuret in eo quod
solo luscente (? lucente) uiderit eum cum re illa, cf. ed-*liw*,
ym-*liw*, a'r Ll. *manifestus* "palpable, clear" ;   hefyd
"convicted of a thing" ; A.L. i, 462, lleidr crogadwy, lleidr

da bywawl a dalher vn llwdynn *aryliw* gantaw ; lleidyr
da bywawl a dalher croen *aryliw* gantaw. Y mae'r *lliw*
cyfreithiol hwn yn golygu bod y dyn wedi ei weld neu ei
ddal â'r lladrad yn ei feddiant ar y pryd, cf. *cyhoedd*
"public" ; *argyhoedd-i* "to reprove (publicly), to convict
(of sin)". Gall *ced cyfedliw* B.B.C. 16 olygu "famed for
gifts", ac eto bod *cyfedliw* bryd arall="cyhuddo, argy-
hoeddi". O'r *lliw* cyhoedd hwn y tarddwn *lliwed* "llu",
nid fel Loth, R.C. xxvii, 206, atgo am y Brython yn *lliwio*
eu cyrff i ryfel ("tatouage"). Cf. I.G.E.[2] 35, 21.

Yn y testun, gyda *pell*, . . . *pellach*, cf. XI, 80c, *hir* hwyl
heul : hwy vyghouyon. Pell yw Aber Lliw ; pellach yw
"cyfedliw", y tad yn ei feio ei hun am farw ei fab, fel uchod,
28b, gan roi'r ystyr amserol i *pellach ;* neu ynteu fod y
"gweld bai", y beio am golli Talan, wedi teithio ymhellach
nag Afon Lliw.

45c   Talan : gw. isod XII, 5. Ceir yr enw ar gaeth a rydd-
freiniwyd ym Modmin, gw. R.C. i, 344.

teleisty, telaist ti. Yn XII, 5, chwanegir *imi* ar ôl
deigyr. Ystyr *talu* fel yn B.A. *passim*, yw "bod yn werth,
teilyngu, haeddu". Enghraifft o chwarae ar enw, *Talan*
yn *talu* dagrau, cf. B.T. 30, Glaswawt Taliessin, xxiiii a *tal*
(24 oedd *gwerth* y gân mewn ymryson) ; B.B.C. 102,
taliessin viw inhev *talaw* itti dy gulet (*Taliesin* yn *talu*
gwledd) ; B.A. 8, *Keredic caradwy ;* 7, no *llivyeu llymach*
nebawt, ac isod ar II, 21a.

46a   eryueis : cf. R.P. 167a, *Eryfeis* y ved . . . *Eryfeis* y **win**.
Yn ôl Loth, R.C. xxx, 29, o *ex-ro-* y daw *er-;* pam nad o
are- o flaen *y ?* Ond gw. R.C. xxxi, 351.

cawc, G. 118. Rhaid anwybyddu'r rhagenw ôl ar ôl
y ferf, a darll. *ca-wc* i gael ll. o saith sill, ac odli yn *-wc ;*
cf. R.P. 5 a 6,

> Eryueis i win o ga*wc*
> gan rieu ryuel egl*wc*
> Myrdin yw vy enw amheid*wc*.

Yn R.P. 5 a 4, 6, ceir *i owin ;* bai yw'r *o*. Am *ca-wc* yn
ddeusill, cf. B.T. 26, vyg cassul am *kawc* / armaaf nyt yn
drwc / petwar vgeint *mwc* / ar pawp a dy*dwc*. Felly yma,

odlir yn *c* â *Dwc.* Cf. Gw. *cúăch* "a bowl", C.I.L. 540 ;
Pedersen, V.G. i, 212, deusill yn ôl Stokes, *Kuhn*, xli, 383,
ac felly nid benthyg o'r Ll. *caucus.* Erbyn oes Dafydd ap
Gwilym, unsill yw *cawg*, cf. D.G.G. 86, Gwaelawd *cawg*
y Drindawd draw. Ni wn ers faint cyn hynny. Y mae'r
ffurf *reinyawc* yn *b* yn dangos bod y Llyfr Gwyn a'r Coch
yn ei ddarllen yn unsill, ac yn newid odl *b* i gydfynd ;
newidiodd Pughe odl *c* hefyd i *Duawg.*

46b   **racwan rac :** cf. P.K.M. 30, *r*aculaenu *rac* y rei ereill ;
Pen. 7, 49, y voned ynteu a gyvadefut y *ragori racot.* Am
racwan "pen blaen", gw. C.Ch. 181, amws . . . ymhoel y
bedrein. y *racwan* mi ae gweleis. Tybiaf mai hwn yw
rhagwahan, a *rhagwant* y beirdd, gw. C.D. 321. Yn y
testun, berf yw, "rhedeg o flaen, tywys i frwydr" ; cf.
B.A. 2, kynran en *racwan rac* bydinawr. Am yr ystyr, cf.
B.A. 6, *em blaen* gwyned *gwanei;* 18, *rac* cant ef *gwant*
gesseuin ; P.K.M. 169, 170.

    Reinyawc. Rhaid diwygio i *Reinwc* neu *Rieinwc* i gael
odl. *Reinwc,* Dyfed yn ôl pob tebyg, gw. nodyn Lloyd,
H.W. 281–2. Eto, meddai, ni wedda ymhobman, e.e.
A.C. MS. C. s.a. 795, Vastatio *Rienuch* ab Offa. Ateg yw
hyn i *Rieinwc*, gw. A.L. ii, 50, gwyr Gwyned a gwyr Powys
a gwyr Deheubarth a *Rieinwc.* Arno, rhydd A. Owen,
" 'the territory of Rein', a district in Brecknockshire" ;
ond td. 584 (Teir rhan ydoedd y Deheu : *Rhiennuc* .i.
gwlad Rhein; a Rhiellwc a Morgannwc) " Radnorshire"
yw ganddo yma. Pe "gwlad Rhein", yna *Rhein-wg*, nid
Rhiennuc, na *Rieinwc;* cf. *Rein* filius Brachan, sef Rhain
Dremrudd (*De Situ Brech*, Wade Evans, Br. Br. 8).
Acornbury Camp yn Archenfield, Sir Henffordd, yw *Caer
Rhain* Llyfr Llandaf, meddir (gw. L.L. 43, ad *cair rein*
ad blain taratyr : 135 ; 389). Teg fuasai disgwyl cael
Rheinwg o gwmpas y gaer hon. Ond teg neu beidio, nid
hynny yw'r ffurf yn B.B.C. 77, O morccanhvc o *rieinvc.*
A gymysgwyd *Rheinwg*, gwlad Rhain ap Cadwgan (Dyfed),
ag ardal ar y goror ? Gw. R.W.M. i, 825.

    Yn y testun, os cedwir *a* yn *ef a*, gellir darll. *Rein-wc.*
Gan mai diweddar yw *a* yn y cyfryw safle, hawdd ei

hanwybyddu, a darll. *Riein-wc* yn drisill, gyda'r Llyfr Du,
a chwilio eto am y lle!

(Am *Rhiellwg*, cf. Pen. 131, 279, *Riell* verch Llywarch
Hen.)

46c   **esgyll gwawr:** cf. B.T. 42, 13, Glessynt *escyll gwawr*
escorynt wy waywawr; 67, 21, *escyll g[w]awr* gwaywawr
llifeit. Yn y testun ac yn y ddwy enghraifft hyn, ceir
gwaywawr yn ymyl.

Dwc. Yn achau Gruffudd ap Cynan dyry H.G.C. 102,
dwc m. llewarch hen m. elidir. lledanwyn. Yn y rhestr yn
Pen. 131, 114, rhoir *dwywc* fel un o'r meibion (cf. H. 170),
ond nid oes le iddo yma, ac y mae H.G.C. yn hŷn tyst.
Fe sylwir bod R. wedi colli *Duc* o 47a. Deallaf y ll. oll i
olygu bod gwewyr Dwg yn fflachio fel pelydrau'r wawr.

47a   **erchis,** nid *ercheis* R.P. o achos yr odl a'r gystrawen.
Ceir enghreifftiau eraill o *-is* yn y pers. cyntaf, cf. B.B.C.
87, 2; H. 21, Neu *dreitysy*. Rhydd R.P. *-is* yn *b*, ond
T. *-eis*.

pan ym. Deallaf *ym* fel *im* "to me", gydag *erchi*, gan
na cheir *y* fel geiryn ar ôl *pan*, gw. W.G. 279.

47b   **gantu** R., *ganthu* P.T., ganddynt. Pwy? Gwŷr
Rhieinwg? A ddylid darll. *gantaw?*

y diewis R., *y drewis* P., *y dreweis* T. Ni thâl darll.
R. o achos y mesur. Ceid synnwyr wrth ddarll. *ry drewis*,
cf. P.K.M. 65, y *trewis* ynteu hi; 75, 1; gorff. 3ydd. un.
traw-af. Ceir yr un math yn union o ddiweddaru amher-
ffaith yn P.K.M. 4, 7 (gw. 105), troi *ry gyrchwys* yn *y
gyrchwys*, yn lle *y kyrchwys*. Am *taraw gan*, gw. Y.C.M. 93,
yna *taraw gantunt* a oruc oliuer.

47c   **kyn ny dyuel.** Ansicr. "Drwg gennyf, pan geisiodd
Dwg hynny gennyf, nad euthum i'r gad gyda hwy, er na
ddeuai (trwy hynny) i'r milwr hael estyniad mis at ei
hoedl".

48a   **kyni.** Yn y rhestrau rhoir *Keny* (Pen. 131, 114) a *Kyni*
(279) fel mab i Lywarch. Rhaid darll. *-y* ynddo i odli.
Corfforwyd yn y Gododdin gymar i'r englyn hwn—
enghraifft o boblogrwydd y canu. Llithrodd i'r testun o'r
ymyl, mi dybygaf, gw. B.A. 12,

> Ket bei cann wr en vn ty
> Atwen ovalon keny.
> penn gwyr tal being a dely.

Ystyr *tal being* yw pen y fainc, y sedd anrhydeddusaf ;
yr un i'w chael (o ·gant) oedd *Keny*, neu yn ôl ein testun,
Kyny ; cf. L.L. am yr enwau *Cini* a *Cinhi* (dwy enghraifft).

48b   disgynnei, sef oddi ar ei farch ; cf. W.M. 229b, Culhwch,
er bod pawb yn arfer "*diskynnu* vrth y porth ar yr yskyn-
uaen, nys goruc ef, namyn ar y gorwyd y doeth y mywn".

kyfyrdy, o *cyfr-* a *-tŷ* (cf. *cyfr-do*), neu o *cyrf-dy* "tŷ
cwrw", fel Gw. *corm thech ;* gw. ar II, 2b ; B. ii, 308.

48c   penn gwyr, nid *gwr* R.P.T. ; cf. uchod englyn B.A. 12 :
hefyd H. 7, 1 ; R.M. 112, Gwenhwyfar "penn *rianed* yr
ynys honn" ; 107, a theleessin penn *beird ;* 134, yskithyr-
wynn p. *beid* (llu. baedd) ; Sk. F.A.B. 456, Arthur yn pen
teyrned ; Dewi yn pen *ysgyb* (esgyb, esgobion) ; Maelgwn
Gwyned yn pen *hyneif ;* W.M. 229b, penn *teyrned*.

pan, neu *pann ;* cf. B.A. 21, gwin o *bann*. Nid o'r
Saesneg, ond hen air Celtig am gwpan, Gw. *cann*. Ymhlith
olion crochenyddion Celtig Ffrainc, a ffynnent yn y ganrif
gyntaf ar ôl Crist, darganfuwyd cofnodion llunio 23,280
o'r llestri hyn ; y cyflwr enwol oedd *panna*, gw. erthygl
Loth, R.C. xli, 50 (*Les Graffites Gaulois de la Graufesenque*,
1–64).

dyly, pres. 3ydd. un. *dylyaf*. Dyna ei hawl. Cymerer
gyda'r englyn arall ; dyled neu hawl Kyny, pan gyr-
haeddai, oedd ffiolaid o *win* (nid *medd*) ; a'r lle teilyngaf
i eistedd. Y mae *lleferydd* 48a yn awgrymu ei fod yn
hawlio hynny, yn y porth, a'i dad yn ei glywed ; ond gan
fod *lleueryd* yn cael ei gymysgu â *lleuenyd* (llawenydd) gan
gopïwyr (gw. P.K.M. 239, i'r gwrthwyneb), ac y cyfer-
bynnai *llawenydd* yn well â *gofalon* yr englyn arall, efallai y
dylid darll. *lleuenyd* yma. Yr oedd yr hen *n* a'r *r* yn
debyg iawn .i'w gilydd.

II

1a **kynn bum :** gw. I, 5c.

kein vaglawc. Isod ceir *baglan* brenn ; anaddas fuasai *baglawc* felly yma o achos y gair *kein*. Nid yr ansoddair "hardd" mohono, ond enw="cefn" ; cf. B.B.C. gorlas *kein* minit ; B. v, 247, *ceng* i'r esceir ; L.L. 73, *cecg;* 182, *cecn;* Cern. *cein* "the back" ; A.C.L. i, 107, war *geyn* margh (ar *gefn* march) ; Corn. Voc. *chein* "dorsum" ; Llyd. Canol *queyn*. Hefyd cf. enw march Gwalchmai, B.B.C. 28, *kein* caled ; R.P. 70 a 17. Gwyddys am *cein* (o darddiad arall) yn Ox. 1 (V.V.B. 67), *ceintiru* sy'n ateb i *cefn*-dyr. Cyfeiria *baglawc* at ffurf cefn cwmanog hen ŵr, ar ddelw bagl ffon, cf. W.M. 83b, y forwyn hyll, "Ascwrn y *chefyn* oed *ar weith bagyl*". Rhydd D. ddihareb, "Ni chwennych morwyn mynach *baglawg;* ond â hwnnw, cf. Gw. *bachlach* (C.I.L. 161 ; 1, "a cleric", cf. Llyd. *baelec, belec* "offeiriad" ; 2, "a shepherd", oddi wrth ei ffon fagl.

kyffes, parod ; cf. Lleu Llaw-gyffes, P.K.M. 275 ; a llaw-*ffraeth*.

geiryawc. D. "orator, verbosus" ; cf. III, 13c. Felly *cyffes-eiriawg* yw "parod ei dafod, huawdl, ffraeth".

1b **keinmygyr.** Nid deusill *(cain* a *mygr)*, ond trisill, berf. pres. amhers. "canmolir" ; cf. R.P. 10 b 3, *keinmygir* pob kywreint (B. iv, 6. no. 176) ; D. *Ceinmygir* pob newydd, gw. ar *ceinmicun* B. vi, 216. Am *cein* o flaen berf, cf. Ox. 1 (B. v, 5 ; V.V.B. 67) ni *cein*guodemisauch.

ny eres R., *vy eres* P.T., *eres* "rhyfedd, rhyfeddod" D., mirus, mirandus. Yn null R.P. 10 b 3, disgwylid yma "keinmygir *pob* eres". Ni fedrir, felly, gywiro *ny* i *nid* (cf. R.P. 71 a 18, *nyt eres*). Ai *gni(f)* eres ? Neu *ni* "peth", fel Gw. *ni,* diryw *nech* "any one, any thing" ? Llai beiddgar yw dilyn P.T. a darll. *vy* "fy". Yn R.B.B. 186 ceir *erestyn* am "glerwr" *(ioculator)* ; M.A. 462b, *arestdyn;* 589, *erestyn;* L.G.C. 78, 313 ; nid "Saracen" (felly Loth, R.C. xxi, 507, wrth *Eristin* mewn Gwyddeleg), ond "eres-ddyn", gydag *-sdd-* wedi caledu i *-st-* (cf. Nos *da*, calediad o Nos-*dda*). Gelwid clerwr yn eres-ddyn am ei fod yn

difyrru pobl â'i "gampau"; gwneud pethau rhyfedd.
Os darll. *vy*, gwell newid y ferf i *keinmygit*, fel y ceir
kynnwyssit yn 2b, "Edmygid gynt fy nghampau".

1c **Argoet.** Enw tra chyffredin. Diau fod lle o'r enw yn
y Gogledd, ond yma Powys, neu ran o Bowys, yw; isod,
2c, enwir *Powys* fel noddfa'r hen ŵr; gw. hefyd R.P. 153a,
Kynnedyf . . . *y werin argoet;* cf. 152b, Kynnedyf y *bowys;*
Kynnedyf y aergun *argoetwys werin* (yng nghanu Cynddelw
i *Freiniau Powys*); 153b, Yorwerth . . . arglwyd ar eurglawr
powys . . . dreic *argoet;* 151 b 30, aer wosgryn *bowys
argoedwys* dwys dengyn; 161 b (Owain Cyfeiliog) *Argoed-
wys* argleidrad; H. 27 (am Fadog ap Maredudd) lliaws
toryf o derrwyn *argoedwys;* 162 (Gwenwynwyn), *argoedwys
bowys* beir; 275, llwrw uochnant . . . lledkynt *argoedwys*
. . . edryched *powys;* isod, XI, 45c (Cynddylan o Bowys)
callon *Argoetwis.*

2b **am kynnwyssit,** croesewid fi; cf. R.P. 151 b 34, neum
kynnwys dreic bowys drwy barch; H. 8, kreawdyr am
crewys am *kynnwys* i / ym plith plwyf gwirin gwerin enlli;
B.T. 65. *kynnwys* a gaffaf ar parth goreuhaf; gw. isod
ar 9b.

kyuyrdy, cyfrdy; gw. ar I, 48b; cf. R.P. 8b, Gnawt
nyth eryr ymblaen dar ac *ygkyfyrdy* gwyr llauar (11 a 12,
yt uyd llauar gwyr ar lynn); gw. B. ii, 308–9, lle cynigiais
y gall fod am *cyrfdy*, tŷ cwrw. Yn y testun golyga gyntedd
neu neuadd pennaeth Powys; gwyddys mai yng nghyntedd
y llys yr yfai'r milwyr, cf. B.A. 2, 11, gwerth med eg kynted.
Yno y croesewid gwesteion: nid y porth ydoedd (fel yn
iaith heddiw), ond y lle uchaf ei anrhydedd; gw. P.K.M.
131.

paradwys Gymry "paradise of Welshmen" neu "of
Wales". Treiglir ar ôl *paradwys*, enw benywaidd. Yn
D.G.G. 88 (Paradwys, *iddaw* prydaf) ymddengys fel enw
gwrywaidd, ond cyfeiria *iddaw* yno at yr Haf, testun y
cywydd. Am y tr. cf. *Gerald Camb. It.* vii, Môn *mam
Gymry;* H. 276, mon mā gymry y metant.

3b **kymwaew :** darll. *kynwaew*, cf. H. 90, *kynwan* toryf
. . . *kynwaew* gwyth gweith vutic arglwyt; 294, Pieu yr
ysgw(y)t e(s)gutwal *kynwan* / ar *kanwayw* am y thal. Daw

o *cynt-* a *gwaew*, y waewffon oedd ar y blaen, y gyntaf i
dynnu gwaed o'r gelyn, cf. W.M. 236a, Bedwyr "kyt bei
un llofyawc nyt anwaedwys tri aeruawc kyn noc ef yn
un uaes ac ef".

par. Gelwir gwayw ysgafn i daflu yn bâr ; cf. W.M.
228a, "*deu par* aryanhyeit lliueit yn y law" (am Culhwch) ;
ond y waywffon drom "*gleif* penntirec" yw honno. Yn
P.K.M. 86, 87, 91, 92, gelwir gwayw Lleu a Goronwy yn
bar ac yn wenwyn*wayw* heb wahaniaethu. Felly yma.

kynwan. Yn R. oed *kynnwyf ;* P. oed *kyn wyf*, â
cynwan uwch ben mewn llaw ddiweddarach. Rhydd
hynny odl a mesur. Ar *gwan* "taro, gwthio, rhuthro",
gw. P.K.M. 169, 170 ; gyda *cynt-*, *cynh-*, gw. B.B.C. 6,
kinvelin y pop *kinhuan ;* M.A. 208b, Hywel . . . hil kynan
hwyl *kynwan cad ;* H. 77, ayr *gynnwan ;* 90, *kynwan toryf*
(cf. 206) ; 238, ath *gynnhwan ;* 276 (Llywelyn), *kynwan llu*
mal llew yth welssant. Cf. hefyd ar *racwan* I, 46b ;
R.M. 114, un archoll a uydei yn y waew a naw *gwrthwan*
("barb" ?) ; a'r Gw. *cét-guine* "the first wounding or
slaying", C.I.L. 357, A.C.L. i, 286. Y mae *cynwan*
a *rhagwan* yn ateb i *cynnor* a *rhagor*, gw. B. ii, 306–8. Ystyr
cynwan yn gyffredinol yw "blaen byddin", neu "ruthr
gyntaf llu" ; yn y testun, am waywffon, "yr un a drawai'r
gelyn gyntaf, drawing first blood".

4a   kalaf, "gwellt", P.K.M. 59, 60.

4c   digaru : cf. H. 212, eiriolwy ar ueir uy eiryoled. yr y
dwy garet nam *digared ;* R.P. 130a, Ar ystiwart llys . . .
am roes gyt ar gler a *digereis* (mewn gwledd) ; B.T. 38, 2,
Decuet *digarat. digarwys* eu tat. *Digaru* kawat ynrwy
rewinyat Llucuffer llygrat, gw. S.E. s.v. Mwy o flas
"gwrthod" na "pheidio â charu" ; gw. isod ar 6c.

5b   ar llyn, yn lle ar *lyn ;* gw. G. 33, "Caledwyd *l* i *ll* ymron
bob amser ar ôl *ar*", cf. B.A. 25, ar *llwrw* peues ar *lles*
pedyt ; H. 48, ar *lloegyr ;* 51, ar *llu* ar *lle* ewein.

6a   gwaeannwyn, yn lle *gwannwyn* R. i gael mesur ; cf.
R.P. 21, 34, *gwaeannwyn* go aflwm tir ; G.M.L. 167,
guahanuyn ; Ox. i, V.V.B. 137, *guiannuin ;* Corn. Voc.
8b, *guaintoin* "ver".

6b   **ewyn** R., lle gwag yn P.T., ond yn P. ar waelod y ddalen, *rud cogleu goleu ynghwyn*. Darllenais *e gwyn* (sef "i gŵyn", "yng nghŵyn") i gael odl : amlwg mai *eguin* oedd yr hen ddarlleniad, ac i'r copiwyr ddiweddaru'n ddiofal. Yr oeddent yn gynefin â throi *-gw-* mewn hen destunau yn *-w-* yn eu horgraff hwy (cf. V.V.B. 115, *eguin* "ewin" ; Lewis, ar *engwyn*, B. iii, 53). Ni fedraf ddilyn W.G.47, mai *ewyn* "foam" sydd yma, a'i yngan fel *ewŷn*, gan mai *ewynn* sydd yn R.P. 9 a 29, i odli â *redyn, dyn*.

Am *cwyn* "gwledd", gw. ar I, 1a ; am y golau yno, cf. B.A. 4, yvem ved gloyw wrth *leu* babir. Ar *e* "i, yn", gw. P.K.M. 102, 329, neu B.A. 5, 21, *en drin*, lle ceir *en* a'r tr. meddal.

6c   **digaryat :** darll. *digarat* gyda P.T. Dengys ffurfiau fel *Caradawg, Angharad, caradas, carad*-wraig, heb *i* gytsain, beth oedd yr hen arfer ; cydweddiad a ddaeth ag *-iad* yn *cariad* a *Cariadog*. Hefyd nid "heb gariad" yw *digarat*, ond "gwrthodedig", negydd *carat* "loved", ansoddair goddefol, gorffennol. Rhydd S.E. arno "forsaken, forlorn, destitute" ; D. "Idem quod diymgeledd, digynnhorthwy, derelictus, desertus, neglectus" ; gw. enghreifftiau Silvan, ac uchod ar 4c ; B.B.C.ᵗ 86, llu du *digarad* (y gwrthodedig yn y farn) , a'r ddihareb "Clyd pob clawdd i *ddigarad*". Gweddi'r bardd ar Fair yn H. 212 yw *na'm digared* "na'm gwrthoded". Yn y testun cwyna'r bardd ei fod yn "wrthodedig *gan* forwyn" ; rhaid esbonio fel uchod i gael grym y *gan*.

7a   **kynteuin.** Rhydd Meyer (C.I.L. 356) "May-day" am y cytras Gw. *cétam, cétamuin ;* "Mai", medd Windisch, a Stokes (R.C. iii, 177). Yn fanwl cyntefin oedd mis cyntaf yr haf ; yma "haf", canys cyferbynnir â'r tymhorau eraill yn 4a, 5a, 6a.

7c   **etryt** R., *etlit* P.T. Dyry S.E. *edryd* "to restore", berfenw *adferaf ;* ond cf. hefyd B. iii, 97, Satwrn sydd yn *edryd* neu yn ymsymmud yn un mynud o amser 39604 o filldyroedd. Daw hwn o *rhed*. Nid yw'r un yn addas yn y testun, felly darll. *etlit*, gw. ar I, 20c, VI, 8c, XI, 20c. Trist i'r henwr oedd edrych ar fagl ei ffon—ei unig gydymaith bellach.

y'th yluin. Ar *y* "yn", gw. P.K.M. 329 ; *gylfin,* pig aderyn, Gw. *gulban ;* cf. *gylfin-hir.*

8a   **ganghen uodawc** R., *vodawc* P.T. ;   cf. 8c.   Prin y goddefid arfer yr un gair i odli mewn englyn.   Medrir darll. un fel tr. o *boddawg,* a'r llall fel tr̃. o *bodawg ;* neu newid un i (g)*nodawg* (o *gnawd* "hysbys, arferol") ; cf. Gw. *gnáth, gnáthach ;* neu gw. H. 198, yr parch *nodawc,* ? o *nod ;* neu *noddawg,* o *nawdd* neu *nodd.* Croesodd T. y *d,* i ddarll. *dd* yn 8a.

Ar *bodawg* "constant, sefydlog", gw. B. iv, 60 ; cf. preswyl-*fodawg ;* hwn sy'n taro yn 8c, canys *lleferydd-fodawg* yw Llywarch "siaradus, constantly talking, babbling" ; gw. isod VI, 10a, *kathyl uodawc* am y gôg sy'n canu o hyd. Gyda *changen* gellid synnwyr o *gnodawg,* o ddeall *gangen-nodawg* fel "ffon gynefin, hysbys, familiar".

8b   **kynhellych** R., *kynhelych* P.T. ; cf. 10b, pres. dib. 2 bers. un. *cynnal.* Math o ddymuniad neu orchymyn yw, " Do thou support a sorrowful old man". Ar y defnydd o'r modd dibynnol, gw. P.K.M. 103, *rodych ;* Morgan, B. v, 340–1.

hiraethawc : nid "trist" yn unig, ond "angerddol awyddus". Arferir am farch yn B.B.C. 83, *redech* (redec) *hiraethauc,* h.y. "ar dân gan awydd rhedeg". Yma am hen ŵr yn dyheu ac yn gofidio ar ôl ei anwyliaid coll.

8c   **lleueryd uodawc :** gw. ar 8a, a cf. 10c.

9b   **am kynnwyssy,** T, *cynhwyssy,* gw. ar II. 2b, H. 8 ; cf. B.T. 38, an tat an pater, an kar *an kymer ;* 54, An dwyn ninheu y nef kaereu *kynnwys* genhyt ; 64, Creawdyr celi *an kynnwys ni* yn trugared ; 68, gan egylyon *cynwyssetor.* Felly *am cynnwys i.*

diffret, "nawdd, amddiffyn" ; cf. B.A. 23, rywynyauc d. (22, rywonyawc *diffreidyeit*) ; B.T. 45, Kynan kat d. ; 52, Croes Crist . . . Rac pob anuaws poet yn dilis dinas *diffret* (cf. dinas noddfa). Ohono ffurfiwyd *diffreidiad* "amddiffynnydd", cf. B.T. 57, Reget *diffreidyat ;* 58, d. gwlat ; 77, d. y popyl brython. Ar *cyffred* gw. B. v, 243–4.

9c   Testun llwgr ? Rhy hir yw'r llinell, os englyn milwr.

elwir. Ni all ll. ddechrau gyda berf dreigledig, neu gellid cymharu B.A. 32, kewir yth elwir oth gywir weithret.

Yn P. rhoes llaw ddiweddar *ith* uwchben *elwir*. A gollwyd
ath neu *yth* neu *hi* ar ôl *diffret*, canys rhydd P. *diffraeth*
a T. *diphraeth* yn ei le? Pe felly, englyn unodl crwca
(C.D 323) :

> Am kynnwys i Duw diffret : Ath elwir
> Prenn kywir kyniret.

kynniret R., *kyniret* P., *kymret* T. Digwydd fel enw
a berf yn ôl S.E., "cyrchu, mynychu, to resort, visit often,
to gather or crowd together" ; D. "frequentare, itare",
gw. Loth arno, R.C. xxxviii, 163. Tuedda ef i weld dau
air gwahanol yma, un "ymweld â", a'r llall "peri tarddu
neu neidio (faire jaillir) o'r un gwr. â'r Gw. *úr* "tan" ;
un gydag *nn* a'r llall ag *n*. Y mae'n wir y ceir ef gyda
gwrychyon o dan yn Ll.A., ond yr ystyr yno i mi yw "cludo",
cf. Ll.A. 87, ef yssyd yn *kyniret* caryat annwylserch yrwg
y tat ar mab : yr yspryt glan ar ffuryf colomen . . . o dan
. . . yssyd ynn *kynniret* serchawl garyat y tat ar y mab
ar mab ar y tat ; 88, llunyer yr yspryt glan *yn annon*
(? anuon) *neu yn kyniret* gwrychyon o dan y karyat . . .
yrwg y tat ar mab ; yr annwylserch garyat ysyd yn *kyniret*
yrwg y tat ar mab ; 91, llathredic fflamm o dan arafdec
serchlawn yn *kyniret* gwres goleuni yrwg yr heul ae
phaladyr ; yssyd dan yn *kyniret* annwylserch y rwg y tat
ar mab.

Cf. ymhellach T.W.S. Luc xv, 1, Publicanot a'r pechat-
urieit yn c. ato ; R.B.B. 201, ar veint darmerth a *chyniret*
mulyoed a meirch (qui tanto *apparatu* ornamentorum
mulorum et equorum incedebant) ; *Hen Gwndidau*, 28,
ag i waith pynt avonydd a rhoi baunydd gardode / lle bo
mwya'r *kynired* (h.y. "ĉyniwair") ; B.T. 76, Yt vi brithret
a lliaws *gyniret;* R.P. 19 b 17, Mor yw gwael gwelet
kynnwryf *kynniret;* D.G. iv, 52, Pand digrif yw i brifardd /
Weled hoyw *gynired* hardd ; lxxix, 33, O Landdwyn, dir
gynired; I.D. 53, tir y gryg nys torrai gred / a gai'n ar o
gynired / ol ar y dir lawer dyn ; M.A. 238 a 47, Gnawd yth
lys lysseit *gynnired* (H. 200, *gynired*) gorulycheu gan valch
gyfyued ; 160 b 34 bleit *kynired;* H. 123, preitwr yg
hynired.

Y mae "cyniwair, cyrchu, teithio a chludo ôl a blaen" yn ddigon teg o ystyr ; gw. isod 14a, y gwynt yn cynired y ddeilen grin, h.y. ei chludo ôl a blaen ; 19a, nid oes neb yn c. Llywarch, h.y. yn cyrchu ato. Gelwir y ffon yn y testun yn gywir gynired am ei bod yn cyd-deithio â'r henwr i bobman, yn mynd a dyfod yn ffyddlon i'w ganlyn.

10a   **ystywell :** cf. R.P. 155b, Yn ystrat meuryc *an ystywell* lu / y am lyw bro hiryell / ny safei racdun . . . nac aer na chaer na chastell. Yn ôl G. 33, *anystywell* "diysgog, cyndyn, athrugar" ; D. *anystywallt* "inconstans, instabilis" ; Lhwyd, A.B. 59, "ferox" ; S.E. *anystywallt* ac *anystywell* "unmanageable, unruly, . . . resistless". Pe bai *ystywell*="caredig, mwyn, hydrin", ac *an-* yn negydd, gellid "anhydrin, ffyrnig" o *anystywell*. Esboniwn y ffurf yn *-allt* fel Pentref Ariann*ell* yn rhoi Eirian-*allt* ym Môn ; *Rhythell* (enw Afon Saint yn Llanrug), *Rhythallt* bellach.

10b   **kynhelych :** gw. ar 8b.

10c   **lawer pell.** Haws deall *lauar pell* fel ateb i 8c, *lleueryd uodawc,* a deall *pell* am amser, nid lle ; cf. B.T. 27, *pell* na bum heussawr ; 43, pereit hyt *pell* y gell a treidwn ; Y.C.M.[2] 39, parhau yne*ppell;* R.P. 21, 6 ; 25b, kany wyr an pwyll *pellet* an oes ; B.B.C. 60, *Pelled* son saesson ; B.T. 76 ; W.M. 67b, Nyt oed *bell* yn ol hynny ; C.Ch. 146, 160, 187, claf iawn wyf ac ny pharhaaf *nepell;* M.A. 256a, Hir yw byth bellach *belled* bod hebdaw. Cf. hefyd *bellach* mewn ystyr amserol ; a Troude ar Llyd. *pell.*

llauar : cf. T.W. *loquax* "siaradus, llafar, dywetgar, rhuadus".

11a   Ceir yr un ll. yma ac yn 12a ; ond rhaid aildrefnu'r geiriau i odli.

kymwed, yn drisill, cymŵedd "cellweirio, gwatwar, mock" ; cf. H. 215, 351 ; gw. B. ii, 38. Dilynir gan *a.*

11c   **cloyn :** cf. Y.C.M. 63, ar cledyf hyt y *cloynneu* yn kyffrydyeit yn y daear ; Pen. 51, *kloyn* "kroes kledde" ; Cy. viii, "llafn". Dyry S.E. "eyeball" am y testun, ond "icicle" am D.G. clii, *cloyn ia;* a "boss or stud" yn gyffredinol, fel am *cloen.* Y mae *cloyn ia* o blaid deall *cloyn* fel llafn, neu hoelen (cf. Gw. *biss* "finger", *bis ega* "icicle") ; cf. hefyd D.G.G. 124, *dysgloen;* S.E. *cloig* "a hasp, a

cotterell"; *cloigyn* "a short stick and a withe used to
fasten a rustic gate". Gan fod yr olaf yn digwydd *in sensu
obs.* mewn cywydd maswedd, deallaf y testun yn gyffelyb ;
cf. Ll. *clavus* "nail", *clavis* "key", *clava* "cudgel",

ieueinc. Odl Wyddelig ag *-eint* ? Neu darll. *ieweint*
"ieuenctid", a gadael *yr* allan i gael mesur ? Felly *y* yn
12c ?

13a   dyr gwenn. Os un gair, darll. *dyrwenn* neu *dirwenn;*
cf. M.A. 162 a 2, twryf llu yn *dyrwen* (H. 135) ; 167 b 36,
Mor eissyeu eu dwyn *yn eu dyrwen;* B.T. 57, Ac yny vallwyf
y hen ym dygyn agheu aghen. ny bydif *yn dirwen* na
molwyf i vryen ; 58, 62, 65, *ym dirwen;* 59, *ymdirwen;*
60, 6, 26, *ym dyrwen;* 63, os it yt wydif ym *gwen;* gw.
J.M.-J. *Tal.* 155, *ymddirwen* "happy"; S.E. *dirwen* "a
broad smile".

Os deuair, *dir* (yw) *gwenn gwynt,* brawddeg enwol—a
cheir *g* arall yn y gyseinedd ! Ystyr : "boisterous is the
wind" (?)—os diogel dilyn M.A. 162 a 2, cf. "rhwysgfawr,
yn eu rhwysg", etc.

gne "lliw, tegwch".

13b   dewr. Ai deusill yma ?

diwlyd : ansoddair am fre neu fryn ; yn ôl S.E. "devoid
of soft vegetation" ; D. *gwlydd* "herba", cf. *gwlydd* y dom ;
A.C.L. i, 42, *y gwlydd,* Morsus galine. Cyferbyniai'r beirdd
gwlydd "meddal, mwyn" â *garw;* cf. *gwlyddaidd* yng
Ngwynedd am fara cyn iddo sychu a chaledu, "moist".
Yn B.B.C. 90, 11 (crin calaw *caled riv.* oer *divlit* yr eluit
hetiv) disgrifir golwg gwlad ar ddydd o aeaf ; cf. *caled riv*
â *diwlyd bre.* Hefyd H. 22 (merch) amrant hirwrwm a
grut *hirwlyt* "long soft cheek".

13c   eidyl hen : gw. ar I, 13c ; ac isod 18a, *tridyblic hen.* Ond
y mae R.P. 7 a 11 (*hwyr hen* hawd y ordiwes) o blaid cymryd
hyn fel brawddeg enwol, "eiddil yw'r hen".

hwyr, araf ; cf. P.K.M. 260, *hwyret* "how slow" ; yno
gyda *cerdded,* ac yma gyda *dyre.* Digwydd hwnnw fel
berf. pres. myn. 3ydd. un. o *dy-* a *rhe* (gwr. *rhedaf*) ; cf.
M.A. 204b, Ae gledyf flamdur ay glot *dyre;* B.T. 33,
dyrehawr llogawr ar glawr aches ; hefyd fel enw, D.
"lasciuia, libido" ; fel berf modd gorch. 2 bers. un. (*dere*

yn y De), gw. Loth, R.C. xli, 218–19 ; hefyd fel ansoddair, cf. H. 23, yn varch *dyre*.   Yma gall fod yn enw (gw. ar 11c), neu yn ferf pres. 3ydd. un.

14a   **kenniret :** gw. ar 9c.

14c   **eleni :** cf. Llyd. *hevlene*, Ped. i, 113, W.G. **187**.   Os adferir yr *h-* ceir tri gair yn y gyseinedd, cf. 16c.

15a   **yr yn was :** cf. B.T. 23, keint *yr yn bychan ;* Ll.A. 105, paham y tremygawd yr arglwyd y was a uu *yr yn vab* yn gwassanaethu idaw.   I gael mesur, gadewais *i* allan ar ôl *gereis ;* gellid gadael *yr* allan hefyd, i odli ar y pumed.

15b   **march glas :** gw. P.K.M. 242.   Nid y lliw yma ond "didoriad, fresh" ; cf. *glaslanc*, neu W.M. 213, *glaswas* ieuanc.   Y lliw sydd yn R.P. 124 b 12, "a grey horse".

15c   **neut nat :** cf. R.P. 64b, *neut nat* ryd ; H. 49, Am rotes meirch . . . *neud nad* ef ae dyryt ; B.T. 12, 24, *neu nyt* atwen.

16a   **ym pedwar,** fy mhedwar, gw. W.G. 170, -2, -3 ; cf. uchod ar I, 31a, a W.M. 59b, *ymam* "fy mam".

    prif gas : cf. B.B.C. 79, prydaw ych *priw*gert, ych *priw*clot a digaw.

    eirmoet : gw. W.G. 277.   Yn y Juv. B. vi, 106, ceir *mi* telu "*fy* nheulu".   Felly *er-mi-oet ;* neu *er-ym-oet*.   Daeth *eir*moet ar ddelw *eirioet*, y 3ydd. pers. (*er-i-oet*, yn rhoi *erioet, eirioet ;* wedi i'r *i* droi yn gytsain, affeithiodd *er-i eir-*).

16b   **yngyueruydynt** R., *yt gyueruydynt* P., *yt gyuyruydynt* T.   Gellid diwygio i *cyueruydynt*, a chymryd bod *yn* R. ac *yt* P.T. yn fai hollol ; ond nid amherff. yw'r amser addas.   Gwell fuasai *a'm cyueryw* (gw. P.K.M. 174) neu *yt gyuerynt*, sef "cyfarfuant".

    yn vnoet, yn yr un amser ; gw. B. vi, 221, *inungueid ;* M.A. 224b, *yn vnawr* y llawr ae llwng.

16c   **hoet,** "hiraeth, tristwch"   Cynghanedd Sain gynnar yw'r ll.

17a   **wyf :** cf. 3c uchod.   Nid oes angen *yt, yr* o'i flaen.

17b   **keinmic :** gw. ar II, 1b.

17c   **tridyblic :** gw. P.K.M. 115–16 ; B.B.C. 97 (ymyl), Nid aeth nep a uei edmic ir gorllurv id aeth meuric ar kewin y gureic in *tri diblic.*

18a   drut : gw. B. ii, 39, Gw. *drúth* "fool". Heddiw "costus", gynt "ffol" a ffyrnig ; gw. M.A. 162b, 163a ; cf. H. 265, rei yn *drud* ereill yn *doethyon*.

19a   kenniret : gw. ar 14a.

19b   darymret : cf. VI, 3b ; gw. S.E. a G.M.L. 110–11 am enghreifftiau fel enw, a berf. Yn ôl D. "obambulare, discurrere, huc illuc currere", a chymhara'r Llyd. *darem-prediff* "frequentare". Fel term meddygol, "fluxus ventris", rhyddni, gw. M.M. 112 ; Y.C.M. 109, bu varw rei . . . gan dwywawl dial o d. ; am yr ystyr gyffredin gw. Pen. 44, 20, Ac evelly e bv (Locrinus) seyth mlyned kvbyl en *darymret* attey (Esyllt)=R.B.B. 61, bu yn *mynychu* attei ; M.A. 158a, Llys y daw deon yw *darymred;* A.L. i, 144, ford yr eneyt keuarvyneb ac eu *daremret* y eu braudle. Mae ystyr arbenicach yn W.M.L. 13, swydawc a *darymreto* bwyt a llyn yn y llys ; felly "attend to, serve" ; cf. Hen Lyd. *arimrot*, C.C. v, 13, n. 60, berf berffaith (gl. ar *functus est* pontificatus officio) lle ceir yr un defnydd am weini swydd. Dilynaf Ernault yma (R.C. xvi, 319), nid Loth, V.V.B. 46 ; cf. Pedersen, V.G. ii, 598, am gyfansawdd o *ret-* gyda'r rhagddodiaid *to-imb-di-* yn golygu "gweini" ; gydag *imb-* "rhedeg o gwmpas", td. 600. Gw. hefyd Troude ar Llyd. *darempred;* Loth, Ch.B. 467, "visiter, frequenter". Dyma le *damre* B. ii, 278.

Heb wrthrych, fel yma, deallaf darymred fel rhodio o gwmpas, ymweld. Ni fedr Llywarch grwydro i weld neb : ni ddaw neb chwaith ato yntau, hyd yn oed angau !

19c   Wi a : ebychiad O ! ; gw. *oi a, wy a,* W.G. 450.

dygret : cf. 20a. Rhydd S.E. *dygredu* "to give credence to, to believe" ; nid hynny yw yma, gw. W.M. 226b, or awr y delis beichogi yd aeth hitheu ygwylldawc heb *dygredu* anhed (h.y. aeth mam Culhwch yn wallgo, ac ni ddôi ar gyfyl tŷ). Felly, "O Angau, na ddaw ataf !" Yn y ll. nesaf, "Ni ddaw hun na hoen ar fy nghyfyl, ar ôl marw Llawr a Gwên".

20a   hoen. Yn ôl D. "llawenydd" (laetitia, gaudium, vultus laetus) ; felly Lhwyd, A.B. 62 "gaudium" ; *Theater du Mond* (bron fel *awen,* uchel ysbryd, nwyd) 187, y poedyddion yn i *hoen* ai yvvenydd a scrifenasont bethau megis

duvviau . . . eythr gvvedi'r *hoen* ddarfod ;   192, a'r *hoen*
ne'r gvvniau yma ;   212, *hoen* cariad ;   211, yr *hoenau* a'*t*
gvvniau.   Weithiau "lliw", cf. B.B.C. 53, ystruc a or*hoen*
yssit arnaf ;   70, Can treghis wi guisc am *hoen;*   R.P. i, 39,
drwc vy h. ;   72 b 36, h. egluruann kann kynn eiry gayaf ;
M.A. 306b, h. geirw man (am liw merch) ;   304b, ymachludd
h. grudd ;   D.G. xxxvii, 4, h. eiry dywyn.   Nes yw i ystyr
Th.M. yn R.P. 72 b 28, Hyboen yw vy *hoen*, ny *hunaf*
o bleit hebogeid lygeit.

Yn y testun, fe'i ceir gyda *hun;* cf. H. 277, dy gynnygyn
. . . ny cheif *hoen na hun* ar amrant ;   22, dechryd *hun* a
hoen.   Yn sicr y mae'r ystyr o lawenydd yn gweddu, ond
beth am y mesur ?   Odlir â *Gwen, hen;* pes cymerid fel
hö-en, ceid 8 sill, ond unsill yw yn B.B.C. 70, yn odli â *poen.*
Tybed a gymysgwyd *hoen* unsill â *go-hen* deusill ?   Cf.
W.M. 102b, ae *ohen ae vryt* a debygei y uot parth a ryt y
groes ;   88b, ar karw a gyrchawd peredur ac ynteu a ellyg-
wys y *ohen* heibyaw ;   B.T. 55, 26 ;   M.A. 161a ;   176b ;
178b, 187a, 203b, 206a, 241b, 286a.   Rhydd D. *gohen,*
gwohen "obliquitas" ;   T.W. *limus, obliquus* "ar ohen".
Gellid dar'l. felly *Nym dygret hun na'e ohen* "ni ddaw hun
na thuedd at hun ar fy n*g*hyfyl" ;   a thybio i'r pâr cyffredin
hun a *hoen* ei ddisodli yn y llsgr.

20c   **abar :** gw. G. 5.   Yn ôl W. Llŷn "budreddi" ;   D. fel
ansoddair "pwdr", fel enw "celain" ;   felly S.E. "putrid",
"carrion, carcase" ;   H. 11, kyn bwyf *abar* am bo lluted ;
350, Lleawr gwawr gwedy bo *abar* / lle mae seint yn sant
diauar;   gw. Loth, R.C. xxxviii, 48–9.

Yn P. darllenir *avar*, S.E. "trist, tristwch", G. 14
"tristwch, alaeth".   Gwell gennyf ddarll: R. (cf. T. *a bar*),
hen gorffyn blin !   Cf. y modd yr arferir *celffaint.*

21a   Dilynais ddarll V, 9a yma, o achos y chware ar y geiriau
tynged fel enw, a *thynged* fel berf, gorff. amhers. (cf. *ganed* =
ganwyd).   Am beth tebyg, cf. ar I, 45c ;   III, 17a, Penn
a *borthaf* a'm *porthes;*   M.A. 269 b 1, gadael *pen* arnaf heb
pen arnaw.   Am dyngu tynged, gw. P.K.M. 79, 81, 83.
Ar *a* = o, gw. P.K.M. 115, 216.

21c   **hir gnif,** hir lafur, hen orgraff am hir ni(f) ?   Cf. am *hir*-
H. 25, a *hir*gadw *hir*gwyn / a *hir*gur o dolur y dwyn.

escor, bwrw ymaith, cael gwared o, P.K.M. 157 ; cf.
H. 16, Nyt haws yth esgar *esgor* dy gosbawd / no chaffael
tywyn ny bo tywawd.

III

1a   **dymkywarwydyat :** dau air yn P., un yn R., yma ac yn
2a, 3a, 4a.   Amwys yw'r ddwy elfen.

    Ar *dym-* gw. Rhys, R.C. vi, 51–7 ; Lewis, H.G.Cr. 141,
170 ; Loth, R.C. xxxi, 479–80.   Weithiau y mae'r *m* yn
rhagenw mewnol, pers. 1af. un., ac weithiau rhagddodiad
dwbl yw *dym-;* cf. *ym-*chwel, *dym-*chwel.   Mewn hen
destun gall fod am *ddim*, im, "to me" ; felly y cymer
S.E. ef yma.   Am enghreifftiau (cymysg), gw. B.B.C. 27,
Or saul *dymguytat* ar lleith *dimgorbit.*   Ac ew gueith
dimgunelemne dimbrodic dit ; H. 21, *Dym*hunis tonn wyrt
wrth aber deu . . . *dym* gwallouyed y win oe wenn adaf
. . . derllessid *ym* llaw llad ym goteu ; 30, *dym*-gwatoles
duw . . . *dym*gwallouyes bot . . . *dym*goluch goglet . . .
*dym*goteu deheu . . . *dym*kyueirch pawb . . . pwy goreu
gwledic ; 125, *dym*gwallouwy duw ; 264, *dym*gweta urtas
dym gwadawl hi/megys y dewrwr y dywedi ; B.A. 18, *dym*
gwallaw gwledic dal.

    kywarwydyat, berf amherff. 3ydd. un. (fel *gwyddiad*
"gwyddai" W.G. 356) un ai o *cyfarwyddaf* neu o *cyfarfyddaf*
(*w* am *f*).   O blaid yr ail y mae B.T. 29, *vn hwch* ardwyawc
hir *dychyferuydein* o brydein gofein ; 16, Kennadeu agheu
dychyferwyd.   Ond ceir *bydat* "byddai" uchod, I, 30b, ac
nid *bydyat;* a mwy na hynny disgwylid *kyferfydyat* trwy
affeithiad.   Gan hynny, gwell yw'r cyntaf, cf. *cyfarwydd-yd*
yn yr ystyr o stori ; a dealler *dymcyfarwyddiad* fel "dywedai
im."

    Unhwch, dau air yn P., un yn R., oddieithr yn 2a, cf. y
dyfyniad uchod o B.T. 29.   Newidiodd Pughe ef i *Ynhwch*
i gael yr ystyr o "Ashen Thruster" iddo ; gw. H. E. 23n :
gwell gennyf ei ddeall fel enw dyn, cf. L.L. 143, *unhu* (?) ;
A.L. ii,·50, Ac yna y dodes Maelda(f) hynaf mab *Unhwch*

Vnachen pendeuic Moel Esgityawn ym Meiryonhid kadeir
. . . y dan Vaelgwn. Mewn nodyn, er gwaethaf y ffurf yn
y testun, ceir : " The residence of *Ynhwch* was at *Caerynwch*
near Dolgelli . . . Moel Esgidion is the hill at the back of it".
Ond cf. *Mont. Coll.* iv, 24, *Kairrunhok ;* vi, 348 ; lle ger
Cerrig y drudion ; *The Coleman Deeds,* td. 427, Caer*unwch*
Dolgellau (mor ddiweddar â 1780). Am ffurf yr enw, cf.
Unwst (*Ungust,* R.C. i, 345 ; L.L. 211, Gw. *Oengus*) ; a
Cul-hwch. Y mae cyfeiriad o bosibl at arwr o'r enw yn
H. 112, a daw *dywal* gydag ef : "Angertawl gretuawl
(gretyf) *unhwch/dywal* am dywed llonytwch". Ai atgo o'r
testun ? Cymharer hefyd B.A. 84, *Dim* guoiu edui o adam
neinim *un huc.* Ond ymddengys i mi y gall *unhwch* olygu
hefyd faedd ar ei ben ei hun, ffyrnicach o'r achos (cf. *rogue
elephant*).

1b   **yg kyolwch :** cf. B.T. 11, 6, Ton *aghyolwch* taryan
ymrythwch (rhan o gyffro dydd y Farn). Rhydd G. 18
"*anghyolwch ?* llidiog dig. I'w gysylltu â *kywolwch ;
golwch*". Y mae *baran* hefyd yn golygu llid. Ar *golwch,
adolychu, dadolwch,* gw. B. ii, 124–6 : yr ystyron yw "moli,
gweddïo, cymodi" a'r cyffelyb, cf. *diol*(w)*ch.* Yng ngolau'r
rhain, gall *cy*(*w*)*olwch* olygu "cwrdd i ymddiddan, i gymodi,
cynhadledd". Ond llid oedd i'w gael gan Unhwch ar y
cyfryw achlysur, gw. 1c.

1c   **yd lad.** Y mae *ydd* yn amhosibl, felly cymerer *yd* fel
hen orgraff am *yt,* y geiryn rhagferfol, neu *yt* "to thee"
Gyda'r *dym* yn 1a, yr olaf sydd addasaf.
      ydolwch. Nid deuair fel P., ond berfenw *adolychaf ?*
Dyma sylw'r dywal Unhwch mewn cwrdd heddychu,
"Gwell it ladd nag erfyn cymod. Gwell taro na gofyn".
Neu gellid darll. "Gwell yd ladd nag yd olwch", fel sylw
am Unhwch ; treiglid berf ar ôl *yd.*

2a   Nid yw'r englyn yn R., neidiwyd drosto wrth gopïo
oherwydd tebygrwydd dechreuadau.

2b   **preid,** praidd, ysbail. Neu bai am *perid, perit ?*
      kyulauan : 1, "trosedd" ; 2, "briw" ; 3, "dyrnod",
gw. P.K.M. 144–5.

2c   **llewenid,** hen orgraff am "llewenydd", odlir â *llu-ydd*
"llu".

llywljf. Ceid pres. laf. un. yn -*if* (gw. I, 4a), a hefyd ferfenw. Rhoes yr olaf -*i* mewn cyfnod diweddarach. Felly "llywiaf", neu "llywio". Os yr olaf, "llawenydd byddin yw llywio", a'r unig ystyr a welaf i hynny yw bod byddin yn llawen o'i llywio yn ddoeth. Ar *llywio* gw. H. MSS. ii, 315, ef a ossodes seithwyr y *lywyaw* y ddinas, cf. isod 8b, 9b. Os y llall, "Llywiaf lu Llewenydd", a deall Llewenydd fel enw llwyth neu fro, cf. *Mont. Coll.* iv, 297, breinlen Gwenwynwyn i Ystrad Marchell yn 1201, "Dyfi et inde usque ad Aber *Llywenith* et sic per *Llywenith* usque ad ejus ortum", a *Brelevenez* Llydaw. Cyfeiriwyd yn barod at afon o'r enw *Llawen* (I, 14a), a cheir enwau llwythau neu ardaloedd yn -*ydd*, megis *Eifionydd, Meirionnydd, Maelenydd.*

Ond gan fod sôn am *Lwyfenydd* ynglŷn ag Urien, mewn amryw fannau yn Llyfr Taliesin (gw. B.T. 61, 14, *llwyuenyd;* 63, 9, mal ton teithiawc *llwyfenyd*. . . . yw vryen : 59, 1 ; 65, 13, Vryen nym gomed. *Lloyfenyd tired* ys meu eu reufed), diogelach yw deall *llewenid* y testun fel bai am hwnnw, oni ddaw lle arall i'r golwg, a fo'n ateb yn well. Nid oes drafferth i ddeall cystrawen *Ll. lluyd* (gyda'r dibynnair yn gyntaf), cyffredin ydoedd mewn Cymraeg cynnar ; gw. isod XI, 1b, 81b.

3b   **drws llech.** Enw rhyw fwlch yn y mynyddoedd lle bu brwydro ? Ar *llech* gw. P.K.M. 303 ; *drws,* cf. Drws y Coed, y bwlch rhwng Rhyd Ddu a Nantlle : Drws y Nant, ger Dolgellau : Bwlch Oerddrws, rhwng Dolgellau a Mallwyd ; (Llywelyn ap Gruffudd), M.A. 240a, Nyt oet hawt y dreissyaw ger *drws deuvynyt* ; E. Ll. 24.

3c   **ny tech,** ni thech, h.y. ni ffy, ni chilia'n ôl ; gw. I, 9c, B.A. 1, 13, mal brwyn gomynei gwyr *nyt echei ;* 5, 6, arth en llwrw byth hwyr *e techei ;* 33, 20, ny phorthassan warth wyr ny *thechyn.* Hen orgraff yw'r *t* yn ddidreigl ar ôl *ny.*

Dunawt uab Pabo : cf. isod 37a, 38a, V, 5a ; Sk. F.A.B. ii, 454, *Dunawt* a Cherwyd a Sawyl Penuchel meibyon Pabo Post Prydein, mab Arthwys mab Mar mab Keneu mab Coel. Gorhendaid Llywarch Hên hefyd ydoedd Cenau fab Coel, ac felly perthyn Dunawd ac yntau i'r un genhedlaeth. Yn R.M. 301, yn y Trioedd, dywedir fod Dunawd

(*Fwrr*) yn un o'r rhai a aeth i edrych ar fygedorth llu Gwen-
doleu yn Arderydd (575); td. 304, Dunawd, Cynfelyn Drwsgl,
ac Urien fab Cynfarch yw'r tri phost cad ; yn ôl yr *Annales
Cambriae* (Cy. ix, 156) bu rhyw *Dunaut rex* farw yn 595.
Dunawd oedd enw abad Bangor Maelor yn amser Awstin,
ond nid oes dim i'w gysylltu â'r milwr a goffeir yn yr englyn.
gw. Lloyd, H.W. 193. (Nid oes angen trafod *Iolo MSS*,
126–7.) O'r tu arall, cyson yw'r traddodiad a rydd
Deinioel Sant yn fab Dunawd m. Pabo, er mai *deinwin*
(o *daint* a *-gwyn*) yw ansoddair tad Deinioel yn B.B.C.
56, 1, ac nid *bwrr*. Ar yr olaf gw. B. vii, 35–6.

Ar *Pabo*, gw. L.B.S. iv, 38–9 ; Harl. 3859 ; Cy. ix, 174,
[D]unaut m. pappo m. Ceneu m. Coyl hen ; 179, Pappo
post priten m. Ceneu m. Gyl hen.   Gwell gan L.B.S. ddilyn
Bonhedd Gwyr y Gogledd (Sk. ii, 454, *Arch. Camb.* 1930,
339), a gwneud Pabo yn fab Arthwys fab Mar fab Cenau.
Ar yr enw, cf. L.B.S. iv, 272, ar *Pabu* fel gair y Llydawiaid
am Dudwal, "as Tudwal being abbot went familiarly by
the title of *Father*" ; gw. hefyd td. 273,   Os *Pab* "tad",
gyda'r terfyniad *-o* (a welir yn *Guto, Llelo, Bedo*) yw *Pabo*,
gellid cymysgu achau ac abadau yn weddol rwydd.

4b   blwng chwerthin mor, chwerthin croch tyrfus (pur
wahanol i *anerithmon gelasma* Aeschylus !) ; cf. D.G.G. 76,
Y don bengrychlon *grochlais* . . . Ni bu organ na thelyn/
Na thafawd . . . yn gyfref . . . a'th fawrdeg lef ; 137, Y don
. . . rhoes hwrdd i'm llong, rhoes *flong floedd.*

**4c   **Llinell anghyflawn : diwygiais ar ddull 5c.

dorvlodyat : cf. D. *blawdd* celer, gnavus, etc. : G. 57, fel
enw "? twrf, cynnwrf, braw, dychryn" ; fel ansoddair,
"cyffrous, brawychus" ; J. M.-J. (Cy. xxviii, 216) "head,
leader, chief ; princely".   Yn ôl G. 59, gellir darll. *dor-
vlodiad*, a'i gysylltu â *blodiad*, neu cf. *gorulodyat*, o *gorflawdd*.
Am yr olaf, gw. B.A. 38, *guor vlodi/at ;* 11, *aer vlodyat=*
34, *air mlodyat* (cf. Pokorny, R.C. xxxv, 253, ar Gw.
indláidi "ymffrostia") ; *bloddest*, cf. Jer. xlviii, 33, 2 Sam.
vi, 15 ; *cymlawdd*, cf. H. 151, Wyf kertawr ym rwyf
rwysc mor *gymlawt.*

Am y rhagddodiad, cf. V.V.B. 95, *darleber;* 222, *torle-berieti;* 111, *dorguid;* 112, *doromantorion;* yn Gymraeg, y *ddor*westva (Pen. 53, 37).

5a   **greidyawl.** Yn Llyfr Aneirin ceir *mur greit* droeon (Sk. ii, 71, 74, 79) ; *colovyn g.* (Sk. ii, 96) fel petai *greit=* "llu, cad, brwydr". Etyb M.A. 145 a 3, *greid am dias* i B.A. 1, *gwrhyt a. d.* ; B.B.C. 48, *kad a. d.;* cf. ymhellach M.A. 162 a 56, g. oror ; 163a, erchwyn g. ; 166a, g. wolwch ; 168a, Gwyr yn amwyn g. gretyf ychen yg gwet ; 176b, maelgun g. ; 225a (R.P. 145b) Gruffud arueu rud ry debygir *greit barch* i lywarch uab elidyr (sef Ll Hên) ; B.T. 64, gwas g. ; 73, yr israel bendigeit a oreu *murgreit* (am Dduw) ; M.A. 165b, gwr *greidyawl* ual *greiduab* ery ; B.T. 62, vrych mor *greidawl;* M A , 179a, Gradunel *greidyaul* y urhyt.

Dyry D. "*graid* est 'llosg' ait G.T. (sef Gwilym Tew) : Alii, 'gwayw' ". Cf. *Hen Gwndidau*, 36, nyni gowson naw mis glaw / ac vo ddaw yn weithan / naw mis ereill yn des / *gan y gwres y greidan;* Pughe, mae'r haul yn *greidio* "the sun is scorching". Awgryma hyn gytrasedd â'r Llyd. *gret*, yn ôl Ernault, G.M.B. 293, "chaleur, ardeur" ; R.C. xviii, 93, *gredus* "hardi, bouillant" ; Troude, *gret* "courage". Mewn Cern. ceir *greys* "strength, vigour", treigliad yw o *creys* "strength", medd Wms., ond cf. *cr-* ac *gr-* yn cymysgu yn *cre-u*, a *gre-u* "croak", Ch.O. 28 ; *gresaw* a *cresaw;* ac yn amlach *tr-* a *dr-*. Cymhara D. *digraid*, cf. H. 270, ef rywr ryweryd *digreid* (achub y "di-*nerth*" ?). Os cywir hyn, rhaid tybio i *di-ghraid* galedu yn *digraid* (cf. *tragwres, trachwres*), neu bod *craid* yn galediad ar *graid*, canys o *di-graid* disgwylid "di-raid".

Oherwydd cymysgedd yr enghreifftiau, cynigiaf ddeall *greidiawl* fel *angerddawl*, gan fod *angerdd* hefyd yn bwhwman rhwng gwres a nerth.

gauael eryr : cf. H. 174, aeruleit *auael lew;* 182, *llew afael* yn reid ; 173, *gwr auael;* M.A. 163a, Ettiuet kynuyn kert *auael / Gauael* glew yg cad *gauaeled* y wlad. *Gauaelant* ueirt y ged.

5b   **gal Unhwch :** gw. uchod ar I, 23a, 27b, a chan ddeall Unhwch fel enw priod, cf. M.A. 143a, Gwalchmai ym gelwir *gal Edwin* ac Eingl.

5c   **godic,** un ai "go-ddig", neu treigliad o *coddig* o *cawdd* "llid, digofaint".

   budic, buddiol, buddugol ; gw. G. 83.

   mael, tywysog, pennaeth.

6b   **enawr.** I gael chwe sill yn y ll., darll. *mawr*. Yn P., *enawr*, ond rhoes llaw ddiweddar *u* uwchben yr *n ;* cf. H. 252, dynyaton *be(r)chen* benn bob *euawr* (R.P. 35b, 11, *betheu* benn bob *euawr*).

6c   **llyr.** Fel Gw. *ler* (gen. *lir*), defnyddir am y môr, a hefyd fel enw priod, cf. Manawydan fab *Llyr*, a Manannan mac *Lir*, e.e. M.A. 230a, *llyr* yn llenwi ; R.P. 34b, llann tra *llyr* tra *lliant ;* B.B.C. 62, a *llyr* en lli ; B.T. 9, eryr ar lan *llyr* pan llanhwy ; 66, Dyffynhawn lydan dylleinw dy *llyr* (cf. 47, no neithawr ll.).

   Felly *cell llyr* yw cell bwyd a diod fel un Llŷr, duw'r môr, neu fel y môr ei hun, mor llawn â'r eigion. Y mae *kein ebyr* o blaid yr olaf. Ar *cell* gw. P.K.M. 52, *medgell*, G.M.L. 65.

   kein ebyr, sef y ffrydiau o ddiodydd a ddaw o'r gell hon ; cf. H. 159, *met y thonyar*. Am *ebyr*, llu. *aber*, gw. Sk. F.A.B. 63, eryr en e ; 97, doleu deu e. am gaer ; R.P. 10 b 17, o *ebyr* dy hepkyr tonn.

   gwyr glawr. Arferid *clawr* (Gw. *clár* "board, plank, tablet, level surface") am fwrdd i chwarae arno ; hefyd *cl. byd, daear, gwlad,* gw. S.E., cf. B.B.C. 103, ar *claur* maelenit, ar cl. ieithon ; R.P. 121a, ar *glawr* gloewlat glar.

   Yma gyda *gwyr*, am un sy'n hulio bwrdd i wŷr, sef pennaeth hael, neu fwrdd y cyfryw. Meddai Urien gell a bwrdd cyfoethog i wŷr.

7a   **porthaf,** cludaf, Ll. *porto*, P.K.M. 298.

   ar vn tu P., *auntu* R. ; cf. W.M. 70b, Ac yno y bu teirwythnos *ar vn tu ;* S.G. 71, dy gret ar uot yn *untuawc* y gyt a myvi yn erbyn bop dyn. Ond y mae 8a o blaid darll. *ar vyn tu* "wrth fy ochr" ; gall *vn* fod yn fai am *mi*, ffurf gynnar "fy" ; neu am *uu*, sef "fy" o dan effaith *u* yn y sill dilynol ; gw. P.K.M. 143, *uu hun, du hun*, etc.

7b **kyrchynat,** nid "resorter, frequenter, visitant" gydag
S.E., ond "ymosodwr" ; gw. P.K.M. 174, 266 ar *cyrch ;*
V.V.B. 73 (*Juv.*), *circhinn ;* 94, *damcirchineat* "demorator" ;
damcirchinnuou "ambagibus" ; R.P. 10 b 31, *kyrchyuyat*
(darll. *-ynyat*) ; isod, 46b.

   rwng deulu, rhwng dwy fyddin, gw. P.K.M. 164 ; B.T.
71, 7, ny pheidwn *rwg deu lu* heb wyar ; 11, ny pheidwn
heb wyar *rwg deulu.*

7c **mab Kynuarch,** sef Urien, gw. 8b.

   bieiuu, a fu piau, gw. W.G. 357 ; B. vi, 220, *piouboi,*
pieufo.

8b **llary,** "hael" (Ll. *largus*) ; cf. 16b. Am *llywio* gw. ar 2c.

   llu, cf. 9b *llys,* y ddau heb dreiglo, ond treiglir *wlat* yn
16b ar ôl yr un rhan o'r ferf.

9a **crys,** cf. Gw. *criss* "gwregys".

9c **a'e hys.** Am *ysu* "bwyta", gw. V, 1c.

10a **y'm vedeir** R., bai am *nedeir,* neddair, "llaw" ; *y'm* "yn
fy'".

10b **yr Erechwyd** P., *yr yrechwyd* R., gw. trafodaeth J. M.-J.
yn *Tal.* 68–70. Darllen *yn* yma yn lle *yr,* ond nid oes
angen, gan fod *yr* weithiau = "ar", cf. *yr* lles, *ar* lles ;
esbonia *Er-* fel yr arddodiad *ar-* wedi ei affeithio o flaen
-ydd, ac *echwydd* fel "rhaeadr" yn cyfateb i *Catarracta,*
Catraeth ; felly *Er-echwydd* yw'r wlad ger y rhaeadrau
a roes enw i Catterick, Sir Efrog.   Gelwir Urien yn Udd
yr Echwydd ac yn Llyw Catraeth, ac ystyr *"wylhawt eil
echwyd yn torroed mynyd"* (B.T. 75) yw "will weep like
a cataract on the breasts of a mountain".   Ond gellid
cyfieithu hyn "The children of Echwydd will weep" ; cf.
P.K.M. 213.   Yn B.T. 38, 21, *ymchoeles echwyd o gludwys
vro,* "Echwydd returned from the region of the Clydemen",
nid oes arddodiad, a saif Echwydd am y bobl.   Gellir dadlau
llawer ar ystyr yr enw, a'i berthynas ag *echwydd* fel berf, fel
enw am ganol dydd, etc., ond dengys rhai o'r enghreifftiau
yn glir berthynas Urien â'r lle ac â'r bobl, gw. B.T. 18,
lettatawt eu pennaeth tros *yr echwyd* (odli â *bydd*) ; 40,
gwenwlat *yr echwyd ;* 57, Uryen *yr echwyd* haelaf dyn
bedyd ; 58, Tan yn tei kyn dyd rac vd *yr echwyd ;* 60,
Vryen vd *yr echwyd.*   Ceir *erechwyd* isod 37b, 38b, 39b,

44a, yr olaf ynglŷn ag Urien ; ac yn XI, 55c ceir *echwydd* am orffwysfa ychen, fel Llyd. *ec'hoaz.*

10c   **teyrn,** sef *tē-yrn,* deusill.

treulyat, un yn treulio neu ddifa, cf. M.A. 148a, Trilliw ei lafnawr. *Treulyn* ysgwydawr ; H. 20, dyt yn ystrad aessawr *dreulyaw;* 63, aerllew trylew yn *treulyaw* arueu, cf. isod 45c.

gennweir : deallaf yma fel "gwialen, ffon", sef gwaywffon ; cf. *genwair* "fishing *rod*", pryf g. ; D.W.S. *gwialen enweir* "an angle rodde", cf. H. 142. Parawd oe adaf . . . pareu post *enweir;* 145, llid e. Ond weithiau gall *enweir* fod o'r un gwr. â *diwair.*

11a   Englyn byr crwca, C.D. 316.

11b   **olwyn.** Yr unig ystyron a rydd D. yw "rota, orbita", sef "wheel". Ond digwydd hefyd am farch, cf. H. 324, lle red *olwynawr* o elenid ; R.M. 158, marchawc y ar varch *olwyn* du pennuchel ; Tudur Penllyn, March du *olwyn,* march dulas ; R.P. 5 a 9, Pan del gwr gwtthryn y ar *olwyn* du y lad lloegyr ; 167b 23 (?) dy gychwyn *o lwyn* elwawt uann gre (H. 289, *olwyn* elwa) ; Huw Arwystli (am farch), gwar *olwynhoyw* addwyn hir/yw gwe ruban a gribir. A oes gysylltiad rhwng hwn â *postolwyn* am olgengl march ? (T.W. *antilena* "brongengl" ; *postilena* olgengl march, postolwyn ; D.W.S. *krwper postolwyn* "a croper" ; ar *postella,* ffurf gyfystyr, rhydd Andrews "a crupper acc. to Isid. Orig. 20, 16" ; yn S. golyga *crupper* nid yn unig gwrr ôl march, ond cengl o'r cyfrwy ac o dan y gynffon ; cf. V.V.B. 205, Ox. 2, *antella* "postoloin"). Anodd credu y buesid yn cael *olwyn* am bedrain neu gengl o air fel *postolwyn* trwy gydweddiad ; addasach yw am *garn,* B. viii, 236. Y ffurfiau ar *olwyn* "wheel" yn y glosau yw *olin* (V.V.B. 199) gl. ar *rota;* a crunn*olunou* am *orbiculata* (td. 90).

Am Urien mewn brwydr nid yw olwyn "wheel" yn edrych yn addas, onis dealler fel ffigur amdano'n symud yn gyflym; cf. B.T. 63, mal *rot* tanhwydin dros eluyd, mal ton . . val mor . . yw vryen.

11c   **cledyr** P.T., *cledyf* R. O blaid *cledr* "post" y mae XI, 45c ; B.B.C. 108 ; cf. *post* cad ; *colofn* cad ; a'r defnydd o *argledr* (gw. S.E.) am gynheiliad "support" ;

Gw. *clethar* "prop, support" ; *clithar* "shelter", metaph.
"a prince, king", C.I.L. 384, 388. Ceir *cledren* yn yr ystyr
o bren, A.L. i, 294 ; ii, 42. Ar y geiriau gw. R.C. xxxii,
199.

kywlat : 1, "goror, neighbouring district, border-land" ;
2, "cymydog" a "gelyn". Am 1, gw. W.M.L. 119, Oet
tyston . . . tra mor, un dyd a blwydyn. Oet tyston . . .
gorwlat, pythewnos. Oet tyston neu warant *kywlat*, naw
diwrnawt. Oet tyston . . . vn gymhwt, tri dieu. Felly
cywlad oedd y fro nesaf y tu allan i'r cwmwd, cf. B.A. 31,
Pan gyrchei *yg kywlat*. 2, cf. B.T. 11, Oed mynych kyrys-
cwydat y rof y am *kywlat* (sef llawer cweryl rhyngddo a'i
gymydog). Canmolir tywysogion trwy eu galw yn ddych-
ryn a phoen i'w cywlad, cf. M.A. 165b, kymrwyn y *gywlad ;*
162a, k. loes ; B.T. 51, gwae y g. ; M.A. 196b, k. ormes ;
202a, Ny chwsg y *gywlad ;* 230b, estygyad *kywlad*.

rwyt, un yn rhwydo a dal ei elyn, cf. M.A. 211a, r. esgar ;
194a, r. ysgereint (llu. *esgar* "gelyn") ; R.P. 156b, r.
bryneich (=Saeson) ; B.B.C. 104, Ry gelwid madauc
. . . *ruid galon* (=gelynion) ; felly y deallaf B.A. 1, 16,
kynnivyat *kywlat e rwyt*.

12a   **kled,** nid cleddyf (fel yn R.P. 19 b 34 ; B.B.C. 49, am
clet ar wy clun), ond hen air am "chwith, aswy", cf. L.L.
268, i parth *cled ;* R.P. 23 a 7, Dyd y perchir (? *perthir*)
ereill y parch (? *parth*) ar *gled* (am ddydd y Farn) ; B.T. 11,
A digonwy kamwed. ymchoelent y *parth gled ;* V.V.B. 74,
Juv. or *cled* hin "limite laevo" ; Gw. *clé*, Llyd. *kleiz ;*
hefyd cf. *gogledd* "yr ochr chwith" wrth wynebu'r dwyrain.

Yma enw yw cledd am yr ochr aswy, cf. y modd yr
arferir *ar y dde, ar yr aswy*.

12b   **y vyw . . . y ved :** cf. B.B.C. 10, Mi a wum lle llas milvir
pridein or duyrein ir goglet. Mi wi wiw. vintev *y bet*. . . .
Mi wi wiv. vintev *y agheu ;* H. 243, penn clod kynn oe
uod *y`uet* (244, nyd byw nevd bed). Saif *y* am *i*, ond yr
ystyr yw "yn" ; gw. P.K.M. 122 ar *y ogyuuch ;* 329 (*y*=yn),
cf. D.G.G. 22, *yn fy myw* (lle mae *byw* yn enw) ; ac *ym myw*,
M.A. 281b, Ny bo dyn *y myw y mon* (=ym myw ym Môn) ;
W.M. 243b, ae *uyw* ganthaw. Cyferbynner ag *yn byw*
(berfenw), *yn fyw* (ansoddair). Hefyd cf. isod 35a, 58c.

12c **dinas,** yn yr ystyr o noddfa "refuge" ; cf. B.A. 10, *dinas*
e lu ovnawc ; 12, Oed *dinas* e vedin ae cretei ; H.56, dinac
dreic *dinas* kertoryon ; B.T. 5 (y saint), bwynt *dinas* yn
corff ac yn heneit.

   henwred, hen bobl, enw haniaethol o *henwr*, cf. B.A. 25,
vur *heywred* (o *hy-wr* ?) ; B.T. 77, 7, hael *hywred;* B.B.C. 7,
meiuret (mei-wredd, o *mei-wr*) ; H. 86 *arwret* (o *ar-wr*)
gwynet.

13a **o godir Penawc,** cf. B.B.C. 63, 7, *yg godir* brin aren ;
9, *ygodir* hen egluis ; 72, 11, guir deur *o odir* diwneint
(=R.P. 14a, gwr dewr *o godir* dyfneint). Yn yr enghreifft-
iau olaf, treiglir ar ôl *o* yn y naill, ni threiglir yn y llall
mwy nag yn y testun. Ystyr *godir* yw bro, felly rhaid
mai enw lle neu lwyth yw *Penawc* ; ac ym *Marwnad
Cynddylan,* XIII, 20, cyfeirir at alaf (cyfoeth, gwartheg)
Pennawg.

13b **pellynnyawc,** pell eu crwydr. Efallai o *pell-hynt,
pellynt,* cf. ar I. 36a ; H. 213, *pellhynt* pwyllawc ;
D.G.G. 140, Caerdroea wynt, *bellynt* bill ; B.T. 71, *pellenawc
y luyd;* B.A. 23, *pellynnic* e glot ; H. 17, *pellynnic* vyg
khof ; 125, *pellynnhic* uyg cof.

13c Sillaf yn fyr. Wrth ddarll. *penn*, ceir cymeriad dech-
reuol, cf. yr ailadrodd yn 16c.

14a **vy ysgwyd,** deusill.

14b **ny'm aruollei.** Ar *arfoll* "derbyn, cynnwys", gw. B. i,
225–7, G. 39. Deallaf hyn i olygu mai'r bardd ei hun
a dorrodd ben ei arglwydd, ond ni ddygai hynny warad-
wydd arno, gan mai o barch i'w arglwydd y gwnaeth
hynny, rhag i'r gelyn ei amharchu.

14c **gwae vy llaw,** cf. 17c, 20c, 21c, 22c. Cyffredin oedd
tyngu i law, cf. llw Kei, W.M. 229b, *myn llaw* uyghyueillt ;
D.G.G. 103, Mi a ganaf, *myn fy llaw* / Y pader fyth heb
beidiaw ; A.L. ii, 176, tyget y mach y vot yn vach y Duv
ar creir, or byd gantav, ac ony byd, *tyget y lav yr arglvyd;*
Stokes, *Life of St. Moling,* 17, *dar laimh* m'athar "by my
father's hand". Nid tyngu i law sydd yma, fodd bynnag,
ond gresynu y mae'r bardd mai ei law ef a fu raid iddi
gyflawni y fath orchwyl atgas.

llad vy arglwyd, ýn ystyr gyntaf *lladd*, sef "taro", cf. P.K.M. 44, Bendigeidfran, wedi ei glwyfo'n farwol, yn peri i'w gyfeillion *lad y benn* a'i gludo ymaith i gladdu.

15b **neus.** Y rhagenw mewnol *s* yw gwrthrych y ferf— achub y blaen megis ar y ll. nesaf, lle'r eglurir beth a olyga, cf. B.B.C. 94, *Neus*tuc Manauid eis tull o trywruid ; isod *nys* yn 45b.

tir Bryneich, Bernicia, gogledd Northumbria o'r Tees neu'r Tyne i'r Forth, gw. Plummer, *Bede*, ii, 120.

15c **gwedy gawr** P.T., *gwawr* R. Gwell yw'r cyntaf, cf. B.B.C. 71, 72, A *gwidy gaur* garv achlvt ; a *guydi gaur* garu puyllad etc. (pedair enghraifft). Cafodd R. *gwawr* drwy ailadrodd y *gw-* yn *gwedy*.

gelorawr (gw. B.B.C. 72, B.A. 4), llu. *gelor* "bier", heddiw *elor*, W.G. 188, Llyd. *geler, gueler* (Ernault, G.M.B. 297), Cern. *geler.* Gan y seinid *ac* fel *ag*, hawdd oedd darll. *a gelor* fel *ac elor*, cf. B.T. 59, 16, *ac elor;* ond cf. Pen. 14, 28, ger bron y *gelor ;* R.P. 76 a 34, arwein y *gelorwyd*.

Am y meddwl, cf. B.A. 3, wy gwnaethant en geugant *gelorwyd;* B.B.C. 59, Ad uit *geloraur* rut in riv didmuy ; 60, a *geloraur* rution rac ruthir Owein.

veich, treigliad o *beich.* Rhydd well ystyr ac odl na *veirch* y llsgr., gan mai beichio gelorau a wnaeth. Dibynna *gelorawr* ar *veich*, y dibynnair yn dyfod gyntaf yn ôl hen gystrawen, cf. XI, 1b.

16a **aghat vy llaw,** gw. ar I, 30c. Cyfystyron yn aml yw *angad* a *llaw ;* gyda'i gilydd fel yma, rhaid deall y cyntaf fel gafael "grasp" ; gw. B.A. 8, 22,; 9, 2 ; R.P. 68 a 17, dwy *angat* (=dwy law Crist) ; 92 a 18 ; G. 16 ; P.K.M. 149, ar *crafanc ;* R.C. xxxii, 20.

16b **ud,** udd (o *iudd*), arglwydd, fel yn Mared-*udd*, Gruff*udd* (o *Griff-* ac -*iudd*, L.L. xliii, grip*iud*), *Ithael* (o *Iudd*-hael, cf. L.L. 406).

post Prydein : cf. *post cad* (ar 3b), a gw. ar 11c.

ry allat : y ferf syml yw *gallu*, yma gyda *ry-*, cf. *dy-allu, de-allu.* Yr hen esboniad oedd cydio'r ferf wrth Cern. *gylly* "to go", *gallas* "gone, is gone" (Wms. *Lex.* 159 ; Loth, A.C.L. i, 440 ; Ped. ii, 275). Gwell yw cychwyn gyda W.M. 227a, kwt ynt plant y gwr am *rydyallas* yg

gordwy (= R.M. 101, ble mae plant y gwr am *llathrudawd*
yg gordwy ; cf. *llathlud* "lladrad" ; Gw. *slat* "robbery").
Gwraig Doged sy'n llefaru wedi lladd ei gŵr, a'i dwyn
hithau ymaith drwy drais, a'i rhoi i ŵr arall. Felly "dug
ymaith" yw *rydyallas*, cymryd gafael ynddi a'i chipio i
ffwrdd (cf. *deall* "comprehend" ac "apprehend") ; neu yng
ngeiriau W.M. 227 "llad y brenhin a *dwyn y wreic atref
ganthu* a orugant"; cf. M.A. 149a, Can *ry gallas* Duw draig
Powys (= canys dug Duw bennaeth Powys) ; 255b, Trist
wyf, *treis* Duw *ry gallas ;* 251a, Dauyd . . . Dyfrydet gwynet,
gwae ni *ry allat* (gwae ni ddarfod dwyn Dafydd ymaith) ;
225b, Anwas *ry gallas* pan ry golled ; 242a, O golled ym
galled mawrwaeth / *Gallas* drais diredd catraeth . . . *pan
aeth*. Gwrthyd Loth ei hen syniad yn R.C. xxxii, 198,
a dyry "enlever de force, fair mourir". Cf. isod 26c, 27c.

Ar ôl 16c, rhydd H.E. 28, M.A. 85b, englyn arall na wn
ple cafwyd ef :

> Pen a borthav o du pawl,
> Pen Urien, udd dragonawl ;
> A chyd dêl dydd brawd, ni'm tawr.

Am ystyr *c*, cf. M.A. 148b, Och Duw na dodyw / Dydbrawd
can deryw ; 193a, Mi nym dawr ken del dros eluvt / Llanw
o uor a llif o uynyt.

17a   **porthaf,** "I carry" ; a'm *porthes* "who fed me"; chwarae
ar amwysedd *porthi*.

17b   **yr vy lles,** sef *er* neu *ar* fy lles. Am *ar*, *er*, gw. B. iii, 259

17c   **llym digones.** Ar *digoni* "gwneuthur", gw. Lewis,
H.G.Cr. 284 ; B. vi, 207 ;᾿ B.B.C. 68, gur a *digonei* da ar
y arweu. Yr un sydd wedi "digoni" yma yw llaw'r bardd
(gwae hi !) ; gwnaeth waith llym iawn ar gelain ei arglwydd.
Ac nid er lles i'r bardd y rhoes y ddyrnod, pa mor angen-
rheidiol bynnag, ond er colled enbyd. Y ffigur *meiosis*
sydd yn 17b.

18b   **ewynvriw gwaet,** ewyn gwaedlyd, cf. B.T. 3, a chyn del
ewynuriw ar vyg geneu (h.y. cyn angau). Atega hyn y
cywiriad *ar* am *ac* y llsgr. Am y *briw* yn y gair cyfansawdd,
cf. *malu* yn *malu ewyn* "to foam at the lips", neu G. 77 ar
gwaeturiw, etc. ; H. 331, eiliw *ewynuriw* gwynwiw gwanec ;
122, lliw *ewynvryw* tec rac tonn nawued.

19a   ny thyrvis. Os *tyrfu*, cf. Ll. *turbo* "to disturb, to throw into disorder or confusion", cynhyrfu. Yn ôl B.T. 29, Eidon y wan, hwch y *tyruu*. Cyfeiria D. at yr enghraifft hon wrth esbonio *turio* ("Terram effodere more porcorum. Taliesin dicit *tyrfu*), cf. R.P. 8 b 11, gnawt y uoch *turyaw* kylor. Os yr un gair yw yma, anodd credu bod *ny* yn gywir. Pes newidid i *ry*, a ellid yr ystyr "*Crynodd* fy mraich" ? Ond ansicr wyf a all *tyrfu* olygu hynny, gw. B.T. 77, 8 (*tyruawt* molut) ac uchod ar I, 20a, *tyruit*. Credaf y dylid darll. *ry* i fynd gyda *ry* gardes ; *neur* dorres.

Ond dyry D. hefyd *twrf*, "ganglium, *distortio membri*" : a'r ferf *tyrfu*, "distorqueri", cf. Diarhebion xxv, 19, megis dant wedi ei dorri *a throed wedi tyrfu* (S. a foot *out of joint*) : R. *tyrfu* "to be shrunk or contracted as the sinews are, to be wrested or writhed". Cf. yn iaith heddiw "troi" troed. Y syniad o droi sydd hefyd yn y Ll. *turba, turbo* "whirl-wind", tro-wynt ; hefyd "a spinning top". Yn sicr dyma'r gair sydd yma, y fraich wedi mynd yn ddiymadferth, gw. nodyn ar y ffurfiau yn B. xi, 145–6.

ry gardws P.T., *gardwys* R. ; os darll. *gardes* ceir odl lawn trwy'r englyn, er nad yw hynny yn orfodol. Cymeraf y ferf fel *garddu* (nid treigliad o *carddu*) ; cf. B.T. 64, ry*barnawr*, ry*barn*, lle na ddangosir y treigliad ar ôl *ry* mewn hen gerdd. Nid yw *garddu* gan D., ond cf. B.T. 66, Dayar yn *crynu* ac eluyd yn *gardu;* Llan. 2, 215, gwelet dyn truan yn *gardu dwylyaw* a garym druan dostur ganthaw; Cy. iv, hawth vyd gwelet dyn yn *garthu dwylaw* . . . trws pren mawr yn *garthu* wrth y gwympaw (? R.P. 39 b 36, gwedy *gardu* rwy=H. 35, *cardu* ; B.T. 24, 10, dyar *gardei* bun). Ystyr *garddu*, felly, yw cyffroi, ysgwyd, crynu ; *garddu dwylo* "wringing one's hands" ? Deallaf y ll. oll i olygu fod braich y bardd wedi colli ei nerth, wedi ysigo ; ei *eis* (mynwes) yn cyffroi ; ac felly arweinir at y ll. nesaf, "Fy nghalon a dorrodd".

20a   Pam y dychwelwyd at y gelain ? Yr unig ystyr i dorri'r pen a'i gludo ymaith oedd nad oedd cyfle i gladdu'r corff oll. Ond dengys 20–27 fod y corff hefyd wedi ei achub a'i gladdu'n barchus. A oedd stori am rywrai yn dychwelyd i faes y lladd i'r pwrpas hwnnw ?

celein veinwen, gan mai benywaidd yw celain, gw. W.M. 237a.

a oloir, cleddir, o *golo*. Pe darllenid *golôir* trwodd, ceid cyseinedd gyfoethocach; a ll. o 10 ; ond ceir cynifer o unarddegau yn y ll. gyntaf o englyn penfyr fel nad doeth newid. Ar *golo* rhydd D. ystyr Dr. Powell, sef "cyfoeth" (*divitiae*) : ei gynnig ef yw "utile, utilitas", defnyddiol, buddiol ; budd, lles" ; eto cymhara'r Llyd. *golo* "tego, tegumentum". Ond un ystyr go bendant oedd cuddio, claddu ; gw. Rhys, *Celtic Insc. of France and Italy*, 53, ar Galeg *logitoe*, berf o *loga* "a grave, burial, or lying place" ; td. 73, "We have *lo*, also for *log-* in the Med. Welsh *golo* "bury, burial, interment" for an early *vo-log-* and *gwely* "a bed" (for early *vo-log-ion*)" ; cf. M.A. 146a, arglwydi / Mor yw gwael eu *goloi ;* 215b, A *golo* ker man ro meinnyawc/ Gelynyon saeson sidanawc ; 230 b, mynwent iti / *Golo* nest goleu direidi ; B.A. 17, A chyn e *olo* . . . gorgolches e greu y seirch ; 37, a chin i *olo* atan titguet daiar ; B.B.C. 107, kin y *olo* dan tywarch ; Gw. *folach* "cover, concealing", Windisch, W. 561 ; "a covering, the caul, a hut," A.C.L. iii, 194. Am yr ystyr o guddio'n syml, gw. H. 252, Gwedy *golo* dyt o dywyllawr ; B.T. 80, ac yn eryri *ymoloi*.

20c   **tat Owein,** sef Urien.

21c   **vyg keuynderw,** gw. ar I, 22b.

22b   **a edewit,** gw. P.K.M. 191 ar *edewit* yn ystyr "gadawyd" ; berfenw *adaw*, cf. B.B.C. 107, oe *adav* ar lan awon (am gorff arall). Gellir ll. o chwesill, wrth adael *a* allan ; hawdd fuasai ei rhoi i mewn wrth batrwm 20b, 21b. Neu darll. *ae dewit*, neu *a dewit*, a chwilio am gytras i *addef* "tŷ" ; *goddef ;* neu ar ddelw 26b, enw planhigyn, cf. gwydd-*fid*, *erfid*.

22c   **llam,** cf. 25c, 26c, 27c, 31b ; B.T. 66, 15 ; B.A. 31, 9. Yn M.A. 148b, ceir cyfres o eiriau am drychineb, "ail *marth, yrth, gawd, diliw, dyd brawd*". Yna daw "Ail *llam* am edfyn / Yw llad llywelyn / Ail *dechryn* am dechre". Marw Madog oedd y llam arall. Cymhara Loth, R.C. **xxix,**

19n, *naid*, cf. M.A. 228a, guae ni or *neid* yn rydoded ; H. 155, Am gar *neid* auar neud wyf. Deallaf yn y testun, gyda *tyngu*, fel "ffawd", yr hyn sy'n digwydd i ran dyn, pan *neidia'r* coelbrenni o'r helm neu'r llestr lle'r ysgydwir hwy, "lot".

tynghit, berf yn *-it*, terfyniad amherff. amhers., ond yr ystyr yn aml yn nes i'r perffaith, gw. ar 22b : "the sad lot that has been allotted to me", gw. II, 21a.

23b   **tyweirch** R.   Gwell yw *tywarch* P.T., cf. B.B.C. 107a, y olo dan *tywarch;* B.A. 23, a dan *dywarch.*   Yr unigol oedd *tywarchen*, cf. B.A. 24, 11 ; B.T. 51, hyt yd ymduc y tir *tywarch;* 23, 13, pedeir *tywarchen;* B.B.C. 42, kin *tywarch* kin tywaud.

24b   **arwyd.**   Dengys hyn yr hynodid beddau â cholofn (ac arysgrif ?) a gwyddys am y cyfryw gofarwyddion a barhaodd o'r chweched ganrif hyd heddiw.

25c   **daerawt,** gw. B. ii, 1–5, J. Ll.-J. ar barau yn *-red, -rawd*, fel *gwared, gwarawd; ? daered daerawd.*   Ei gyfieithiad o'r testun yw "a ddaeth i mi", cf. isod 31b.   Dyry Loth, R.C. xxix, 19, ce choc m'a terrassé", y ddyrnod hon wedi ei daflu i lawr, fel pe deuai'r ferf o *daer* "daear".   Ond ceir hefyd *deiryt* (cf. *gweryd*), "perthyn belong to", B. ii, 123, cf. H. 107, or dawn ym *daerawd;* 158, Gwirawd *am daerawd* am daw gan rebyt / am rybuch oe wenllaw ; 301, Betrawd *an daerawd* pob deurut prydus / pryderwn yn achlut / daear un kyuar an kut.   Nid yw'r naill esboniad na'r llall yn gweddu i'r enghreifftiau oll, gw. ymhellach, B.B.C. 105, Madauc . . . Can *deryv, Darfvam* oe leith. Can *daeraud, Darw* (=darfu) kedymteith ;   H. 22, Ac *ymdaerawd* y dreul ;   176, Gwae ui gletyf glan gloew *daeraud* (?) ym llaw ;   290, y chlot a he / hyd y *daĕrahawd* heul hyd y *dwyre;*   317, Gortin mawr am dawr am *daerhawd;* yt ym *daerhawd.*   Ymddengys fel pebai dwy ferf, un yn y gorff. 3ydd. (fel *gwarawd, dywawd*) o'r gwr. *-ret-*, a'r llall o *daer-* a'r terfyniad *-hawd*, pres. 3ydd. un.

Ar ddelw 22c, *ry'm tynghit,* lle mae'r *'m* yn datif, y deallaf y testun, a deall y ferf fel gorffennol, "digwyddodd, syrthiodd", "the fate that has befallen me".

26b **dynat** R., *danat* P.T. Ceir *dynad, danad* "danadl", gw.
S.E.; Nettlau, R.C. x, 327; Hafod 16, 23, y *dynat*
cochyon; B.T..25, o vlawt *danat;* R.B.B. 146, *dynhaden*
"urtica"; A.C.L. i, 45, *Urtica* "dynhaden"; *marrubium
rubeum* "y mordynat koch". Ceir *dynhat* arall yn A.L.. ii,
775, "siccarium"; 778, Si pater alicuius habuerit domum,
aut horreum, aut siccarium, aut *dynhat* aut dodyn (cf. 785,
odyn "siccarium"); ac englyn i fedd, B.B.C. 64, in uchel
tytin (tyddyn), in isel *gwelitin* (gwelyddyn), cf. Gw. *dind*, a
ffurfiau fel *trefad*. Ond y mae darll. P.T. yn cau'r cyfryw
allan, er rhyfedded yw claddu "dan ddanadl". Meddwl
am y bedd ymhen ysbaid, ac achub y blaen ?

26c **ry'm gallat:** gw. ar 16c, 22c, ac isod 27c.

27c **gallas:** gw. ar 16c. Nid yw'r ystyr "dwyn ymaith"
yn gweddu gyda *llam;* gwna "parwyd, medrwyd" am
gallat; a "parodd, medrodd" am *gallas.* Cofier, fodd
bynnag, am amwysedd *dwyn* "to carry", a "to take, to
steal".

28a **anoeth:** gw. C.Ll.Ll. 17; P.K.M. 116, ar *yn chwaethach;*
G. 31, "rhyfedd, anodd", fel ansoddair; "rhyfeddod" fel
enw: Anwyl, R.C. xxxiv, 414, "In the neighbourhood of
Carmarthen, the word *anoeth* is still used in the sense of
difficult"; Loth, R.C. xxxviii, 167–8, "jewel", yr un
oeth ag yn *cyfoeth*, gydag *an*- sy'n grymuso: "merveilles",
neu "joyaux" am yr *anoetheu* yn Culhwch ac Olwen, y
tlysau neu'r rhyfeddodau yr oedd yn rhaid i'r priodfab eu
sicrhau at y neithior. Ond cf. M.A. 175b, goeth gestyll /
Eu gostwng oed *annoeth* (=R.P. 156 a 26, M.A. 334b,
anoeth); 215a, Prydu nyd *anoeth* y gyuoethawc (H. 212);
258a, Peunyd yn rwyddryt ym rodit *anoeth* / Peunoeth
a rygoeth ym anregit; 168b, Delw ym doeth *anoeth* ym
doeth anaw; B.B.C. 67, Bet y march, bet y gwythur,
bet y gugaun cletyfrut. *Anoeth bid* bet y arthur; H. 186,
dreis a.; 191, llit a.; 266, yn eryr prifwyr . . . yn cludaw
anoethyon.

byd: yn ôl orgraff arferol R., "bydd"; ond "byd" os
yr un ag yn B.B.C. 67, *anoeth bid* bet y arthur. Ond y mae
ansicrwydd eto, gan y gall fod am *bet* mewn Hen Gymraeg

"hyd, as far as", V.V.B. 521, Juv. "usque" ; L.L. *bet*
134, 241, etc.

brawt. Anodd credu mai "brother" ; haws ei ddeall fel
"judgment", fel yn *brawd*-lys. Buasai *bet brawt* fel B.B.C.
100, *hid braud*, Gw. *co bráth* "till judgment-day", cf. Meyer,
Four Old Irish Songs, iv, 1, *Fuitt co brath* "Cold till doom !"
fel petasai *co bráth* yn cryfhau'r meddwl, ac nid yn rhoi
amser. Ond "byth" yw *hyt vrawt* yn B.T. 17, 23 ; ac
yt vrawt 33, 22. Y mae'n rhaid cymryd *byd brawt* yn y
testun gyda'i gilydd, a'r unig ystyr a ymddengys yn deg
i mi yw "hyd y farn", neu "byth". Rhaid cymryd B.B.C.
67 yn gyffelyb, un ai darll. *bit* fel "byth" neu chwanegu
brawt, a cholli *y* o flaen *Arthur*.

kynnull : cf. 29a, *kynnwys ;* M.A. 284a, *Kynnwys* wyr
kynnes wirawt / *Kynnull* ffyd kannwyll y ffawt. Ar
cynnull, gw. V.V.B. 82, *contulet* (colligas, collegas) ; 92,
cuntullet (collegis) ; H. F. 40, *cuntelletou* (collegia) ; S.E.
1206 ; Ll.O. 66 ; Rhys, R.C. 1, 362.

bwyn. Dyma anhawster y ll. hon a 29a. Yn ôl G. 69,
gorchmynnol 3ydd. llu. er mai dibynnol yw'r ffurf, gyda'r
amrywiad *boent, bwynt*, cf. B.T. 5, *bwynt* dinas yn corff ac,
yn heneit ; 54, yr dy haeled athrugared vechteyrn byt /
An *dwym* ninheu y nef kaereu *kynnwys* genhyt (gw. nodyn
td. 106, "*dwym* Or. wr. 6 or *b*. Read *dwyn*")=Sk. F.A.B.
ii, 181, An *bwym*. Methaf â deall y testun fel lluosog 3ydd.
haws fuasai llu. 1af (fel *an bwym ninheu* . . . *kynnwys* yn
B.T. 54, petasai mwy o sicrwydd am y testun yno). Hen
ffurf pres. dib. 3ydd. un. *bod* oedd *boe* (heddiw *bo*), gw. B. iii,
266–7, *boi ;* B. vi, 220, pieu*boi ;* cf. L.L. 120, yt *uoy ;*
gellid *boem* (*bwym*) fel llu. 1af. i ateb iddo ac i'r llu. 3ydd.
boent, bwynt. Ceir ychydig enghreifttiau o *-n* yn lle *-m*
yn nherfyniad y llu. 1af., megis *iben* "yfem", yn y Juv.,
B. vi, 107 ; deallaf *genhyn* yn gyffelyb (fel *genhym*, nid fel
llu. 3ydd. gyda W.G. 406). Cynigiaf ddeall *bwyn* yn y
testun fel "bo'n", a'i gymryd fel amser dyfodol.

28b   **am** "o gwmpas", gw. B. vi, 106–7, *dam* an calaur
isod 57c.

cyrn buelyn "buffalo horns", cyrn yfed. Rhydd S.E.
buelin a *buelyn ;* gw. G. 81 ar *bual ;* 83 ar y tarddair :

G.M.L. 45, 46 ; B.A. 12, o ved o *vuelin* / o gatraeth *werin ;*
B.B.C. 9, chuerv *vuelin ;* H. 117, Eurgyrn *buelin* bueilgyrn
bann ; 155, o uet o *vuelin* oll ; 278, yr yueisy *win* oe ualch
vuelin / ae wisgoet *eurin ;* 108, *buelin or eurin* wirawd ;
94, *Buelyn* am *win ;* M.A. 240b, Gnawd yr yfawdd glyw
gloyw *win* o fual / O fuarth *buelin* (odli â *cyntefin, egin*).
Ni welais odl yn *-yn*, cf. ansoddeiriau fel *eurin, lledrin,*
derwin. Etyb *bual* i'r Gw. *búaball* "a wild ox, buffalo ;
a drinking horn ; trumpet ; Ll. *bubalus* (C.I.L. 280).

am drull. Cf. B.A. 15, gloew *dull* y am *drull* yt gyt-
vaethant ; M.A. 191, Ac ymgynnull am *drull.* Daw *trull*
o'r Ll. *trulla,* llestr i godi gwin, cf. *trulliad* "butler".

28c   **rebyd** "arglwydd" ; cf. M.A. 178a, kerd newyd ym
rebyd rygeint ; B. iv, 45, y volaud *rebit* rykeint ; M.A.
179b, Credaf vi vy ri vy *rybyd* (= H. 81, uy *rebyt*) ; 286a,
352b, Dy nawdd oth gyfarch rybarch *rebydd ;* H. 258, Kert
dauyd kein *rebyt.* Blas *hael* arno.

milet. Credaf mai "cad, llu". Yn B.A. 25, etyb *petwar*
lliwet (sef "llu") i Petwar *milet miledawr* byt ; cf. 16, 11, mur
catuilet (Gw. *cathmil,* gen. *cathmiled* "rhyfelwr, arwr", gw.
Windisch, W. 415, 637, 691 ; C.I.L. 324). Ceir *mil* "llu,
cad", B.A. 35, ny wisguis i *mil . . .* gur a uei well ; cf.
mil-wr, *rhyfel*-wr, *cad*-wr.

Deallaf *rebyd uilet* fel "llu arglwydd, rhiallu, teulu", h.y.
daw'r dibynnair gyntaf, gw. ar XI, 1b. Hefyd cf. *Reget*
dull.

Reget dull. Y mae *dull* hefyd yn golygu llu, byddin
drefnus, "array", yn yr hen ganu ; gw. Sk. ii, 70, agkyman
d. ; 81, gloew d. ; 86, Gweleis y *dull* o benn tir. Y ferf
oedd *dullu, dullyaw,* B.T. 14, kyfun *dullyn ;* 57, a *dullyaw*
diaflym dwys wrth kat ; 60, 10 ; *ymdullu ;* B.B.C. 26,
In vn nid aon gan *dull* aghimon ; 50, *dulloet* diheueirch ;
58, R.P. 165 a 12. Yn 29c etyb *Regethwys* i *Reget dull* yma.

Yn awr, beth am yr holl englyn ? Beth bynnag yw
tarddiad *anoeth,* golyga rywbeth anodd ryfeddol ei gael.
"Dyma beth na welir mono byth mwy, ein cynnull ni
ynghyd o gwmpas bwrdd y wledd, brenhinllu byddin
Rheged". Chwalwyd hwy hyd ddydd brawd. Ailadroddir
y syniad yn 29.

29a **kynnwys :** gw. ar 28a ; II, 2b, 9b ; XI, 45b.

29b **am wys.** Darll. yr *w* fel *uu*, yna *fw*, canys yr enw yw *mwys* (Ll. *mensa* "bwrdd, desgl, plât"). Rhydd D. *mwys bara* "panarium, cist neu fasged fara" ; Gw. *mias*, Llyd. *meux* "desgl, saig", R.C. xix, 203). Cern. *moys, muis* "table" ; cf. M.A. 148b, Lliaws bard a borthid ar ei *wys* (H. 27, ar *y wys*) ; W.M. 241a, *Mwys* gwydneu garanhir, pob trinawyr pei delhei y byt oduchti, bwyt a uynho pawb wrth y uryt a geiff *yndi ;* B.T. 42, kant car *am y uwys.*

29c **Regethwis** R., *regethwys* P.T., gwŷr Rheged ; cf. Argoed-wys, Cludwys, Lloegrwys, o'r terfyniad Ll. *-enses.* Gall *-wis* yn R. fod o orgraff hŷn neu'n ddamweiniol ; ond ceir *th* yn P.T. hefyd, bai amlwg am *t* mewn hen gopi lle ceid *t* am *t* ac *th.* Ceir enghraifft ddiddorol iawn yn B.T. 58, Eg gorffowys *can rychedwys* parch a chynnwys. Nid berf gorff. 3ydd. o *ced* sydd yma (felly J. M.-J., *Tal.* 178), ond bai wrth ddarll. *cant recetuis* mewn Hen Gymraeg, sef *gan wŷr Rheged ;* gyda hwy y caffai Taliesin barch a chynnwys, neu groeso. Gw. XI. 45c, *Argoetwis* R.

30a **handit :** etyb i *ys* yn 31a ; fel *aflawen* i *trist ;* gw. P.K.M. 277.

Euyrdyl, chwaer Urien ; gw. Cy. xix, 26, *De Situ Br.,* Nyuein filia Brachan, uxor Kenuarchcul filii Meirchiaun. Mater Vruoni (= Urien ?) matris *Euerdil.* ,Digwydd fel enw merch yn L.L. 76, 78, 264, *Ebrdil, Emrdil, Eurdila, Evrdil,* gw. L.B.S. ii, 414–5.

henoeth, hen ffurf *heno,* gw. B. vi, 105–6, Juv. *henoid,* Gw. *anocht.* Yn 31a, fe'i diweddarwyd i *heno.*

30b **amgen** "amryw" ; gw. ar I, 2a, *achen.*

30c **Aber Lleu.** Yn ôl Nennius, gwarchaeodd Urien ar y Saeson am dridiau a theirnos yn *insula Metcaud* (hen enw Lindisfarne, yn ymyl glannau Northumberland) ; ond lladdwyd ef yn y rhyfel hwnnw. Ar y map rhoir Ross *Low* gyferbyn â'r ynys, ac efallai bod y *Low* hwn yn cadw'r hen enw a roes *Lleu* yn Gymraeg. Rhydd Skene yn ei fap o'r Gogledd yr enw *Lleu* ar afonig a red i'r môr ger Ross Low.

31a **drallot** gan y tair llsgr., yn lle *drallawt* yr hen ffurf, er ei bod yn odli.

31b **daerawt :** gw. ar 25c.

31c   **eu brawt** R., *en* P.T. ; darll. *e*, gan mai Efrddyl yw'r
unig chwaer a enwir, er bod gan Urien chwaer arall,
sef *Estedich*, Cy. xix, 26.   Am *eu* yn lle *e*, cf. B.A.
21, 22.

32a   **duw :** cf. B.T. 60, *duw* sadwrn ; B.A. 17, *duw* mawrth,
diw merchyr, *divyeu*, *diw* gwener, *diw* sadwrn, *diw* sul,
diw llun ; A.C. 876, gweith *diu* sul ; B.T. 74, 13–18, *Duw*
llun, etc. (*duw* saith gwaith).

   dluyd, tristwch, trueni ; gw. Loth ar *dyfydd*, A.C.L. i,
418 ; R.C. xxxii, 19 ; xxxviii, 153 ; cf. VII, 23c, *dyuit*
(odli â *mechit, amgiffredit*) ; M.A. 159a (marwnad) Neum
dotyw defnyt dyt *dyuytlawn* / Dyuod y gyfnod y gadwall-
awn.   Yr un gair sydd yn y testun, ond gyda'r hen *di*-
am *dy*-.

32b   **bydinawr,** byddinoedd, hen luosog yn *awr;* gw. B.A.
2, 6 ; 4, 16.

   bedit, bedydd, sef y byd Cristnogol, yna'r "byd" ; gw.
B. vi, 208, 212, *elimlu betid*.   Dengys *-it* am *-ydd* ôl hen
gopi mewn orgraff fel y Llyfr Du o Gaerfyrddin.

32c   **heit heb uodrydaf.**   Mewn marwnad yn R.P. 149a,
cyferchir Meirionnydd gyda'r un ll. "Hoet ach dwc ywch
digeryd / *heit heb vodrydaf hu byd*.   Ny *hu* wyf lawen o
lawer achaws", etc.   Yn yr un gân, ceir ll. debyg, "Maon
meiryonnyd mor diheid awch bot / heb aruot heb aervleid /
Ac awch byt byth ar diwreid / *mal y byd beinw wedy beid*
h.y. fel moch (*beinw*) wedi colli'r *baidd* (llu. baedd) ; heb
neb i'w hamddiffyn.   Yn y testun y mae'r Rhegedwys,
wedi colli Urien, fel haid o wenyn *heb fodrydaf*.

   modrydaf : cf. Cy. ix, 333, m. yw *kyf* (=cyff) *gwenyn;*
D. alueare, mellarium ; T.W. gwenynog.   Daw o *modr-*
(cf. Ll. *mater, modr*-yb), a *bydaf* "a swarm", haid o wenyn
(P.K.M. 232).   Defnyddir am yr haid wreiddiol, cf. A.L.
i, 284, Guerth ´*modredaf guenyn* pedeyr arugeynt ; 502, m.
gwedy y del y gynheit ohonei ugeint a tal.   Gwerth
gwenynllestr deu swllt : A.L. ii, 801, *Mater appium* id est
modredaf; 871, *Modredaf* [mater] *apum* id est wrach ;
W.M.L. 81, 141, Nawuetdyd kyn awst yd a pop heit
ymmreint *modrydaf.*   Ac yna pedeir ar hugeint a tal eithyr

yr asgelleit kany chymer hi vreint *modrydaf* hyt y kalan
mei rac wyneb.

Ond fel y dywed Lewis, H.G.Cr. 114, magodd yr ystyr
o bennaeth (mam yr haid, brenhines, yna brenin ?), cf.
B.B.C. 29, Vn m̃ab meir *modridaw teernet;* M.A. 167b,
uchelwyr *uodrydaf;* 214b, uy naf kymry *u.* ; 209a, Milwr
milwyr *u.; 257a,* Pa gessidy ui *uodrydaf* kreugar ; 309b
(Duw) Sef wyt ucheldat mat *modrydaf;* H. 186 (Llywelyn
Fawr), *modrydaf* heid ; 270, ef medrws modur henuryeid /
mal medru *modrydaf ar heid.* Cymharer termau fel
arbennig cenfaint, I, 27a. Yn sicr, "haid heb *bennaeth"*
(nid heb *gartref*) yw'r meddwl yn y testun.

hu byd. Geiryn yw *hu* (*hud* o flaen llafariad, ac weithiau
o flaen cydsain dreigl) a ddigwydd mewn hen ganu o flaen
berf ; yr ystyr yn anodd iawn ei ddeffinio, ond cf. *neu,
neud.* Dyma rai o'r enghreifftiau, Sk. ii, 5, 81, *hu* bydei ;
hut amuc ododin ; 83, *hu* mynnei ; 97, 98, *hu tei;* 174, *hu*
gelwir lleu o luch ; B.T. 45, *hut* ynt clydwr ; 47, *hubyd* y
gwrth vn mab meir moli reen ; *hubwyf* yth rat ; 74, *hu bo*
vyghynnyd genhyt gerenhyd ; R.P. 169 a 3, 154 a 34 ;
M.A. 143 a 38, *hud wyf* llofrud ; 187a (=H. 98–9, 11 o
enghreifftiau, *hu molir, hud uriw, hudwyf,* etc.) ; 201b,
Hud wytt yth edryt *hud wyf* yth eduryd / Hydyrueirt oth
edrych *hud ynt* yth adrawt ; 206a, *Hud aeth* eu naf yn
diuant / *Hud el* rac gruffut cut cant ; Ar pob hydyr *hud
wyd* yn ben ; 226a, *Hud el* yn ryuel ; 203b, Diwet wyr
eryr ar gymry *hu bych / Hu byt* bawb ae dyly ; H. 283,
y hael glew y gloduawr *hu bid / y* gybyt y gabyl ae ouid ;
gw. barn Loth, R.C. xxxi, 331, 332n.

Fe'i ceir hefyd o flaen *ym,* cf. Sk. ii, 54, *Hud im* gelwire
guin mab nud ; M.A. 159a, Bart llywelyn hael *hud ym*
gelwir (cf. B.T. 36 *Rym* gelwir) ; gyda'r negydd, Sk. ii, 78,
Ny hu wy ny gaffo e neges ; M.A. 246a, *ny hu wyf* lawen o
lawer achaws. (Hefyd, cf. B.T. 31, *Mydwyf* Merweryd ;
69, *Mydwyf* taliessin ; 27, mi *hudwyf* berthyll).

Cf. V.V.B. 191, *nahulei* uel *int coucant,* gl. ar *non minus,*
neu *nihilominus.* Etyb *lei* (llai) i *minus;* a *nahu* i *non*

neu *nihil.* Ai *na hu ?* Rhydd T.W. ar *nihilominus,* "nid anllai" ; M. Kyffin, *Deff. Ffydd* [107], ll. 22, "nid yn llai" ; cf. Ffr. *néanmoins.*

Y mae rhai o'r parau uchod, *hud . . . hud,* yn golygu "as . . . so" ; a gall mai'r S. *so* yw cytras *hu* (cf. Ll. *suus*). Gw. B. viii, 237–8.

33a   **Run,** efallai mab Urien ; gw. ar 39c.

     ryuedliawr : darll. *ryueduawr* gyda P. (ryned*uawr* T.). Tebyg oedd hen *u* i *li,* gw. 49a ; B. v, 6, ar *litolaidou ;* V.V.B. iii, dor*l-,* ond *Hisp. Fam.* 38, dor[*u*]edou. Deallaf "rhyfeddfawr" fel disgrifiad o Run, cf. ansoddeiriau fel *mwynfawr, gosgorddfawr* am bersonau. Ar *rhyfedd,* gw. B. i, 28–30, "cyfoeth, mesur mawr, cyflawnder, llu" ; cf. B.T. 58, 15, a chein tired imi yn *ryfed.* A *ryfed mawr* ac eur ac awr (am Urien yn rhannu i'w fardd). Yn ôl H.E. 33 n, c, ceir *Rhun Rhyveddfawr* yn achau Gutyn Owain, fal mab Einiawn ap Magwig Gloff ap Ceneu ap Coel (ond cf. Cy. ix, 173), cf. H. 286, 19–20

33b   **cant heit :** cf. B.T. 45, Kynan yn rhoi i'r bardd, *kant gorwyd, cant llen, cant armell.* Ceir *heit* (gw. ar 32c) am "lu o wenyn" ; a hefyd "llu o filwyr" ; cf. B.B.C. 97, Meinoeth kiclev lew (=lef) *heid ;* B.T. 59, a *heit am vereu ;* Sk. ii, 106, *heit meirch ;* Gw. *saithe* -i- buidhen "a troop". "In the Laws . . . 'a swarm of bees'. Cymr. *haid*", A.C.L. ii, 456. Buasai can haid o wenyn yn addasach i fardd na chan mintai, ond eto cf. y rhodd nesaf *ysgwydawr* "tarianau", a 34b *cantref.*

33c   **pell mawr.** Gair gwahanol i'r ansoddair a'r adferf *pell* (gw. II, 10c). Ymddengys fel enw yma, ond y mae'r cyfeiriad yn rhy benagored i'w gysylltu wrth y *pell* a geir efallai yn *go-bell* "cyfrwy" (V.V.B. 144, Ox. 2, *guopell* "ultia") ; B.A. 34, Adar bro uual *pelloid* mirein (*pelloedd* "gwisg-oedd" ?). Y mae'r rhain fel pe o'r Ll. *pellis* (neu'n gytras â'r Gw. *celt* "hair, dress, raiment" ? Eto cf. *cel-u,* Gw. *celim*). Yn H. 13 (cad mal bad a ball a *phellt* ar grut), rhaid mai "briw" yw *pellt ;* cf. M.A. 224a, *dibellt ;* 146b, gorsefyll yn ryd rodawg *annibellt ;* B.A. 6, aessawr dellt *anibellt* a adawei (Methodd Dr. Evans â gweld y marc uwchben *i*, a darllenodd *ambellt*). Yn y ddwy enghraifft daw annibellt gyda tharian, a'r tebyg yw y golyga "tyllog, briw", neu "noeth".

34a   **rwyf :** gw. D.G.G. 192–3, am ei amryfal ystyron : "oar", "tywysog", "twf", "balchder, rhyfyg".

     yolyd : cf. R.P. 169 b 1, H. 125, petestres weteit . . . petestric *yolit* pa hyd yth *yolir;* M.A. 198b, yg kymer deu dyfyr dyffrynt *iolyt;* 199b, Petestric *iolyt* am byt y eilwyt. Pa hyd yth yolaf ; D.G. xvi, 26, *Iolydd* (enw ci) ; B.T. 75, toruenhawl tuth *iolyd.* Ystyr *ioli* yw "gweddïo", gw. isod 49c, cf. B.T. 4, 10, Ath *iolaf* wledic wlat hed / poet ym heneit . . . yg kynted ; 34, A gwedy ath *iolaf* oruchaf kyn gweryt gorot kymot a thi ; B.B.C. 13, rec rys*iolaw* rec a *archaw.* Felly *iolydd* "dymunol" ?

34b   **eidyonyd.** Prin "Eiddionydd", amrywiad ar "Eifion-ydd". Efallai llu. *eidion;* cf. G. 99, ar *callonnydd.* Neu ynteu, bai am *eidyolyd,* cf. B.T. 74, 16, e. anchwant ; 69, 10, Bedyd rwyd *rifedeu eidolyd.* Neu cf. isod 42b, gan fod P. yn darll. *eidiouyd.*

34c   **nog yd.** Wrth ddarll. *hynnyd,* hen ffurf *hynny* (gw. B. iii, 260, B.T. 64, Chwechach it gynan o *hynnyd*) ceir synnwyr a mydr. Ond digwydd *noc yd* hefyd yn B.T. 53, Selyf . . . bu gwell *noc yd,* gw. Loth, R.C. xxxi, 326 ; ond os dewisir hynny yma, rhaid darllen *Ac vn [tref]* i gael mesur, ac i gytbwyso â 33c, cf. yr *ydd* sydd yn *ys-ydd.*

35a   **reawdyr** "rheolwr", o'r gwr. *re-* (**reg-*) a'r terfyniad *-awdyr* (Ll. *-ātor*) ; cf. *darlleawdr* o'r gwr. **leg-.* Ar *ym myw,* gw. uchod ar 12b.

     dyhed, cythrwfl, aflonyddwch, rhyfel.

35b   **dyrein :** cf. H. 85. Gweleis dyryf dygyn. Gweleis *dyrein;* 51, gwawr deheu goreu gwyr yn *dyrein;* 32, dy wasgar kynygyn rac *dyrein* (? dy rein) ; Pen. 49, 25a, digrif . . . glywet yn glev / *dyrein* mawr yderyn mai / dan irvedw (? B.T. 29, Dedeuho *dwy rein.* gwedw a gwryawc vein *heyrn* eu hadein. ar wyr yn goryein. Dydeuho *kynrein* o amtir rufein). Y mae modd ei ddeall fel berfenw o *dyre* (fel *olrhe, olrhein; dwyre, dwyrein; darlle, darllein*). Rhydd D. "lasciuire, lasciuia", sef "drythyllwch", amdano (cf. S.E.), ond ni wedda i'r enghreifftiau : dyry H.E. 34

am y testun, "The unjust will *wallow* in dangers", fel petai o *crain*, ymgreinio. I gael synnwyr gyda 35a, gwell deall *dyrein* yma fel berf. pres. 3ydd. o *rein* "syth" ; cf. *bronrain* a tor-*syth;* argyfrein, V.V.B. 45, *arcibrenou*, "sepulti" ; *Rhein*, enw pennaeth ; M.A. 143b, celaned *rain;* 150a, rud feirw *rain;* R.P. 147b, a wna *rein* gorffeu ; Gw. *rigin* "stiff", A.C.L. i, 318 ; *comrigin* "very stiff" (C.I.L. 453) ; M.A. 270a, A chymmod a'n rheen cyn no'n *rheiniaw* (=*argyfrain*, trefnu corff at gladdu). Felly ym myw Rhun, fe "sythai" 'r rhai anwir eu dull o fyw; unioni eu byd.

eu byded, eu bydedd ?   Y mae T. yn darll. *enbyded.*

35c   **heyrn.** Weithiau "gwaywffyn" ; cf. H. 305, heynt loegyr liwed enwir / *heyrn* am deyrn am dir ; B.T. 31, 5 ; weithiau "arfwisg", megis M.A. 231a, nyd llyth yn llwyth *heyrn;* ond yma gwell yw "gefynnau" ; cf. P.K.M. 135, ar *carchar* "bonds, fetters" ; Pen. 44, 6, rac trymhet e karchar *heyrn* essyd arnaw.

36a   **gogwn :** cf. B.T. 20, 10, 24 ; 21, 18, *Gogwn* da a drwc ; 21, *Gogwn* gogeu haf A uydant y gayaf. Yno ceir cyfres, megis "*gogwn* py pegor yssyd y dan vor", etc. Cyfansodd llac yw o *go-* a *gwn* "I know" ; gw. H. 263, *gogwyr . . gogwnn . . . gogwybyt.*

mor vi : cf. B.T. 62, *neu vi* erthycheis . . . *neu vi* a weleis wr yn buarthaw. *Neu vi gogwn* ryfel yd argollawr . . . *neu vi neu ymgorwyth* medu medlyn . . . *neu vi neu* yscenhedeis kyscawt gweithen. Yn B.T. 71, ceir deg llinell yn dechrau â *neu vi* mewn amryw gysylltiadau, e.e. *Neu vi luossawc* yn trydar . . . *Neu vi* a elwir gorlassar. *Neu vi* tywyssawc yn tywyll . . . *Neu vi* a amuc . . . *Neu vi* a rannwys . . . *Neu vi* a torreis cant kaer *Neu vi* a ledeis cant maer. Yn y rhain oll, rhagenw pers. 1af. yw *vi*, nid treigliad o *bi*, y ferf ; dilynir ef gan ansoddair, enw, berf, neu'r rhagenw perthynol *a* a berf. pers. 1af. neu'r 3ydd. pers. Am *neu* o'i flaen, rhaid mai ystyr gadarnhaol sydd iddo, gw. W.G. 426, er na cheir yno mo'r gystrawen arbennig hon.

Yng ngolau enghreifftiau fel B.T. 62, *neu vi gogwn*, gellid tybio mai bai am hynny yw'r testun, ond eto cf. y defnydd ebychiadol o *mor* yn H. 78, *mor wae* ym digwyd ; a'r

glosau *mortru* "eheu", *morliaus* "quam multos" (gw. W.G.
253, cf. *quam* yn Lladin, nid yn unig mewn cymhariaeth
ond yn yr ystyr "yn wir, very, quite, indeed"). Awgryma'r
rhain y gellid darll. *mor wae* yma, neu *mor* gyda'r ebychiad
wi. Buasai ystyr fel "How well I know my hurt!" yn
addas fel gwrtheb i 36c, "ni ŵyr neb (arall) fod dim arnaf".
Ar *anaf*, gw. V.V.B. 39 ; isod, VI, 17c ; VII, 5c.

36b   **arglyw.** Yn ôl G. 40 ar *arglywet* "clywed, teimlo", berf
myn. pres. 3ydd. sydd yma. Ni fedraf ddeall *ar* fel B.B.C.
81, 13 (Bei yscuypun *ar vn*—ar a wn) nac fel yr arddodiad *ar*
â'r enw *clyw*, gyda'r treigliad ; haws fuasai gyda'r enw *glyw*
"lluydd" ? (cf. Gw. *gleó*), "Y mae pawb bob haf yn mynd
i ryfel (ond myfi)". Cyffredin mewn llsgr. yw absen
treigliad ar ôl *ar* yn y cyfryw eiriau, cf. pâr fel *arglwydd,
arlwydd.* Tybed mai ansoddair sydd yma, â'r *ar* heb
wyro i *er* o flaen *y* ? Am ystyr, cf. *hy-glyw* ; am y ffurf,
cf. *ar-gel ;* am absen gwyriad, cf. V.V.B. 39, *anbiic* guell ;
anbithaul. Gw. ymhellach B.T. 57, *erclywat ;* 75, *erglywaw.*
Cynigiaf yn betrusgar, "Yn y lluydd, heini, bywiog yw
pawb bob haf"—dihareb fel sangiad yn yr englyn, i roi
cyferbyniad i brofiad yr anafus, cf. B. iv. 10, Gwr pawb
yn haf. Neu ynteu *ar gliw ;* gw. ar 47a am *cliw.*

    nebawt, yn aml "neb" ; yma "dim, rhywbeth" ; gw
H.G.Cr. 132, cf. B.T. 41, 15, ny digonir n. heb gyfoeth y
trindawt, "Ni ellir dim heb nerth Duw" ; 22, 3, *gogwn i
nebaut ;* B.B.C. 21, 10 ; 43, 3 ; "rhyw", H. 320, n.
nossweith, "ryw noson".

37a   **pwyllei,** meddwl am, bwriadu ; cf. B.B.C. 49, pir
puyllutte hun ; "Pam y meddyli am gysgu ? " Ystyr
arall sydd yn W.M. 77a.

    Dunawt : gw. ar 3c.

    gwein : cf. B.T. 30, 19, ym pen coet cledyfein. Atuyd
kalaned *gwein.* A brein ar disperawt ; H. 84, Gweleis [eu]
hadaw . . . y dan draed adar gwyr gwanar *gwein ;* 101,
Raclydawt ae gletyf uch *gwein ;* 329, lliw gwynblyc *gwein*
gwen y hadaf (am ferch). A oes cysylltiad â dam-*wain*,
ar-*wain*, cy-*wain* ? Ar Gw. *fén* "cerbyd" gw. Pedersen,
i, 59 ; Walde ar *veho, vehemens.*

37b   **erechwyd :** gw. ar 10b, cf. 44a. Ymddengys fel gair
am amser yma ac yn 38b, 39b, (? bore) neu ynteu *er
Echwydd*, er gwaethaf y llwyth hwnnw.

    gwneuthur kelein, lladd dyn ; cf. B.A. 10, na *wnelwi*
kenon *kelein.*

37c   **cryssed,** rhuthr ;   cf. 38c, 39c, lle ceir *kyfryssed*, na
rydd gystal mesur ; gw. Loth, R.C. xlii, 80–3, am y gwr.
a'r cytrasau.

    Owein, sef ab Urien. Dengys hyn i Ddunawd oroesi
Urien, er geiriau mawr 5 a 6 uchod.

38a   **pressen,** "y byd", yma "gwlad" ; cf. M.A. 229a, Plant
Addaf . . . yn y *pressen* y presswylyassant ; *pressent,* B.B.C.
70, pop *pressent* ys hawod, h.y. pob cyfoeth daearol, am
amser y mae, gw. B. vi, 210.

38b   **catwen(t),** "ymladdfa, brwydr" ;   gw. G. 93,   am
enghreifftiau yn *-ent,* amryw yn odli â *pressent.*

38c   **Pasgen(t),** mab arall i Urien. Benthyg yw ei enw o'r
Ll. *Pascentius ;* cf. Cy. ix, 179, 181, *Pascent* (fel *Laudent* am
Llawdden). Gellir adfer *-t* yn y tair odl yn hyderus.   Yn
L.L. ceir *Pascen(n)* (186, 209, 212, 232, 234) a *Pascent* (211) ;
yn Nennius (Mommsen, 192, 193) *Pascent,* gw. Sk. F.A.B.
ii, 458, a *Phasken mab Uryen ;* B.B.C. 28, Arwul melin
march *Passcen fil. vrien.* Gw. ach *Nidan* R.C.1. 373,

39a   **Gwallawc :** tr. ar ôl yr amherff. 3ydd. un. ; cf. *Vran* 40a,
Uorgant 41a. Yn achau Harl. 3859, Cy. ix, 173, ceir
[G]uallauc map *Laenauc* m. Masguic Clop m. Ceneu m.
Coyl hen ;   R.M. 261, 304, gwallawc uab *llennauc* (felly
Hengwrt 202, Cy. vii, 128), ond *lleinauc, lleinnauc, lleyn-
nauc* yn B.B.C. 97 ; *lleynnac* (odli â *teithiauc*), td. 100 ;
mab *lleenawc* yn B.T. 64, 23, mewn cân i Wallawg.   Enwir
Gwallawg fel un o'r brenhinoedd a ymladdodd yn erbyn
Hussa mab Ida o Northumbria yn ail ran y chwechel
ganrif (Nennius, *Hist. Britt.,* Mommsen, td. 206).

39b   **dynin.** Credaf mai "celain" oedd (nid "medlar tree"
Bodvan) ; cf. 37b, B.T. 24, Eirinwyd yspin anwhant o
dynin ; B.A. 18, Oed garw y gwnaewch chwi waetlin.
Oed llew y lladewch chwi *dynin* (cf. Ll.A. 125, y gwr a
ladassei y *gelein*).   Oed mor diachor yt ladei esgar ;
R.P. 87 b 27, Gwrach robyn reib *dynin* (cf. 88 a 4, reib *abo*).

39c **Elphin,** mab arall i Urien ; cf. Pen. 131, B. 114, Plant vrien ap kynuarch, *Ywain . . . rrvn . . . Elffin . . . Pasgen.*

40a **Bran uab Ymellyrn,** neu *Y Mellyrn* (neu *Y Meuyrn,* cf IV, 7).

40b **dihol,** gyrru dyn o'i wlad ; hefyd *dehol,* gw. P.K.M. 245, G.M.L. 128.

ffyrn (llu. *ffwrn*)·yma am "aelwydydd" ? Y mae P.T. yn darllen *synn* (*syrnu*) ; dengys hyn mai un *f* neu *f* oedd ar ddechrau'r gair yn y Llyfr Gwyn. Gan fod *ffyrn* braidd yn annaturiol, a oes modd *syrn* o'r gwr. a welir yn Ll. *sterno,* Gr. *stornumi* (gw. Walde, a Boisacq) ; S. straw, strand ; *sarn,* gwa*sarn* yn Gymraeg ? Rhydd D. *swrn* march neu eidion, "malleolus" (Pughe, "pastern-joint or fetlock-joint") ; a *swrn* arall "aliquantum" (Pughe, "a quantity, a little") ; ond anaddas yw'r ddau. Gair yn golygu tai, ysguboriau, cnydau, meysydd, neu'r cyffelyb, a ddisgwylid gyda *llosgi,* cf. yr enw *Fernvail,* L.L. 398.

a uugei R., *anugei* P., *anngei* T. Ansicr yw ffurf y ferf a'r ystyr, ac nid oes help i ddehongli yn *ebyrn* oherwydd ei ansicrwydd yntau. Dengys 41c mai coegni sydd yma ; cyn ofered yw bygwth Brân a*g udiad* blaidd y tu allan i'r porth. Cynnig G. 83, *bugaw* "udo, rhuo" ; *bugunad ;* cf. hefyd B.A. 5, 1, *ewgei.* Os *nug-,* cf. Pughe a D. ar *nug, nugiaw* "ysgwyd", Pen. 5, guataaru y dan *nugyav* y penneu arnav (=Pen. 7, *ynvgyaw;* Havod 22, a siglynt ; A.L. ii, 38, enelle *enucier* ar alanas ; B.T. 78, *nuchawnt* yn eigawn.

ebyrn. Pughe "brook bank" ; S.E. hefyd "stream" (dan effaith S. *burn ?*) : eu carn yw'r darn Iolo-aidd o M.A. (835), Esgudnaid ceirw tros *ebyrn,* awdurdod go enbyd. Ond cf. B.A. 8, keny vaket am *vyrn* am *borth;* B.T. 70, am breid *afwrn* aballaf ; H. 39, angert din*byrn.* Teg cymharu'r Gw. *bern* "a breach, gap", cf. adwy. Am y ffurf cf. *aberth* (o *ad*- a *berth,* gwr. *ber-;* felly *ad-bern-i- ?*).

41a **Morgant,** hen ffurf Morgan, cf. Harl. 3859, Cy. ix, 174 [*M*]*orcant* map Coledauc m. Morcant bulc. Enwir hwnnw gan Nennius fel un o'r pedwar brenin a ymladdodd yn erbyn Hussa mab Ida ; ef wedyn a droes yn erbyn Urien oherwydd cenfigen.   Yn nhestun L.L. y ffurf yw *Morcant;* yn R.M. ceir *Morgant* Hael, *Morgant* Tut, ond *Morgan* Mwynvawr ;   yn B.B.C. 77, *Morgant.*

41b   **tymyr,** bro, tiriogaeth, tiroedd ;   cf. Sk. F.A.B. ii, 73, Neb y eu *tymhyr* nyt atcorsan ;   87 *temyr* gwinvaeth ; 106, ech eu *temyr;* 91, ar lles *tymyr;* 278, yn *tymyr* pennuro; B.B.C. 31, drud nid yscrid iny *timhyr;* 53, dirchafaud llogaud . . . yn *tymhir* gurthtir a gwystuiled ; M.A. 147b. Ni ryd rwysg eryr / Hyd troed o'i *dymhyr* / yr ofyn herwyr. Cf. isod XI, 53, 62, 71.

41c   **llyc,** llŷg. Yn ôl D. "cynrhon caws", a hefyd "mus araneus". Ar yr olaf rhydd T. W. "llygoden goch, chwistl, llŷg".

  clegyr, craig, creigle, gw. G. 145, cf. Cern. *clegar* "rock, cliff" ; Gw. *clochar* "a heap of stones, stony land" (C.I.L. 390–1). Daw o *clog;* Gw. *cloch,* carreg, maen, craig. Anghywir yw D. gyda'i *clegr,* cf. L.L. *clecir.* Cymherir Morgant a'i ymosodiad i lygoden yn crafu craig !

42a   **pwylleis.** Nid yn yr un ystyr ag uchod ? Tybed mai bai am *gweleis ?* Cf. 43a, *eilweith gweleis.* Buasai ystyr *hanbwyllaw* yn well yma. Gw. P.K.M. 95.

  Elgno. Am yr ail elfen, cf. L.L. 401, Gueith*gno;* B.B.C. 102, Myd*no;* 63, Beu*no,* 61, Moch*no;* 64, Clyt*no* ; B.A. 15, 8 ; Cy. ix, 172, Guip*no* (? Gwyddno) ; yn y rhain ceir *-gno* wedi treiglo, ond yn y testun cadwyd *g* o'r hen gopi ; gw. Loth, Ch.Br. 133, Llyd. *gnou, nou* "hysbys, enwog". Yn L.L. 202, ceir Elg*nou* unwaith ac Ellg*nou* ddwywaith. Ai yr un enw ? Ond cf. *Elno,* A.C.L. iii. 79.

42b   **ffrowyllei :** gw. uchod ar I, 29c.

  lauyn, llafn, tr. ar ôl amherff. 3ydd un. ; goddrych y ferf.
  ar eidyo. Tywyll i mi. Yn B.T. 24, *eido* (=eiddo) yw eiddew, mi dybiaf ; cf. Hafod 16, 21, sud yr *eido;* Diverres, M.M. 187, *Eido, Eido* y daear ; W.M. 67a, kaer vawr *eidoawc.* Tebycach gair i'r testun yw *eidoed* yn B.T. 60, 18, dyrchafwn *eidoed* oduch mynyd ac amporthwn *wyneb* oduch emyl. A dyrchafwn *peleidyr* oduch pen gwyr ; 61, 15, Vdyd kygryn yn *eidoed* kyhoed. Yn y rhain, term milwrol yw, ond cf. hefyd A.L. ii, 710, ar y nenpren e hun ar *eidyoet* oll ; gw. J. M.-J. *Tal.* 158–9, lle cymherir Caer

Eidyn, a chynnig "line, hedge, wall" fel ystyr. Gall *eid*(*i*)*o*
olygu rhywbeth fel *cant* "enclosure" ; gw. B. vi, 352–3 ;
yma, cadlys neu wrych amddiffynnol gwersyll Pyll, cf.
B.A. 10, seinnyessit e gledyf em penn *garthan;* 20, 14, ef
dodes e gledyf yg *goethin.* Y tu mewn i'r *eidio* y buasai
pebyll Pyll (mab Llywarch, I, 9).

42c   **oe vro ?** Y mae sillaf yn eisiau ; ac anodd gweld ystyr.

43a   **gweithyen :** cf. *gweithen,* B.T. 62, 12 ; 63, 10 ; 78, 9 ;
B.A. 11, gweinydyawr ysgwydawr yg *gweithyen;* enwau
personol, R.C. i, 339, Cant*gueithen* (Bodmin) ; L.L. 401,
Gueithenauc, Gueithgen, Gueithgno ; Loth, Ch.Br. 173,
uueith "combat", *Uuethien,* etc. Tarddair o *gwaith*
"brwydr".

    awr, tr. o *gawr* "bloedd, brwydr", neu *awr* "hour".

43c   **bu ell yno.** Gorchfygwyd ef ? Bu'n gynorthwywr yno ?
Anodd dywedyd prŷn heb yr hanes, gw. S.E. ar *ail.* Sut
bynnag, chwarae sydd yma ar ei enw, *El-no.*

44a   **Erechwyd :** gw. ar 10b.

    gwall, "eisiau", nid *gwallt* fel y llsgr.

44b   **o vraw,** o ddychryn. Tybed nad *o varw ?*

    ys gweill. Ai *is gwe-ill,* neu *gwe-yll,* llu. *gwa-ell ?* Golygai
hynny ddeall *gweyll* fel gwaewawr "javelins", ac *ys* fel *is.*
O gadw *ys* fel berf, rhaid deall *gwe-ill* fel "dychryn, colled".

45a   **moel.** Os ansoddair, di-wallt, neu di-flew ar ei wyneb,
cf. R.P. 150 b 41, Mab kediuor . . . mygyr*was moel ;* W.M.
76b, tri gweis *moel* gethinyon. Os enw, ceir *moel* am ben
mynydd "summit", neu ben ar lestraid o ymenyn, G.M.L.
222 ; cf. Gw. *mullach* am ben mynydd neu nen tŷ, cf. y
defnydd o *nen* am arglwydd.

    euras : gw. J. Ll.-J. B. iv, 48, "greddf aruchel, cynneddf
dda, natur odidog" ; J. M.-J. *Tal.* 184, "resource of power
or wealth", *gorefrasseu* "luxuries". Yn IV, 4a (tra uum
i *efras*) rhaid mai "cryf, heini, vigorous" yw'r ystyr ; felly
ansoddair. Yr un mor sicr, enw yw yn XI, 52b, 53b, y
mae'r gwaed ar ei gwellt yn *efras* i'r dref wen ; cf. M.A.
227a, Am eiryolo pedyr per y *ewras.* Ceir *efreis* hefyd,
M.A. 152b, gwr *efreis* yn treis ; B.B.C. 86, Nid eissev wy
kerd yg kein *ewreis;* H. 90, Ryd *euras* rieu ryd afrwyt.
Ryd *eureis* emreis amrygwyt ; M.A. 143b, y gwr gwrd y

eureis. Hefyd *gorefras*, B.T. 65, Lloyfenyd tired ys meu eu reufed. Ys meu y gwyled. Ys meu y llared. Ys meu y delideu ae *gorefrasseu*, med o uualeu a da dieisseu gan teyrn goreu ; Cy. vii, 136, Tri *gorefras* direidi, glythineb, ac ymlad ac anwadalwch ; fel ansoddair, M.A. 184 a 17, gwr *goreuras* gwas gwenwyn ; cf. R. i, 324, Tri pheth *a gynneil* hir direidi ar dyn.

Y mae'r ystyr o "ddefod, arfer, moes, custom" yn ateb yn rhai o'r uchod, lle digwydd yr enw, ond ni charwn fod yn bendant.

gwrth, darll. *gwrdd*, cf. M.A. 143b, y gwr *gwrd y eureis*, dewr ei ddefodau, ei arferion. Felly yn y testun, dewr oedd defod Urien. Daw'r ll. nesaf yn naturiol wedyn : ofnid ef.

45b   nys car : cf. ar y defnydd o *neus* yn 15b uchod ; *s* yn achub y blaen ar y gwrthrych, neu *y gas* yn deffinio'r *s*, cf. B.T. 64, 5 ; H. 239, *nys* arueit aerulawt frawt freinc. *nys* geill seis na threis na thranc. Am yr ystyr, cf. IV, 3c,

45c   lliaws : cf. B.T. 64, 1 ; Cy. vii, 138, A ranno y *liaws* rannet yn hynaws ; gydag enw, M.A. 142 b 3, Ceuais i *liaws awr* eur a phali.

rydreulyas : gw. ar 10c ; R.M. 12, A holl *uaranned* y llys wrth y gyghor ef y *treulwyt ;* B.T. 58, Amdanaw gwyled a *lliaws maranhed.* Ystyr y testun yw bod y tywysog wedi treulio llawer o dda. Rhoir y gwrthrych gyntaf i gael pwyslais arbennig.

46a   angerd, nerth, grym, hynodrwydd ; gw. P.K.M. 264, 297. Eglurir cynneddf Urien yn 46b.

46b   kyrchynat : gw. ar 7b.

46c   yn wisc, hen orgraff am *wysg* (ôl) ; cf. P.K.M. 43, yn *wysc* y benn ; 71, yr aniueileit yd aethawch yn eu *hwysc* (cf. Gw. *éis* "footstep, trace" ; *ése*, tar *éis*, "after").

Louan Law Difro : *l* ddwywaith am *ll ;* cf. R.M. 303, Tri gwythwr ynys brydein a wnaethant y teir anuat gyflauan. *llofuan llaw diffro* a ladawd uryen uab kynuarch . . . llongat . . . a heiden ; Cy. vii, 128, *llofuan llaw difuro ;* hefyd gw. XII, 7–10, am ei fedd "yn arro Venai" ; Yno gelwir ef yn Llaw *Ddivo*, a Llaw *Estrawn*, a Llaw *y gyn* (engyn ?).

difro : cf. R.P. 23b, Ry gelwir *dyfro* pob dyfryt ; 33, A chymro *diuro* diurat wedi ; 25 a 30, yr a uo *diuro* yn y divri ; 79 a 5, Val nat *divro* ym y riuo ; H. 55, *difro* wyf hep rwyf hep rotyon hep Ewein ; 91, Bart *difro* dyuryd heb arglwyt ; 11, Dewissach genhyf . . . dyfnu *diuroet* no met melyn ; B.T. 14 (Saeson), poet kynt eu reges yn alltuded no mynet kymry yn *diffroed* (*ff*=f), gw. S.E. ar *difroedd.* Yr ystyr yn gyffredinol yw digartref ; yna estronol, cf. Llaw *Estrawn.* Am *difo*, cf. R.P. 20 b 28, chwannawc vyd llen llwydawc *llawdiuo*, gw. ar XII, 7.

47a   tawel awel : gw. ar I, 1b.

tu hirgliw. Ni welaf ystyr o ddarll. *glyw* "lord" na *clyw* "hearing", a chan fod P.T. o blaid *hirgliw*, sef *hir* a *cliw*, cynigiaf mai benthyg yw *cliw* o'r Ll. *clivus* "llechwedd, bryn", cf. enwau fel hirfryn, hirfynydd, Long Mountain ; Gw. *cliu* ' a ridge ' ; Hogan, *On.* 248.

Y mae *tu hir* yn digwydd am farch, cf. H. 28, *tu hir* tref tremynyad amdyfrwys (cf. B.B.C. 28, *du hir* terwenhit) ; ond ceir *tu* hefyd o flaen enw lle, cf. M.A. 143a, wrth athreidiaw tir *tu efyrnwy.* Felly yma, gall *tu hirgliw* gynnwys enw lle.

47b   odit : gw. ar I, 35b ; hefyd W.G. 312 "a rarity [is he] who is worthy of praise". Gwell gennyf fuasai "A rare thing is worthy of praise" ; gw. ar II, 1b.

molediw : yn ôl W.G. 396, amrywiad ar -*adwy* yw -*ediw*, felly "moladwy", cf. P.K.M. 148, *telediw* taladwy.

47c   mam Vryen R.   Enw honno oedd Nyuein ferch Brychan, medd y *De Situ Brecheniavc*, ond *Nyuen* yn y *Cognacio*, Cy. xix, 26, 30, a *Nefyn* yn ddiweddarach, L.B.S. iv, 26. Prin y gellir darllen "Mam Vrien, Nyfen, nid yw".

Yn ôl P.T. darll. *nam.*   Os felly, nid y gair *nam* "bai", ond byrhad am *namwyn, namyn*, cf. L.L. xliii, na*min* ir ni be cas ; Hafod 1, 21a, *nam* seith mlyned ; B.T. 54, 24, *Nam* seith ny dyrreith o gaer sidi (ond 55, 7, 12, 24, *namyn* seith) ; S.G. 209, disgynnu a wnaethant *nam* gwalchmai. Rhydd hyn ystyr yma gyda 47b   Ond y mae sill ar goll, a gellid darll. *namwyn Urien* yn llawn, pe⁺asai sicrwydd am weddill y llinell ; gw. isod.

ken ny diw. Cynnig G. 129 ddarll. yma, *Y am vryen hen ny ddiw* (gw. ar I, 8c, am *ny ddiw*), a deall *ken* fel enw "cwyn, cyni, gofid". Rhydd hefyd *ym kên* "gydag ystyr gryfach nag *ym dawr*" ; gw. ei enghreifftiau. Gellid darll. *Am Urien cên, ni ddiw*, "ni thâl cŵyn am Urien" ; cf. XI, 15c, Amgeled am vn ny diw. Ond gad hyn y ll. yn ferr o sillaf. Y mae *cên* yn yr ystyr hon mor gyffredin mewn galarnadau hen, nes peri blys treisio'r ll. i'w gael i mewn !

Y mae posibilrwydd arall, sef darll. *Namwyn* yn llawn, a deall *Urien cen* fel *cen Urien*, sef cenedl neu fath Urien ; gw. ar *achen*, I, 2b. Canmoladwy yw'r "odid", ond ni cheir mwy mo fath Urien i'w ganmol.

48a   geilic, ? dewr, gwych. Cymer Loth ef fel tarddair o *gal*, R.C. xxvii, 164–5 ; pe felly, disgwylid *gelic*, ond cf. M.A. 148a, Cyfedmig *geilig* gal wenwyn ; 284b, Gosgedic Nur *eilic* Ner ; B.T. 41, Galwetawr yr aches ar *eilic* aghymes ; H. 93, gwystyl bedyt byd *eilyc* . . . dechymyc ; R.P. 71 b 38, Dyfyrwledic *eilic* y wyled am get. Cymeraf *eilic* fel tr. o *geilic*, neu fel *g-* yn colli ar ôl *-g, -c ;* cf. hebawc (*g*)*wyrennic.*

48b   llithiwyt : ar *llithiaw* "bwydo", gw. P.K.M. 96.

48c   erlleon R., gwell yw P.T. *yr lleon* (cf. W.M. 214 *or ilehon*, B. v, 12, *lleon* sef *y lle hon*, gan fod *lle* gynt yn fenywaidd, cf. 48b, *y llawr*, sef ei llawr. Dealler *er* ac *yr* fel hen orgraff am y fannod '*r* (bu'*r* lle hon).

llawedrawr : cf. A.L. ii, 96, a hwnnw a elwir karr *llawedrawc*, sef yw hynny, dyn a uo carr gychwyn pan vynno. *Llawedrawc* yn hen Gymraec yw *tomawc*, sef yw hynny carr *tomawc ;* 876, ille vocabitur *karlauedrauc* [carrifractus] ; 480, sev yw *carllawedrawg* a vo braint iddo symud ei gar lle y myno, neu symud i arall o van, heb golli braint . . . yn y lle y symuto o hano ; 638, Tri char *llywedroc.* Dyma egluro *llawedrawc* fel "carrifractus", fel *tomawg ;* cf. A.L. i, 706, teithi march *tom* neu cassec *tom* yw dwyn pwn a llusgaw karr yn allt ac yg gwaeret ; ii, 861, precium eque . . . *tom* [operantis]. Ai *tom* "llwyth, carnedd, heap" ydoedd *llawedr*, a *llawedrawr* yn lluosog ? Os felly, cyfeirir yma at yr adfeilion yn domennydd ar led, lle bu llys unwaith.

49a   **yr aelwyt honn.** Hawdd fuasai darll. *Y lle hon* trwodd, ond cyfeiria Cynddelw at *aelwyd Reged* fel mangre ceirw (eilon), H. 123, neud wy ae gofwy nyd gouyged / goualon eilon aelwyd reged.

     goglyt. Berfenw *gogelaf* (cf. B.T. 76, 12) neu enw o'r un gwr., cf. Pen. 7, 13, a bit dy *oglyt* yn duw ; cf. Gw. *cleth* "a stake, wattle, housepost" ; *cleth* "a hiding", *clith* "close, compact", *clithaigim* "I shelter, cherish", *fo chleith* "privily" (O'Don. Gr. 267 ; C.I.L. 384, 388 ; Loth, R.C. xxxii, 200) ; gw. R.P. 64 b꜒19, gwledeu na byrdeu na beird yg*klyt*. Am gytrasau gw. Boisacq ar *klinō ;* yn eu plith *clwyd,* a'r S. *lid* (Hen S. *hlid*).

     gawr. Fel rheol "bloedd, brwydr", Gw. *gáir ;* anaddas yma. Yn B.T. 61 (Nyt ymduc dillat na glas na *gawr* na choch nac ehoec vyc mor̦ llawr) rhaid mai lliw yw *gawr.* Felly *a'e goglyt gawr* "with its (? grey) covering".

     Ond gan fod enghreifftiau o ddarll. *u* fel *li* (gw. ar 33a, IV, 4b), beth am *a* fel rhagenw perthynol, *e* fel rhagenw mewnol, a *goglit* am *gogut*="gogudd" ? Daw'r un englyn eto yn 56, ac yno ̦ceir *neus cud tauawl.* Ceir *cud* hefyd mewn chwech englyn eraill. Pe felly, cywirer *gawr* i *gogawr*, cf. A.L. i, 324, sef eu *gogaur* hyd guedy keueyryer yar e tyr e tefho arnau a perllan a bressyc a llin guedy medy neu eghart heb uedy a gueyr syc a to tey ac eu hacure a kennyn a pop peth a uo perthenas y arth ac ef. Buasai gair yn golygu gwair a gwellt yn addas yma ar ddechrau'r gadwyn hon, lle ceir *dynat, glessin,* etc.

49b   **gordyfnassel,** o *gorddyfnu* "arfer a" ; cf. B.B.C. 63, gwir ny *ortywnassint* vy dignav ; 84, 6, *gortywneid,* berfenw ; R.P. 38 a 25, Ai *dyfnassei* yma ?

49c   **eirlawl,** gofyn, o *ar-* a *iawl,* gw. uchod ar 34a, cf. R.P. 23 b 12, *eiryawl* yd yttwyf na bwyf . . . ; B.B.C. 87, 2 ; 95, 1, 3 (Gw. *erdilim* "command, require, order, cf. ystyron *erchi*). Sillaf yn eisiau ; darll. *yn* neu *ny* (=yn ei).

50a   **dynat :** gw. uchod ar 26b.

50c   Ni wn ple cafodd M.A. 86b y ll. "mwy gorddyvnasai eirchiad".

51a   **glessin :** cf. A.C.L. i, 38, *glyssyn* y coet (buglossa) ; *glessyn* y coet (lingua vitali) ; Davies, W.B. 193, *glesyn* "common borage" ; *gl. y coed* "bugle" ; *gl. y wiber* "viper's bugloss", etc ; Cern. *glesin*, "sandix" ; Gw. *glaisean* coille, etc. A.C.L. i, 335 ; D. *glesyn* y coed "yr olchenid, consolida media" ; M.M. 22, 32. Rhydd H.E. 41, "green sod", cf. R.P. 40 b 37, *glessin* deyerin. Ger Bangor ceir *Glasin*fryn.

51b   **Owein ac Elphin,** meibion Urien.

51c   **breiddin,** tr. o *preiddin* "ysbail, booty" ; cf. A.L. i, 682, O'r moch *preidin* a del yr porth ; H. 148, gordyfnwyd ar brein / ar *breitin* y magwyd ; B.T. 60, Ny bydei ar newyn a *phreideu* yny gylchyn.   Yn y Llyfr Coch y mae bwlch rhwng y ddwy *d*, ond culach na rhwng deuair ; yn P.T., *breid din,* fel petasai am braidd neu ysbail din-as.

52a   **kallawdyr llwyt :** cf. R.P. 127 a 20 ; Davies, W. B., *callawdyr, callod* "lichenes foliacei" ; D. *callod* "muscus arborum" ; *callodryn* "culmus vel calamus herbarum" ; Ll. M. 163, *pulmonaria* "clustie yr Derw ne *galloder.* Dail . . . a llawer o vanne *llywydion* [llwydion] ar naddynt . . . ar y derw ag mewn lleodd caregog y tyf y llysie hyn "; gw. G. 99, "calaf, corsennau, gwlydd".

52c   **cledyual,** G. 145, "cleddyfod, arfod â chleddyf".

  dyual. Gellid darll. *dyfal* neu *dywal*, ond y mae enghreifftiau G. 145, dan *cledyual* o blaid yr ail, cf. B.A. 8, 4, *dywal* y gledyual ; 8, 16, kledyual *dywal* diwan ; 18, 4, cledyual *dywal;* H. 108, gw. S.E. "fierce, ferocious, furious, raging".

53a   **kein vieri :** gw. G. 124, am liaws o gyfansoddeiriau â *cain* "hardd". Yn P. ceir *ken,* T *cen,* ac ni roir chwaneg o'r englyn. Felly methodd Langford ddarll. y Llyfr Gwyn yma, a chan ryfedded y mesur, tueddaf i amau llwyddiant gŵr y Llyfr Coch. Y mae'r odlau *mieri, idi,* a *rodi* yn ymddangos yn ddiweddar.

53b   **kynneuawc.** Oherwydd aneglurder y Ll. Gwyn yma, gellir darll. *kynneuawt* (cynnefod, cf. M.A. 479b, o hen *kynnevawt;* S.G. 5, pawb a aeth y eisted yw *gynnefawt* le ; A.L. i, 586), "arfer": neu ynteu ansoddair yn -*awc* o *cynneu* "tân" ; gw. P.K.M. 205. Yr olaf sydd orau gyda *coet.*

53c   **Reget,** am y llwyth.

54b   **cyngrein :** gw. ar I, 20b, 21b ; M.A. 191a, Teleirw *ynghyngrein ;* 192a, Cenawon Euein *cyngrein* cydneid.

54c   **kyweithas,** enw ac ansoddair yn *-as,* ac *-ias ;* gw. G.M.L. 107, "companionship, society" ; D. humanus ; commercium, societas". Am yr enw, gw. B.T. 9, at[wyn] *kyweithas* a brenhin ; R.P. 18 b 16, Mabon keredic y *gyweithyas ;* 115 a 26, E.v.a. bu pla ym pob plas yn bwrw y berigyl *gyweithyas ;* 167 b 18, M.A. 227a, Rac poploed poen eu *kyueithyas* Poet ef vyn Duu nef vo vyn dinas ; 619a, megys *cyweithas* o giwdawt bobyl ; A.L. i, 218, k. ar llowrud ; 238, ii, 882, *keweithas* a lleidyr [furem comitari] ; kyt *kyweithias* [ire in consortio] ; R.M. i80, dynyon a oed yg *kyweithas* arthur. Yn 1 Pedr ii, 18, ansoddair, "mwyn, caredig". Cf. ymhellach *cywaith. cyweithydd ;* gw. R.C. xxxiv, 145.

55a   **myr.** Darll. *mir* i odli. Yn ôl H.E. 41, "ants" ; yn ôl D. lluosog *môr* yw *myr* a hefyd "formica". Ar *morgrugyn* "formica" cynnig mai'r twmpath yw morgrug, ar ddelw *myrdwyn* Dyfed (*myr-* a *twyn*) ; rhydd y llu. *morion, myrion,* a hefyd y ffurf *mywion ;* gw. hefyd Lhwyd, A.B. 6c, *moirb* "an ant or Pismire" ; Skeat, *pismire* "M.E. *mire* an ant ; Swed. *myra*", etc. Dyry Wms., *Corn. Lex.,* *murrian* "ants, emmets" ; Llyd. *merien.* Nid amhosibl yw bod morgrug ar y murddyn, ond amheuaf ai hynny a fwriedir ei ddweud yma, am nad yw *myr* yn odli ac mai planhigion nid trychfilod sydd yn y gadwyn.

Onid enw planhigyn yw *myr* yn B.T. 25, 17 ? Oes dichon *mir* o'r Ll. *myrrhis* (y gegiden wen, cecysen, medd T.W.) ? Amheus.

55b   **babir,** tr. o *pabir* (unigol a lluosog ?) "cannwyll frwyn, rush light" ; cf. B.A. 4, ket yvem ved gloyw wrth leu *babir ;* H. 103, ae uetgyrn wrth *pabir.* Yng Ngwynedd *pabwyr* yw brwyn wedi eu pilio yn barod i wneud canhwyllau, cf. B.B.C. 38, flam im *pabuir,* R.P. 96 b 3. Ni rydd D. *pabir ;* iddo ef *papir* oedd yr hyn a elwir bellach *papur.* Dengys *-p-* heb dreiglo mai benthyg diweddar yw hwn o'r Ffr., ond y mae *pabir* yn hŷn benthyg o'r Ll. *papyrus ;* eto heb affeithio *a i e !* Daw *pabwyr* o'r un gair, medd Loth (trin *y* fel *ē,* neu *ei*).

55c   cyued. Yn ôl D., gwledd a gwledda yw *cyfedd* (cf. B.T. 3, 21 ; I.G.E. 131 ; D.G. 119, 23 ; B.B.C. 30, 9), ond digwydd hefyd fel "cydymaith" (mewn gwledd) ; M.A. 163b, Deu Vadawc . . . Deu *gyuet;* 196a, yssid gyfetach gan *gyfedeu* (cf. pennaeth*eu* yn yr un golofn) ; W.M. 62a, dewis dy ymdidanwr a dewis dy *gyfed.* Felly yn y testun, gyda *kywir.*

56a   tauawl, dail tafol, gw. Davies, W.B. 237 ; D. *Bot.* Am yr englyn, gw. ar 49.

57a   clad, heddiw "to bury" yw *claddu* (ond am eog ?) ; gynt golygai gloddio hefyd ; cf. Pen. 14, 39, wrth *gladu* pydew dwuyr ; B.B.C. 52 (am fochyn) na *chlat* dy redcir ympen minit. *Clat* in lle argel ; 57, na *chlat* im prisc ; 58, 4 ; C.Ch. 129, yn glawdwr yn *cladu clodyeu;* D.B. 25, pa du bynnac y *clader* y dayar [infoditur] ; Gw. *cladim* "I dig" ; *clad* "dyke, ditch, trench", C.I.L. 378.

57b   elwch : gw. 59c ; D. "est *Llawenydd* ait. Ll." (sef W. Llŷn) ; Stokes, A.C.L. i, 479, cytras Gw. *ilach,* gl. ar *paean,* ac a eglurir fel "llawenydd", A.C.L. i, 309 ; iii, 286, Windisch, W. 673 (ar *luthgair*) ; cf. B.B.C. 52, kirrn *eluch;* B.A. 3, gwedy *elwch* tawelwch ; M.A. 166a, kyuetwalch kyuetweilch *elwch;* 177b, yn *eluch* yn heduch yn hed ; Ll.A. 99, Dyro hedwch ynn drwy *elwch*   Gan y cyferbynnir *elwch* a *thawelwch,* rhaid mai llawenydd tyrfus yw, bloeddio llawen, miri.

57c   am gyrn, o gwmpas y cyrn yfed, gw. ar 28b, cf. B.T. 8, atwyn *y am kyrn* kyfyfet.

    kyuedwch, gwledd, cydyfed ; gw. ar 55c ; cyfeddach ; cf. M.A. 166 a 9 ; A.L. i, 636, Corneit med a daw idaw ympob *kyuedwch* y gan y urenhines ; 672, yg *kyfedwch* yn neuad y brenhin ; 680, keinon k. ; H. 112, eurgwyn g. ; B.T. 72, Kein g. y am deulwch.

58b   eidigauei : gw. XI, 66b, nyt *eidigafaf;* W.M. 98, y gwennwynei y dwfyr hwnnw genedyl y corannyeit ac na ladei ac nat *eidigauei* neb oe genedyl e hun . . . heb *echrys ar* neb o'r brytanyeit=M.A. 496b, nad *eydygavey* neb . . . hep *edygavael* nep. Rhaid mai poeni, anafu, niweidio yw'r ystyr. Am y ffurf, cf. *dyrchafaf, dyrchafael,* a ffurf ferr y berfenw, sef *dyrchaf* (cf. A.L. ii, 190, *dyrchaf* a gossot

a bonclust ; C.Ch. 123, *dyrchaf* llaw) ; felly *eiddigafael*,
a'r ffurf ferr, *eiddigaf*, gw. B.T. 37, heb heneint heb hoet,
heb *eidigaf* adoet (h.y. heb ddioddef addoed). Yn y
testun, ni wyddai neb ar aelwyd Rheged beth oedd dioddef
angen tra fu Owain ac Urien byw.

58c   **ym myw :** gw. ar 12b, 35a.

59   **ystwffwl :** yng Ngwynedd "staple" ; W.Ll. 287,
"morthwyl drws" ; eithr yma "post, colofn" ; cf. B.B.C.
68, *ystifful* kedwir cadarn (cf. *post* cad) ; Ll.A. 170, Y vort
honn . . . y mae deu *ystyphywl* yn y chynnal o ametist
(241, quam sustenant quatuor *columnae* de ametisto) ;
W.M. 65a, *ystyffwl* hayarn mawr oed yn llawr y neuad.
Yn y testun, un o'r pyst fu gynt yn cynnal y llys.

ar hwnn, "and the one" ; defnydd arbennig, cyfystyr ag
a'r un, ac un ; cf. A.L. 1, 2, eu hemendyth *ar hon* Kemry
oll ; 350, naud Duw *ar honn* y brenhin ar vrenhines ; ii,
584, brenin Aberffraw, arglwydd Dinefwr *a hwnn* Mathrafal;
586–8, Teir sarhaet . . . *honn* y frenhines, *honn* yr effeiriat
teulu ; 708, cenedyl tat ar trayan *o hwnn* y fam ; W.M.
30a, y trydyd drws oed ygayat *yr hwnn* y tu a chernyw ;
H. 185, Goreu vn goreu gerennyt y dyn / *yr honn* duw
tragywyt / A goreu eil gerennyt / wedy *ronn* duw *ronn*
dauyt ; 65, hirwaew un annwyd *ar hwnn* nynnhyaw (cf.
R.B.B. 82, Nynyaw, un o feibion Beli).

59c   **elwch :** gw. ar 57b.

arnaw. Nid "arno" yr arddodiad. Un cywiriad bychan
fuasai darll.. *anaw* "rhodd" ; gw. *Gemau'r Gogynfeirdd*,
100–2 ; G. 26 ; M.A. 153b, Oi wenllaw *anaw* anober nym
doeth ; 156b, Rad wallaw *anaw ;* 160a, Gwallouyad a. ;
183b, y *anaw* rym kedwis ; 196b, a. dreullyaw ; 201a,
Gwallaw ym a. ; 225b, *Anaw* oi wenllaw ry wallofed ;
321a, O'i law bu i *anaw* buanedd llif nant ; R.P. 25b, goleu
a. ; 113 a 4, nefawleur a. ; mewn enwau Llydewig, Ch.Br.
106 ; hefyd L.L. 130, *Anauued, Anaumed.* Yn y Geirfâu,
B. i, 318, ceir *annaw* "klydwr" ; 319, *arnaw* "klydwr".

Un arall, llai fyth, troi *n* yn *ll ;* cf. B.A. 14, 1 (gw. y llun),
wy *lledin.* Darllenodd Skene *nedin*, oherwydd tebygrwydd

ll isel i *n*. Felly yma, *arllaw*, gw. G. 41, "rhannu, rhoddi; gweinyddu". Rhydd hyn gyseinedd lawn (*llu* a *ll*wybyr arll*aw*), ac ystyr addas ; o gwmpas y post gynt y rhedid gyda seigiau a rhoddion o bob math i'r gwesteion.

IV

1a **Maen Wynn,** deuair yn P.T., un yn R. ; gw. ar Pyll Wynn, I, 31c ; hefyd XI, 34c, 47c, Kyndylan Wynn.

vuum : deusill yma ; gw. G. 65 am enghreifftiau erail.

1b **llenn,** mantell ; *sathru llenn* "provoke, insult ? " Ystyr arall yn H. 264, M.A. 201a, Na *orsag dy lenn* dy les wyf i.

1c **gwaet.** Daw *gwaed* o **goed ;* cf. Llyd. *goad*, gw. W. G. 114 : yn XI, 52, odlir *coet, eiryoet, gwaet ;* B.T. 61, 20, *coet, gwaet.* Felly yma, gellid odl lawn, *oet, throet, woet.* Yn P. darll. *throet*, yn T., *œ* yn y tri gair. Ystyr : ni chài gelyn lonydd i feddiannu ei dir ef, pan oedd yn ieuanc,— awgrym fod Maen yn caniatáu hynny. Felly 2c.

2a **y'th erbyn,** yn dy erbyn (cf. 1a, *y'th oet* yn dy oed) ; o'th flaen ? A gam-ddarllenwyd *tra vum* i *terwyn ?* Ceir *terŵyn, terrŵyn* yn gyffredin yn yr hen lsgr., ond digwydd *terwyn* (odli â *dyn*) yn L.G.C. 212 ; odli â *llyn* yn 228 ; rhydd D. *terwynnu* feruere ; D.W.S. *terwynny* "to be feruent". Buasai *ter-wŷn* (o *gwŷn* desire, lust) "ardent, tanbaid", yn addas yma.

2b **ieuenctit,** yn yr ystyr o "wŷr ieuainc", byddin, fel y dengys *dilyn* yma ac yn 3b.

2c **gesseil,** tr. o *cesseil*, cf. 3c ; gw. G. 137, "Anodd penderfynu pa un ai deunydd ffigurol tebyg i 'cyffin, gwlad gyffiniol', . . . ai ynteu gwall am *keïsseit*". Yr ystyr yma yw gelyn.

torri teruyn, torri i mewn i wlad ; cf. B.A. 29, 3,; M.A. 217b, Ar bob *terfyn torri*.

3a **y'th erlit :** gw. ar 2a. Ai *o'th ôl ?* Ai bai am *ter-lit ?*

3c **gwythlit,** cyfansawdd o gyfystyron, *gŵyth*, a *llid*, cf. III, 45b, Nys car ketwyr y gas.

4a **efras :** gw. ar III, 45a.

4b   dywal : gw. ar III, 52c.

galanas, yn y Cyfreithiau y ddirwy a delid gan deulu
llofrudd i deulu'r llofruddedig, Lewis, G.M.L. 151 ; hefyd
"llofruddiaeth", cf. Y.C.M.¹ 76, Y mae ettwa *galanas*
y gwyr hynny heb y dial ; D. "homicidium", yn ogystal â
"precium homicidii" ;   D.G. xxxii, 12 ; xxxiii, 11.

oedwli R. ; bai am *oedwn ;* gw. ar III, 33a, 49a.

4c   kyt bydwn : cynnig G. 68a, *kyt bewn* i wella'r mesur.

gwr . . . gwas : cf. B.A. 1, Gredyf *gwr* oed *gwas,* gŵr
mewn nerth a gwroldeb, ond gwas neu fachgen o ran oed ;
M.A. 217b, *gwr* yn oed *gwas ;* gw. W. P. Ker, *The Dark
Ages,* 323.

5a   medyr di : gw. B. i, 30–1, modd gorch. ail un.   Sillaf
yn eisiau ; darll. *ditheu ?* Yn P.T. ni cheir ond *d.*

5b   kyssueil. I gael saith sill yn y ll. rhaid trisill yma.
Yn y gân cafwyd eisoes *cesseil* mewn ystyr anarferol, ond
ni rydd fesur na synnwyr yn y ll. hon.   Gwendid ystyr
sydd yn erbyn darll. "anghen *cysgu ; eil* ar wall".   A ellid
darll. *cyssul* (gw. V, 3b), ac *eil* (gw. VI, 22a), "rampart" ?
Angen cyngor : bwlch yn y gaer ?

ar wall : gw. ar I, 38c ; VII, 22b.

5c   Uaelgwn, tr. ar ôl gorch. 3ydd. yn R., *Maelgun* yn P.T. ;
cf. H. 231, Rys uyg .. .. .. rac dy uar gwared *dduw* ui ;
55, Gwnaed *dduw* y ddiwet ef ; 219, aed *garnet* y ueirch.
Ar Faelgwn Gwynedd, gw. Lloyd, H. W., 128–31 ; bu
farw, yn ôl A.C., yn 547.

6a   vyn dewis y, "my choice is" ; gw. ar I, 31a.   Y mae
datganiad o'r fath yn y traddodiad, gw. B.B.C. 42, 6,
Vy Dewis kinvllaud ; B.T. 41, 21, *Yn dewis* echiawc,
ffus. ffous ffo diawc.   Ef duhun hunawc ; M.A. 198a, *Vyn
dewis y* riein virein veindec . . . Am *dewis* synhwyr . . . Am
dewis gydran gyhydrec a bun . . . *Dewis* gennyfy di beth
yw gennyt ty ui. *Dewisseisy* vun ; H. 221, *Dewissaf*
arglwyt didramgwyt dro . . . da gwyr *dewissaw* ae *dewisso* ef.
Dyma, mewn gair, wreiddyn neu gnewyllyn y math o
ganu a elwid *Gorhoffedd ;* cf. Englynion y *Dethol,* M.A.
176a, b, *Detholeis uy rwyf,* etc.

gyfran : cf. M.A. 198a, dewis *gydran.*   Ond gwell gennyf
ddilyn G. 95 (ar *caen*), a darll. *gynran,* tr. o *cynran* "tywysog,

milwr". Dengys P.T. mai *gyuran* oedd yn y Ll. Gwyn, a hawdd cymysgu *u* ac *n*. Ceir y ddeuair ynghyd yn H. 174, *Kynran* rann *gyuran*. Os cedwir at y llsgr, "My choice gift"; os derbynnir y gwelliant, dewis y bardd yw pendefig â'i *gaen* arno; hoffai weld milwr yn ei arfau, fel y dewisai Hywel riain firain feindeg.

caen. Os darll. *cyfran*, yna cyfeirir at wain cyllell; os *cynran*, "arfau dur, arfwisg, llurig", gw. G. 95, cf. H. 294, *hayarngaen* . . . pa was a wisc e las*gaen*. Sylwer fod *caen* yn ddeusill yn B.T. 76, 14; nid felly yma.

6b **llym megys draen:** gwna hyn y tro am gyllell ac am dywysog, cf. B.A. 7, 5, lle dywedir nad oedd neb *llymach* na gŵr o'r enw *Llivyeu*, gan chwarae ar ei enw, fel pe dywedid yma mai hoffder y bardd oedd *blaenor* â *blaen* arno; cf. am yr odl, B.T. 27, pan yw mor trwm *maen*, pan yw mor llym *draen*.

6c **hogif,** i odli â *gnif* (gw. ar I, 5c, II, 21c).

maen, chwarae eto ar enw; 1, carreg; 2, enw'r mab, *Maen* Wynn, cf. y chwarae ar enw Pedr yn y T.N. Nid hogi carreg yr oedd yr hen ŵr, ond hogi ei fab, Maen, i'r frwydr.

7a **anrec:** gw. Y.C.M.[1] 73, lle ceir y gair am saig o fwyd, ac am rodd, ar yr un tudalen.

ry'm gallat: gw. ar III, 16c, 27c; yma "I have been robbed of a gift".

dyfryn Mewyrnyawn. Nid yw'n amhosibl cael ll. gyntaf englyn o 11 sill, heb odl, na chwaith linell 10 sill, a'r gair olaf yn odli â *b*, *c*. Hawdd, fodd bynnag, yw cywiro i *Mafwrn*, enw lle ar Afon Dore, Sir Henffordd, gw. L.L. 162, 163, 165, 171, 173. Gallasai *Mefyrniawn* fod yn enw ar yr ardal (cf. *Edeirniawn*, *Gwrtheyrniawn*), ac i ryw gopïwr ei roi i mewn yma. Gall *Mefyrn* fod yn y cyflwr genidol, at *Yawn* berthyn i'r ail linell; ond nid rhaid chwe sill bob amser yn *b*. Ceir *mefyrn* yn M.A. 105b, Mi ddisgoganaf *mefyrn* / Ar deywy a llef cloer wedi cyrn.

kelwrn: gw. G. 127; G.M.L. 65; V.V.B. 72 (*cilurnn*, gl. ar *urnam*); Gw. *cilorn* "a pitcher", gl. *cratera*, *situla*, C.I.L. 369; A.C.L. iii, 22; 1 Bren. xvii, 12, blawd mewn *celwrn*.

7c   **o dwrn,** "o ddwrn", neu enw dyn, *Odwrn ?* (Cf. R.M. 122, *Odgar* ; 265, *Odyar*) Onide, pwy laddwyd ?

8a   **aghysbell,** "dieithr". Yng Ngwynedd, lle anghysbell yw lle pell o bob man, "out of the way", ond cf. R.P. 120b, 29, dra gwladeid vleid *vloed aghyspell ;* H. 233, Rys rwysc hiryell yn aer / yn *arueu aghysbell ;* 210, Ys gwell yn *gyspell* gosper a phylgeint, gw. S.E. 131.

8b   **o drws y chell :** darll. *o drws cell* i gael chwe sill.

8c   **adaw,** un ai *adaw* "leave behind", neu *addaw* "promise". Gwell gennyf y cyntaf.

V

1a   **Meurygawg.** Ansicr. Yn L.L. ceir yr enw priod, *Mouric,* R.B.B. *Meuruc ;* I.G.E. 47, *Meurig ;* os benthyg yw o'r Ll. *Mauricius,* ni rydd help yma. Os ansoddair Cymraeg, cynigiwn ar amcan "amlwg, conspicuous", ar ddelw diarhebion megis R.P. 8a, bit *amlwc* marchawc ; ceir diarhebion digyswllt weithiau ar ddechrau englyn. Felly, "Conspicuous is a rider on a plain". Os cyfarchiad, "Thou noble rider over the plain". Efallai mai bai am yr ansoddair a geir yn B.A. 5, 18, Eidyn *euruchawc ;* ond gwanhâi hyn y gyseinedd.

maes, yn ddeusill ; gw. P.K.M. xviii ; hefyd 293.

1c   **ysswn :** am *ysu* "bwyta", gw. P.K.M. 89 ; I.G.E. 197 ; W.G. 87.

2a   **diwyl,** negydd *gŵyl,* cf. Gw. *fial* "modest" ; D.G. ix, 18, fy rhiain *wyl,* ond y mae ystyr arall, cf. R.P. 150b, Einyawn *wyl* olut rod, Einyawn *diwyl* diofyn cat (sef yr hen wrth-gyferbynnu, hael wrth roi golud, creulon a garw mewn brwydr). Yn y testun rhaid mai "Na fydd *drist*", neu "Na fydd *chwerw*" yw'r ystyr ; ni thâl yma yr un o ystyron S.E., "unbashful, not timid, fearless". Ond cf. B. iv, 6, *Diwyl* y agheu, *diwylach* a edeu (deallaf hyn fel yr hen *exemplum,* "Pan fo marw gormeswr creulon, na orfoledda ; daw un gwaeth ar ei ôl") ; I.G.E. 24 (Marwnad) *Diwyl*

iawn, dioleuni / Y doeth y flwyddyn i ni ; H. 93, gwlyt wrth
wlyt . . . garw wrth arw . . glew wrth lew . . . *gwyl* wrth
wyl wrth ellwg reuet; B.T. 62, 19, pop annwyl ef *diwyl* y
neges ; H. 211, Gwae diwarth *diwyl* dioleith am y eir /
ny lawer leueir o uap meir meith ; 266, Ef yn *wyl yn olud
anuon* / Ef *diwyl* diwyll gwleidyaton. Dengys yr enghreifft-
iau fod *gŵyl* yn golygu nid yn unig "modest", ond "caredig,
mwyn, llawen", a *diwyl* y gwrthwyneb "trist, garw,
creulon". Felly, cf. V.V.B. 138, Ox. 2, *guilat*, gl. ar
hilaris "llawen", ac isod ar VI, 31c.

2b   **trwydded,** caniatâd i aros mewn llys ar gost yr arglwydd ;
gw. G.M.L. 282–3 ; cf. R.M. 306, Tri *trwydedawc* llys arthur
. . . llywarch hen, a llemennic a heled.

    anwyl, annwyl ? Cymerer gyda *trwydded* efallai, croeso
"cynnes", neu fel cyfarch, "Friend !"

2c   **tarn,** "sych" ; gw. B. iii, 263–5.

3a   **ni'th oddiweddaf.** Yn gyffredin *goddiwes* yw dilyn dyn
a'i "ddal", "overtake" ; yma yn ffigurol am ddal â'r
meddwl, deall, cf. y defnydd o *ddilyn* am ddilyn ymresymiad
neu stori, gw. B. xi, 143.

3b   **rot,** hen orgraff am *rhodd,* ôl llsgr. o ysgol Llyfr Du
Caerfyrddin.

    cyssul, "cyngor" ; gw. isod, 4a ; V.V.B. 92, Ox. 1, *cusil.*
Rhydd D. *cyssul* "consilium, consulere" ; cf. B.T. 17, 21,
kussulwyr; 25, *kussyl;* 46, 25, *cussyl;* 54, 2, drwc y
gussyl; B.B.C. 94, duis y *cusil;* Cy. vii, 136, Dy *gyghor*
ath *gusul* yw : amouyn a doeth. Tewi wrth ynuyt ; B. iv,
6, *Cvssul* hen ny chadwt ; 9, Ergyt yn llwyn *kusul* hep erchi;
Llan. 27, 163 (B. ii, 120), *Kyssul* Adaon, teitl cân ; dechrau
dau englyn ynddi yw *Kyssul ath rodaf,* a'u cynnwys yw
cyngor.

    cwdd, ple ? gw. W.G. 291.

4a   **Bran :** cf. 5a, ynglŷn â *Dunawd;* gw. III, 3, 37, 38, 40,
dau elyn i deulu Urien. Ar ôl marw Urien a'i feibion,
4c, at bwy yr âi, tybed ?

4b   **can diwg :** cf. B. ii, 274, Yr eryr *barabl diwc.* Felly yma,
"*cân* ddiwg" ? Nid y ferf, pres. 3ydd., a welir yn B.T. 27,
18 ; 37, 18, Ny *diwc* a wna ; B.B.C. 8, 2 ; R.P. 21, 19,
Ceir y berfenw yn C.Ch. 86, heb y ry*diwc;* R.P. 6 b 24, gwna

da yr duw sef y *diwc.* Gellid deall hynny yma, *can(t)*
diwc, sef gydag iawn, rhywbeth i ddofi dig Brân, ond nid
addas yw gydag *ag argynan.* Tybed ai bai am *diuwg,*
difwng, "rhugl, parod" ? Am hwnnw gw. B.T. 67, 1 ;
H. 150, Ar uyg grut am ueirt vut valchdawn / Neud *diuug*
deigyr ; 272, *diuwg* blwng ; R.C. xxxi, 170n, "sans brêche,
sans interruption ; ond R.C. xxxviii, 155, "implacable".
Cf. *myngus, myngial,* am siarad afrwydd ; ac isod VII,
20b, 23a ; L.B.S. iv, 370, Trunyaw m. *dyvwng* m. emhyr
llydaw ; 372, m. *diwng.* Yn y testun, *cân ddifwng* "cân
rugl".

argynan : gw. Lewis, H.G.Cr. 124–6, *cynnan* fel ansodd-
air "hyglod, clodfawr" ; H. 200, Penn *argynan* coned
cred a bedyt ; 203, Dewi . . . penn *ar gynnan* bedyt crefyt
a chred ; 93, Gwynet *ar gynnan;* 188, 274 ; B.T. 45, 24,
kadeu *ergynnan.*

4c   **marw,** nid *meirw* er cyfeirio at *meibion,* cf. R.P. 5 a 36,
marw cogeu rac annwyt.

5a   **na chred :** un ai "Do not believe. Trust not", neu cf.
dygredu II, 19c. Os yr ail, "Na ddos at".

5b   **na chay.** Prin *cey,* "cei", o *cael.* Darll. *Nac a y gan-
thudd,* neu (cf. 8a) "Na *chais".*

ganthudd, hen ffurf *ganddynt,* W.G. 406.

ffossawd, gair am frwydr ; D.W.S. "dyrnot" ; B. ii, 273 ;
B.A. 6, 21 ; 7, 5 ; 32, 1 ; B.T. 66, Ercwlff mur ff. ; R.P. 1,
41, Run y enw rugyl y f. ; M.A. 140a, 147a, 165a, bolch
y lauyn o lavur f. ; 299a, rhugl ff. ; isod XIII, 60, Nid
engis o'r *ffosawd* brawd ar ei chwaer. Ond cf. hefyd R.P.
4 b 28, Ym byw nyth diofredaf. a hyt vrawt yth goffaaf.
dy*ffossawt* trallawt trymaf (sef cyflwr adfydus Myrddin) ;
92 b 26, Prif adwyth bymffrwyth bymffrwt *ffossawt* /
Prydervs vu grist. A oes modd deall *yn ffossawd* fel
"mewn caledi" ?

5c   **lloe,** lloi, cf. B.T. 9, Atwyn tymp pan dyn *lloe* llaeth ;
59, o loi a biw (W.G. 197).

Llanfawr. Am *llan-* gw. Williams, *Gildas,* 362, oratorium
quod incolae vocant mons *Coetlann,* quod sonat interpre-
tatum *monasterium* nemoris (cf. Llan-goed). Yn Llydaw
yr oedd hyn, a dengys o leiaf mai un ystyr i *llan* yn y

chweched ganrif oedd mynachlog. Felly, *Llanfawr*, Mynachlog fawr. Yn ôl L.B.S. iii, 498–9, dyma hen ffurf Llannor yn Llŷn, a Llanfor ger y Bala ; *Taxatio* 1254, *Lan Vaur* (am Llannor) ; 1291, *Lanvaur* (am Llanfor). Dengys 8 isod mai Llanfor Meirionnydd sydd yma.

llwyprawd. Yn y llsgr. ceir *llafn(f)awr llwyprawd*, effaith llinellau fel M.A. 164b, H. 107, Per awen . . . Ar lles llawr llyw *llafnawr llwyprawd ;* ond dengys y cyd-destun fod *Llanfawr* yn addasach yma. Deallaf *llwyprawd* yma fel 3ydd. pers. gorch. o'r ferf *llwybro*, "aed, eled" ; gw. H.G.Cr. 70, Ar Duw adef y nef uy llef *llwyprawd / Yny* edrinaw ury rac y Drindawd.   Yn ôl W.G. 323 ; Lewis, H.G.Cr. 218, 3ydd. pers. un. dyfodol yw, ond daw mewn cyfres o frawddegau gorchmynnol, a gellid yma hefyd ei ddeall fel "eled" ; cf. B.T. 35, yn deweint ympylgeineu, *llewychaut* vy lleufereu ;   am ystyr *llwybr,* cf. H. 20, dyurydet yn lloegyr rac *llwybyr vy llaw ;* H. 18, *llwyprynt* llenwynt ;   R.P. 93 a 1, Gwynvydwyf caffwyd kyffes *lwybrawt / gwynvyt naf nef ynghardawt ; ac isod 8c, *llwybryn.*

6a   **yssydd :** gwell darll. *yssit* "y mae, there is", gan nad perthynol yw, felly 7a, gw. P.K.M. 43 ; W.M. 240, b 11, kyt keffych hynny *yssyd* ny cheffych ; ll. 19, *yssit* ny cheffych ; R.M. 120 *yssyd* na ; 121, *yssit* nas (pum-waith) ; 122, *yssit* nas (seithwaith).   Hawdd cymysgu'r ddau oherwydd amwysedd yr orgraff ; gw. hefyd ar I, 7a.

Llanfawr dra gweilgi. Gŵyr Llywarch am ryw Lanfor dros y môr, ond ni ddywed pa fôr. Ni rydd Hogan *lann mhór* yn ei *Onomasticon* o leoedd yn Iwerddon ; eto gallai Cymro arfer yr enw am un o fynachlogydd mawr y Gwyddyl. Yn *Hist. Brit.* Nennius (Mommsen, td. 192), dywedir am yr olaf o feibion Gwrtheyrn, sef Faustus, "et sanctus Germanus baptizavit illum, et nutrivit· et docuit et condidit *locum magnum* super ripam fluminis quod vocatur Renis, et manet usque hodie".   Darlleniad arall yw "et aedificato *monasterio non parvo* . . . sibi consec-rauit".   Ni wn ple'r oedd y llan fawr hon ar y Cyfandir oedd yn hysbys yng Nghymru yn y nawfed ganrif.   Tybed mai *Rhuys* yn Llydaw, lle bu Gildas ? (Gw. Mommsen,

96, veniens ad quoddam castrum in monte Reuvisii *in prospectu maris situm* ibi . . . construxit *monasterium*. Awgryma *Reuvisii* yr enw *Renis* yn Nennius, ond afon yw honno, nid bryn (gw. L.B.S. iii, 112). Eto yr oedd Llan fawr Gildas yn Rhuys yn ymyl y môr, ac felly un y testun.

tra gweilgi : gw. 7a, cf. B.T. 78, *tra* merin Reget ; H. 168, *tra* thonn *tra* thywawd ; B.T. 76, *tra* mor *tra* brython ; H. 95, Gwych ysgor *tra* mor *tra* menei.

6b   **molud,** o *mawl*, defnydd arbennig am dwrf y môr ; cf. B T. 43, Aduwyn gaer yssyd ae gwna kyman, medut a *molut;* M.A. 282b, B.T. 41, Med hidleit mole:t *molut* y pop tra ; 44, 1 : 61, 7 ; B. ii, 231, "moliant' . Wedi'r cwbl, beth yw mawl ond math o dwrw ?

6c   **llallogan,** bachigyn o *llallawg* (gw. 7c). Rhydd D *llallawg* gydag esboniad anghywir Gwilym Tew, "honor" ; felly B. ii, 146, "urddas", ond *llallogan* "arglwydd". Yn R.P. 1, medd Gwenddydd wrth Fyrddin, ll. 12 Kyuarchaf ym *llallogan* vyrdin ; 25, ym clotlew *llallawc;* felly ll. 30, 2 a 4 ; ond 2 a 30, clotleu *llellawc;* 2 b 2, clotleu *llallawc* (felly 7, 36, 40, 3 a 2, 12 ; 3 b 27). Yna daw *llallawc* ar ddechrau ll., megis 4 a 36, *Llallawc* kan am hatebyd ; 42. Y cyfarchiad cyffredin yn y gerdd yw ehelaeth *vrawt,* clotovri *vrawt;* rhaid mai enw yw *llallawg* (a *llallogan*), a ddefnyddid wrth gyfarch yn gyfeillgar. Etyb "brawd" yn burion yn R.P. 1–4, ond anaddas yw yma, onis cymerir fel cyfystyr â chyfaill, cf. y modd y cyfarch Peredur ferch fel "chwaer" ; felly Dafydd ap Gwilym ei gariad.

Ar *Laloiken,* gŵr gwyllt fel Myrddin, gw. Parry, *The Vita Merlini,* 15, 17 ; yno trafodir y posibilrwydd mai *llallogan* y *Cyfoesi* a gymysgwyd â *Laloiken* y chwedl Sgotaidd, gw. Sk. F.A.B. ii, 424 ; T. Price, *Lit. Remains,* i, 143, "It is worthy of notice that Gwenddydd, in this dialogue, addresses Myrddin by the appellation of *Llallogan*, 'twin brother' . . . Now this will explain a passage in the Life of St. Kentigern, in which it is said, that there was at the court of Rhydderch Hael, a certain idiot, named *Laloicen* who uttered predictions . . . and in the Scoto-chronicon it is stated that this Laloicen was *Myrddin*

Wyllt". Mewn nodyn, chwanegir, "Iu the Life of St. Kentigern, Merlin is called Laloicen and Lailoken".

Ni welais erioed brawf fod llallogan yn golygu "twin brother" ; casgliad neu ddyfaliad yw am ei fod i'w gael yn y *Cyfoesi* ochr yn ochr â *brawd ;* a'i fod hefyd yn debyg i darddair o *l'all.* Nid *laloicen* na *lailoken* fuasai'r ffurf mewn Hen Gymraeg, ond rhywbeth fel *lallocan.* A phe tybid mai bai am hynny yw'r ffurfiau hyn, pa briodoldeb fuasai mewn galw'r ynfytyn unig dan yr enw ? Hefyd, nid yn llys Rhydderch yr oedd Myrddin *yn ei wylltineb*, ond yng Nghoed Celyddon ; nid ynfytyn ydoedd hyd frwydr Arfderydd. Ac yn olaf, os gefell yw llallogan, gefell Llywarch Hen a gyferchir yn y testun, a phle mae sôn am efell iddo ? Nid oes dim yn y cyd-destun i bender-fynu'r ystyr ; gall olygu *brawd, cyfaill, arglwydd, enaid, unben,* unrhyw un o'r geiriau cyfarch arferol.

7a   **tra Bannawg.** Am *tra*, gw. ar 6a ; cf. M.A. 178b, Llan *tra* llyr *tra* lliant. Llan *dra* llan *dra* llys Dinorbenn.

Y mae *Bannawg*, tarddair o *bann* "corn, penn mynydd, etc.", yn weddol gyffredin ; ond rhydd y beirdd a'r cyfar-wyddiaid yr enw *tra Bannawg* ar rywle ymhell o Gymru, i bob golwg, cf. H. 3, clywed y gyma *yd tra bannawc.* Yn hanes Cadog, Rees, *Lives*, 69, fe'i lleolir yn yr Alban ; o leiaf dywedir i'r sant hwnnw godi mynachlog faen yno, "y tu yma i fynydd Bannauc" (in Albania citra montem Bannauc), ac yn ôl yr Esgob Forbes, "Cambuslang is dedicated to S. Cadoc, and through the adjoining parish of Carmunnok runs a range of hills called the Cathkin Hills, which separates Strathclyde from Ayrshire, and terminates in Renfrewshire. This must be *the mountain Bannauc,* and the name is preserved in Carmunnok" (Forbes, *Kalendars*, 293) ; L.B.S. ii, 22, Nid wyf yn hollol dawel ar hyn. O ba le y mae'r cofiannydd hwn yn edrych, pan sonia am "y tu yma i ynydd B." ? Yn yr un fuchedd, td. 58, dywed Caw o Brydyn wrth Gadog iddo fod yn frenin *ultra montem Bannauc,* sef "tra Bannawg" y testun. Yn B.A. 31, sonnir am "alltut marchauc" oedd yn fab i Gian *o dra bannauc.* Yr argraff a roir o hyd yw fod y lle hwnnw ymhell. Yn R.M. 121 ceir chwedl y ddau

ychen bannawg, "y lleill yssyd or parth hwnt yr mynyd
bannawc. ar llall or parth yma", a'r gamp yw cael y ddau
o dan yr un iau neu wedd. Tybed a ystyrid bryniau Cathkin
yn ddigon bannog i roi bri ar y gamp ? Addasach fuasai'r
Grampians (ansicr yw'r enw, gw. McClure, B.P.N. 47).
Y mae'r rheini yn rhannu'r wlad yn effeithiol, ac yn
fynyddoedd bannog yng ngwir ystyr y gair.

Efallai mai ffôl yw ceisio lleoli yn rhy bendant mewn
cerdd a chwedl. Digon i'r cyfarwydd oedd bod sôn am
fynydd o'r enw yn rhywle yn yr Alban, yn union fel y rhoir
Coed Celyddon yn rhywle yn y Gogledd, heb nodi'n fan-
ylach. Gwyddid yng Nghymru fod gan Gadog a Chyn-
deyrn lannau yn y Gogledd yn rhywle, Cambuslang, a
Glasgow. Niwliog iawn oeddid ar safleoedd, cf. y modd y
lleolir Afon Llinon (neu Shannon) yn y Mabinogi. A ddylid
chwilio am lan fawr bellach na'r ddwy uchod, nis gwn.

7b   **ydd aa :** gw. XI, 676, 68b, lle ceir yr un gystrawen anodd
gydag enwau afonydd eraill. Pa rym sydd i *ydd ?* Y
mae'r meddwl fel pe'n gofyn yr ystyr "lle ydd â", neu,
mewn Cymraeg Canol, "yn yd" ; gw. B.B.C. 67, 3, *yn yda*
lliv yn llychur.

Clwyd. Y mae Afon Glwyd, Gogledd Cymru (gw. Davies,
yn *Arch. Camb.*, 1933, 356 ; a map O. Jones, *Cymru*) yn
tarddu yng Nghraig Bron *Bannog;* a rhed afon o'r enw
Clywedog iddi, ger Rhewl, a cheir digon o lannau yn ymyl,
er nad oes yr un Llanfawr yno. Ond "ni wn ai hi". Anodd
credu y buasai Llywarch yn gwybod am Lanfawr dros y
môr, a (Llanfawr ?) yn Nyffryn Clwyd, ac yn anwybodus
am un Meirionnydd. Ond yn y cymeriad o ŵr o'r Gogledd,
a chefnder Urien Rheged, buesid yn disgwyl iddo wybod
am y Mynydd Bannog sydd yno, a'r llannau gogleddol.
Ond gw. Price, *Hanes Cymru*, 1842, td. 184, lle dyfynnir
barn Proffessor Rees mai Llanynys rhwng Clwyd a Chlyw-
edog yw'r llan hon. Yn yr un llyfr, td. 27 , dywedir bod
rhai yn galw Strathclyde yn Ystrad *Clwyd* (felly Theophilus
Evans, D.P.O. 56). Beth am hynny ? A all *Clwyd* yma
fod am *Clyde ?* Sonia Syr John Rhys, *Celtic Britain*,
145, am "the false etymology which connects the name of
the Clwyd with that of the Clyde. It is needless to say

that the latter, being *Clôta* in Roman times, and *Clût* in Old Welsh, could only yield *Clûd* in later Welsh". Rhydd A.C. dan 870 (Cy. ix, 166), Arx *alt clut ;* dan 946, *strat clut ;* oed y llsg. tua 1100 ; cf. R.B.B. 259, kaer *alclut*, 261, 262, Ystrat *clut*, oed y llsg. tua 1400 ; B.T. 61, ryt *alclut ;* 65, o gaer *glut ;* 38, o *gludwys* vro ; oed y llsgr. tua 1275–1300, B.T. xliii ; yn rhestr y Caerau, R.M. 309, kaer *alclut* (gw. B. v, 19). Methais â tharo ar enghraifft gynnar o *Clwyd* am Clyde : ni ellir dibynnu ar R.M. 138, Tarawc *allt clwyt*, gan y gall yr allt honno fod yn Nyffryn Clwyd, cf. B.B.C. 74, diffrin *cluit*. Am enw Alclud (Dumbarton) mewn Gwyddeleg, gw. Hogan, *Onomasticon*, 16–17, *ail cloithe* (*cluathe*, *Cluaithe*, *Cluade*). Y mae ffurf Beda yn *-th* fel pe'n tarddu o awdurdod Gwyddelig ; rhydd ef, H.E. cap. i, *Alcluith ;* cap. xii, urbem *Alcluith* quod lingua eorum significat *petram Cluith ;* est enim juxta fluvium nominis illius". Gallasai Cymro Gymreigio ffurf Beda fel *Clwyd*, mi dybiaf, ond dengys y llsgr. fod y ffurf reolaidd Gymraeg wedi byw am ganrifoedd. Yn wyneb hyn, rhaid gadael lleoliad yr ail Lanfawr yn agored.

Clywedawg, enw tra chyffredin ar afonydd yng Nghymru. Ceir Pandy C. ger Dolgellau ; "a common called *Klywed-ogge*", Mawddwy (*Col. Deeds*, 418) ; Glyn*clewedock* (C.D. 148) yn Sir Drefaldwyn ; dwy afon o'r enw yn Ninbych, un‛yn rhedeg i Glwyd a'r llall i Ddyfrdwy ; un ym Maesyfed; un arall (gynt) yn Arfon (M.A. 144a, Ogfanw a Chegin a *chlawedawg*) ; dwy yn Nhrefaldwyn, un i Hafren ger Llanidloes (ac Afon *Llwyd* yn rhedeg iddi!), a'r llall i Ddyfi ger Mallwyd. Lluosogrwydd yr enghreifftiau sy'n peri amheuaeth parthed yr un yn y testun gyda Chlwyd ; nid digon yw'r enw i brofi mai dwy afon Dyffryn Clwyd sydd ym meddwl y bardd yma, gw. uchod ar I, 45a.

7c   **laallawg :** gw. ar 6c. Dyblir llafariaid yn y glosau weithiau (B., vi, 113, *piipaur ;* 114, *ceen ;* B.A. 35, 4, *caat*), ond gall hyn fod o ddamwain hefyd, heb argoel hynafiaeth.

8a   **yn ei therfyn,** ar ei hyd : gw. P.K.M. 290·; W.M. 101a, Powys *yn y theruyneu ; Rec. Caer.* 257, *in suis terminis.*

8b   o **Weloch,** o Feloch.   Y mae *w* am *f* yn sicr yn arwydd henaint, gw. Llyfr Du Caerfyrddin.   Rhed Meloch heibio Llanfor i Ddyfrdwy.   (Ceir *kymwt uch meloch* ac *is meloch,* Cantref Penllyn, wedi eu cam osod yn R.B.B. 408 ; cywirer wrth Cotton MS. Dom. A. viii, 119–20 ; Pen. 163, R.W.M. i, 952).

Traweryn, Treweryn neu Tryweryn, afon a red heibio'r Bala i Ddyfrdwy ychydig is na'r llyn, gw. M.C. iv, 312, ad fluvium qui dicitur *Tarwerign* (o freinlen Edw. I, *Inspeximus* Henry VI) ;   M.C. v, 109–10.

8c   **llwybryn,** llwybrant :   gw. ar 8c.   Deallaf hyn fel berf pres. 3ydd. llu. gan ei gymryd fel ffurf hynafol, fel *limnint, scamnhegint,* yng nglosau'r nawfed ganrif, lle ceir *-int* (=*ynt*) yn yr amser presennol.   Mewn Cymraeg Canol, *-ynt* yw terfyniad yr amherff. 3ydd llu.   Yma, rhaid cael goddrych llu. ;   onid y tair afon Dyfrdwy, Meloch, a Thraweryn ?   Yr oedd y tair yn llwybro drwy fro Llanfor.

9a   Gweler uchod ar II, 21.

10a   **fy nhu,** fy ochr :   gw. I, 39b, III, 7a, ar *tu.*

10b   **as gallaf :** os yw'r darll. yn ddilys, gall *as* fod yn rhagenw, gwrthrych y ferf, "I can hold *it*", neu "can do *it*".   Neu ynteu, bai am *os ?*

10c   **Rhodwydd Forlas :** gw. *Rhyd* Forlas, I, 18b ; hefyd I, 14c, gwylio *ar glawd gorlas.*   Gw. nodyn Lloyd, H.W. 492, ar Gastell neu Domen y *Rhodwydd,* Llanarmon yn Iâl ; hefyd *Inventory Anc. Mon.,* Denbighshire, 265.   Hefyd, isod, VII, 15a, y *rodwit* a *rid ;* 19a, *rodwit* Iwerit ; B.T. 62, A *ryt* a *rotwyd* eu harwylaw ; L.L. 126, o tref eithinauc di nant *hirotguidou ;* M.A. 146 b 10 ; 163 a 29 ; 176 b 10 ; Detholeis uy rwyf yn rwyt am olud . . . rut yn *rodwyt ;* 178 b 19 ; 186 a 24 ; 208 b 41, Gal ouid yn r. ; 219 b 31, yn *rhyd* yn *rhodwydd* ongyr ; 241 a 28, *Rhodwyt ar gymryd* oedd ar gyman llu ; 266 b 14, Gnawd goches *rodwyt.*   Gwelir fod rhyd-rhodwydd yn digwydd ynghyd droeon ; a chynnig Loth ddeall rhodwydd fel cyfystyr â rhyd ("gué, passage sur une rivière"), gan gymharu Llydaweg Hen y *Cart. Landevennec,* lle ceir "*rodoed* Carn, id est *vadum* corneum", R.C. xv, 97–8 ; Ch. Br. 162 ; Ernault, R.C. xx, 216 ;

Loth, R.C. xxviii, 15 ; *Rhodwydd* Geidio, dan Lannerch-
ymedd, L.B.S. ii, 99, n. 2, lle cynigir "a stockaded mount",
"a *rath* (mound) fortified with *gwydd* (wood)." Yn sicr,
nid *gwŷdd* ond *gŵydd* yw'r ail elfen, cf. *gŵydd*-fa : gall *rhod*-
fod o *rhawd*- trwy wyriad (cf. Gw. *ráth* a bedd-*rawd*) neu o
rhod. Un ai'r rhyd ai'r clawdd i amddiffyn y rhyd yw,
ac fel y dengys yr enghreifftiau, lle y dylid ei wylio, a lle
y ceid y brwydro ffyrnicaf.

VI

1a   **goreiste.** Ar golli -*dd* yn gynnar, gw. W.G. 181, cf. A.L.
i, 30, 1.

    a eruyn : cf. W.M. 123b, Ac *eruyn* yw gennyf gadu y mi
bwrw y dwfyr ar y llech . . . ae ganhadu a oruc arthur ;
207 (Pen. 6), yr eircheit . . . ac y doeth . . . attadunt y edrych
eu haruedyt a pheth a *eruynynt* (W.M. col. 413, beth a
eruynnynt) ; B.T.3, nac *eruyn* ti hedwch nyth vi.

1b   **ny'm kychwyn,** ni'm cyfyd. Ceir *cychwyn* (cf. *codi*) fel
berf gyflawn ac anghyflawn, cf. R.B.B. 183, hyt pan
gyfodes e hunan yn y eisted . . . pryt na allei kyn no hynny
heb ganhorthwy dynion ereill *gychwynu;* R.M. 155, na
digawn yr vn onadunt *kychwynnv y hadaned* un gwryt y
wrth y dayar ; Y.C.M.¹, 73, a chyn gallu ohonaw *gych-*
wynnv yn y seuyll ; B.T. 11, dayar *gychwyn* "daeargryn".
Felly nid "begin" ond "start".

1c   **tydyn,** "fferm fechan", gynt adeilad hefyd, gw. A.L. i, 166
(brodyr yn rhannu tir), pedeyr erw urth pob *tydyn;* ii, 688,
dewissaw y *dyddyn;* sef y dyly dewissaw, os mab uchelwr
fydd, yr *essyddyn* y bu y dat yndaw ac a fo o dei arnaw
ac wyth erw c. yn y gylch ; 780, Cum fratres inter se
diuidant hereditatem, iunior debet habere *tygdyn*, id est,
edificia patris sui et viiito acras de terra ; 781, locum
tygdyn [edificii] ; 853, *tydyn* [edificia] et viii acras. Troes
tyddyn yn *tyfyn* (Th.M. 127, ar i phermi ai *tyfynnae*), ac yn
Ty'n mewn enwau lleoedd. Am -*dyn*, cf. llys-*dyn*, *dyn*-had,
Gw. *dind*.

2a **llem awel :** gw. ar I, 1b.

llwm benedyr byw. Pa fesur ? Yn *b* ceir chwe sill ;
yn *c* saith sill ; os englyn penfyr, berr yw *a*, a daw'r brifodl
ar y diwedd, ond cf. III, 51, 52, 53 ; os englyn milwr,
deusill yw *benedyr*, ond y mae *b* yn brin o sill. Hefyd
sylwer fod y cyrch yn odli â chanol *b* yn englynion penfyr
cyntaf y gân hon. Y mae llygredd yn y testun. Rhydd
G. *bened(y)r* neu *pened(y)r biw;* ond yn B.T. 39, ceir
"Rudyon *beuder biw* a mawr yrat / gwyar gorgolchel
gwarthaf iat / Ac ar wyneb gwyn ydyrgaffat. Awgrym-
iadol yw cael *beuder biw* ynghyd, er anhawsed darganfod
ystyr ; yn ôl Loth, A.C.L. i, 408, *beuder*, "gwarthegydd" ;
felly *beu* fel yn *beu*dy ? ; yn ôl G. 56, "merwindod, syfr-
dandod, dychryn, braw", cytras Llyd. *baδ* ; cf. B.B.C. 105,
Hael madauc *veuder* anhyweith ; H. 146, kwytaw llary
ar llau uart *beuder*. I mi ymddengys *beuder biw* fel lluosog,
oherwydd *rudyon;* coch yw'r gwartheg, eu ceidwaid, neu
eu hysbeilwyr (gan waed). Prun ? Mewn cân o'r fath
tybiaf mai'r ceidwaid, y bugeiliaid. Yn y testun, "llwm
yw gwylwyr biw", h.y. llednoeth yw'r bugeiliaid ? Ond
ansicr iawn yw hyn oll, nes cael gwell trefn ar y mesur.
Ar *biw* "gwartheg", gw. G. 56.

2b **teglyw** R., darll. *tegliw;* rhydd P.T. *coglyw*. Ar gymysgu
t ac *c* gw. XI, 111, *Cogwy*, *Togwy;* isod 4b, etc. rhydd R.
Cuawc a P.T. *tuawc*.

teryd : D. "agilis, velox, ait Ll. Acer" ; cf. B.T. 53, Ti a
nodyd arygeryd o pop karchar. namyn toruoed *teryd* eu
gawr *trwm* eu dear ; 69, Mydwyf taliessin *deryd* gwawt ;
R.P. 101 a 7, Yspryt gloewvryt glan daryan *deryd;* M.A.
188b, Twrch *teryt* y ar vwyd ; 260b, Bolchlauyn yn aer
daer *deryt;* 344b, Taer ddysgawdd *terydd* esgar ; I.G.E.
185, ar *derydd* dir, cf. Arf*derydd;* B.A. 17, baran tan *teryd*
ban gynneuet, gw. I.G.E. 370. Yn y testun rhydd terydd
ystyr gryfhaol, *trym*-glaf, neu glaf *iawn*.

anhyet : gw. G. 29 "? gwenieithus" ; ar *anhyedd* gw.
B. ii, 36–9. Yn y testun profir anhy*ed* gan yr odl, felly
H. 102, Can amdaw anaw anwadal / *anhyet* kyfred kyuartal.
Yma sonnir am gyfoeth (*anaw*) *anwadal;* a'i fod yn gyfred

anhyed, rhywbeth yn symud yn gyflym ?   Os felly, cf.
ed-n, ehedeg, *pet- (yn hytrach na hy, dewr) ;   an- yn cryfhau
nid negyddu ?

    milet :   gw. ar III, 28c.

3b   darymret : gw. ar II, 19b.

4a   gan dyd, gyda'r dydd, cf. B.A. 3, 14, Gwyr a aeth gatraeth
gan wawr ; 19, gan dyd ;   D.G.G. 66, Eginc niwl gan y nos.

4b   kyfreu : un ystyr yw "geiriau, cân", B.T. 3, a gigleu
vym bard gyfreu ; 11, dy gyfreu a lefeir dy eneu ; 19, 5 ;
42, 6, wyf k. lawen ; B.B.C. 83, kein gywreu adar ; 101,
am y kywreu ymelis ; 22, 6, nid endeueiste kiwrev beirt ;
V.V.B. 76, Hen. Lyd. cobrouol, gl. ar verbialia ; cf. Gw.
cobra "conversation", C.I.L. 403. Ystyr arall sydd i
argyfreu, gw. G.M.L. 26.

    eichyawc, gw. B.T. 41, dewis echiawc ; B.A. 22, 10, o
glot a chet echiawc, 24, 9 ; Llwyd, A.B. 216, eichiog "high" ;
B. ii, 136, eichiog "uchel" ; B.T. 64, E*eichawc gwallawc
yn llywet ; B.B.C. 54, Pan diffon dros mor guir eneichauc
(Pen. 3, eneithiauc). Ai yr un gair ?

    Cuawe : cf. 5a, 6a, 7a, 10c ; Llwyd, H. B. 259, " Y mae
Dol Giog wrth Vachynlheth yn S. Drevaldwyn. Ond ev
a alhe vod avon aralh yn y Gogledh or yn enw" ; Williams,
M.C. iii, 216, Dolguog "a mansion in Penegoes, near Mach-
ynlleth. After his repeated misfortunes Llywarch Hen is
said to have retired in his old age to this spot, to Cuog ab
Cyndrwyn, the brother of his former friend and patron
Cynddylan. . . . It would appear that the little river Dulas,
which falls into the Dovey at this spot, was then called
Cuog". Ond teitl y gân hon yn T. yw Ynglynion map
Claf ap lhowarch, gw. y Rhagymadrodd.

4c   corrawc, G. 164, corawc "hael, rhadlon, ? cyfiawn". Yn
y cysylltiad hwn, gwell fuasai "afradlon", cf. H. 24, car
am oet nym oes, corawc vynawc voes. Beth ynteu am
Gw. corrach "unsteady, uneven, restless . . . on the move",
C.I.L. 492 ? Ceir pump corr gwahanol mewn Gwyddeleg.

    cebyd, cybydd, e am y.

5a   yt ganant gogeu. Ceid y geiryn yt gynt o flaen berf yn
gyffredin iawn, cf. yd-yw, yd-oedd ; treiglid i'r feddal ar ei
ôl. Hefyd, ceir lliaws o enghreifftiau o'r ferf yn y lluosog

o flaen goddrych lluosog ; treiglid y goddrych yn y cyfryw frawddegau, cf. B.A. 5, kwydyn *gyuoedyon*, gw. isod ar 7a, 7b, 17b.

6c **yn vodawc,** yn wastad, yn barhaus, gw. B. iv, 60, ar *bodawc*, ac uchod ar II, 8b.

7a **cogeu a ganant,** berf luosog ar ôl y rhagenw ; gellid darll. *cogeu canant ;* gw. ymdriniaeth Lewis, *Datblygiad yr Iaith Gymraeg*, 114, 117–19, ar y gystrawen hon, ac ar un 5a.

7b **atuant,** trist, chwerw : gw. G. 45 ; H. 89, o bryder *uant / Amdrist* beirt. Trist ganddo feddwl am un annwyl iddo a glywai'r gôg gynt, nas clyw mwyach ; syniad cyffelyb yn B.B.C. 33, Ban ganhont cogev . . . handid muy vy llauuridet ("tristwch") . . . kan ethint uy- kereint in attwet.

7c **heuyt :** gw. W.G. 432–3, P.K.M. 111 ; gyda'r negydd golygai "chwaith".

8a **neus :** darll. *neur* fel 8b ?

endeweis, o *andaw* (cf. gwar-*andaw*, gwrando), o *an-* rhagddodiad cryfhaol, a *-taw* (nid *ad-naw* W.G. 104) ; cf. y cyfansoddeiriau Gwyddeleg, Ped. V.G. ii, 651–2.

eidorwc, eiddew, iwrwg : cf. D.W.S. *Eiddew* ne *eiddiorwc* "Juy" ; ac uchod ar III, 42b *eido, eiddo*, A.C.L. i, 40, Edera terrestris, *eiddo y ddayar* neu yr eidral ; D. *eiddew'r ddaear*, y feidiog las, Hedera terrestris ; R.P. 31a 40, A phob *eidorwc* ar hen doreu.

8b **neur laesswys.** Ar *neur*, gw. W.G. 426, treiglir ar ei ôl, B.B.C. 7, neur *uum*. Daw *llaesu* o *llaes*, Ll. *laxus*, cf. B.T. 55, Ny obrynaf y lawyr *llaes eu kylchwy* (cf. ll. 14, lawyr *llen llywyadur ;* 26, lawyr *llaes eu gohen ;* 56, *Myneich* dychnut val cunin cor)—geiriau dirmyg bardd at fyneich a'u gwregysau a'u dillad llac. Cf. B.B.C. 79, *llaessa* di var di bart wif ; Y.C.M.[1] 72, *lleysswch* y kadwyneu ychydic, "slacken the chains somewhat" ; S.G. 178, a *llaessu* y helym ; a'r term Beiblaidd, *llaesu* dwylaw.

cylchwy, H.E. "shield". Gall olygu tarian (gron ?) weithiau, ond nid bob amser, cf. R.P. 109b, geir teiui *gylchwy* (? goror) ; M.A. 158 b 37 (am ystlys merch). Gweleisy ystlys glwys gloyw y *gylchwy ;* R.P. 151 a 33, Dygychwyn gennat gyfyl mordwy **gwyrd gordyar** y

gylchwy (am lan y môr): O'r tu arall, cf. B.T. 9, eurgalch g.;
44, *kylchwy* vriwant ; H. 3, eur g. yn vodrwyawc ; Sk. ii.
74, bu gwasgarawc y *gylchwy* (?) ; 96, k. wylat ; H. 115,
Rac twll y *gylchwy* pan amgylcher brwydyr ; 135, k.
kyuryuel ; 140, k. kalchdoed ; 311, yg kylchyn ywein
gylchwy enwir (?) ; M.A. 143a, llewychedig aur ar fy
nghylchwy . . . ar fy *ysgwyd* . . . ar uy *kyfrwy;* B.T. 27,
rud em vyg *kychwy* (?) eur vy *yscwytrwy* (cf. Gw. *sciathrach*
"strap of the shield" ; sc. argit, Windisch, W. 761).

Yn y testun, cymeraf ef fel yn B.T. 55, yn y disgrifiad
o'r llawyr *llaes eu kylchwy;* y mae'r claf yn clywed ei
wisg yn llac amdano.

8c   **etlit :** gw. ar I, 20c.

   neut mwy. Tristach yw ar ôl ei gyfeillion, wrth glywed
   y gog, cf. ar 7b, 9c.

9a   **y vann,** tr. o *bann* (cf. Gw. *benn* "the point or peak of
   anything" ; felly penn mynydd, pen mast, corn anifail,
   braich croes, cwpan gorn), gw. G. 50, "pen, blaen, brig".
   Yma "y brig" : cyfeiria at yr aderyn. Ni allai'r bardd
   ei hun ddringo i frig pren na phen bryn.

   odywch R., *oduch* P. Cf. Sk. ii, 73, 89, *od uch* med ;
   74, *od uch* gwyar. Sylwer ar y modd y mae R. wedi
   diweddaru'r ffurf.

   llonn : cf. isod, 23b, *llonn cawat.* Y mae *llon* am
   dderwen ac am gawod yn taro'n rhyfedd ar glust Cymro
   heddiw ; ond cf. D.G. xxvii, 28 (Uchenaid), Ni bu wenith
   na nithid / Wrth hon pan fai *lon o lid.* Ceir help i gael
   yr ystyr wreiddiol yn *lond* yr Wyddeleg, a ddefnyddir am
   farch, am ddŵr cyflym ; fel ansoddair, gradd gymharol,
   luindiu, gl. ar *commotior;* fel adferf, *ind luindiu*, gl. ar
   commotius. Yr ystyron a roir iddo yw "strong, fierce, bold,
   rapid", ond fel y dengys y geiriau Lladin, buasai "cyffro-
   edig" yn bur agos i'w brif ystyr, cf. y modd y dywedir
   cynffon*lonni* am gi yn *ysgwyd* ei gynffon ; cf. hefyd, Cy. viii.
   143, *llon* kolwyn o arfet y arglwyd. Dewr a ffyrnig iawn
   yw ci bach pan fo ar lin ei feistr. Y mae *llonni* i ninnau
   yn golygu ymysgwyd, ymfywiogi : yna "sirioldeb", gw. D.
   "iocundus, laetus". Am dderwen, ? "cadarn".

9c   **coc uann,** o *bann* "uchel, soniarus, llafar", gw. G. 50,
ac isod 16b.

cof, etc. H.E. "that is in every lover's thoughts"
Gwell "Every one remembers that which he loves".

10a   **kethlyd,** "songster", o *cathl* "can" ; am y gôg yn arbennig,
Ch.O. 60, ond cf. D.G.G. 91.

kathyl uodawc, yn canu'n wastad, yn barhaus. Cf. H. 20,
carafy yr ednan . . . *cathyl uodawc* coed. Ar *bodawg*, gw.
uchod ar 6c.

hiraethawc : cf. II, 8b. Am fod ei chân yn codi hiraeth ?
Gw. *Early Welsh Poetry*, 12–14. Ystyr *cw* oedd "where ?"

10b   **teith odef,** crwydredig, ar grwydr. Ceir *goddef, goddew,*
a *goddau*, gw. B.B.C. 83 (am farch) rygig *otew* (odli â *blev*
blew) ; B.T. 22, yscawl *odef* (odli â *nef*) ; H. 177, Rut
uedraud ae keidw wedy kein *wotew* (odli â *llew*) ; lleith
wotew . . . llas *llew*. Ar *goddau*, bwriad, "propositum,
institutum", gw. D.

tuth : cf. isod 15b ; B.B.C. 28, t. bleit ; S.G. 373, keffyl
tuthyawc ; R.P. 77 b 22, *tuthua ;* 115 a 7, *duth* vleid ;
B.T. 75, t. iolyd.   Ond *tith* yn B.A. 7, 11, eil *tith* orwydan ;
13, gan *wlith* eryr *tith* tiryon, cf. R.C. vii, 154, lle rhoir
Llyd. *tiz* "brys" i ateb i *teith* yn Gymraeg, yn lle i'r *tith* hwn.

10c   **breuer :** gw. G. 76, "? croch, soniarus, huawdl" ; D.B.
121, lle cysylltir ef â *breuerat*, o *brefu*, cf. H. 97, Oe alaf
amliw biw *breuuer* (cf. parau fel *lleufer, lleuer*, P.K.M. 283).

11a   **gordyar,** tyrfus, "loud" ; cf. B.B.C. 33, *dyar* adar, gw.
B. i, 119–20. Am *gordwyar*, P.T., gw. G. 9 ar *adwyar*.
Brawddegau enwol, gw. ar I, 1b.

11b   **llewychyt,** llewyrcha, pres. myn. 3ydd. un.yn *-yt*.   Cf.
13b, 21b, 23c.

deweint, canol neu ddiwedd nos, gw. isod 12a ; XI, 60b,
o dechreu nos hyt d. ; B.T. 35, yn d. ym pylgeineu,
llewychawt vy lleufereu ; 56, pan yscar d. a gwawr, gw.
Loth, R.C. xlii, 85.

11c   **crei,** garw, trist, G. 172, cf. XI, 29a, oer*grei ;* ac isod
20c, 21b.

rac, o achos, gw. 14c.

12a   **gwarthaf[bre] :** gw. 19a.

12b   **keinmygir :** gw. ar II, 1b, 17b.

12c   **pwyth,** tâl, gwobr, cf. W.M. 75b, par y vedeginyaethu . . .
       a mi a talaf y *bwyth* it ; 127b, wely di yma ytti *pwyth* yr
       ireit bendigedic a gefeis i genhyt ti ; D.G. xxxii, 6, wyf heb
       dâl pwyth ; xlii, 56, A dalaf *bwyth ;* xciv, 58, O *bwyth* i'r
       carl boethi'r coed ; H. 98, Gwyth beith *bwyth* bu eitut.
       Gwych yt aeth traws bennaeth trostut.

13b   **cwydit.:** syrthia ; darll. *cwydyt* (gw. ar 11b) i odli â *vryt.*
       Y gystrawen yw goddrych yn gyntaf, yna berf heb eiryn
       na rhagenw perthynol o'i blaen.

       divro : gw. ar III, 46c. Digalon yw'r digartref, neu'r
       alltud.

14b   **nwyvre,** awyr, ffurfafen, "sky" ; B.T. 8, Atwyn heul yn
       ehwybyr yn *nwyfre ;* W.M. 223, gwelynt yrydunt ar
       nwyfre ar eu hol peleidyr gwaywawr ; R.P. 167b, llawer
       ucheneit . . . llwybrant om nwyfyant vch nor *nwyfre.*
       Ystyr *eglur* yma yw clir, "bright", cf. S.G. 191, Y dyd
       oed dec ac e.

       ehalaeth R., *ehelaeth* P. Am *eha-*, gw. B.T. 58, 7 ;
       B.B.C. 87, 4 ; S.G. 178, 191 ; R.C. xxxiii, 231. Am *ehe-*,
       D.B. 65, etc.

14c   **gwiw :** darll. *gwyw.* Mewn hen orgraff cawsid *guiu.*

15c   **agret** R., *a gret* P.T. Ni welaf fodd i'w ddeall fel deuair ;
       ac ni rydd yr *anghred* cyffredin synnwyr yma ; gw. G. 17.
       Heblaw hynny, y mae sillaf yn eisiau yn y ll., ac felly ofer
       treisio'r darlleniad presennol i roi ystyr. Ai *ehang-red ?* Ond
       gw. uchod ar *dygret* II, 19c, 20a ; pe felly, "pell". Darllen
       H.E. 62, *A grēad,* ond ni rydd ei awdurdod. Hawdd fuasai
       darll. *Fy angerd ym mabolaeth,* "My vigour in youth,
       I should love to have it again."

15d   **etwaeth,** eto, gw. W.G. 432.

16a   **edrywy,** cf. B.B.C. 47, Ar peleidir kychuin am *edrywuy ;*
       68, Bet silit dywal in*edrywuy* le ; R.P. 80 a 9, or drefwen
       hyt *ydrywy ;* B.T. 27, goronwy o doleu *edrywy ;* ar fap
       Newport, Pem. Lewis Morris gwelais *Carreg y Drowy or
       Edrywy,* fel enw carreg yn y môr ger Pen y Bâl.
       Ymddengys fel enw lle ac fel ansoddair.

       ard, ucheldir ? Gw. P.K.M. 293.

16b **bann :** gw. ar 9c. Yn P. awgrymiadol yw'r bylchau yma. Dyma'r dull :—

> ard bann llef cwn yn diffeith
> (dwy linell wag)
> Gordvyar adar eilweith
> (tair llinell wag)
> Kyntevin kein pob amat.

Os yw hyn yn bortread cywir o'r hyn y methodd P. ei ddeall yn ei gopi, damwain yw bod *eilweith* yn odli â 16b, a rhaid deall 16c fel barn y copïwr mai englyn *gord(w)yar* oedd yn dilyn. Ond ni roes R. na T. arwydd o'r fath fwlch, ac wedi'r cwbl y mae 16c yn gorffen englyn penfyr.

17a **kynteuin :** gw. II, 7a.

    amat : G. 23, "? cynnyrch, twf".

17b **vryssyant ketwyr ;** darll. *getwyr* i gael cyseinedd â *gat*, a threigliad rheolaidd, gw. uchod ar 5a ; cf. VII, 5, am yr un syniad.

18a **ystre :** gw. ar I, 5b, 33b.

18b **eatle :** cf. H. 88, Crynei gylch cadlan *cadle* estrawn.

18c **a'm de :** gw. XI, 59a, Nyt angheu Freuer *am de* heno ; 60a, am gwna heint ; H. 191, gweleis le *am de* am danaw heddiw / hawdd y gallaf wylaw / rudued . . . ac edenawc y danaw. Y mae'r rhain o blaid deall *a* fel rhagenw perth. ; *m* fel rhagenw mewnol, a *de* fel berf pres. myn. 3ydd. un. yn golygu "a'm poena, a'm rhwystra" ; cf. 17c, *ny'm gat.* Ond ar *de* yn gyffredinol, gw. trafodaeth J. Ll. J., B. iv, 51. Ni welaf ddim yn erbyn deall *de* yn y testun (trwy help *cynne*) fel "llosgi".

19a **mynyd :** darll. *bryn* neu *bre*, i gael mesur.

19b **dyhepkyr,** pres. 3ydd. un. o *dy-hepgoraf,* cf. B.T. 66, 18, Dyffynhawn lydan dylleinw aches dydaw *dy hebcyr ;* 66, 24 ; H. 21, *dy hepkyr* alaf elyf donyeu ; B. i, 1–2. Am yr ystyr, cf. R.P. 72 b 26, *Hepkor* goror mor mon ny allaf. Mewn cyferbyniad i *dy ddaw* y mae *dyhepkyr* fel pe'n golygu "llifa ymaith".

19c **peuyr,** pefr, gyda *tonn ;* darll. *beuyr ?*

20a **assymy** R., *Jssymy* P., *Jsymy* T., sef *ys ymy ;* gw. B.T. 9, Ac *ys imi* atwyn nyt gwaeth ; R.P. 166 a 20, llyw *yssym ;*

H. 11, Ac *yssy mi* duw ; 12, ac *yssy ymi* vetyg ; 18, ac *yssymy* dystyon ; 52–3, *ysymy* (naw gwaith) ; felly darll. yma, *Ys ym.*

20b   **yn y :** darll. fel *'ny* "in the" ; cf. L.L. *nihit* am "yn ei hyd".

    gwestua. Yn ôl G.M.L. 174, g. brenin "the food rent of the free maenols to the king", cf. A.L. i, 188, or wyth hynny y dyly y brenhyn *gwestua* pob bluydyn sew yu hynny punt ; 196, messur g. y brenhyn yn amser gayaw o uaynaul ryd . . . pun march or blaut goreu . . . ony ellyr cafael hynny punt amdaney a honno yu y punt *tung;* i, 532 ; ii, 200 (yn fwy agored), ychenawc didim gwedyr omed o cardawt neu *westua* yn tri thei y dyd hwnnw. Yn yr olaf, rhaid mai "llety" yw'r meddwl, gw. ar *gwest,* B. ii, 41–4, llety dros nos.

    yd edewis. Gall fod o *adaw* neu o *addaw;* haws deall y cyntaf, "the lodging which he has left" ; neu darll. *y'm* "in which he left me". Gall *yd* fod yn fai am *yt,* neu *yr.* Ond pwy a ymadawodd ?

20c   **cryt,** clefyd, "ague", cryndod ; gw. G. 182, cf. *cleuyt* 21c.

    dewis. Annaturiol yw i'r cryd ei *ddewis.* Yn R.C. xlii, 85, cydia Loth, Gw. *dé,* "mwg, agerdd, storm o wynt" wrth *dew* yn Gymraeg, gair a gafodd S.E. gan Iolo Morganwg o dafodiaith Gwent. Ni fedraf gael awdurdod arall drosto ; ond y mae *dewaint* yn digwydd am ran o'r nos (uchod, 11b). Eto gall hwnnw fod o *daw-* yn ogystal ag o *dew-* (cf. *cer-*aint, *car*). Ar y gwr. **dheuú*ˣ "troelli yn gyflym" ; **dhū-;* gw. Walde ar *fumus;* Gr. *thuella* "storm" etc. ; Sanscrit, *dhūnŏti,* "ysgwyd, ysgydwa" ; Gr. *thunŏ* rhuthro. Petasai hwn yn wreiddyn berf Gymraeg, addas iawn fuasai am y cryd yn peri i ddyn grynu ; pes derbynnid, *dewis* yw'r gorff. 3ydd. un. Ond nes cael ateg arall yn Gymraeg, diogelach yw darll. yma *dellis* (o *dal*), a deall *dewis* fel copi o *deuis,* bai am *dellis,* camddarllen *ll* isel fel *u,* cf. W.M. 17b, goueileint a *dellis* yndaw ; 208b ; ffurf arall ar y ferf oedd *deliis,* a buasai lawn cyn hawsed ddarll. *li* fel *u;* gw. IV, 4b, lle darllenodd R. *oedwli* am *oedwn.* Felly "cryd a'm dalicld".

21a   Digwydd y ll. hon fel dihareb yn Pen. 17 (B. iv, 3).
Yr ystyr yw, "Clir yw llygad gwyliwr".

21b   **gwnelit :** darll. -yt i odli, gw. ar 11b, 13b. Gynt gellid
y drefn hon ar frawddeg ; berf, gwrthrych, goddrych,
cf. XI, 25c, dygystud deurud dagreu. Felly yma, "y mae
gŵr *segur* yn gwneuthur *syberwyd"*; gwelir ystyr hynny
wrth ei negydd *ansyberwyt* yn P.K.M. 98. Ar *segur* gw.
P.K.M. 110. Deallaf y ddihareb fel "Y mae dyn heb
ddim arall i wneud yn gallu ymddwyn yn foneddigaidd" ;
cf. B.B.C. 84, *Syberu* a *segur* dolur ar eu knawd.

21c   **cur,** o *curyaw,* G. 187, "nychu", cf. D.G. xiv, 21, fo'm
curia haint.

22a   **alaf yn eil,** gwartheg dan do, mewn beudy. *alaf* "cattle" ;
gw. P.K.M. 242 ; G. 19, cf. cyf*alaf. eil,* "shed" yn Arfon ;
eilio yw plethu, a phlethwaith oedd yr hen barwydydd
(*wattle* and daub) ; felly *adeilio, adeilad,* gw. isod ar 26c.
Am y meddwl, cf. B.B.C. 90, Guenin *ig clidur* rac gulybur
gaeaw.

    meil am ved, cwpan am fedd ; gw. G.M.L. 220, *meyl*
"a bowl, cup" ; M.A. 148b, Lliaws eur*feil* fawr / yn llys
llary a llawr / heb hyd fawr orffowys ; A.L. i, 384, dodi y
wirawt yn y lestyr or kyrrnn ar *meileu;* T.W.S. td. 70,
A ddaw canwyll yw gesot y dan *vail* (ymyl, *hob, vwisel*).
Ar *am,* cf. B.B.C. 90, Eurtirn *am* cirn, cirn *am* cluir ;
B.A. 16, Aryant *am* y ued, eur dylyi (Llestri arian oedd
gan yr arwr i ddal ei fedd, ond haeddai rai aur).

22b   **eidun.** Ni ddymuna, ni ofyn gŵr sy'n ddedwydd ei fyd
ddyhedd neu ryfel, cf. B.B.C. 85, *ymeitunav* ar seint ;
Ll.A. 94, dwy wefuus . . . yn *eidunaw* kussanev ; XI, 1d.

22c   **amaerwy.** Ceir y ll. fel dihareb yn B. iv, 3 ; a chan D.
(gyda'r hen ffurf *anmynedd* ynddi) ; hefyd, B. iv, 3,
Amaerwy diryeit drycannyan ; D. *Amaerwy* direidi drwg
anian ; cf. D.B. 25, y mae y mor ygkylch y dayar mal
amaerwy (ut *limbo cingitur*) ; 51, Eigyawn, kystal yw ac
a. gwregysseu. Pump gwregis . . . a damgylchyna y
dwfyr mal amwregis neu *amaerwy;* A.L. i, 448, llostlydan
a beleu a charlwg, kannys ohonunt y gwneir *amarwyeu* y
dillat y brenhin ; 792, dillat *amaerwyawc* ("bordered with

fur" ?) ; D.W.S.=purfyll (F.W. *purfle*, "a richly ornamen-
ted border") ; M.A. 158 b 37, lliw a. ton, gw. Loth ar y
cytrasau, R.C. xli, 220 ; B.B.C. 75, am y vyssaur eur
amaervy (=modrwy) ; B.T. 9, aryant a. ; G. 21, "modrwy,
cylch, ffin, ymyl".

Ystyr y ddwy ddihareb (ar amcan) yw, fod drwg anian
fel gwregys am y diriaid, neu'n ymylwaith arno ; a bod
amynedd yn wregys ar adnabod, neu, os mynner, yn rhan
anhepgor ohono. Ni fedrir adnabod heb amynedd.

23a **llat,** hen enw ar gwrw, Gw. *laith*, gw. 26b.

23b **llithredawr** R., *llithregawr* P.T. Y mae ffurf R. yn
edrych fel cywiriad ar y llall ; os hwnnw oedd yn y Llyfr
Gwyn, tebyg mai bai oedd am *llithregawt*, a hwnnw am
llithredawc, cf. *rhegedawg* am *rhedegawg* (R.P. 127 b 16,
rygedawc neint ; Cy. iv, *rygedua*=rhedegfa). Buasai
llithredawc yn ffurfiad ar ddelw *tawedawg*, ac felly yn
ansoddair o *llithro;* yr ystyr "llithrig, slippery". Golyga
hyn fod y *llonn gawat* wedi disgyn ! Onide, cf. B.T. 41,
galwetawr; golchettawr y lestri. Cynnig arall fuasai o
llutrod "llwch, lludw, llaid" ; B. iv, 35, yn y testun *lluchet
ysgafyn;* yn y llsgr. eraill, *llutrot, llvthred, lluthrot;* T.W.
lutesco, myned yn bridd ac yn domm, myned yn fudr,
lluttrodi, lleidio. Gwell gennyf y cyntaf.

llyry, llu. *llwrw* "ffordd" ; Gw. *lorg*, cf. cyf-*lwrw*, cyf*lwr;*
llwrw ei ben (*llwyr* ei ben, yn nhafodiaith y De).

llonn : gw. ar 9a ; yma "ffyrnig", glawio'n drwm am
ychydig.

23c **a dwfyn** R. Y mae P.T. yn darll. *ag*, nid *a*. Onibai
i'r gawod yn *b* fod yn drom, ni ddisgwylid cael y rhyd yn
ddofn iawn ! A oes, gan hynny, sail i'r *ag-* neu'r *ang-* ?
Beth am *angddwfn,* yn null *angdo, angde* (*hagwed ?* B.T. 4,
9), *angdiwedaf?*. Gw. G. 16, ac uchod ar I, 6c. Cofier y
diarhebion, *llygrid rhyd* : *lledled rydau;* lledu, dyfnhau,
a gwaethygu yw hanes pob rhyd.

berwyt R., *berwit* P.T. ; cf. 24a. Ar -*yt*, gw. ar 11b.
Am ystyr *berwi*, G. 56, "yn ffigurol am y meddwl yn
cynllunio" ; mewn cyffro fel dŵr yn berwi, gw. D.G.G. 81,
Mawr yw dy *ferw* . . . Henwr, wrthyd dy hunan ; M.A.
249b, Deu gefynderw oetynt *ny verwynt urad;* 281b, Yny

berwid brad brython ; 277b, ffynnai fal *berw* ffynnawn ; 337b, feinwar ne *berw* tonniar. Dengys yr enghreifftiau mai *brat* yw gwrthrych naturiol y ferf yn y testun, a *bryt* "meddwl" yn oddrych.

24a   **ober,** gweithred, gwaith, o'r Ll. *opera,* medd Loth, M.L. 190, cf. Cern.. *oberor* operarius. Y mae modd *ober* hefyd o **od-ber-*, cf. H. 97, anaw *anober* nym doeth . . . O dorri o derrwyn *ober ;* M.A. 169a, gwr gwythlawn y *ober ;* 167a, yn treis yn traws *ober.* Yn groes i 23c, cymeraf *brat* yma fel goddrych, ac *anuat ober* fel cynnýrch y *brad.*

24b   **bydant :** darll. *bydaut* "bydd", amser dyfodol, 3ydd. un., gw. G. 64, cf. B.B.C. 85, Anudon am dir a brad argluid . . . dit braud *bitaud* ediwar.

24c   **bychot,** ychydig, peth bychan, gw. I, 28c, cf. B. iii, 26, Gwarandau llauver a dywedut *behot ;* R.P. 8 b 36, gwae a haed meuyl yr *bychot.*

25a   **preator.** Sillaf yn eisiau yn y ll., a'r gair (neu'r ddeuair) yn ddieithr. Newidiodd H.E. 64 y cwbl, a darll. *Berwitor brâd yr anwir.* Awgrym G. 46 yw darll. *attor* yma, cf. B.T. 15, 2 ; 18, 7, 18. Y mae amryw gynigion yn bosibl. (1) Hoffid rhoi geiriau Lladin mewn cerdd, e.e. B.T. 1, 4, *peccator.* (2) Y mae *-ator* yn derfyniad berfol Cymraeg, cf. *-etor, -itor ;* sylwer i R.P. 5 b 20 fethu wrth roi *peruor* am *peritor* (Cy. vii, 154). Gellid darll. *peritor peir i ennwir (peir,* crochan, uffern), neu *parator,* cf. B.T. 1, 24, *prouator eneit,* ac yma yn *b, c,* sonnir am ddydd y farn. Felly hefyd gellid *kreator* (o *creu*) fel berf gyfystyr â *parator.* Os derbynnir hynny, fe geir cyfres o englynion o 20, 21, hyd 27 (gw. isod ar 26a) yn dechrau gydag A, B, C, (K). Yn 26a, heb betrus, bai yw'r llythyren gyntaf am K. Ni fedraf ddim o *pre* fel y mae, a rhaid cael sill arall i'r llinell ; felly *peir i ?*

26a   **Rerygyl** R., *Perigyl* P., *perigl* T. Y mae tipyn o wahaniaeth yn y Llyfr Coch rhwng y brif lythyren yma ac yn 27a, *Kigleu,* ac eto y mae cryn debygrwydd ; gw. I, 8b, *Rac = Kat.* Darllenais *Kerygyl* ar antur ; yna gweld *Cerygyl* yn M.A. 101, n. 9, fel darll. "Ll. C." (ond problem yw pa lyfr yw hwnnw. Yn y nodiadau eraill dyfynnir o'r "Ll. Du" rai darlleniadau tebyg i'r Coch o Hergest).

Felly G. 112, ar *caregl* "cwpan, ffiol". Daw hwnnw drwy *calegl* o ffurf fachigol ar Ll. *calix* (*calicula*? Ni rydd Du Cange ond *caliculus*), gw. nodyn, Williams, *Deff. y Ffydd*, 228 ; a chwaneger Cernyweg (*Voc.*), *kelegel* "calix". Am y ffurf, cf. R.P. 34b, 25, Pennyadur *kerygyl keressyt.* Cadarnheir *kerygyl* yn y testun hefyd gan y gyseinedd â *kyrchynyat.*

    dirchiuat R., *dirthmat* P., *dyrth mat* T. (Rhydd M.A. 101, *burthiad*, ond yn y nodyn, *dirthivat* (*dirthinat*) fel darll. y "Ll. Du", a *dirthiuat* o'r "Ll. Coch"). I gael 10 sill, rhaid darll. *mat;* ni ellir darll *dyrchafat*, os am odl ar y pumed, ond rhoddai ystyr dda. Os *yn dyrch*, cf. B.A. 12, en gelwit *redyrch* (llu. *rhydderch* fel ansoddair ?) ; cf. ar-*dderch*, gor-*dderch*. Cyfeirir at harddwch celygl yr eglwys ? Ni allaf ddim o *dirth, dyrth*, ond bai am *drych*.

    kyrchynyat P., nid *-yuyat* R. ; gw. III, 7b, 46b.

    kewic : gw. G. 139, " ? carpiog, clytiog" ; hefyd ar *kaw*, 117.

26b   **odywch llat :** gw. ar 9a, 23a.

26c   **ynd eiliat** R. ; bai am *yn eiliat* P.T. ; gw. ar 22a ; yr un grym ag *yn eil*, neu *yn adeilad*.

27a   **tolo :** D. "pondo, pondus" ; B. ii, 239, "pwys, mantol" ; Loth, R.C. xxxvii, 297, "twrw'r tonnau, twrw", gan gymharu Gw. *tolo, tolam;* rhydd Ped. V.G. ii, 566, Gw. *tolae, tuile*, "flood", cf. R.P. 84 a 34, Ny bu wan annyan anned *atholo* (?) ; B.B.C. 63, yn yd vna *ton tolo;* I.G. 542, tewch ach *tolo*.

27b   **vann :** gw. ar 9a, 9c, 16b.

    gran : darll. *graean*, cf. B.T. 38, Oed kelein veinwen *rwg grayan a gro;* B.B.C. 63, 10, diffuis *graeande;* 87, 13, Ar hallt ar echuit. Ar *graean* ar mir.

    gro : yn y wlad "gravel", ar lan môr "shingle, pebbles" ; gelwir y traeth caregog yng Nghlynnog "Y ro wen", cf. lle o'r enw yn Nyffryn Conwy. Y mae *graean* yn fanach na *gro* yn gyffredin, ond arferir y ddeuair yn gymysg, gw. D. a T.W. ar *sabulo, saburra, glãrea*.

28a   **chweith,** blas ; gw. I.G.E. 376–7.

29a   **ymwng :** (D. *ymwngc* ab *wng*. Rhydd hefyd *wngc;* gw. ar I, 32b) ; R.P. 52 b 30, A rodi yn *ymwng* rudyon emeu ;

99 a 16, Ti ym pob *pwnc* yn ry *ymwnc* nym rwy omed
(H. 351) ; D.G. cxl, 39, Amryw *bwngc ymmwngc* ammwyll /
Ai hwn yw'r bwth twn, bath twyll ? ; B.T. 57, llosci eu
trefret a dwyn eu tudet ac *eimwnc* collet. Ni raid i'r
cyfansawdd *amwnc, ymwnc*, olygu'r un peth ag *wnc* "agos"
ei hun, cf. ystyron gwahanol *ambell* a *pell*. Yn wir,
ymddengys *amwnc* fel y gwrthgyferbyniol i *ambell*, yn
union fel yr etyb *wnc* a *phell* i'w gilydd. Deallaf ef fel
"aml, mynych, helaeth". (Yn *Taliesin* 174, ceisia J. M.-J.
droi *eimwnc* yn *mynych*.) Cf. y defnydd gan yr Hen Ficer,
C.C. 1858, td. 255b, Duw sy'n tynnu atto'n gynnar / Ei rai
anwyl, cu a hygar / Rhag cael gweled dim o'r drygfyd /
Y ddaw'n *immwngc* ar yr ynfyd. Yn y testun, "aml,
mynych".

dyueit P., *dyweit* T., *dyuet* R. Y mae'r odlau yn erbyn
R., a'r synnwyr yn erbyn *dyweit* o *dywedaf*. Gan fod
arnaf yn dilyn, darll. *dyneit*, o *dy-* a *neidio*. Ar *naid* a *llam*,
"ffawd", gw. III, 22c, 25c ; felly *dyneidio ar* "digwydd i" ?

29b   **gordyfneit,** berf enw yn *-eit* (W.G. 390) o *gorddyfnaf*,
gw. III, 49b.

29c   **diryeit.** Y mae'r ystyr yn lletach na "drwg" ; cynnwys
hefyd elfen o'r anlwcus a'r anffodus (cf. Englynion Duad,
Pen. 102, 10, A *ddiriaid*, gwae ef pan fu. O dywaid ef wir
ni chredir iddaw. O gwna dda nis molir. *Vchenaid
diriaid ys hir.* Neu ddiriaid pa gais i gad ? Nis molir ef
cyd gwnel mad. Os ryleddir, rylygrad). Y mae Duw a
dyn yn ei erbyn.

30a   **gatter** (gw. ar I, 35c), pres. dib. 3ydd. un o *gadu;* yr
ystyr bron iawn fel *gedir* (cf. W.G. 324 ; B.B.C. 2, Moch
guelher y niuer gan elgan, h.y. buan y *gwelir*) ; cf. ny *at*,
29c ; gw. trafodaeth Morgan ar y Modd Dibynnol, B. vi,
141.

30c   **atwna :** gw. G. 9, *adwneuthur*, cf. H. 303, nyd *adwna*
duw a wnel. Dyna'r ffawd a roes Duw i'r dyn, ac nid
oes newid i fod—tinc yr anobeithiol.

31a   **mackwy** R., *mackvyf* P., gw. P.K.M. 106.

mab claf, neu **mabclaf :** cf. R.P. 127 a 4, Klywet pwyr
seithuet sythuodawc *uabclaf*, cnawtgraf ywr gwaethaf
gwythiennawc. Teitl yr englynion yn P. yw Englynion

mab claf; td. 98, gelwir ef *mabgloch* (cywirwyd uwchben i *maerglaf*) ap llowarch hen ap Elydr lydanwyn. Dyna pam y rhestrwyd hwy gyda'r canu am Lywarch, y mae'n debyg. Yn wir, sŵn galarus *claf* yn yr hen ystyr o wahanglwyfus sydd ynddynt ; cf. Gw. *clam* "a leper", *clamrad* "lepers", *claime* "leprosy" ; C.I.L. 379 ; hefyd *clafr* yn Gymraeg ; S.G. 144, gwraig mewn clefyd, a cheir mai *clafri* sydd arni ; *Amlyn ac Amic,* 20, A phan doethant yr porth ffustaw eu clappeu a wnaethant val y gwnaei *gleivon or clevyt gwahan.* Yn td. 18, gelwir yr afiechyd "keing o *glavri*" ; L.L. 78, Peipiau *clauorawc ;* 126, nant y *clauorion ;* 227, Vallis leprosorum ; gwelais Rhydy*clafrdy* am Rydy*clafdy,* Llŷn.

goein R. ; darll. *goewin* P.T. i gael odl ; gw. P.K.M. 250, 261, ar *Goewin, Goewyn,* troedawg Math. Ni welaf bwynt yn ei dwyn hi i mewn yma. Disgrifir y *mab claf* fel mackwy, ac fel *goewin gyuran* neu *gynran* yn llys rhyw frenin. Y *mackwy* fuasai'r prentis, fel petai, a'r *cynran* y gŵr llys llawn, y milwr cydnabyddedig. Yr oedd ef wedi cyrraedd y radd uchaf. Ond daeth y gwahanglwyf—boed Duw'n drugarog wrtho ! Ymddengys yr englyn hwn a'r nesaf fel atodiad i'r gân, rhyw un yn ein goleuo yn hanes y mabclaf, ac yn egluro ei sefyllfa, gan gydymdeimlo ag ef.

Am *goewin* fel ansoddair, cf. B.T. 52, A geisso keluydyt bit *oiewin* y vryt. Daw hyn ar ôl sôn am Alexander yn mynd dan eigion i geisio celfyddyd, a'r peth nesaf yw sôn amdano'n hedeg rhwng dau "grifft" uwchlaw'r gwynt. Dengys hyn fod *goiewin* (tr. ar ôl *bit*) yn golygu "beiddgar", neu'r cyffelyb ; cf. eto R.P. 21, 2 ; gwyluein hanes *goewin* pwyll llu. a thwyll trwy chwerthin. Ple mae'r atalnod i fod ? Credaf mai ar ôl *hanes,* cf. B. iii, 26, *Guyl yv hanes.* Cywirwyd *goewin* i *goyewin,* trwy roi *y* uwchben ; yr un ffurf, felly, â B.T. 52 ; disgrifia *pwyll llu,* ac felly defnyddir ef hefyd yn yr un cysylltiad (cf. *pwyll* III, 37a), "beiddgar yw bwriad llu". Nid Goewin Math sydd yma chwaith. Yn y testun, gan ddarll. *gynran,* deallaf fel "he was a *bold* warrior". Dyna pam na fedraf ddilyn Gruffydd, *Math,* 187 : derbyniodd ef y darll. *gyuran.*

llys vre[e]nhin : tr. ar ôl *llys*, enw benywaidd gynt ; cf. D.N. 54, A'n lle sydd yn *y wenllys hon.* Am *breenhin,* yn drisill, gw. 75.

31c   **gwyl :** gw. ar V, 2a, "mwyn, caredig" ; cf. M.A. 352b. Na wrthod fi Geli *gwyl* / Celi *gwyl* annwyl ennyd / Cael im rym rann oth gariad. Ni fedrir deall *gŵyl* fel "modest" wrth sôn am Dduw, cf. D.G.G. 69, *Gŵyl* fu Dduw.

    dewin R., ond darll. *edein* gyda P.T., sef *edē-in*, fel y dengys yr odl yma ac yn B.T. 35, Ieithoed *edein*, Aches ffyscyo*lin ;* H. 190, Y dyt . . . y llochir pob *edein* (odli â *gorllin, bytin, urenhin*) ; 317, Moch gwelwyf am nwyf yn *etein* y wrthaw (odli â *lläin, chwerthin, gortin*). Gwelir yr ystyr yn Y.C.M. ² 131, nac *estronawl* nac *edein ;* 202 ; Pen. 102, 6, Bid llymm *eithin* a bid *eddain alldud* / chwannawg drud i *chwerthin ;* R.P. 8a, bit *euein alltut ;* B. iv, 4, bit *edein alldut ;* M.A. 240b, Edrych ni (*ui ?*) mor wyf *eddein* (odli â *Taliessin*). Dengys y rhain mai "estronol, di-gyfran, trist, digalon," yw'r meddwl ; felly yn y testun am y truan claf, cf. 13b, *divryt* divro.

    or a : *ar a,* neu *er a ?*

32a   **derwdy,** nid *derwd* fel R.P.T. Ceir *-y* o'r odl : collwyd o flaen yr *ys,* cf. Gw. *daurthech,* "oratory", yn ôl O'Curry ; "a penitentiary," O'Donovan ; C.I.L. 580, *dairthech,* "an oratory, prayer house" ; Stokes, *Calendar of Oengus,* lxxiii, ocdenum a *derrthige* "while building her *oratory.*"

32b   **ystiryeit** R., *ysdirieit* P., *ys dirieit* T. Nid ffurf ar *ystyriaf,* ond *ys,* y ferf "is" ; *diryeit,* "drwg, anffodus", gw. 29c, 30a ; enghraifft o galedu ar ôl *s* yw *yst-,* cf. B.B.C. 84, *ystir* ńithiau ny bo pur; h.y. *ys dir,* cf. D. am ddiarhebion yn dechrau felly ; R.P. 21, 40, a vo da gan duw *ys dir.*

    yr a, yr un a, y neb a ; neu *i'r* un a ; cf. B. ii, 120, Mat ganet *yr ae* kanvu : Mat ganet *yr ae* gweles ; H. 129, nyd hauturyd *yr ae* cotei ; 296, Aele nodolyc *yr ae* dyly lloegyr.

    derlly, pres. 3ydd. un. *darlle-af ;* diweddar yw *darlle-n-af.*

32c   **yman,** yma. Gadawer *yw* allan i gael mesur a synnwyr. Deallaf yr englyn fel hyn, "Whatever is done in an oratory, he is *diriaid* who reads it, hated of man below, hated of God above."

VII

Daw'r adran hon o Lyfr Du Caerfyrddin, td. 89–93, lle ceir 37 o englynion. Ymddengys y 22 cyntaf ohonynt yn debycach i gyfres o englynion natur, yn gymysg â diarhebion nag i englynion cyfarwyddyd. Yn wir, anodd yw cael barddoniaeth natur o burach ansawdd nag amryw o'r rhain. Eto, os creffir, gwelir y posibilrwydd mai ymddiddan sydd o dan y rhai hyn hefyd. Y mae un person yn taeru mai gaeaf ydyw, bod yr eira yn disgyn, nad â milwyr i ryfelgyrch y fath adeg, ac ar y fath ddydd. Etyb y llall mai llwfrdra sydd yn cyfrif am hyn oll. Er mwyn byrhau'r llawlyfr, gadewais y canu natur allan gan mwyaf, a rhoi'r llinellau sy'n awgrymu'r ymddiddan, a hwy yn unig. Rhaid trafod y canu natur eto ar wahân.

Orgraff.—Sylwer ar y gwahaniaeth rhwng y Llyfr Coch o Hergest a'r Du o Gaerfyrddin. Yma ceir *i, y,* am *i* ac *y; u, v* am *u* ac *w; w* am *f;* saif *d* ar ddiwedd ac yng nghanol gair am *d;* golyga *t* yn yr un lleoedd *dd.*

i, y = i ac y ; *llym, brin* (bryn) ; *istrad,* ystrad ; *yscuid* ac *iscuit.*

u, v = u, w ; *segur, yscuid, ffiscau* (ffyscaw), *llum, llvwyr* (llwfr).

v, w = f ; *aw, anaw* (af, anaf) ; *seiw, llyvrder.*

d = d ; *clid* (clyd).

t = dd ; *anhaut, dit* (anhawdd, dydd).

1a   **llym awel :** gw. I, 1b ; VI, 2a.

     clid, "clydwr", fel enw, G. 152 ; cf. *gwlyb, gwlyb-wr.*

1b   **llicrid, reuhid,** pres. myn. 3ydd. yn *-hid* neu *-hyd.* Eglura'r *-h-* y caledu yn 2a *ottid;* cf. *tohid.*

1c   **ry seiw,** rhy saif. Ar y geiryn *rhy,* Gw. *ro,* yn datgan posibilrwydd, gw. P.K.M. 256 ; Strachan, I.E.W. 60 ; Loth, R.C. xxix, 55. Felly yma, "can stand".

     conin, conyn, o *cawn.* Rhewodd mor galed nes bod gwelltyn yn ddigon cryf i ddal dyn.

2a   **ottid,** o *odi* "bwrw eira" ; ar y ffurf, gw. ar 1b.

     eiry, unsill ; *eira* deusill ? Yma gan fod *eiry* ddwywaith yn y llsgr., gellid darll. *eiry, eirwin;* cf. B.T. 38, *eirwyn* drych.

guin y cnes, neu eirwyn ei gnes ; gw. G. 153, *cnes* "cr⌣en, clawr", Gw. *cness*, "the human skin, trunk or chest of ᵐan or beast ; surface, side" ; cf. H. 129, edneint ar *gnes;* M.A. 202b, ysgwydeu gwyn*gnes*, "ysgwyddau gwyngroen".

2b **oe neges,** i'w neges. Ar *oe* "i'w", gw. P.K.M. 151 ; C.Ll.Ll. 20 ; W.G. 277. Ar *neges*, gw. ar I, 21b. Yn M.A. 102b, yn ddigrif iawn, llithrodd esboniad o'r ymyl i mewn i'r testun, "Ni ryfelir y gaeaf" !

3 **segur :** gw. P.K.M. 110, "heb ddim i'w wneud".

4 **kadir,** cadr, hardd, G. 90–91, cf. H. 39, *A duwyn* (hardd) uyt ysgwyd ar deur ysgwyt.

5b **diuryssint vy keduir,** brysia rhyfelwyr ; gw. VI, 17b, am yr un syniad. Ni rifir y rhagenw ôl *vy* yn y mesur. Darll. fel *dyfrysynt*, y *dy-* yn cryfhau, neu *di-*, "allan", fel yn *di*-noethi ; cf. B.B.C. 98, *dywris* im trum tawuy anet ; R.P. 21, 1, *difrys* gwanec ; ll. 10, *dyvrys* gwanec ; H. 92, klwyf efnys *dyurys* dyurydet ys meu : R.P. 65b, oe *dyfvrys* agheu dan lifdyfred ("sudden death") ; 73b, llys hyspys *dyfrys* divraw wassanaeth ; 110a, Och hir . . . Oe *dyvrys* verr hoedyl ; C.Ch. 181, Wrth hynny, arglwydi, *diuryssywch.* Ac yna y gwiscassant agos y ugein mil *ar vrys.* Cryfach yw'r dystiolaeth i *dy-* nag i *di-* yn y gair. Am y terfyniad mewn berf, amser pres., gw. ar V, 8c, *llwybryn.*

Darll. *geduir* i gael tr. rheolaidd yn y gystrawen hon, a chyseinedd â *gad.*

5c Gweler VI, 17c.

6a **meccid,** mag ; gw. ar 1b am y ffurf yn *-hid;* cf. B. ii, 120, *Meckyt* Meir mab yn y bru ; ac am yr ystyr, M.A. 208b, Ny *uagei* uygwl atteb. Y gwrthrych yw *llawer cyngor;* dyfeisia'r llwfr lawer esgus rhag mynd i ryfel.

7 **goleith :** gw. B. vi, 221–2. Er pob ymochel, daw *lleith* (angau).

dyppo, pres. dib. 3ydd. un. dyfod ; gw. W.G. 366. Ceir hefyd *deupo* a *dyffo.* Y mae'r ystyr yma fel dyfodol syml : "will come", nid "may come".

8 **dricweuet,** drygfeuedd, eiddo salw. Rhydd D. *meuedd* a *meufedd* am eiddo, cyfoeth ; cf. B.T. 13, maraned a

meued a hed ; B.B.C. 13, *meuvet* vetud ; B.T. 58, A med *meuedwys;* 32, A mall a *meu/ued* a mynych adneued ; 23, llyghessoed *meuedic;* B.A. 25, e rac *meuwed*.

ar gur, ar ŵr.

9a   **iscolheic,** ysgolhaig, clerigwr ; gw. P.K.M. 244, croes i leygwr : eto nid *lleyg* "layman" yw *leic* yma, os yw i odli â *gureic* yn *c;* ond gw. isod. Yn B.B.C. 81, *yscolheic, iscodic, guledic;* felly *ysgolhe-ic;* os hynny sydd yma, anwybydder yr *i*-, a rhifo *scolhĕic* yn drisill, a cheir odl ar y pumed ; a *llĕic*, neu *elĕic*. Ond pa fesur ?

    vide ? wyt ti. Yn B.B.C. *-te* yw ffurf y rhagenw ôl ; yn yr ail bers. un. ceir *pereiste, roteiste, aueleiste, cheuntoste, deuthoste, ystarnde, ruitade, suinade, genhide;* cf. pers. cyntaf, *douthume, amssuinasseie* (a'm swynasai *i*). Os cymerir yr *e* gyda *leic*, dyna *elĕic* (? *ellĕic*) neu *eleic*.

    leic. Os odl Wyddelig â *reid*, yna *llaig;* gw. D. *lleigiaw* secedere, latebras quaerere. Os i loegr y cais *leigiaw*, I. Dyfi; *lleigiad* latitator ; ? R.P. 118 b 18, penn *lleic* osgyl. Ystyr lleigio ydoedd cilio, ymguddio ; *latito* yw ymguddio, "bod heb ateb i'w ddyfyn," T.W. Buasai *neud wyd leic* yn rhoi synnwyr ! Ond ceir *lleigys* yn D.W.S., "sone, anon" ; felly Th.M. 64 ; M.A. 666b, 668a, b ; 669b, 680b; D. *llegys* "Idem quod *llegach*", sef gwan a diog. Fel enw march ceir yn B.T. 48, llwyt *lliw elleic /* a llamrei llawn *elwic.* Felly *ellĕic* am fath o liw ar farch llwyd ? Yn y testun gellid darll. *ellĕic*, a deall fel "llwyd, llwydlas", am wallt wedi glasu neu wynnu. Rhydd hynny hefyd ystyr, "Nid wyd sgolhë-ig, nid wyd benwyn", gan mai urddau eglwysig a henaint a gadwai ddyn o'r fyddin.

9b   **dit reid,** dydd y frwydr ; cf. B.A. 9, gosgord vynydawe enwawc *en reit;* 15, Gwyr en r. moleit ; 27, Buan deu *en dyd reit.*

    ny'th eluir. Oherwydd ei lwfrdra cyfaddef, ni elwid ef i'r frwydr ?

9c   **Cindilic :** cf. R.M. 106, a *chyndelic* kyuarwyd ; 114 ; B.A. 17, *Kyndilic* aeron ; B.B.C. 67, Kian a ud yn diffeith cund drav otuch pen bet alltud. bet *kindilic* mab cor knud ; Mostyn 110, 170, henwae meibion llywarch hen . . . *kyndylic;* Pen. 131, B. 114, Plant ll. hen . . . *Dilic* ap ll.

Och na buost, am ddymuniad anghyraeddadwy ; cf. D.G.G. 129, *Och na bai* hir / Oes Dafydd.

10   **trum** "trwm"; fel enw, "brwydr, cyni" ; B.A. 5, Tri en drin en *drwm;* 10, ny diengis en *trwm;* Pen. 102, 10, gnawd yw *diang glew o yng*.

11a   **Kalangaeaw :** cf. Pen. 102, 8, am gyfres o saith englyn yn dechrau *Calan gauaf;* amrywia beth oddi wrth yr un yn R.P. 8b, 9a (naw englyn) ; M.A. 99a.

gurim, gwrm, du, brown ; cf. D.G.G. 30, *gwrm* ei hael (am ei gariad, ond td. 49, O gweli ddyn ag *ael ddu*) ; yn B.A. (am arfau) 16, sengi *wrymgaen;* 17, gwisgyassant eu *gwrym dudet;* gwrm yw seirch neu arfau (9, 12, 18) ; hefyd *gwrymde*, 17, 36 ; Gw. *gorm* "glas", Windisch, W. 586, 600, gai *gorm-ruad* "gwaew gwrm-rudd" ;⸲ grûadi *gorm-chorcrai,* gruddiau gwrm-borffor (? brown-goch), gw. *corcor-gorm* C.I.L. 489. Yn y testun am rug.

gordugor : cf. P.K.M. 291, ar *gorduwrych, arddufrych.* Ond rhydd D. *gorddigor* "status, conditio, habitus"; T.W. *habitus* "cyflwr, *gorddigor*, ansodd, gwedd" ; felly Lhwyd, A.B. 64, ar *habitus.* Buasai "gwrm yw gwedd blaen grug" yn ateb yma.

11c   **deruhid :** yn B.B.C. 136, eglurir fel *derffid;* cf. Pen. 17, B. iv, 5, Byrr dyd ny *deruid* kyngor (fel dihareb) ; D. Byrrddydd ni *dderfydd* cyngor (y ddau yn tarddu o'r testun, a heb ei ddeall ?) ; W.G. 351, *dervhid, derffit,* modd gorch. 3ydd. un. : a vynno Duw *derffit* (R.M. 155), "What God will, let it come to pass" ; Morgan, B. vi, 30–31, "What God will, must be, is bound to be". Camgymeriad oedd treisio'r testun yn ddihareb. Medd yr ofnus, "Byr dydd !" Atebir ef yn 12c, "Tec nos y ffisscau esgar". Os yw'r dydd yn fyr, gorau oll : gwych yw nos i ruthro ar y gelyn. Amcan yr ofnus oedd gohirio'r ymosod, nes i'r dydd ymestyn. Ond eto ymostwng i'r lleill, a dywed, "Gwneler eich cynllun. Boed felly". Yn y cysylltiad hwn, deallaf *deruhid* fel modd gorchmynnol.

12a   **aral :** cf. B.B.C. 68, *aral* guythuch urth ervid ; G. 41, ar *arial* "nwyf, ynni". Gyda *goruit,* gorwydd, march, cf. R.P. 70a, *aryal* bugethal "the spirit of Bucephalos", march Alexander Fawr.

12b   **diarchar :** cf. B.B.C. 68, d. dibryder ; B.T. 17, 26, deu d. barawt vnffawt vn ffyd ; 70, Ef dywal d. ; 76, gwrys d. ; M.A. 148a, Llywelyn llyw d. ; 210a, Maredut llofrut lloegyrwys d. ; 252a, kadwallawn dawn d. ; Cy. vii, 146, rac ofyn diliw d. ; 147, dieu d. ; I.G.E. 54, Dyrchaf dy stondardd, hardd hwyl / *Diarchar* yw dy orchwyl ; gw. Loth, A.C.L. i, 500–1, "diofn, dewr", a hefyd "helaeth, di-atal". Yn y testun â gyda *dewr* i ddisgrifio'r gwŷr y carai dyn eu cael wrth ei ochr mewn ymladdfa.

12c   **ffisscau,** ffysgiaw, rhuthro ; cf. A.C.L. i, 116, Cern. *fesky,* "hurry" ; R.B.B. 299 ; M.A. 619a, erchi yr castellwyr oed yno dyuot ar *ffysc* (=ar frys) yn borth idaw ; R.P. 153a, diogan *fysgyat* yn *fysgyaw* biw garthan ; 26b, disgyn yn *ffysc ;* D.G.,1, L. 17, a ffy *ar ffysg ;* cxx, 26, Pe bai Arthur . . . A wnai *ffysg* derfysg ar dorf ; B.B.C. 65, *fisscad* fuir. Y mae blas "raid", a "rout" arno.

      escar, gelyn, Gw. *escara* "enemy" ; A.C.L. i, 298 ; Y.C.M.[1] 89, a bydwch ungar *vnesgar ;* y lluosog yw *ysgarant, ysgeraint.*

13a   **kinteic,** cyntëig ; cf. B.B.C. 65, poet kinhen *kinteic* (odli â *diessic, penwetic*) ; B.T. 57, Ac ef yn *arbennic* yn oruchel *wledic,* yn dinas *pellennic,* yn keimyat *kynteic ;* H. 6, *Kynteic* ar gann ; gw. Loth, A.C.L. i, 469 ; ei gyfieithiad o'r testun yw "très fort". Mwy o flas "keen" ?

      creilum, o *crei* (gw. VI, 11c) a *llwm,* y gwynt wedi dinoethi'r coed. Darll. *coed creilum* i gael rhyw fath o fesur ? Gellid odli -*wm* ac -*wn ;* gw. B.B.C. 81, 13–15.

13b   **iscun :** ar *ysgwn* gw. I, 23a. I gael mesur, rhoi [*llyn llawn*] yn y canol ?

13c   **Pelis** (? *Pelys*), enw dyn ; gw. 15c, 17c.

      enuir. Cyffredin yw *enwir* mewn ystyr ddrwg ; cf. B.B.C. 45, B.A. 4, Pen. 14, 10, lleider *enwirhaf* ar gwaethaf ; cf. Gw. *anfir,* "untruth, injustice" ; C.I.L. 101. Ond beth yw yn B.A. 16, *kywir* yth elwir oth *enwir* weithret ; 32, *Enwir* yt elwir oth *gywir* weithret ? Ai'r rhagddodiad *en*- (a welir yn *en*-fawr) sy'n cryfhau, a *gwir ?* Cymysglyd fuasai cael y ddau *enwir* yn yr iaith. Ceir berf amhers. pres. *enwir,* a gellid dadlau mai honno sydd yn yr englyn yn P.K.M. 76 (Tri meib Giluaethwy *enwir*), canys eir

ymlaen i'w *henwi;* yn sicr y ferf sydd yn H. 173, deu
uadauc *enwauc enwir* / deu gyuet gyuoed hoed hir.   Yn y
testun ymddengys y ferf braidd yn annaturiol, efallai,
ond nid yw'n amhosibl.   Dieithr yw Pelis i'r holwr, fel y
dengys y cwestiynau, ac nid anaddas fuasai i'r pennaeth
gyfarch yr arweinydd dieithr, "Ti yr hwn a elwir Pelis".
Yr unig ffordd arall fuasai "Pelis, thou *rascal!*"

14a   **kin ottei eiry,** er iddi fwrw eira mawr—adlais o'r cwynion
ar y tywydd ynghynt yn y gân—ymffrostia'r arweinydd
y gŵyr y ffordd.

   aruul melin : cf. B.B.C. 28, Tri thom etystir inis prydein.
Arwul melin, march passcen fil*ius* vrien, a Du hir terwenhit
m. Selyw mab kynan garrvin, a Drudluid m. Rytherch
hael (nid yr un rhai yn Hen. 202, Cy. vii) ; Pen. 16, 53a,
ac *ar vwl velyn;* B.A. 31, en dyd camavn camp a wneei /
y ar *aruul cann* kynn oe dreghi. Y sain yw *Arfwl,* odli
ag *awirtul* (afrddwl), a chymhara Loth, A.C.L. i, 405,
Gw. *adbol* "huge, great, immense" ; deallodd y testun
fel "hyd yn oed pe bwriai eira hyd uchdwr Arfwl Melyn",
enw march uchel.   Yr *hyd in* yw'r anhawster : un ai "to
the cruppers of" neu *hyd ên* "to the mouth of". O blaid
hyd din, gw. Meyer, *Four Songs,* IV, 3d, snechta finn fir
doroich *toin.*

   Gan mai enw march Pasgen mab Urien yw Arfwl Melyn,
a oedd ef yn y fintai ?   Gwelir isod mai ei frawd Owain
oedd hen arglwydd Pelis.

14b   **artu,** fel ansoddair, o *du* "black" ; gw. G. 37, "tywyll,
trist, aruthr" ; cf. Gw. *airdubad* "darkening, eclipse" ;
airdube "great blackness", C.I.L. 52 ; B.B.C. 23, Neu
rimartuad oth laur kiueithad, "I have been blackened,
befouled".   Ond beth am *arddu* mewn enwau mynyddig ?
Rhydd P. Bailey Wms., *H. Carn.* 125, Llyn Du'r *Arddu,*
Maen Du yn yr *Arddu,* cf. Clogwyn Du'r *Arddu* ar yr
Wyddfa, a'r *Arddu* rhwng Nant Gwynant a blaen Afon
Lledr ; B. iv, 121, Esgut gorwyd rwyd hynt (R.P. 4b,
gwynt) / amlwm *ardu afyrdwl* hynt ; Pen. 102, 10, Cyn-
nhywyll *arddu;* B.T. 71, Neu vi tywyssawc *yn tywyll* . . .
Neu vi eil kawyl *yn ardu.*   Dengys y rhain fod *arddu* yn
enw ar ran o fynydd, neu ar ucheldir "llwm", ond ni fedraf

ddeffinio'r ystyr yn fanylach.   Yn erbyn *ardd-ddu* y mae
lleoliad yr ansoddair ; ond cf. *Brynddu*. Temtus yw
Gw. *dú*, "lle", Ll. *humus*, etc., gw. Ped. V.G. i, 89.   Gellid
ardd-ddu o hwn am "ucheldir", o bosibl.   Ond cofier
hefyd am dir *du* mawnogydd, gw. E. Ll. 76, 120.

   awirtul, afrddwl.   Yn ôl G. 15, fel ansoddair "trist,
anffodus, echryslon", etc. ;   fel enw, "siom, anffawd".
Am gystrawen go debyg, cf. 16a, b.   Ni pharai'r *eira* fawr
o drafferth iddo fel arweinydd, na *chaddug* chwaith.

14c   **Brin Tytul,** Bryn Tyddwl.   Ple ?

15a   **can medrit,** gan y medri.   Am *can* heb eiryn rhyngddo
a'r ferf, cf. 19a ;   gw. P.K.M. 111, 247. *medrit,* medrydd,
yn ddiweddarach medry, medri, gw. I, 4a.   Ystyr medru
oedd "cael hyd, taro ar".

   rodwit: gw. ar V, 10c.

15b   **diguit,** digwydd, syrthio.

15c   **pan vid kyvarwit :** gw. P.K.M. 103, 111 ;   *cyfarwydd,*
storïwr ;   hefyd arweinydd, cyfarwyddwr y ffordd, cf.
R.M. 88, Ni a vydwn *gyuarwyd* itt . . . ar vor ac ar tir hyt
y lle y mae y wreic ;   114, [Cyndelic k.] nyt oed waeth
hyfuarwyd yn y wlat nys rywelsei eiryoet noc yn y wlat
e hun.   *pan vid,* "o ble 'rwyt ti", Gw. *can* "whence", h.y.
O ble y cafodd ei wybodaeth am y ffordd ?   Etyb yn 16c,
"Trwy ganlyn Owain".

16a   **Ni'm :** '*m* datif.   Ni wna cyrchu . . . bryder *iddo.*

16b   **priw uchei[n] :** cf. B.T. 39, Ban ymadrawd gwyr gwedy
nuchien kat, Nyt ef dieghis yscwyt *Owein* (sef O. Rheged).
I gael odl, rhaid cywiro *nuchien* i *nuchein.*   Os bu Owain
yn ymladd yng Nghad Nuchein, enw lle yw *Nuchein,* yng
nghyrraedd gwŷr Rheged.   A ellid darll. yn y testun,
Prif ("arglwydd") *Nuchein?*   Hawdd fuasai adfer hynny
o *priuuuchein.*

16c   **y ar can :** gw. ar I, 8b.

17b   **diffreidad,** "amddiffynnydd" ;   gw. ar II, 9b.

   kynuid: cf. Sk. F.A.B. ii, 454, Clydno Eidin a.Chynan
. . . a Chynuelyn . . . a Chatrawt Calchuynyd meibon
Kynnwyt Kynnwydyon mab Kynuelyn mab Arthwys mab
Mar mab Keneu mab Coel.   Trychan cledyf kynuerchyn
a thrychan ysgwyt kynnwydyon a thrychan wayw coeling,

pa neges bynhac yd elynt iddi yn duun, nyt amethei hon
honno (cywirwyd wrth *Arch. Camb.* 1930, 339, o Pen. 45),
h.y. pan unai'r teuluoedd hyn, llwyddent mewn rhyfel.
A oedd Pelis yn un o'r *Kynnwydyon ?* Cf. L.L. 211,
Conuit; H. 12 (Ywein Gwynedd), o adyan kynan *kein-
wydiawn* ut ; 20, ar lles ner kynan *kynwetyawn* faw. Ar y
sant, gw. L.B.S. ii, 274–5, Llangynwyd ; cf. hefyd *Cynwyd*
ger y Bala *(Cynnwyd ?)*. Ai gair arall yn H. 90, kyncan
ueirch o duch keirch *kynnwyt ?*

18a   **rlthao,** rhydd-ha-o, pres. dib. 3ydd. o rhyddhau ; yma
dymuniadol yw, "Whom God deliver !"

18b   **rut y par,** â gwaywffon waedlyd ; dyna'r ma'th o bennaeth
oedd.

18c   **ryvaeth,** magodd ; gw. W.G. 373. Helpa'r geiryn *ry-*
i wahaniaethu'r ferf gorff. 3ydd. oddi wrth yr enw *maeth ;*
ond cf. B.T. 74, Deudec meib yr israel . . . teir mam ae
maeth; M.A. 491a, koffa y bronneu hyn yr rey a segneyst
ty ac ath *vaeth.*

19a   **ruiw,** rhwyf, arglwydd ; gw. ar III, 34c.
       rodwit : gw. 15a, V, 10c.
       Iwerit, Iwerydd, enw personol, cf. B.B.C. 99, Bran mab
ywerit clod lydan ; R.B.B. 303, *Iweryd* mam owein.

19b   **a teulu,** O deulu ! Am yr ystyr o "warband", gw. P.K.M.
107–8.

19c   **guydl met.** Medd oedd tâl milwr, ac anrhydedd milwr
oedd ei *dalu,* sef ei haeddu, cf. B.A. 1, *med a dalhei ;* M.A.
191a, *Talassant i met* mal gwyr Belyn gynt.
       meuil, mefl, gwarth, Gw. *mebul.*

20a   **gan las y dit,** gyda'r dydd ; cf. ar *lasiad* y dydd (Arfon) ;
P.K.M. 59, e bore *glas* dranoeth ; 89, *lliw* y dyd ; gw. ar
VI, 4a.

20b   **Mug (Mugc** 23a) ; â'r pâr *Mwng, Mwngc,* cf. *wng, wngc,
ymwng, ymwngc,* VI, 29a ; felly hefyd *ieuang(c), llwng(c),
gwreng,* a *gwyreeinc, twng(c).* Ar *Mwngc,* cf. V. 4b, ar
difwng ; myngus ; H. 54, 150, 154, 159, 272 ; *gortiuwng,*
159, 164.
       Maur Treult, mawr-drefydd, cf. H. 21, lleudinyawn
dreuyt ; R.C. 50, 384, Oswallt ap *Mwg Mawr Drefydd* ap
Ossa Kyllelluawr.

20c   **magaud :** cf. H. 172, R.P. 149b, Tat mat magawt gwawt
gwaewrud ; ll. 20, Ny bu uethyl, ny bu uethyant / *Ny bu
uagawt meirch* morgant ; D.W.S. *magod* "magedic, nory-
shed, bredde" ; O.S.P. mal *myn magod;* T.W. *altilis,*
"lledfegin, myn *magod*". Am feirch, cf. H. 137, *ny hir
geidw ar geirch meirch* mygdwn : felly yma, wrth sôn am
ruthro i'r frwydr, nid arbedodd Mechydd ei feirch. "They
were not spoilt, pampered" fel anifeiliaid "llawfaeth".

  Mechit : gw. 25a, mab Llywarch ; cf. H. 292, ger eluyt
mechyt a machawy ; 326, gwyndir *mechyd.*

21a   **Ni'm :** gw. ar 16a. "Ni wna llad (cwrw) i mi ddim
llawenydd". Daw'r gwrthrych *lleuenit* yn syth ar ôl y ferf ;
yna'r goddrych *llad.* Am y meddwl, cf. B. vi, 107, *Juv.*
Nam ercit mi *nep leguenid* henoid ; ni cusam henoid·*cet
iben med* nouel. Yn y testun, darll. [*neb*] o flaen *lleuenit*
yn null *Juv.,* gan fod sill yn eisiau.

21b   **diallad :** gw. ar III, 27c, cf. B.T. 12, 5, *daallat.*

21c   **golo :** gw. III, 20a.

22a   **am Cavall :** gw. VIII, 8, yr un englyn. Ceir *cyfarfod
am* yn P.K.M. 5, y deu urenhin a nessayssant y gyt *am*
perued y ryt e *ymgyuaruot;* R.P. 15a 8, *kyueruydom* ny *am*
eluet. Gall *am* hefyd nodi'r peth yr ymleddid *am dano.*

  Cavall : gw. Nennius, *Hist. Brit.* (Mommsen, td. 217),
De Mirabilibus Britanniae, Est aliud mirabile in regione
quae dicitur Buelt. est ibi cumulus lapidum et unus lapis
superpositus super congestum cum vestigio canis in eo.
quando venatus est porcum Troynt, impressit *Cabal,*
qui erat canis Arthuri miles, vestigium in lapide et Arthur
postea congregavit congestum lapidum sub lapide, in quo
erat vestigium canis sui, et vocatur *Carn Cabal.* et
veniunt homines et tollunt lapidem in manibus suis per
spatium diei et noctis et in crastino die invenitur super
congestum suum.   Wrth hela'r Twrch Trwyd (neu Trwyth),
gadawodd *Cabal,* ci Arthur, ôl ei draed ar garreg ; cododd
Arthur garnedd o dan honno, ac er i ddynion gludo'r maen
ymaith daith diwrnod a noson, erbyn trannoeth fe'i ceid yn
ei hen le.   Ym mro Buellt y mae *Carn Cabal.*

  Yn R.M. 111, 125, enwir tri march, Kall, Cuall, *Cauall;*
135, 138, sonnir am *Kauall* ci Arthur ; 258, annwylgi

arthur, *cauall* oed y enw.   Ond cf. B.A. 35, oid girth oid
cuall *ar geuin e gauall.*   Yn sicr march yw hwn (cf. Ll.
caballus), ond yn y testun gall fod yn enw lle.   Prin y bu
brwydr *am gi Arthur* yng nghyfnod Mechydd, ond gallai
fod *am geffyl* rhywun arall, neu am le.

22b   **kelein,** corff marw, ond cf. ar XI, 112a ; B.A. 32, *gwaew-
aur kelin creude.*

   aruiar, arwyar, gwaedlyd ; cf. B.A. 16, brithwy *a wyar* =
38, britgue *ad guiar,* am ddillad gwaedlyd.   Am hen *add*
efallai yn troi yn *ar,* gw. B. iii, 261.

   ar wall, "yn ddibarch, yn ddibris", gw. ar I, 38c ; IV, 5b

22c   **kywranc,** yma "ymladdfa" ; gw. C.Ll.Ll. 9 ; P.K.M. 109,
Nid oes dim i nodi pa *Run,* ond gw. uchod, III, 32-5.

   drud, dewr, ynfyd, rhyfygus ; cf. 23b, *drudwas;* gw.
ar II, 18a ; cf. W.M.L. 117 ; B.T. 12, 24 ; a'r enw lle,
Cerrig y *Drudion.*

23a   Am englyn â'r cyrch yn odli â'r brifodl, cf. III, 52-3.
   fonogion, "spearmen", tarddair o *ffon* "gwaywffon" ;
cf. *arf, arfogion.*

23b   **drudwas,** llanc dewr difeddwl.   Digwydd fel enw personol
yn L.L. 277, catgucaun filio *drutguas;* hefyd yn y chwedl
am *Drudwas* fab Treffin neu Tryffin, a laddwyd gan Adar
Llwch Gwin, gw. *Daf. Nanmor,* 160-1, Mostyn 146 ;
R.W.M. i, 168 ; Drvdwas ap treffin mab brenhin denmark
a gafas gan i wraig dri ederyn llwch gwin a hwynt a wnaent
beth bynag ar a archai i meistr, ag a bwyntied maes rwng
arthur a drudwas a neb ddyfod i'r maes ond nhw ill dav.
A gyrv i adar or blaen a wnaeth drvdwas a doydyd [am
iddynt ladd] y kynta a ddel ir maes ag fel iroedd arthur
yn my'nd fo ddoeth chwaer drvdwas oedd ordderch i arthur
ag ai Arthur (? ag nid âi Arthur) ir maes o wyllys da i bob
vn o honvnt ag or diwedd fo ddoeth drvdwas ir maes gan
dybio ladd or adar arthur yn [ôl] i arch Ag ai kipiodd yr
adar ef ag ai lladdassant ag yn entyrch awyr i adnabod a
naethant a disgin ir llawr drwy nethvr oernad dostvra yn
y byd am ladd drvdwas i meistr ag y mae kaniad adar
llwch gwin ar danav a wnaed yn yr amser hwnw i goffav

hyny ag o hyny y kafodd llowarch hen y destyn i ganv r
englyn hwn :—

> drvdwas ap treffin trin d wrnawd
> gan drallawd ag erddin
> adwy a wnaeth ef gysefin
> adar ai lladdodd llwch gwin.

> fo gafas drvdwas i drin nod angall
> ai dynged yn erwin
> vrddol o freiniol frenin
> laddodd adar gwar llwch gwin.

Rhof y dyfyniad o'r R.W.M. i ddangos y math o englyn
a dybid yn weddus i Lywarch Hen.

amg:ffredit. Deallaf fel pres. myn. 3ydd. un. yn -*ydd*,
o *amgyffred;* gw. B. ii, 266 ; W.G. 323 ; felly yn B.B.C.
99, 10, Dorma(*r*)ch truinrut ba si lit arnaw caniss*amgiffredit*
dy gruidir ar wibir winit.

23c   Periw new, Peryf nef, Arglwydd nef, cf. B B.C. 26, *peryw*
hael ; 44, *periw new;* D. *peryf* et *perydd*, rex, dominus.
Tarddair yn -*yf* o *par, peri.*

dyuit, tristwch, trallod, dywydd neu dyfydd : gw. ar
III, 32a.

24a   igrid, yng ngryd, ym mrwydr : gw. I, 3a.

rewittor, rhewir, W.G. 324.

24c   rothid, rhodded, W.G. 329, ''a 3rd sg. in -*id* added to the
subj. stem''.

25b   glwystee llenn : fel ansoddair cyfansawdd i ddisgrifio
Mechydd yn ei fantell wen o liw alarch.

25c   ffruincluymus : cf. Card. 6, 55, *ffrwyn glymv* i farch a
wnaeth ef wrth ystigkill y fonwent ; S.D.R. ll. 606 ; gw.
G. 152 ; 'clymu gerfydd y ffrwyn'', fel y dengys W.M.
212a Yr unig ystyr a welaf iddo yn y testun gyda
kyntaw ''cyntaf'' yw mai ef oedd y cyntaf o'r ymladdwyr
i ddisgyn oddi ar ei farch i ymladd ar draed.

Bai yw *cluymus* am *clymws;* effaith *clwm* ar feddwl y
copïwr.

VIII

1b **perwit,** perwydd ; cf. B.B.C. 35, siric a *perwit;* B.T. 9,
At(wyn) blodeu ar warthaf *perwyd.* Rhaid bod *per* yn
arferedig am afalau pêr, i'r gair *perllan* ddod ar arfer am
ardd afalau (cf. *suran* am bren afalau surion ?) ; cf. B.B.C.
48, *Afallen peren per* y chageu, er bod D. yn rhoi *peren*
"pirum" ; a T.W. "gellygen, rwningen *peren".* Ond
rhyfedd yw per*wydd pren.*

1c **golo :** gw. III, 20a, VII, 21c.

1d **calch,** arfau calchedig, tarian ; çf. Gw. *cailc* gl. ar *crēta*
("Cretan earth, i.e. chalk, or a similar kind of earth . . .
esp. used for whitening garments", Andrews) ; Gw. *cailcin,*
"a small shield", Windisch, W. 410, gan y gwynnid tarianau
â chalch neu sialc, fel y defnyddir *pipeclay* gan filwyr
heddiw (gw. P.K.M. 233–4) ; C.I.L. 300, *cailc,* "chalk, lime,
a chalked shield".

2a **trywir :** cf. 6a isod. Daw 2, 3, 6, o gyfres o Drioedd ar
gân ; yn honno buasai lle hefyd i'r englyn i feibion
Gilfaethwy, P.K.M. 76.

2b **treuad,** trefad, cf. B.B.C. 86, 5 ; R.P. 156 a 16 ; H. 26 ;
45, llwytyd gwir a thir yn y *trefad;* 210, rac deulin trined tri
niuer a daw . . . ar trydy y law y lucufer / ar deu ar deheu
yg goleuder / yg goleu *dreuad* a uad uoler ; 294, t. amdiffyn ;
132, Dybrys alaf deifyr y *dreuad* bowyz. O *tref,* a'r terfyn-
iad a welir yn adeil-*ad.*

3a **aghimen,** anghymen, afrywiog, rhyfygus ; gw. ar *drud,*
VII, 22c ; G. 18.

3b **celmad,** "champion", P.K.M. 275–6.

4a **handid,** ys, y mae, P.K.M. 277–8.

achuisson, G. 7, "teithi, galluoedd, achosion, affeith-
iadau" ; J. M.-J., Cy. xxviii, 198, "prerogatives" ; Loth,
R.C. xxxi, 138, llu. *achaws;* felly W.G. 212 ; gw. Lewis,
G.M.L. 4, hefyd M.A. 246a, Ny hu wyf lawen o lawer
achaws / O *achwyson* pryder ; A.L. i, 30, sef *achaus* . . .
sef *acaus* nas dely . . .ac or *achuysyon* henny ny deleant
talu (cf. Ll.D. W. 13) ; R.B.B. 200, Or *achwysson* oll y
mynnwys arthur yno dala llys. Yn y rhain, llu. *achaws,*

"causè, reason". Yn R.B.B. 288, heb edrych dim o *achwysson* kadwgawn nac o wahard y brenhin ("interests" neu "complaints" ?). A.L. i, 400–2, Or diwedir hawl o amryval a. trwy un reith a berthyno vrth yr *achaus* mwyhaf ohonei (hawl oedd yn codi amryw gwestiynau ?) ; 464, y tri naw affeith, a. ynt trwy y gwneir y gweithredoed hyn trwy gyttsynnyaw ; 556, y neb a dalo dec swllt velly dec swllt a tal yn y racdywedigyon *achwyson* ("also in the above-mentioned *cases*") ; A.L. ii, 70, nyt oes a. ereill ae hanotto (? achosion) ; 356, sef mod y dylyir proui yr a. hynny ("such matters") ; cosper y neb a ordiweder yn *achwyssawl* yn yr aghyfreith ("a participant, accessory") ; M.A. 662b, na buassei eryoet *achwyssiaul* or kelwyd a yrwit arnaw ("guilty of") ; Ll.A. 129, Ar trydyd nef a lewycha val kristal . . . o *achwysson* periglorion a chonfessoryeit yn gwassanaethu duw ("because of") ; B.T. 3, 1 ; 22, 5 ; 24, 4 ; 33, 20. Ymddengys fel cymysg *causa, occasio.*

Yn y testun, cymeraf ef fel achosion i gwyno, neu i'w feio ei hun yn null I, 28b ; XI, 57c ; ac isod, 9c, oherwydd gadael yr arwr (ei gelain) ar lan afon. Cymeraf *oe adaw* gyda *handid*. Ar *handid o*, gw. P.K.M. 277.

4c　　**ewur,** efwr, ewr, "cow parsnip" ;　　crina'r coesau yn llwydion.

5a　　**adun.** Oherwydd amwysedd yr orgraff gellid darll. yr o'dlau fel *adun, gymun* (?), *hun*, neu fel *adwn, gymwn, hwn.* Anhysbys yw *adun*, ac yn groes i arfer gyffredin (er nad hollol gyson) y Llyfr Du, darll. G. 10 yma 'addun, bôn *addunaw*, "dymuno, chwennych, addaw". Ceir enghreifftiau amryw o *adwn*, G. 9. Yn *b*, darll. Dr. Evans *gimun ;* methais â gweld yr *i*, ond ni wn am *gamun*, na *gamwn ;* ceir *cymun* yn R.P. 4 b 31, 17 b 13, etc. Y mae *hun* yn *c* mor ansicr â'r lleill ; *hun* cwsg ; *hwn*, neu fai am *Run* (gw. 8c), gair a roddai gyseinedd â *ren*, *ruy*.

5b　　**cledir cad :** gw. III, 11c.

5c　　**ruy,** rhwy, "gormod, too much" ; gw. W.G. 434, 439 ; neu *ry* a'r gwrthrych, rhagenw mewnol, o flaen berf, W.G. 279.

endeid. Ansicr iawn. Gall fod yn enw ar ôl y *rhwy* cyntaf, neu'n ferf ar ôl yr ail ; gw. G. 27 ar *andeid*, cneuen galed arall, os yw arall. A'r ll. oll, cf. VII, 23c, Periw new *pereiste imi dyuit.* Gan fod cymaint o'r geiriau a'r ffurfiau heb eu dehongli, gwell gadael yr holl englyn.

6a   Gw. I, 37 ; sylwer ar y mân wahaniaethau yn y ddau destun.

7a   Gw. VII, 20.

8a   Gw. VII, 22.

9a   **diaspad a dodir :** cf. B.B.C. 106, *Diaspad* vererid y ar vann caer. hid ar duu y *dodir;* G.M.L. 121, *diaspat,* "cry of distress".

   ygwarthaf, ar ben uchaf, "on the top". Ll. o 12 sill.

   Lluc Vynit, enw mynydd ger Clocaenog, Dinbych. Phillimore, Cy. vii, 119n. Ceir *llug* gan D. am oleuni, *llug y dydd* "toriad y wawr" ; hefyd *llug* "haint" ; T.W.S. 94 (ymyl) ai ar *luc* y dydd, wawr ddydd, ar glais y dydd (Marc xiii) ; Ed. Samuel, *Buch.* 14 ; M.A. 200a, hyd wynn urynn llundein lle clod *luc;* B.T. 31, beird llafar *llucde;* M.A. 211b, Lloegrwys yn *llucvryd;* H. 305, pan dellid rac lloegyr *llucuryd;* R.P. 39a, duw a glyw vy llef ym *lluc vrydyeu.* Yn ôl Loth, R.C. xxxix, 72–3, y mae dau *lug,* un "du, tywyll, prudd", Gw. *loch* "du" ; a'r llall (yn *llug* y dydd, etc.), Gw. *luach, lúach-te* "white-hot" ; yr un gwr. ag am*lwg,* go*lwg,* eg*lwg, lluched.* Cf. ymhellach *Llugwy,* enw afon ; "dagrau", L.G.C. 240, A *llugwy* 'n cronni o vewn llygaid ; Pen. 76, 155, dwr *llygwy* drwy vy llygaid. Anodd dweud prun sydd yn y testun, cf. Y Mynydd *Du,* a *Gwyn*-fynydd.

9b   **Kinlluc,** enw dyn ? Ond enw cyffredin, "tywysog neu filwr" yn B.B.C. 96, 15.

9c   **meu gerit,** fy mai i (*mea culpa*). Nid dodi diasbad uwch ben y bedd yw'r bai, ond y bardd sy'n gyfrifol fod Cynllug ynddo, gw. ar I, 28b. Ar *cerydd* yn ystyr *caredd* "bai, pechod, cam", gw. G. 137, Gw. *caire* "culpa".

10a   Gw. VII, 5.

11a   Gw. VII, 9.

12a   Gw. I, 45.

IX

Cymysglyd yw'r ffurfiau yn y rhyddiaith : *damweiniodd,
damweiniawdd ; kanodd, kant ; rroesbwyd ; dyvod ; rakw.*

ffriw, Pughe, "a mien or a countenance" ; D. "vultus,
frons" ; R. "countenance". Credaf y buasai "snout" yn
ateb yn well droeon, cf. D.G. xvi, 14 (Iwrch) Teg ei ff. a'i
ffroen ; T.A. ii, 413 (March), *Ffriw* yn dal ffrwyn . . . /
Ffrwyn a ddeil i *ffriw*'n ddolen ; 427, Ffrwynwr, o deil
ffrwyn ar dynn / *Ffriw* a dywallt ffrwd ewyn. Annel i
ffriw yn nôl ffrwyn / A geir mal y grom olwyn. Os yw
ffrwyn yn gwneud ffriw march yn ddolen, rhaid bod ffriw
yn golygu pen a gwddf ynghyd. Os tywelltir ewyn o
ffriw march, genau neu drwyn ydyw, cf. *pen* am "head"
a "mouth". Ceir enw lle, *Ffriwlwyd,* yn Eifionydd (*Hist.
Ant. Aber Conwy,* 164, Lowe, *Heart of Northern Wales,*
268), cf. *Boch*-lwyd, Nant Ffrancon ; a'r defnydd o *Pen,
Tâl, Trwyn* am "headland". Yn y testun, *ffriw hydd ;*
cf. T.A. 413, *Trem hydd* am gywydd a gais.

tafliedydd : am *teflidydd,* gw. D.G.G. 97 (*tafledydd* yn
Pen. 49, 89a ; D.G. td. 196 ; Gwyn. 3, 219a ; ond *taflidydd*
yn Pen. 57, 110).

X

1a   **swrth,** heddiw "cysglyd" ; D. "torpens, ignavus" ;
hefyd "subito" ; felly H.E. xiv, "how abruptly fell".
Tybed nad "trwm" ?

Paen, enw Norman (o *Paganus*). Gan fod *Maen* yn
hysbys fel un o feibion Llywarch (gw. IV), a'i enw yn
cyseinio yma â *march,* darll. *Maen.*

1b   **graean dir :** gw. M.C. xxi, 166 (Ewyllys yn 1545), "a
pasture called y *graindir* issa".

graen : D. "lamentabilis" ; cf. Gw. *gráin,* "loathing,
abhorrence" ; Ped. V.G. i, 103 ; ? "cas, garw", gw. R.P.
7 a 15 ; 54 a 7 ; 66a ; 129b ; M.A. 290a, yg*graen* ved
yggro yn vut ; 235a, hydyr *raen* y ongyr 145a, ar gryd
gryd *graende.*

1c **Eflonydd :** gw. ar III, 34 ; P.K.M. 284–5.

malaen : cf. M.A. 229b, Nat elom yn lloc yn lle kyni /
Yn lluyr (R.P. 25a, *llwgyr*), llu *Malaen* maledicti ; D,
(Diar.), Malaen a dyly ei daith. *Malen,* "chalybs, ferrum
. . . Videtur etiam significare Diabolum, et scribitur *Malaen*"
Ond cf. R.P. 133 b 9, gan uelyn *uordwy ualaen* uawrdwysc
(am afon ?) Sonnir yno am y prif afonydd rhwng **Gwy**
a Hafren, *Deueityat, Yeithon, Kymaron, Clawedawc;* a'i
elyn yn boddi ynddynt, "O gwlychawd griffri . . . vch law
trefyklawd (Knighton) . . . Sychet . . . wrth ufferndan" ;
B.B.C. 97 (ymyl), Nyt aeth nep a uei envauo ir gorllurv
id aeth gvallauc y *valaen* yr veiriauc. Yn y testun, enw
lle, neu ansoddair "melltigaid". Ond i ble yr aeth
Gwallawg ?

Rhydd Siôn Dafydd Rhys, yn ei Ramadeg (1592),
td. 184, yr englyn fel hyn :—

> Morr swrth y syrthiodh march Paen,
> Ym mariandir grodir graen ;
> Eibhiônydh mynych malaen,
> Lhe ny bo mign e' bhydh maen.

> Lhowarch hên i bharch Paen ei bhab, Pann gwympodh
> yn Eibhiônydh.

2a **cyd baen haelion :** er eu bod yn haelion. Pwy ? Ai
ateb i rywun a ganmolai ei noddwyr wrtho ? "Ie", yw'r
ateb, "Ond bu gennyf unwaith blant".

afarwy byd. Rhydd G. 14a, *afar,* "tristwch, alaeth",
ac un darll. yw "afar i'r byd" ; ond ceir hefyd *afarwy,*
G. 14b, fel enw dyn (R.B.B. 82, 84, 88–93 ; R.M. 298,
Auarwy uab llud uab beli, ef a dyuynnawd Julius acesar
agwyr ruuein yr ynys honn yn gyntaf), ac fel enw cyffredin.
Dyry Loth yr ystyr o garn cleddyf iddo (poignée, garde
d'epée, A.C.L. i, 456) ; cf. R.P. 38b, Nyt ynat neb drut
ny drefnwy gwastawt (*gwascawt*) kynn gwiscaw *auarwy;*
169a, keredic (H. 124, *keledic*) vy hun yn hir ovwy lle. yn
lledrad vore gan *avarwy;* H. 292, wyr yweii uirein y
auarwy. Nid yw "carn" yn ateb yn dda. Yn y testun,
rhywbeth fel tristwch neu oferedd sydd ei eisiau.

XI

1a   **sefwch allan . . . a syllwch :** cf. dechrau cerdd ar destun
tebyg, B.B.C. 106, Seithenhin *sawde allan* ac *edrychuir*de.
Golyga *sefyll allan* sefyll a dyfod allan, cf. P.K.M. 51,
kyuodi allan a orugant.

1b   **Gyndylan werydre,** gwlad Cynddylan.   Er mwyn mesur,
newidiais drefn y geiriau yn y llsgr., canys cyffredin yn yr
hen ganu oedd rhoi'r dibynnair gyntaf.   Cyfeiriwyd at
amryw enghreifftiau yn barod yn y nodiadau hyn, cf. isod,
81b, *Ffreuer werydre*.

   gwerydre, gwlad ;   cf. H. 293, ef ae dwc oy dec *werydre ;*
M.A. 232b (H. 38) kyn del ar grutyeu dagreu dygwyt / kyn
gwerydre lann nyd gwaradwyt.   Heddiw pridd yw gweryd,
ond rhaid ei fod gynt yn golygu tywarch hefyd, cf. B.T. 20,
Pan yw *gwyrd gweryt*.

1c   **Llys Benngwern :** tr. yr enw am fod *llys* gynt yn fenyw-
aidd ;   cf. VI, 31b, llys *vreenhin*.   Credir yn gyffredin y
safai'r llys lle saif Amwythig yn awr, gw. *History of Powys
Fadog*, i, 12 ;   Lloyd, H. W., i, 196 n : cyfeiria ef at Ger.
Camb. *Itin.* i, 10, Pengwern in Powys, now called Shrews-
bury (*Everyman*, td. 74) ;   *Descr.* i, 4, the place where the
castle stands bore the name of Pengwern ;   Camden,
Britannia, 1594, td. 458–9, lle dyfynnir Leland ;   *Mont.
Coll.* xii, 53, *The History of Monacella* (" from the MSS. of
Mr. Powel of Ruabon", yn ôl nodyn o lsgr. o gasgliad
William Maurice yn Wynnstay), safai llys Frochfael "where
the college of St. Chad is at present situated " (cf. M.C. vi,
73, Fuit olim in Powisia quidem princeps illustrissimus
nomine Brochwael Yscithrog et consul Legecestriae qui
in urbe tunc temporis *Pengwern Powys* . . . nunc vero
Salopia dicta est, habitatat, cujus domicillum . . . ibi
steterat ubi collegium divi Ceddae episcopi nunc situm
est) :   felly yn M.C. iv, 42, dywedir i dywysogion Powys
gilio oddeutu 781 i Fathrafal, "from their ancestral palace,
subsequently the site of the venerable Church of St. Chad
in Pengwern Powys, now Shrewsbury".   Y mae'r traddod-
iad o blaid lleoli Pengwern yn Amwythig, felly, yn gryfach

nag y tybiwn i gynt, ac yn gynharach.   Ond beth yw oed
yr enw Amwythig ?   Ceir amryw Bengwernydd yng
Nghymru (gw. M.C. ii, 111, plwyf Pennant ; xii, 60 ; Llys
Pengwern yn Nanheudwy, H.P.F. i, 169) heb˙ sôn am
"uffern *bengwern boeni*", M.A. 195a.

neut.: darll. *nu neut ? nu* "now" ; cf. B.B.C. 53, *nv neud*
araf.

tande : yn ôl W.G. 256, "fiery", *-de* yn fenthyg o'r
Gw. *-de.*   Gall fod yn ansoddair yn R.M. 98, dinas ffaraon
dande ; ond enw yw yn M.A. 149b, ynghyllestrig d. ; 204b
(H. 293) yn amwyn garthan gyrth y *dandde ;* 207a, Klywaf
uyg callon tonn val *tande* / Yn llosgi yrdi ar detyf *kynne ;*
Skene, F.A.B. ii, 163, rac pedrydan d. ; B.A. 17, 21, bu
twlch *tande ;* M.A. 214a, *tande* fyrf.   Yn y testun, *neut
tande* "it is a flaming fire".   Onid yr un *de* ag yn *cynne*
(gw. isod 59a ; VI, 18c ; B. iv, 51–2), ac felly cyfansodd
o gyfystyron, fel *cynneu-dan ?*   Rhydd D. yr ystyr "inflam-
matio, empyreuma vi", a dyfynna *Lyfr Medd.* "sy dda
rhag *tandde* a gwres" ; T.W. *pyriasis,* eli rhag poethfa a
thandde, cf. hefyd B.B.C. 10, 5, *flamde.*

1d   **a eldun,** deisyf, hiraethu am, berf pres. 3ydd. un.   D.
eidduno "vouere, desiderare" ; cf. VI, 22b, os *a* rhagenw
perthynol.   Os *a*="o", ansoddair "dymunol".

   brotre : yn ôl G. 78, "barf, blew" (fel cytras Gw. *broth-
rach, brothar,* "hair"), neu o *brawt* "brother", gyda'r un
terfyniad ag yn *gwerydre,* 1b, "treftad, cartref".   Y mae
brawd a *gre* (Ll. *grex*) yn bosibl, ond cf. ystyr arall *brothrach,*
"bed cover, coverlet, rich garment", gw. B. ix, 324 : x, 135.

2a   **ygwydvit.**   Collwyd y gair o destun y Llyfr Coch, ond
cadwyd yn P.T.   Am ystyron posibl, gw. P.K.M. 210 ; ac
yn arbennig B.T. 71, ym *gweduit* ym *gofit ;* H. 94, *Gwytuid*
eigyl yg clat ae trychai (am Owain Gwynedd) ; 144, g.
estrawn ; M.A. 187a, g. gwyr yg weryd achlut ; 204a,
vch blaenwel g. ; R.P. 33 b 6.   Cf. *bid* "gwrych, quickset
hedge".

   gouit arnaw : cf. P.K.M. 26, y *gouut* a oed *arnat.*

2b   **ys odit :** gw. ar I, 35b, III, 47b, cf. H. 284, Och yrdaw
nyd odid.

2c   **derffit,** P. *deruit;* gw. ar VII, 11c, cf. R.P. 145b, Wrth
      a vynno duw dim ny ellir.

3a   **iaen** yn ddeusill, cf. R.P. 171a, maws massarn kadarn
      callon yaen (odli ag *asgen, ochren, orffenn*) ; B.T. 78, 5,
      Teyrnas kyfadas cas o *iaen* (odli â *lawen, echen*) ; B.B.C. 89,
      pisscaud ygkisscaud *iaen;* Ll. A. 53, pei byrit mynyd o
      dan yndaw yd aei *yn vn iaen* (212, in glaciem) ; 54, yn
      rewi . . . megys pibonwy nev *iaen y gayaf* (212, ut glacies in
      hieme) ; R.M. 109, ef a dywawt wrth y wreic. Osit rann
      y mi oth uab dí, uorwyn, *oer vyth vyd y gallon.*

3b   **gwant,** gorff. 3ydd. un. *gwanu* "taro".
         twrch, baedd, mochyn, cf. B.A. 17, 21, mal *twrch* y
      tywysseist vre. Geill fod yn ffigurol am filwr, B.A. 11,
      Twrch goruc amot ; 22, ef gwenit a dan *dwrch* trahauc
      Dengys 10c isod mai ffigurol yw'r defnydd yma hefyd.

3c   **cu arodeist.** Methaf â deall hyn fel *cu a roddaist;* dis-
      gwylid *cu (y).* Ac y mae *a rodeist* yn P. yn erbyn tybio
      berf *arodi* yma, o arawd. Gellid *cuar odeist* (cf. B.A. 13,
      trin tra *chuar*, a'r ferf *odi* "taflu"), neu ddarllen *tu a
      roddeist* i gael enw o flaen y rhagenw *a.* Hawdd darll.
      t fel *c,* cf. 111a, *togwy* am *Cogwy;* VI, 4b, *tuawc, cuawc.*
      Ceir *dodi tu* yn B.A. 38, am filwr yn gosod ei ystlys yn erbyn
      gwaywffyn y gelyn (em *dodes i tu* ar guaiu galon). Gwnâi
      hynny'r tro yma hefyd.

         yr cwrwf, er cwrw ; gw. P.K.M. 149, ar *twrw* am y ffurf ;
      a B.A. 25 am yr ystyr (*Yr med a chwryf* yd aethant twryf
      dros eu hawfin). Os *er twrf,* cf. C.A. 349.

         Trenn. Ni welaf le i amau nad Afon *Tern* Sir Amwythig
      yw'r afon a elwid gynt *Trenn.* Felly Panton 30, "a pretty
      large river . . . falls into the Severn near the ancient
      Uriconium now called Wroxeter". Gwyddai'r Gogyn-
      feirdd am yr afon hon ar y goror, cf. M.A. 168b, Mygyr yd
      latei loegyr *hyd lewdir trenn;* H. 207, *tra thrennn* gyrchu ;
      224, hyt y dir ger *tren;* B.T. 77, Pebyllyawnt ar *tren* a
      tharanhon (yr hen *Trisantona,* heddiw *Trent* yn Lloegr, ond
      Trannon am yr afon Gymreig). Yn y testun, tref neu
      ardal yw, gw. 4c, Tren, *tref* diffeith ; 104c, 105c, 106c ;

ond afon yn 67b, 68b, XIII, 22.   Am afon arall o'r un enw,
gw. L.G.C. 221, *Blaen Tren*, ger Llanybyddair, Sir
Gaerfyrddin.

4a   **godeith,** goddaith, llosgi eithin a grug yn y gwanwyn.
Calon oer oedd ganddo at elyn (3a), ac un angerddol gynnes
at gyfaill.

4b   **cyflwyn,** enw "rhodd", berfenw "rhoddi", cf. B.T. 9,
at[wyn] k. a garhawr ;   L.G.C. 179 (y Doethion ym
Methlehem) Mal y tri brenin divlin yn dwyn / Yn eu tair
covlaid y tri *cyvlwyn ;* D. (*Diar.*) Gnawd gwarth o fynych
gyflwyn ; R.C. xxxiii, 221, yna y duc Iosep y mab y temyl
yr Argluyd. ac y ducpuyt *kyulvyn* a deupar o golomenot.

     cyuyeith, un yn siarad yr un iaith, gw. S.E.   Defnydd
arbennig o'r arddodiaid *o* ac *am.*   Newidir yr ystyr yn
hollol, os darll. *anghyfieith* gyda P.T.

4c   **amwyn,** amddiffyn, berfenw y ferf a roes *amucsei* yn 5c,
6c.

     tref diffeith, tref wedi ei dinistrio a'i gadael yn anghyfan-
nedd.   Dyna gyflwr Trenn bellach, ar ôl lladd Cynddylan :
nid felly yr oedd pan ymladdai ef drosti.

5a   **pefyrbost,** cynheiliad hardd.

     kywlat, goror gwlad, gw. ar III, 11c.

5b   **kadwynawc :** gw. G. 93. Hefyd cf. R.M. 305, Tri
hualhogeon deulu ynys brydein . . . a dodassant hualeu eu
meirch ar draet pob un onadunt yn ymlad.   Y syniad oedd,
eu llyffetheirio felly fel na allent ffoi pe dymunent hynny.
Felly Cynddylan ;   neu ynteu gwisgai gadwyn fel addurn.

     kildynnyawc. Er bod *cildynnu* yn digwydd, nid yw'n
addas iawn yma ;   gwell gennyf fuasai darll. *kyndynyawc*
gyda 6b, 8c, cf. B.A. 36, *cindynnyawc* calc drei.

5c   **amucsei,** gorberffaith *amwyn* 4c, cf. *ducsai*, o *dwyn.*

     tref y dat : cf. M.A. 491a, o *tref dy dat ;* H. 45, ef gymerth
nef dros *dref y dad.*   Y mae *hyt tra vu* yn 6c yn awgrym
y gellid darll. yma *tra fydat.*   Ar *bydat,* gw. I, 30b.

6a   **ovri,** tr. o *gofri* "doeth", V.V.B. 142, *guobri* "gravis" ;
guobriach "sapientior".   Nid oes odl â *b, c,* ond prin y
dylid newid i *o vru* "o'i enedigaeth", gan y goddefid proest
yn lle odl, ac y mae *gofri* yn cydfynd â phefr-*bwyll.*

6c   **hyt tra :** cf. isod 22c, R.P. 28 b 11, *hyt trauu* yma ; H. 47 *y tra* uo ef yn nef ; 131, *hyd tra* uwyf ; B.T. 68, 20.

7b   **disgynnel :** cf. isod 9b, 10b. Am *disgyn* "ymosod", gw. B.A. 2, *disgynnyeit* em bedin ; 19, en aryal ar dywal *disgynnwys;* 20, y gynnedyf *disgynnu* rac naw riallu ; 35, gnaut rac teulu deor em *discinhei;* P.K.M. 15, *diskynnent* wynteu am ben y llys ; 43, keimeit kynniuyeit *diskynneit yn trin.*

     kymelri cat, P. *kymerli,* ond cf. R.P. 6 a 38, Blaengerd *gymhelri ;* 25 a 26, yg *kymhelri uffern ;* B.T. 34, *kymelri ;* 68, Nyt uu nyt vi yg *kymelri* y gyfeissor (= ei debyg); H. 8, Beich rygynulleis o bechaud . . . Ry dy ergryneis *oe gymhelri ;* 29, Irdut (= erddynt) urtas *gymhelri /* callon klywaf yn llosgi ; 263, o angert am kert am *kymelri;* H. 68, toryf *gymelri* ualch. Felly digwydd gydag *h* a heb *h.* Rhydd D. *cymmelrhi* "perturbatio, tumultus, negotium" ; Hen Eirfa yn Cy. ix, 332, *kymelri* "cat" ; B. i, 328, *cymhelrhi* neu *gybhelrhi* "blinder". Tebycach yw i "ymryson, cyffro".

7c   **ladel,** darll. *ledi,* hen ffurf o'r amherff. 3ydd. un. ; cf. 35a, *gorelwi ;* B.A. 16, 18–22, *eiduni, klywi, arolli, dylyi,* ac yna yn groes i'r odl, *dimyngyei.* Dengys hyn fel yr oedd y copiwyr yn newid hen ffurfiau, a'u diweddaru, er gwaethaf my:dr ac odl. Cf. ar III, 37b, *gwneuthur kelein,* am y meddwl.

8b   **buteir.** Anhysbys i mi. Isod, 54b, dywedir fod *y bydeir* yn llawen "wrth gyuamrud kat" : prin y dylid deall hyn fel y byddair, llu. *byddar,* fel yn B.T. 32, deill a *bydeir.* Os yr un gair ag yn y testun, cf. S.E. ar *bod* "kite, buzzard" : rhydd ef *bod teir*call, "the common buzzard", ond ni wn ar ba sail. Buasai gair am aderyn ysglyfaethus yn cyd-fynd â *hebawc* yn 8a ; a hawdd deall llawenydd y cyfryw wrth glywed sŵn brwydr.

     ennwir : gw. III, 35c, VII, 13c.

8c   **keneu,** ci bach, "whelp" ; yma "mab" ; cf. G. 129 ; R.P. 3a, *keneu* henri.

9a   **gwythhwch,** mochyn gwyllt ; *gŵydd* "gwyllt" ; gw. P.K.M. 232 ; B.B.C. 68, *guythuch* wrth ervid ; A.L. i, 732, *Gwythwch* un werth yw a hwch tref : B.A. 22, penn ywrch pen *gwythwch* penn hyd.

9b **priffwch cat.** Daw *priffwch* o *prif-* a *-hwch* (cf. H. 259, gwr hydyr yn y *hwch ae uar* kynn noe uawr attregwch), neu o *ffwch* (cf. C.Ch. 125, ar hynt y baed ae harganfu ac y gyt ac y gwyl trwyn*ffychein* ac agori y safyn). Ai "first attack" neu "main attack"? Cf. *prif*-ffordd, *prif*-lys.

9c **deudrwch,** haen ar haen, "layer on layer"; cf. B.A. 19, 22, trin dygwyd *trwch* trach y lavnawr, cf. *trychu* torri; yma, medi dynion i lawr, a medi *to* arall arnynt.

10a   **Gulhwch gynnifiat,** milwr fel Culhwch ap Cilydd, cefnder Arthur, R.M. 100, 106. Erddo ef yr aeth Arthur a'i wŷr i hela Twrch Trwyth, ac yr oedd chwedl am yr helfa honno yn ddigon hen i gyfeiriad ati gael lle yng ngwaith Nennius (Arg. Mommsen, td. 217); gw. uchod ar Cafall, VII, 22a (*quando venatus est porcum Troynt*, neu *Troit* yn ôl 4 llsgr.). Enwir *torch trychdrwyt* hefyd yn B.A. 26.

Ar **cynnifiat,** gw. B. ii, 300–2. Hen orgraff yw *-iat*.

10b **blei** R., darll. *bleid* gyda P.T.

dilin. Tybia rhai, medd D., mai aur *dilyfn* yw aur *dilin* (cf. Job xxviii, 17); ond fe'i ceir mewn cysylltiadau eraill, megis B.A. 12, kynn gwawr dyd *dilin;* 14, kywyrein ketwyr kywrenhin / Gwlat atvel gochlywer eu *dilin;* H. 17, Ac ar lles ywein hael hual *dilin* / dychysgogan lloegyr rac uy llain; B.A. 18, yn tywys yn *dylin*=36, yn towys *inilin* (odli â *ceseuin, win*). Geill fod am *dilyn* weithiau : addas yma fuasai am un yn erlid ei elyn fel blaidd.

10c **nyt atuer :** cf. H. 7, a mab rywallawn rwyf myr / or gyfergyr *nyd aduer;* B.T. 46, 5, O pop *aduer;* B. iv, 3, A dwc agheu *nyt atuer;* H. 27, am aduod arth aruod aryf he / heb *eduryd* yg gweryd wely; cf. S. "return", a "dychwel" fel berf gyflawn ac fel berf anghyflawn. Yn y testun, "Twrch will not return".

tref y dat : gw. ar 5c. "Ni ddychwel Twrch i'w fro ei hun"; cf. B.A. 3, Gwyr a aeth *Gatraeth;* cyflwr gwrthrychol yn nodi diwedd y daith.

11a **hyt tra attat :** gw. ar 6c am *hyt tra.* Treiglir ar ôl *tra,* y ferf yw *gattat,* gorff. amhers. modd dibynnol o *gadu,* cf. H. 148, tra *adwyd.* Defnyddir *gadu* am Dduw yn gadael i ddyn fyw ; cf. H. 210, Ny mat gymyrth aryf ny gymer penyd / can ny wyr ennyd pa hyd *atter ;* 221, rwyf diueuyl, douyt ae *gatto.*

yd adei. Os *ydd adei,* rhaid mai berf arall sydd yma, *adaf.* Os *gadu* yw'r ferf, rhaid darll. *yd,* yn groes i arfer R., fel *yd,* y geiryn a ddigwydd o flaen berf ; ond cf. B.A. 18–19' ry benyt *ar hyt yd attawr.* Neu gellid darll. *y dadei ;* o ferf *dadu,* cf. *dyrru (dy–gyrru),* XIII, 38 ; neu'n wir, newid i *dyadei* (o *dy-adu*) ; cf. B.B.C. 25, A *dyadu* tan ar poploet anylan.

11b   **y gallon,** R. ; *y galon,* T.   Penderfynir ystyr hyn gan ystyr *yd adei.*   Ar yr wyneb, "ei galon", ond dichon mai bai am "ei alon", ei elynion.   Tra bu byw, dyadai ei elynion, h.y. eu gyrru o'i flaen, eu herlid.   Neu, tra bu byw, adai ei galon, beth bynnag yw hynny.   Ai fel *ad-* yn *adar, adain ?*

11c   **mor wylat.**   Cymeraf mai *gwylat* "llawen" sydd yma, V.V.B. 138, gl. hilaris, gw. V, 2c ; B.T. 79, 11.

    mal y gwrwf : unsill yw *cwrwf,* gw. ar 3c.   Am yr ystyr cf. B.A. 18, Oed garw y gwnaewch chwi waetlin / *Mal yuet med* drwy chwerthin ; 16, hut arolli wayw *mal gwin* gloew o wydyr lestri.   Felly Cynddylan : âi i frwydr fel dyn yn mynd i wledd.   Mor llawen oedd ganddo fod *y gat* "yng nghad", ag *y gwrwf* "mewn cyfeddach".   Ar *y*=yn, gw. isod 35b.

2a   **Kyndylan Powys,** cf. 31c, Eluan *Powys ;* ac enwau fel Maelgwn *Gwynedd,* Owain *Cyfeiliog,* Madog *Elfed,* Ynyr *Gwent.*

    borffor wych yt.   Rhydd R.P. *wych yt,* T. *wyrh yt ;* os oes odl gyrch ag *esbyt* yn 12c, nid *gwychydd* ond *gwychyd* (cf. H. 183, yn drin *wychydnaf*) ; cf. B.T. 75, Dolwys *dolwyckyt.*   Gellid tarddair o *gwych,* efallai, fel *clefyd* o *claf,* ond haws credu fod bai yma am *wiscyt,* lluosog *gwisg* (cf. *osb, esbyd*), neu darddair ohono (cf. Ll. *vestis, vestitus*) ; efallai yn gyfystyr â "gwisgedig" neu "gwisgiadur" : cf. B.A. 17, A merch eudaf hir . . . oed *porfor gwisgyadur ;* R.M. 102 (Culhwch) llenn o *borffor* pedeir ael ymdanaw ; ac aual eur wrth bob ael idi ; B.A.14, *borfor beryerin.*

12b **kell esbyt,** un yn darparu lluniaeth i *esbyd,* llu. *osb.,* Ll. *hospes, hospites,* cf. H. 113 (Rhys) hil cadell *kell kerteu.*

bywyt ior. Oherwydd fod *bywyd* braidd yn annaturiol yma, tybiaf mai bai yw am *kywyt* (cf. B.B.C. 12, Maer claer *kywid* mad cathyl *kyvid*) : cyseiniai hynny â *kell.* Ond gall y darll. sefyll am un yn byw fel arglwydd.

12c **kwynitor,** cwynir ; gw. B. iii, 259, ar *cephitor ;* W.G. 334.

13b **ny mat :** cf. isod 100a, gw. B. ii, 121–3, am *mad* lwcus, ffortunus ; B.B.C. 53, *Ny mad* rianed o plant adaw ar ny creddoe y dovit ; 70, *Ny mad* aeth eneid in y gnaud ; B.A. 13, *ny mat* dodes y vordwyt ar vreichir mein llwyt : B.T. 15, y aber perydon *ny mat* doethant ; 61, *ny mat* vrwytrwyt.   Dengys yr olaf y ferf wedi treiglo ar ôl *ny mat* fel ýn y testun.   Yma ac yn 100a golyga *ny mat* rywbeth fel "nid teilwng" ; nid yw'n beth addas i lwfrddyn wisgo barf, arwydd gwroldeb, gw. isod 88c.

Am *ny* (yn lle *nid* fel heddiw) o flaen ansoddair, cf. *ni dda* gennyf, *ni waeth* gennyf, *ni wiw* i mi, etc.   Ond yma ni threiglir, gan fod *mad* yn cydio wrth y ferf i wneud cyfansodd, ac ni threiglid berf yn *m-* ar ôl *ni ;* gw. hefyd V.V.B. 67, *ni cein* guodemisauch.

baraf R., *baryf* P.T.   Am *y* anorganig yn troi'n *a* ar ôl *a,* cf. R.M. 76, a gauas o *auar* (gw. P.K.M. 87, o *auyr,* darll. y Ll. Gwyn).   Dengys P.T. fod y Ll. Gwyn yma hefyd yn cadw'r hen ffurf.

14a **kymwyat :** cf. isod 93a *kymwy* arnat.   Cyfystyr yw *cymwy* a gofid, cf. W.M. 206 (Pen. 4), digawn o *gymwyeu a gouudyeu* yssyd ar y gwr ; Pen. 6, *o gymwyeu a gouityeu ;* B.B.C. 76, gwedy clevid crid a *chymwy ;* R.P. 38b (am Grist) trwy gethreu a chreu a *chymwy ;* 174b, k. cat ; B.A. 10, dan y *gymwy ;* B.T. 60, *kymwyawc* lew.   Y mae *cymwyat* yn golygu un sy'n blino eraill, gofidiwr, nid gofidus, fel y dengys B.T. 18, Am ynys *gymwyeit* heit a deruyd (sef y rhai sy'n peri gofid i Brydain) ; ond gofid yw cymwyedd yn B.B.C 60, brithon haelon hil *kymuyet.* Yn y testun, rhyfelwr, gŵr rhyfelgar, yw cymwyad.

14b **armeithyd :** gw. ar I, 3b, 9b, *armaaf ;* 6b, *aruaeth ;* 28a : *meith* o magu, M.A. 157a, R.C. xxix, 24, xl, 343 ; hefyd G. 38b, ar *aruaethu.*   Ceid ystyr addas wrth ddarll.

armerthyd, berf pres. 2. un. o *armerthu*, paratoi.   Nid oes
modd weithiau wahaniaethu rhwng *it* ac *rt* yn y llsgr., cf.
Skene, F.A.B. ii, 128, *diffeith* yn lle *disserth*.   Am y meddwl,
cf. M.A. 211a, Oet amheu yr byd bod abar / O honam o
heneint lleithyar, h.y. ni chredai neb wrth weld y frwydr,
y câi neb o'r milwyr fyw i farw'n hen.   Felly Cynddylan :
a barnu wrth ei ddull dibris ohono'i hun mewn brwydr,
nid oedd henaint a phenllwydni yn ei arfaeth na'i
ddarmerth.

14c   **am :** cf. H. 63, a chlod a goruod *am* geiryawc ddyffrynt.
        Trebwll : gw. XIII, 65, pan athreiddwn *Pwll* ac Alun.
        twll, ansoddair, "tyllog" ; gw. ar I, 18a, 27c, 38b.   Ni
        chytuna'r traethiad â chenedl *ysgwyt ;* cf. I, 1b, *llem* awel,
        hen orgraff am *llym* awel.

15a   **kae,** gorch. ail bers. un. ; *cae-u,* cau ; yma, cf. gwar*chae ;*
        cau â milwyr ac amddiffynfa.

15b   **yn y daw,** lle daw.
        Ceir copi salw o'r englyn yng ngramadeg I. D. Rhys,
        td. 183 :—

                Cyndhelw cadw ditheu y rhiw.
                Arr a dhel yma hedhiw
                Cudeb am vn mab nyd gwiw.

        Yna nodyn : "Lhowarch hên ynn y maes yn Rhywêdog,
        gwedy trigo [⇒marw] ei holh bheibion onyd Cyndhelw".
        Diau iddo gael ei *Gynddelw* o destun lle ceid *Cynddelan* am
        Gynddylan, gw. P. 6a, 14a, 15a.   Ymgais i esbonio *ny diw*
        yw *nyd gwiw*.   Nid oes *mab* yn R.P.T., na lle iddo os
        darllenir *amgeled*.   Dengys hyn yr ystumio oedd ar destun
        yr englynion ar lafar ac ar lyfr.

15c   **amgeled,** gofal ; cf. S.G. 363, Y castell a oed yn lle tec
        pet uei *amgeled amdanaw ;* P.K.M. 85, yn rith *ymgeled
        amdanaw ;* G. 22.   Felly gofalu *am*, nid *rhag ;* nid gofalu
        rhag Lloegrwys am fod lliaws ohonynt, ond gofalu *am*
        ryw *un*.   Ymsôn Heledd yw ll. olaf yr englyn hwn, fel 16c.
        Yn y ddwy linell gyntaf geilw ar ei brawd i warchod y bryn.
        Ond pa ddiben ?   Y mae ei brawd bellach yn gelain.
        Ofered yw pob ymgeledd amdano !   Gofal am un ni thycia
        gofal amdano !   Ond y mae'r esboniad hwn yn anwybyddu'r
        pwyslais ar yr *un*.   Yn 2a, *Un prenn a gouit arnaw ;*

anodd iddo ddianc ; yn 16c, *ny elwir coet o un prenn* : nid
coedwig y gelwir un pren, "One tree does not make a
forest". Ac yma eto, amgeledd am *un*. Petasai *ny diw*
yn gyfystyr â *nid gwiw* J.D.R., ceid synnwyr. Gofal am
ei brawd ei hun sydd ar Heledd, gw. isod 65c ; nid iawn
yw hunancldeb o'r fath. Nid ef yw'r unig un yn y llu.

    ny diw : gw. ar I, 8c.

16a   **nenn :** gw. isod 21a. Yn gyffredin "pen tŷ, roof" ; gw.
A.L. i, 292 ; G.B.C. 126 (Marwnad Ieuan *Dowr*) : Aeth
Ieuan ddilan ddolef / A'i dobren o'r *nenn* i'r Nef ! Hefyd
"arglwydd, pennaeth", cf. B.B.C. 42 (Duw), Vy maurhidic
nen vy perchen. Yn y testun rhaid ei fod yn golygu lle
(bwlch, rhyd ?), cf. B.T. 17, nyt ahont allmyn or *nen* y
safant. Ond gall yr enghraifft hon fod am *men*. (R.P.
103b, *men* y mae ; B.B.C. 26, *Myn* y mae, ll. 9, *men*).

    drwy Dren, dros yr afon o'r enw ; gw. P.K.M. 185 am
drwy "dros", wrth sôn am afon, a môr ; 40, *drwy* Linon ;
47 *drwy* uor.

16c   **coet,** coedwig ; *prenn,* "tree". Ni elwir un goeden yn
goedwig.

17a   **mor dru,** "Mor ddrwg gan fy nghalon i !" ; cf. B.B.C. 1,
Mor truan genhyf mor truan a deryv am keduyv a chaduan ;
V.V.B. 189, *mortru* gl. eheu ; 188, *morliaus,* gl. quam
multos.

17b   **kyssylltu** R., gwell yw P. *kysyllu* y (er bod llaw ddiweddar
wedi rhoi *d* uwchben yr *u*, ond cf. T. *cysyllu*). Rhydd W.M.
119a y *-t* yn *cysswllt*, ond cf. Pen. 14, 75, *kyssyllus* . . . a
chyssyllun. Hefyd cf. parau fel *all, allt; deall, deallt-*
wriaeth ; *gwyll, gwyllt* (di-*wyllio*) ; *cyfaill, cyfaillt.* Cf.
M.A. 198b, *kyssylltu* canu kysseuin . . . yr gwraget (sef
cyfansoddi, gosod ynghyd).

    Yn groes i P., rhois *gwynn gnawt* yn air cyrch, ac nid
yn 17c ; rhydd hyn fesur, a chymeriad i 17b, 17c. I gael
cymeriad drwy'r englyn, rhois *Kan* yn 17a yn lle *gan,* a
gwna hynny i'r gadwyn o 2a i 17a ddechrau gyda K.
Yna daw 16 o englynion yn dechrau gyda *Stauell.*

17c   **kyngran :** gw. ar I, 20b, 21b.

18a   **Stauell Gyndylan.** Deusill yw *stauell;* benywaidd yw
hefyd, a threiglir yr enw ar ei ôl.

heno : gw. B. vi, 105–6, ar boblogrwydd *heno* fel gair cyrch.

18c   **wers,** tr. o *gwers,* tro, "a while, a turn", cf. W.M. 244a, *ys guers* (=ers tro) yd wyf yn keissaw : *gwers tra gwers,* bob yn ail, "in turns" ; cf. A.L. i, 588 (dull dadlau), ae geir tra geir ae g. t. g. ; ii, 576, Tri lle y bydd twng g. t. g. . . . yr hawlwr a dyng yn gyntaf y fod ef yn fach : yna y tyng ynteu nad ydiw ; yntau yna a dyng y fod, ac felly g. t. g. ; R.M. 116, ym penn *gwers* ("after a while") ; R.B.B. 46· A *gwers* yd ymledynt wynteu o daflu, *gwers* o saethu, *gwers* o vwrw brwnstan todedic am eu penneu ; W.M. 64b, A chyt a mi y bydy *y wers hon;* Llyd. *gouers,* "ysbaid."

    wedy, adferf, tr. o *gwedy,* diweddarach *(g)wedi;* ond yma odlir ag *-y,* cf. Ox. i, V.V.B. 146, *guotig.* Heddiw dywedid *wedyn* mewn ll. fel hon.

19c   **namyn Duw :** gellid darll. *nam* (gw. ar III, 47c) a *duy* neu *dyw.* Ym marwnad Llywelyn Fawr, mor ddiweddar â 1240, rhydd Ll.D.W. 31 y ffurf gyflawn *duyw* (cam e goruc *duyw* o tebegrwyd=M.A. 219b, *Duw*).

20c   **elit :** gw. W.G. 329 ar *elhid;* Lewis, B. iv, 15 ; B.B.C. 101, *Elhid* bendith new a llaur. Yma ni wedda, ac felly darll. *etlit,* gw. II, 7c (lle methodd R. gyda'r un gair), VI, 8c.

    amdaw. Rhydd G. 21 ddwy enghraifft, sef hon ac R.P. 149b, hiruraw *amdaw* amdudyr. Yno yr ystyr amlwg yw "Braw hir a *ddaw* im am Dudur, h.y. datif yw'r *m* fel yn 19c uchod. Yn H.173 gwahenir y geiriau, *am daw am* dudyr. Wrth ddarll. *etlit a'm daw amdanat* ceir cystrawen iawn i *a'm daw* ac arweinir yn naturiol i *amdanat;* etyb *etlit* i *hirfraw,* ac *amdanat* i *am Dudyr.*

21b   **cywelthyd,** cwmni, mintai, gw. P.K M. 45. Enw benyw-aidd, gw. *gwen* yma, ac *arnei* yn W.M. 236b ; Loth, R.C. xxxiv, 145.

21c   Brawddeg ddiarhebol eto. Cysyllter o ran meddwl â 46b, 57c, 86b, lle cyfeddyf Heledd fod rhyw fai arni hi am hyn oll.

    a'e dyuyd, a ddaw iddo ; *dyfydd* yw pres. 3ydd. un *dyfod.* Rhagenw mewnol, datif yw'r *'e.* Dengys *dynyd* P.

ei fod yn methu â gwahaniaethu *u* ac *n* yma, fel mewn amryw fannau eraill, cf. ei *nent* am *neut* yn 22a.

22a   athwyt, aethost ; gw. W.G. 360, 364.

heb wed, heb brydferthwch gwedd, cf. di-olwg ; P.K.M. 67, y liw a'y *wed* a'y ansawd yn atueilaw o'y chariat ; D. "species, forma, modus" ; yn P.K.M. 152, ceir *gwedd* arall, sef "iau".

22c   hyt tra : gw. ar 6c.

tollglwyt. Gwahaniaethid rhyngddi â *dorglwyd*, gw. A.L. i, 720, Dwy keinawc kyfreith yw gwerth *dorgluyt*. Keinawc kyfreith yw gwerth *tollglwyt* (721, "door-hurdle" a "gap-hurdle"). Treiglir y goddrych ar ôl *bu*. Ni bu adwy na thwll ym mharwydydd y neuadd i alw am doll-glwyd, yn oes Cynddylan.

23a   digaryat R. ; gwell yw *digarat* P. ; gw. ar II, 4c, 6c.

23b   gwedy yr : darll. fel *gwedy'r*. Felly 29b.

pieuat, amherff. 3ydd. un., "oedd piau". Chwaneger at restr W.G. 357.

23c   wi a P.T. Y mae *owi a* R. yn gymysg o *wi* ac *oi*, cf. R.M. 116, *oi a* wr ; Ch.O.3, *Owi a* Duw ; W.G. 450.

byrr R. ; gwell yw *byr* P., gw. W.G. 290, *pyr* "why", cf. W.M. 228b, *pyr* y kyuerchy di, "Why dost thou ask ?" Troes R.M. 103 hyn yn "*byrr* y kyuerchy"—awgrym na ddeallai'r hen ffurf, gw. Lewis, H.G.Cr. 127–9, *py-yr,* "py er, er pa beth" (fel *paham* "am ba beth").

gat : gw. P.K.M. 175. Yma, "Pam y gad fi ar ôl ? Pam y gad lonydd i mi ?" Gw. ar 11a.

24a   esmwyth, cysurus, hyfryd ; D. "mollis, quietus" ; cf. D.G.G. 16, *Nid esmwyth* hyn o dysmwy ; R.M. 146, gwedy y goualu or chwein ar *anesmwythder ;* B.B.C. 13, molud *esmuith ;* P.K.M. 47, nyt oed *anesmwythach* . . . no fan doethan yno.

24b   hytwyth R., *hydvyth* P., o *hy-* (W.G. 268, *hy-*glyw, *hy-*gar, *hy-*fryd) a *-twyth.* Ceir hwnnw ar wahân (M:A. 145a, Teithiawg Prydain / *Twyth afyrdwyth* Owain) ac yn gyfan-sodd, megis yn M.A. 162b, Drud *auyrdwyth* amnwyth amniver ; 168a, Gwyr yn auyrdwl gwyr gwerin urten / Gwyr yn *auyrdwyth* gwyth yr gweith ueigen ; 177a, Arglwyd teithyauc *tuythvaur* yn arveu ; 180a, *Kyvyrduyth*

kyvavyrduyth prifuyth prifuyd ; 337a, Coron y doethion **tra**
dwythedig ; 174b, H. 156, Lleithiclwyth *hydwyth* hud wasgar
o gad.   Fel arfer, nid yw defnydd y Gogynfeirdd o air **yn**
helpu i ni ei ddeall yn glir, ac felly yma.   Am *afrdwyth*,
cynnig G. 15, "dygnedd, dwysedd."

24c   **niuer,** llu, P.K.M. 108.

   amwyth, G. 25, "amddiffyn, nodded, lloches".   Hon yw
ei unig enghraifft ag eithrio un amheus o M.A. 75b.   Ceir
berf gorff. 3ydd. o *amwyn* yn XIII, 20 ; B.T. 57, pan
amwyth ae alon ; ac enw lle, *Amwythig.*

   Ceid gwell cyseinedd o ddarll. *amnwyth,* G. "dewrder,
milwriaeth" ; cf. H. 138, a. amniuer ; 157, berth yd
borthynt *amniuer /* am ioruerth *amnwyth* nerth *ner.*   Yma
ceir tri enw y testun ynghyd, pe derbynnid *amnwyth,* a'r
tri ynglŷn â theulu pennaeth.

25c   **dygystud.** Sylwer ar drefn y frawddeg : berf, gwrth-
rych, goddrych.   Am y meddwl, cf. H. 149, treulwys uyg
grutyeu cofyon kyueissyeu.   Y syniad yn y testun hefyd
yw fod dagrau yn treulio neu wisgo ymaith ei gruddiau,
"Tears wear away cheeks".   Heddiw, *golwg cystuddiol,*
"a worn look" ; *cystudd* "afiechyd, salwch" ; ond yr oedd
yr ystyr yn lletach gynt ; cf. M.A. 616a, A gwadu yn
gyntaf a wnaeth y gwr . . . Ac odyna gwedy y *gystudaw
ae gymell* adef a oruc ; B.B.C. Bet tawlogeu . . . mal y mae
iny *kystut ;* 71, gereint gelin k. ; 58, a *chistutia[u]* gwad ;
R.P. 9b, ny chel grud k. kallon ; B.T. 3, k. dygyn gwedy
gwely agheu ; 15, 21 ; 77, 3 ; R.P. 20 b 17, 36 ; 111a,
yr dy *gystud* ath hir gythrud athur gethri ; Ch.O.4.

26b   Deusill ar goll yn R., ond rhydd P.T. *heb dan.*

26c   Deusill ar goll yn R.P.T. Cynnig J.M.-J. *Tal.* 158,
"copiously my (flood of tears) falls", gan ddarll. *meu ;*
J. Ll.-J. (B. iv, 148–9) *hidyl (hoedyl meu)* "tearful my
existence where it darkens".

   hidyl. Rhydd D. ystyr yr enw fel "colum, colo" (sef
hidlen, "strainer"), a'r ansoddair fel "abunde promanans
vt e colo cribrove abundans" ; cf. Es. xv, 3, gan wylo
yn *hidl.*

   men. Darllenodd Skene *meu,* Dr. Evans *men ;* P.T. *men.*
O blaid yr olaf y mae B.B.C. 26, *men y* mae.

yt gynnu : gw. J. Ll.-J. (B. iv, 148) ; gwrthyd gyfieithiad
J. M.-J. "sets, falls", a chynnig mai cyfansodd o *du* sydd
yma, "tywyllu, duo, nosi". Dyma'r enghreifftiau : B.T.
21, Pan *dygynnu* nos ; 60, kat uawr a uu. or pan dwyre
heul hyt pan *gynnu;* R.P. 68b, Gwr a gynnyd dyd dydon
ymdangos. gwr a *gynnu* nos dros dreissogyon. Yn y rhain,
fel yn y testun, berf. pres. 3ydd. un. yw. Rhaid mai gair
arall hollol yw *cynnu* fel berfenw yn W.M. 119b, a *chynnu*
tan glo a oruc=120b, a *chynneu.* Ond cf. ymhellach
H. 77, oed ked *gynnu* kad gannerth ; B.A. 18, o *gynnu*
aber=36, *icinim* a pherym.

Yn y testun y mae *hidyl* yn y cysylltiadau trist hyn yn
awgrymu mai dagrau sydd wedi colli o'r testun, fel o'r
llygaid ; nid addas yw *hidyl* gyda *hoedl,* darlleniad J. Ll.-J.,
gan nad yw'n golygu "tearful". O'r tu arall, trais ar
gystrawen yw gwneud lli dagrau yn oddrych *yt gynnu*
gyda J. M.-J. Onid gwell yw deall *men yt gynnu* fel
cyfeiriad at furddyn Stafell Gynddylan ? Llifa dagrau
Heledd lle gorwedd yr adfeilion. Y mae *cynnu* yn ferf
gyflawn ac anghyflawn yn yr enghreifftiau uchod : ? "brings
down" a "falls down", disgyn a pheri disgyn.

27a **gwan** (cf. 33a, *erwan*), o *gwanu* taro, cf. P.K.M. 169, 170.

27c **vy glyw,** fy arglwydd ; cf. B.T. 57, *glyw* reget.

buw R., *byw* P.T., cf. isod 73c, *ym buw;* 74c, *ym byw;*
W.M. 123a, os *buw* efo. Am newid tebyg, cf. *duw, dyw.*

mu hunan, fy hunan ; cf. B.T. 27, *mi hun;* P.K.M. 143,
uu hun : *du hun;* B.B.C. 81, *du hunan,* yr *u* yn *hun-an* yn
troi'r *y* neu'r *i* o'i blaen yn *u* gron.

28a **peithwac :** darll. *peithawc* i odli, cf. M.A. 206a, Castell
mathraual mwyth werin wythawc / Du (*bu* H. 306)
peithyawc poeth ethrin ; 146b, Nid heb waed ar wellt ar
wallt *peithiawg;* 175 (Cestyll) Tri tryuan kynan [=kyuan]
kyvoeth / Pedwar enwauc *peithyauc* poeth ; 181a, uffern
. . . yn affan poethvan *peithauc* drwydet ; 213a, *Peithyawc*
dy alon ; 214a, Tyreu poeth *peithyawc* pob un ; 215b, a
gwaedlenn am benn ym *peithawc;* 238a, Ar drewen yn
boeth gennyd *beithyawc* rwyf ; B.T. 74, Duw llun dybyd-
ant, *peithiawc* yd ant. Felly defnyddir gyda *poeth* am
gestyll wedi eu llosgi a'u bwrw i lawr ; am uffern ; am

elynion briw (?) ; am arglwydd sy'n diffeithio. Daw o
paith, cf. M.A. 157a, Dwrn dra dwrn dra degyn yd *peith ;*
B.T. 30, A wnaw *peithwyr* gorweidawc : B.A. 25, *peithliw*
racwed . . . a *pheith* a pher ; M.C. ii, 243 ; x, 345, Mynydd
Blaen *Pathioc.* Credaf mai o'r *paith* hwn y daw *diffaith*,
nid o'r Ll. *defectus.* Gellid tarddiad ag ystyr addas o'r
Ll. *pecto* "comb, card, heckle", hefyd "to give one a
thrashing", cf. *crib, cribddail.* Felly yn y testun, diffaith
oedd y neuadd, wedi ei llosgi a'i llwyr ddinistrio.

28b   **vodawc :** darll. *bodawc* ar ôl y lluosog, gan y ceir *v* a *b*
sy'n dra thebyg i'w gilydd yn y llsgr. Gwell gennyf hyn
na dilyn Rhys, Cy. xxi, 22–3, a chymryd *vodawc* fel treigliad
ansoddair ar ôl y rhif deuol.

28c   **Eluan,** cf. ym moliant Cynddelw i arglwydd Powys,
B.B.C. 103, mur *eluit eluan gaur* (H. 152, *eiluan ;* 47, Deon
meiryonnyt *eluyt Eiluann*).

   Kaeawc, weithiau ansoddair, am un yn gwisgo *cae*,
talaith o ryw fath (B. i, 51–2), cf. B.A. 1, 10, 16, 22 ; yma
enw personol ?

29a   **oergrei,** trist, gw. VI. 21c, 27c, cf. D.G.G. 143, Llyma
fyd ergryd *oergrai.*

29b   **gwedy yr :** gw. ar 23b.

30a   **araf :** un o'r ystyron oedd "trist", medd G. 35. Golyga
hefyd "tawel", cf. C.Ch. 75, meirch mawr syberw *araf buan*
(=nid gwyllt, eto cyflym) ; W.M. 77, *arafhau*, "ymdawelu,
ymlonyddu" (am ŵr yn eistedd) ; C.Ch. 79, *arauach* yw
vympwyll noc un roland y diodef geiryeu Marsli (h.y. nid
mor hawdd ei gyffroi) ; B.B.C. 53, Guendoleu . . . y dau
vyguerid rut nv neud *araf.*

30b   **hynaf,** pennaeth. Ceir *hynaif* fel unigol yn M.A. 641b,
Wiliam Varscal iarll Penuro y gwr a oed yna *hyneif* a
phenkygorwr y deyrnas (? bai am *pen hyneif*, fel Sk. ii, 456,
Maelgwn Gwyned yn *pen hyneif*) ; B.B.C. 95, Oet *hyneiw*
guastad ; G.M.L. 197 ; A.L. i, 21n. Weithiau lluosog yw,
fel yn *pen hyneif* uchod ; R.B.B. 404 ; Pen. 14, 72, auch
rieni ac auch *hyneif.* Cf. hefyd *hynefydd, henefydd,* M.A.
193a, *Heneuyt* bro hiryell ; 239b, Y uod yn hynod *hyneuyt*
gymro : R.P. 153b, Lleissyawn llas eu *hyneuyd. Hyneuyd*
arglwyd ar eurglawr powys.

30c **drugawc** R., bai am *drugarawc* P.T., neu darll. *drugar*
i wella'r mesur ; cf. H. 107, Ath orchymynnaf gan *y mawr*
drugar; R.P. 39a, kyt bwyf drwc byd *drugar* ditheu ;
B.T. 7, *trugar duw.*
pa wnaf, "Pa beth a wnaf ?" ; gw. W.G. 290.

31b **dyua,** difa, cf. 49b.

32b **Kyndrwyn.** Rhy fer yw'r ll., ac nid odl *Kyndrwyn* a
Gwyn, gw. 13, *b, c;* felly darll. *Kyndrwynyn* yma ac yn
47b, cf. R.P. 152a, *kyndrwynin* (am wŷr Powys) ; Skene,
ii, 454, kynuerch*yn,* coel*ing;* B.T. 70, diua hun o goel*ig*
(odl â *diedig, dychyfyg, vnbyn,* a thal *gwin*) ; M.A. 169a,
kynverch*ing* (odl â *beirtrig, gadelling, vaelgynig, dinodig);*
isod 94c ; XIII. 50, feibion *Cyndrwynyn* (odl yn *-yn*), cf.
9, 15 ; gw. P.K.M. 284.

33a **erwan :** gw. 27a, cf. R.P. 172 a 22 ; H. 60 ; 241, *erwan*
dolur mur milcant ; 245, oet *erwan* gwaew preitwan prut /
aruoll mawrgoll maredut.

33b **ymgyuyrdan :** cf. H. 165, R.P. 152a, Llawen doryf *am*
goryf *am gyfyrdan;* 172a, Ymgynnull *am* drull . . . Val
y bu ym mangor *am ongyr dan* / pan wnaeth deu deyrn
uch kyrn *kyfyrdan* / pan vu *gyuedach* uorach vorvran ;
L.L. 130, Budic filius *Cybrdan;* B. ii, 121, Na vyd var
vynych na chwennych *gyfyrdan;* D. "est *ymrafael* ait Ll.
Dissidium D.P." ; S.E. "discord", B. i, 328, *kyfrddan*
ymladd ; H. 241, Dyfed llwyr y gwyr gwrhyd frawt
kyfyrdann / Marw kynan kynhwan cawt. Hawdd cynnig
cyfr- (fel yn *cyfr-*goll, *cyfr-*do) a *-tân,* ac felly "tân mawr" ;
etyb yn burion yn yr enghraifft gyntaf, torf lawen oddi
amgylch corf neu bost y neuadd, ac am y tân yn y canol ;
nid yn yr ail, dau deyrn yn gwneud *cyfrdan* "uch cyrn",
mewn cyfeddach. Y mae "ymrafael" yn amhosibl yn 1,
ac yn addas yn 2. Enw dyn yw 3, ac yn 4 anogir i osgoi
bâr "digofaint", ac i beidio â chwennych *cyfrdan;* yn sicr,
nid tân, ond rhywbeth tebycach i ymrafael. Beth am
ystyr ddyblyg *dadlau ?* Nid ymrafael sydd yn 1, nac yn
y testun, ond cwrdd llawen mewn gwledd, a *dadlau difyr ?*
Gellid annog dynion i osgoi bâr, a *dadlau chwerw,* cf.
ymddid*dan,* syfr-*dan.*

34a   Rhydd P. lythyren fras yma i ddechrau cyfres newydd
        o englynion.

34a   **Eli.** Credaf mai enw lle, a'i fod ar gael yn enw'r afon
        Meheli, Sir Drefaldwyn, yng nghyffiniau Aberriw, gw.
        isod 71b.   Am ffurfiad tebyg, cf. *Mechain* (*Ma*, lle, gwastad-
        edd, a *Cain*, afon).   Deallaf yr -*h*- yn *Meheli* fel ôl *gh* o *g* yn
        yr elfen gyntaf *ma*, Celtig *magos*, Gw. *magh.*

34b   **llewssei,** gorberff. *llewa* "bwyta, yfed" ;   cf. B.T. 68,
        lleweis wirawt gwin a bragawt : W.M. 312b, a *lewes* y gwin ;
        M.A. 324b (am yr afallen beren) llwyr y *llewes ;* R.C. xxxiii,
        217, *yuet* dwfyr kyuryw ac a *leuawd* an Harglwyd ny :
        Gw. *longaim*, R.C. x, 110 ;   Pedersen, V.G. i, 107.   Y mae'n
        rhaid diwygio'r testun i gael mesur ;   gofyn *llewssei* am
        wrthrych yfadwy, sef *llynn*, ac wrth newid *gwyr* i *gwyar*
        "gwaed", ceir ystyr addas ac arswydus.   Uchel oedd llef
        yr eryr ar ôl gwledda ar lyn o waed (cf. B.A. 21, Ef gwrth-
        odes tres tra *gwyar llyn*).   Yn *c*, eglurir mai *creu* ("gwaed")
        calon Cynddylan ydoedd.

35a   **gorelwi,** amherff. 3ydd. un. yn -*i* o *goralw*, gweiddi ;
        gw. ar 7c.   Am syniad tebyg, cf. M.A. 153a, H. 94, Gwyach
        rut gorfut *goralwei /* Ar doniar gwyar gonofiai (Aderyn môr
        yn goch gan waed yn gweiddi "Gorfudd !" gan fod mwy
        na digon o ysglyfaeth ar wyneb y don iddo).   O *goralw*
        y cafwyd *ymoralw*, ymorol (fel *gwarchod* o *gwarchadw*).

35b   **gwynn novi** R., *gwynoui* T.   Cymerais ar y cyntaf *gwynn*
        gyda *gwyr*, a deall *novi* (gw. ar *gorelwi*) fel "nofiai" ;   yr
        eryr yn nofio yng ngwaed gwŷr gwyn, cf. 13a, **34**c,
        Kyndylan *Wynn*.   Awgrymodd yr Athro J. Lloyd-Jones
        mai gwell oedd cymryd *gwynn* gyda *novi*, gan fod cyfansodd
        felly ar glawr.   Y mae T. yn ategu'r esboniad hwn, cf.
        A.L. i, 266, "Pue bennac a uenficyo march y arall a *guenouy*
        e bleu y ar e keuen", rhaid iddo dalu 4 ceiniog ;   os toriad
        trwy'r croen at y cnawd, 8 geiniog : A.L. ii, 810, et pilos
        in dorso cum eo amiserit et quod dicitur *gonoui* [crines
        albifacere] ;   M.A. 230a, Endewisy wenyc o *wynnoui dir=*
        H. 40, endeweisy wenyc a *wynnoui dir ;* M.M. 124, Pa
        uedeginyaeth leihaf ?   Kossi dy law yny *wennofo* ac
        odyna poeri arnei ae ruglaw ;   G.M.L. *guenouy* "to cause
        to grow white".   Am farch, "gall, chafe", crafu nes

rhwbio'r blew oddi ar y croen, llai trosedd na thorri at y byw. Mewn man felly, meddir i mi, pan ail dyf y blew ar yr ôl, bydd o liw gwyn (cf. crines *albificare*). Am y tonnau yn gwynnofi tir, cf. M.A. 269a, mor yn *merwinaw'r* tir ; sef ysu'r glannau "fretting against, chafing". Yn M.M. 124, cosi'r llaw nes ei bod yn llosgi (cf. S. *chafe* o *calefacio*) "tingle" ; wedyn poeri ar yr "ysfa", a rhwbio : dyna'r feddyginiaeth leiaf ! Nid oes modd rhwbio mewn gwaed heb ystaenio, cf. isod 36b, *creulyt* yw ; B.T. **74**, *ygwaet gwyr gonofant*, cymar i'r testun. Dyma'r lle i roi *gonofi, cyfnofi* (er R.C. xli, 213), *anofi* (XIII, 11) : hefyd *gwynnoddi* fel amrywiad (cf. B.A. 3, 11, gwyarllyt *gwynnodynt* waewawr) ; *annawdd ?* (B.A. 3, 21, llavnavr llawn *annawd*).

35c   **y goet,** yng nghoed, gw. III, 12b. Yr oedd bod mewn coedwig cystal â bod mewn caer, o ran diogelwch.

    twrwm R.P., darll. *trwm*, cf. *cwlwm, clwm*.

36b   **beidyaf,** D. audere. Idem quod *anturio ;* cf. ymffrost Peryf ab Cedifor, M.A. 281b, Tra vuam yn seith triseith nyn *beitei ;* 167b, a byth nys *beitei* bei byw ; B.T. 57, glyw reget reuedaf pan *ueidat ;* H. 63, ys anawt a wr y *arueityaw*.

37a   **gorthrymet,** gradd gyfartal (neu ebychiadol yma) yr ansoddair *gorthrwm*, "Mor drwm !" Hyd heddiw y mae *trwm* yn golygu trist. Am yr ansoddair, cf. Y.C.M. 1, gwedy y vlinaw o *wrthrwm* lauur ; 40, beich mawr *gorthrwm*.

37b   **diffrynt** R., *dyffrynt* P.T., dyffryn, o *dwfr-hynt*.

    Meissir, chwaer Heledd, gw. 110c, *Meisyr ;* cf. Bryn Cae *Meisyr* i'r de-ddwyrain o Fanafon, Sir Drefaldwyn, M.C. iii, 219 ; amryw ffurfiau ar yr enw yn yr ail ganrif ar bymtheg, M.C. vi, 265 ; vii, 200, 222 ; xviii, 245 ; yn M.C. xiv, **151**, ar y testun, dywed R. Williams, "Her patrimony is said to be identical with Maesbury near Oswestry. There is also an old mansion in Berriew parish called Bryncae-meisir". Ceir yr enw hefyd yn Llys *Veissir*, R.W.M. i, 860, 886, 904—diolchaf i'r Athro J. Lloyd-Jones am y cyfeiriad hwn. Gan fod Bryn Cae Meisyr ym mhlwyf Aberriw, ac yr enwir isod, 71b, *Dwyryw* (y ddwy afon *Rhiw* neu *Rhyw* yn ymuno â'i gilydd heb fod ymhell o Fanafon), onid yma y dylid lleoli Dyffryn Meisyr ac nid ger Croesoswallt ?

mygedawc. Rhaid darll. *myget* i gael mesur, gw. II, 1b, 17b, ar *ceinmyg*, cf. M.A. 246a, Tad maeth *myged* Maredudd. Cyfeiria'r ansoddair yn y testun at y dyffryn nid at Feisyr, cf. H. 220, hyneuyt powys *peues uyged hir*.

37c **Dir Brochuael,** o bosibl Brochfael Ysgithrog, hen bennaeth Powys, gw. Lloyd, H. W. 180 n. 70 ; ac uchod ar 1c ; tebycach na'r *Brocmail* y nodir ei farw dan 662 yn yr *Ann. Camb.*, Cy. ix, 158. Er bod yr enw braidd yn gyffredin, fel y dywed Dr. Lloyd, eto yng nghanu Powys fel yma, nid annheg yw deall y cyfeiriad fel at yr enwocaf o'r Brochfaeliaid. Sylwer fod *Llannerch Frochwel* yn y cyffiniau (ger y Trallwng) ; a hefyd, cf. H. 139 (Cynddelw), *powys wenn wlad urochuael;* 155, *gwlad urochuael ysgithrawc,* a'r modd y gelwir Dyfed yn *Bryderi dir,* D.G. 245.

   hir rygodet, o *cawdd, coddi,* digio, blino. Dyma lais cyfnod y caledi ym Mhowys.

38a **echeidw myr.** Ceir *echeidw* fel pres. 3ydd. un., *achadw* ''cadw, gwarchod'', gw. G. 6, R.P. 114b, *echeidw* llawr gwawr . . . ryf myrd kyrd ; 172b, *echetwynt* rac teruysc y teruyneu ; H. 16, Gorwylyeis nos yn *achadw* fin. Ceir *myr* ''moroedd'', ond ni welaf synnwyr mewn deall hynny yma, ''he guards the seas''. Rhy bell i'r de yn Sir Henffordd yw Afon *Humir* Llyfr Llandaf (L.L. 184, 231, 386), ac ni roddai fesur. Gellid darll. *ech e dymyr* ar ddelw B.A. 38, Oed *ech eu temyr ;* ond gwell fuasai cael ystyr addas i *myr*.

38b **treid.** Heddiw ''penetrate, pervade'' yw *treiddio,* ond cf. B.B.C. 59, nim *treit* guendit ; R.P. 33b (Meifod) nys *treid* ysgereint ; B.T. 43, y gell a *treidwn;* B.B.C. 34, chuant . . . *treitau* ty tir dy alltudet ; R.P. 28 b 3 (am Grist yn cerdded ar y môr), Ef *treidwys* tonneu heb geissaw llongeu ; 68a, *Treidyom* ni a mi a morgant *trwy* deu uor ; 71b, Tra reit ymi . . . *treidyaw* owein ; 168a ; 170b, *athreidyaw* pennant (cf. isod XIII, 65) ; M.A. 248a ; C.Ch. 35, A thrannoeth . . . a chyngreir y rygthynt y *ymdreidyaw*=Y.C.M.[2] 20, a chygreir y bawp onadunt *y uynet ac y dyuot;* B.A. 2, angheu y eu *treidaw* . . . y eu *treidu;* Williams Pantycelyn, Mi anturiaf . . . *Dreiddio trwy'r afonydd* dyfnion ; D. *treiddio,* traijcere, transire.

Amlwg yw fod y gair yn golygu "ymweld â, visit", yn ogystal â chroesi, neu "fynd a dwad". Yn y testun gellid deall nad oes pysgod yn cyniwair ôl a blaen yn yr afonydd. Ofn yr Eryr? Neu'n well, am yr Eryr ei hun, nid yw yn "mynd am" y pysgod, gan fod gwledd "o waed gwŷr" iddo, 38c.

38c **gelwit,** pres. 3ydd. un. "geilw".

gwelit. Gellid dadlau dros *gwo-* a *-llid* "gŵyl, gwledd", B. v, 6, *litolaidou,* cf. M.A. 153, Gwyach rud *gorfud goralwai,* gw. uchod ar 35a, ac isod 44b. Ond ystyrier hefyd y posibilrwydd mai hen orgraff sydd yma am *gwyliit, gwylit,* gwylia. Y mae P. *gneliit* a T. *gweliit* o blaid berf â'r bôn *gweli-* neu *gwyli-,* yn yr un amser a *gelwit,* a chan fod y copiwyr eisoes yn I, 14a, wedi rhoi *gwel-* am *gwyl-,* a bod 44b yn gymar i 43b, lle nad oes modd darll. *-lit,* dichon darll. *gwyliit.* Y drafferth, pe gwneid hynny, yw cystrawen *o* ar ei ôl. Dichon hefyd mai'r un *llid* sydd yma ag yn *efrllid, cyllid,* gw. B. vi, 132, a chryfha hynny'r tebygrwydd i *gorfudd goralwai* M.A. 153. Ar y cyfan, haws gennyf ddeall *gwelit* fel enw, "gwledd", neu "fudd", oherwydd yr *o* sy'n dilyn : a deall berf yn 43b, 44b.

39a **gorymda,** cerdda, cf. R.P. 21, keudawt kyt *worymdaa* o ovrys ny wys kwt a. Anodd datrys *ymdaith* (*ym-* a *taith*) oddi wrth *ymddaith,* gw. Pen. 50, 87 (R.W.M. i, 394) ; B.B.C. 20, 2 ; nodyn Loth, R.C. xxxvii, 41–2 ; Lewis, H.G.Cr. 134, bôn *eith* fel yn *eithum,* euthum ; B.B.C. 20, 3, *kedimteith* (sef cydymddaith), cydymaith, fel *ymddaith,* ymaith. Etyb *gorymda* i gorymdaith fel *â* i *aeth,* **eith* (Cern. *yth,* pers. 1af. gorff.).

39b **kyuore** R., *kynora* P., *cyuor* T. Yn ôl Pughe, "early with the dawn" ; felly S.E., ond ni wn am ragddodiad *cy-* a droesai *b* yn *bore* yn *f.* Y mae H. 18 (Pan vu aer rac caer *kyuoryeis waed*) o blaid *cyfor,* ond anodd dweud pa lafariad sydd i ddilyn (cyfora, cyforia ?) ; os *-e,* tebycach i *cyfwyre* (*cyuuire ?*). Efallai nad berf sydd yma, ond llu. yr enw *cyfor,* h.y. bai am *cyforeu ?* Gwell fyth yw darll. *ryuore,* gw. uchod, lxxvii.

39c   **llawch,** pres. 3ydd. un., *llochi*, mwytho, rhoi moethau, anwesu, cf. D. Adwen mab a'i *llawch*, ac nid edwyn mab a'i câr.

40a   **penngarn llwyt,** disgrifiad o'r eryr, nid enw lle, cf. R.P. 31a (Uffern) Ar kythreul cornawc. Ar kyrn llym sodlawc ar y sodleu. Ar llygot *penngarn*. Ar gyluineu *carn*. Yn y glos ym Mart. Cap. V.V.B. 64, *ir carnotaul bricer* (ar *uitta crinalis*) cyfeirir at ddull o wisgo gwallt ; felly cf. Gw. *carn-folt*, Dineen, "a heap of tresses, an arrangement of hair on the crown of the head". Ai eryr llwyd â thusw o blu ar ei ben ? Ond y mae *carn* fel yn *carn* cyllell, *carn* ceffyl, yn golygu "horn", ac felly dyry H.E. "with the brown beak". Pam "brown" am *llwyt ?* Nid oes help yn R.P. 5 a 18, ryt *bengarn.*

40b   **atles** R., darll. *atleis* gyda P.T. Nid "echo", ond "ysgrech".

40c   **[a gereis].** Nid oes dim yn R., a gedy P.T. linell wag ar ôl *gic ;* ond cf. 41c, 42c. **eidic** yma yw "gwancus".

41b   **y euan** R., *yenan* P. Ar ddull 40b, disgwylid gair fel *llef.* Ni welais *llefan ;* felly cf. B.T. 63, vnswn katua ketwyr vnswn y drwc *yieaian.* Yn sicr, gair am ysgrechfeydd milwyr yw hwn. Llai o newid fuasai darll. *eban,* cf. M.A. 289b. Bellach, darganfu'r Athro H. Lewis, enghraifft o *llefan.*

42b   **adaf,** cf. I, 6c, "llaw" ; yma "crafanc" (gw. G. 7, er y cynigir "adain" yno). Safai'r eryr ar untroed, a'r grafanc arall i fyny—yn barod !

43b   Yr odlau yw *galawt, gwylat* (P. *gnylyat,* T. *guylyat*) *difawt.* Yn 44, *gelwit, gwelit, lethrit.* Felly darll. yn 43b, *gwylawt,* neu *gwylyawt.* Am yr ystyr, gw. 38c. Y mae *gwylio* yn sicr yn golygu "watch" ; ni wn a all olygu "cadw gŵyl, gwledda, feast". Cyfeiriwyd yn barod at *gwylat* yn yr ystyr o "lawen", gw. uchod 11b.

43c   **ry gelwir :** felly 44c. Am ddiffyg treigliad ar ôl *ry,* gw. B.T. 64, 12, **difawt,** di-ffawd, anhapus, anlwcus.

44b   **gwelit,** gw. 38c. Dealler fel *gwylit?* Beth bynnag am 38c, rhaid cymryd hwn fel cymar *gwylawt* yn 43b. Sylwer ar *gwelliti* P., *gwelit i* T., awgrym fod y Llyfr Gwyn yn darll. *gweliit* fel o'r blaen, cf. B.A. 11, 18, *deliit.*

44c   **lethrit,** H.E. "flaming" ; D. coruscatio, rutilatio ; cf.
H. 303, Gwystlid rac *llethrid* llathreidrut lafnawr o loflen
mab Gruffut ; 284, Ny ystyr llythwyr uy *llethrid* ym kert ;
270, ysgwydawr *llethriduawr* llathreid ; B.T. 80, Byt mor
yw odit mor vawr yt *lethrit* (?). Ceir enghraifft gudd yn
B.T. 55, 7, A phan aethom ni gan arthur trafferth *lechrit.*
namyn seith ny dyrreith o gaer vedwit. (Er bod Dr. Evans
yn darllen *lechrit,* yn sicr *lethrit* sydd gywir, fel y dengys y
llun ; felly hefyd Skene, F.A.B. ii, 181, cf. y *t* yn *trafferth,*
ac yn ll. 17, *prytwen*). R.P. 22b, llathreit vy mardeir wedy
myrdin. *llethrit* a berit o beir awen. Defnyddir felly am
lafnau neu gleddyfau, am darian, am drafferth, am dref, ac
am fardd yn ei awen. Ar antur cynigiaf "disgleirder", yn
rhai o'r enghreifftiau, a "disglair," neu "cnwog" fel ansodd-
air. A ellid darll. yn y testun. Ry *gelwit* Trenn tref lethrit ?
Llathraidd oedd ; diffawd yw.

45a   **Eglwysseu Bassa,** Baschurch. Rhydd Bowcock, *Shrop-*
shire Place Names, 36, *Bascherche* o Domesday, a chymer
Bass a *Bassa,* enwau Anglo-Saxon, i'w egluro. Ansicr
yw H.E. 83 am leoliad yr eglwysau, ond cyfeiria at frwydr
Arthur ger afon *Bassas* (Mommsen, *Nennius,* 199). I mi
y mae'r cyfeiriadau at Dwyryw, Powys, a Brochfael, yn
bendant o blaid Baschurch ; gw. M.C. i, 458.

     y orffowys . . . y diwed ymgynnwys : cf. B.T. 58, Eg
(? Fy) *gorffowys* can rychedwys (Rhegedwys) parch a
chynnwys a med meuedwys ; H. 116, yn rann *orfowys* yd
gynnwyser. Yn y testun, y syniad yw mai yno y cafodd
Cynddylan, cynheiliad Powys, ei gynnwys am y tro
diwethaf ; yno yr oedd ei orffwysfa.

45c   **cledyr kat :** gw. ar III, 11c ; VIII, 5b.

     Argoetwis : gw. II, 1c, III, 29c. Yma eto rhydd R.
-wis a'r lleill *-wys.*

46a   **ynt :** os un frawddeg yw'r ll. arferem bellach *sydd,* ond
geill *Eglwysseu Bassa* fod yn y cyflwr enwol rhydd, fel
pennawd yr englyn, cf. 52a, etc., *y dref wenn ;* a chystrawen
49a, yn hytrach na V.V.B. 164, Enuein di sibellae *int* hinn ;
duo u. *int* dou pimp.

ffaeth, H.E. "enriched" ; gwell "crumbling", cf. B. ii, 12, Brynar ebrill yssyd da or byd *ffaeth* y tir yn ôl yr aradwr=B. vi, 53, "if the earth *breaks up* after the plough". Y mae "brau" yn ateb yn y testun : syrthiant ond cyffwrdd ynddynt.

46b   **vyn tauawt :** gw. ar 21c, VIII, 9c.

46c   **rwy,** gormod.

47a   **yng,** cyfyng, gwasgedig.

47b   **etlued,** etifedd : gw. P.K.M. 166–7, weithiau **unigol,** weithiau enw torfol.

     Kyndrwynyn : gw. ar 32b, am odlau cyffelyb.

47c   **mablan,** claddfa : gw. B. vii, 34–5.

48a   **tirion,** D. "comis, vrbanus, amoenus", ansoddair "mwyn", fel heddiw. Digwydd hefyd fel enw, cf. R.P. 22b, 26, Dwyn dauyd oe *dut* ac oe *diryon ;* B.B.C. 26, Myn y mae meillon a gulith ar *tirion ;* H. 95, Gwletychws ar wlad . . . a metyant ar *diryon ;* 82, y hynaf henyw oe *thiryon ;* B.A. 27, kyvret kerd wyllyon ar welling *diryon,* gw. Loth, A.C.L. i, 422 ; R.C. xxiv, 411, Llyd. *tirien* (Troude, "terre en friche, en repos, terre in culte", felly "fallow" ; ond rhydd Loth amdano, "gazon", sef gwelltglas, tywarch : *tirianen* "pelouse", tywarch, tir gwelltog). Credaf mai ystyr *tirion* hefyd yw "tywarch" i ddechrau, yna "gwlad". Felly yn y testun, cyfeirir at le'r eglwysau wedi mynd yn faes.

48b   **y gwnaeth eu meillyon** R., *ygnaeth en* P. Pum sill, yn lle'r chwech a geir yn ll. *b* o'r mesur hwn, fel rheol, er nad bob amser, cf. 46b. Darll. H.E. 84, *Ys gwaedlyd eu meillion* "Bloody are their trefoils", a dyfynna o ryw Lyfr Du, *Ys gwaedly (gwaedlef) ei meillion*—llsgr. ddiweddar fel y dengys ei horgraff. Ni ddeallaf y testun fel y mae. Ni all *rud ynt wy* yn *c* gyfeirio at *meillion,* canys digwydd yn 46c, a 51c, gan gyfeirio at *Eglwysseu Bassa.* Amwys yw cystrawen *y gwnaeth* hefyd. Y gair hawsaf i'w golli ar ôl *gwnaeth* fuasai *gwaet,* oherwydd ei debygrwydd, ond annaturiol fuasai dweud fod *gwaed* wedi *gwneud* y meillion. O ddeall *tirion* fel unigol, "maes", ac fel goddrych dealledig *gwnaeth,* gellid darll. *y gwnaeth le e ueillion,* neu *gyule meillion.*

48c **rwy vyng callon,** H.E. "my heart is broken", fel petasai *rwy* yn *rwyc* ? Ond cf. *rwy* yn 46c, 51c. Onid *rhy lawn* yw ei chalon ?

49a **collasant.** Gellid odl wrth ddarll. *a gollwys*, ond nid yw odl yn *a* yn orfodol, ac y mae cystrawen hen yn y ll. fel y mae.

49b **gwedy yr :** gw. ar 23b, 29b ; cf. 31b.

50a **diua.** Rhaid deall *difa* yma fel ansoddair, nid berfenw fel yn 31b, 49b ; neu ynteu ddarll. *diuan, pharan, yman,* gw. isod, 76c.

50b **y chetwyr,** ei milwyr, fel petasai *Eglwysseu* yn unigol er yr *ynt !* Darll. *y cedwyr* ?

51a **baruar** R., *barnar* P.T. Rhydd H.E. 85 "silent" amdano, ond ffurf yw ar marwor "glowing embers", R.P. 59a, uffern *uarwar bar ;* 77a, llys flam . . . *llachar* o *varwar* yny uerwi ; Ll.A. 39, tebic ynt y *varwar* yn llosci heb oleuhav (202, carbones ignis) ; D.B. 107, *marwar* a ehettont or tan-defnyd =td. 103, *gwrychyon* (sef gweichion) ; S.G. 163, ae wyneb yn gyngochet a phei at vei yn *varwar* oll ; M.A. 251, *marwar* (odli â *dilauar*). Deallaf *b-* fel bai am *v-*, gw. 28b am *v* yn lle *b*.

51b **dyar,** trist, Gw. *dogar ;* gw. B. i, 118–20.

52a **y dref wen,** enw lle, neu ddisgrifiad o dref, efallai *Trenn.* Fe'i ceir fel enw lle yn y cyffiniau, gw. M.A. 238a, H. 63, lle darogenir clod a gorfod i Lywelyn ap Gruffudd am *Geiriawg ddyffrynt, y Weun* (Chirk), "A'r *drewen* yn boeth genhyd", a chlwyf ar *Elsmer.* Yn sicr, Whittington yw'r Drewen hon, cf. R.P. 80a, or *drefwen* hyt ydrywy ; R.W.M. i, 811 ; Pen. 130, talm o wehelaethau y mars, llwyth y *drewen ;* Pen. 75, td. 77, Llwyth swydd *y drefwen ;* R.P. 170b, eryuassam ny vedu ved *y drefwen* (H. 143). Rhydd Bowcock gymysgedd o hen ffurfiau'r enwau *Whittington, Whittingslow, Whitton,* S.P.N. 249–57, a chynnig "Hwituc's mound", "Wita's farm", neu "Hwita's farm", "Wibban's farm", fel esboniadau. Y frawddeg bwysicaf yn ei nodion yw "assuming that the forms are correctly identified".

Y mae Wright yn dal mai Withington yw tre'r englyn : ac mai ei ystyr yw "tun of the Wittingas" ; gw. M.C. i, 464, 467, 471, lle ar lan camlas Amwythig, rhwng Afon

Roden a Hafren.   Deil Harries Jones yn erbyn, "I affirm
that the village which the Welsh *now* call Y *dre-wen* is *now*
called by the English Wittington" ; saif ddwy filltir a
hanner i'r gogledd-ddwyrain o Groesoswallt (M.C. i, **469**) ;
gw. hefyd Brisiad Degwm 1253, M.C. xxi, 333, Croesoswald ;
Ecc'a de *Trefwen*. Esbonia Bowcock *Withington* fel
"The farm or enclosure at the willows", S.P.N. 256. Pwynt
Wright yw mai camgyfieithu diweddar ar enw Saesneg yw'r
Dref Wen yn yr englynion hyn, ateg i'w farn gyfeiliornus
mai i gyfnod rhyfel Glyndŵr y perthynant.   Maen tram-
gwydd ei wrthwynebwyr yw na saif Y Dre Wen ger Croes-
oswallt rhwng Trenn a Thrafal, os cywir lleoli'r olaf ger
Mathrafal ; gw. isod ar 55a, 56a. Dyna pam y daliaf y
gall *y dref wen* yma fod yn ddisgrifiad o dref ag enw arall
iddi, e.e. nid cyfieithiad o Powys Castle yw Castell Coch.
Pe medrid lleoli Trodwydd a Thrafal, gan fod Trenn yn
sicr, penderfynid ple y dylid chwilio amdani.

52b   **ysef yw.** Afraid yw'r *yw*, gan fod *ys* eisoes yn golygu
        "is".

       efras : gw. III, 45a, IV, 4a, ac isod 53b.

52c   **gwaet,** proest ag *eiryoet*, neu darll. *gwoet;* gw. ar IV, 1c.

53a   **ynyt hymyr :** efallai *yn y thymyr*, gw. III, 41b, ond cf.
       38a uchod.

53b   **glas vyuyr.** Y mae "blue sons of contemplation" H.E.
       87, yn dangos fod Pughe wedi deall yr ail air fel tr. o *myfyr*,
       yn yr ystyr o feddwl.   Ond cf. enw fel Glyn *Myfyr;* Gw.
       memra "a shrine or relics", A.C.L. ii, 414 ; Ll. *memoria;*
       R.C. xiv, 231, Ramsay, "The use of *memorion* to indicate
       an ordinary grave . . . perhaps, points to a third rather
       than a fourth century date.   It was afterwards appropri-
       ated to the holy grave or shrine of a martyr or saint, *The
       Church in the Roman Empire*, p. 442".   Yn y testun addas
       fuasai "glas feddau", gan mai sôn sydd yma am filwyr wedi
       cwympo.   Y gair arall a geir gyda *glas* yw *bereu* "gwayw-
       ffyn", isod 88c, ond nid yw mor addas yn y cysylltiadau
       hyn.

54b   **bydeir.** Ni fedraf ei ddeall fel *byddair*, llu. byddar ;
       tybiaf mai'r un gair a *buteir* uchod, 8b, adar ysglyfaethus ?

gynanrud R., *gynannrud* P., *gyuannrud* T., ond cf. B.T. 71, Dydaw gwr o *gwd* (=gudd) a wna *kyfamrud* A *chat* y gynhon. Felly darll. yma *gyuamrud cat*, cf. H. 98, Brwyngwyn gyuamwyn *gyuamrut* afyrdwyth. Daw cyfamrudd o *cyf-*, *am-*, a *rhudd*, a golyga gythrwfl brwydr, neu'r cyffelyb, cf. G. 22, *amgoch*.

54c   **neur derynt,** darfuant, "They have perished", llu. *deryw*, o *darfod*. Sylwer ar *gwerin* yn y cyflwr enwol rhydd.

55a   **rwng Trenn a Throdwyd,** rhwng yr afonydd hyn. Os Tern yw'r *Trenn*, ac ni welaf ddim yn erbyn credu hynny, nid yw'n dilyn mai'r *Roden*, afon a ymuna â hi yw *Trodwydd*, cf. Panton 30, 32, "*Roden* a river in Shropshire that falls into the Tern near a place called Wilbyton in that county", gw. Bowcock, S.P.N. 196 : y ffurfiau ganddo ef yw *Hrodene* yn yr unfed ganrif ar ddeg ; Domesday *Rodene;* 1312, *Rodene*, a rhydd yr enwau *Roden, Rodenhurst, Rodington* (Rodenton) ar leoedd yn ymyl cymer *Roden* a *Tern*. Pe derbynnid mai'r Roden yw Trodwydd, dyna ben ar leoli'r dref wen ger Croesoswallt. Ond ni welaf reidrwydd dros ddal mai afon yn llifo i'r Tern yw Trodwydd, oni chredir hefyd mai cainc o'r un afon yw Trafal yn 56a. Nid yw enw fel *Rhwng Gwy a Hafren* yn profi o angenrheidrwydd mai cainc o un yw'r llall. Yn erbyn *Trodwydd = Roden* y mae colli'r *T-*, a throi *-wydd* yn *-en*, oni cheir dadl gryfach o blaid. Y mae mwy lawer dros ddal mai'r Roden yw'r afon a elwir *Trydonwy* yn 67b, 68b—cainc o Drenn yw honno. Er colli'r *t-*, ceir yma *-en-* i ateb i'r *-onwy*. Aflonydd iawn yw enwau rhai afonydd, tra erys eraill mewn rhyw ffurf neu'i gilydd am ganrifoedd. Ceir *rhodwydd* uchod, V, 10c, ac nid yw'n hollol amhosibl mai bai am hwnnw sydd yma, effaith *a Thraual* yn 56a. Ceir *Rhydwith* fel enw ffarm yn Nhreprenal, Llanymynech, M.C. xiii, 414. Gw. B. xi, 148.

55b   **gnodach,** mwy arferol, gradd gymharol *gnawd*. Ar *-d-* heb galedu o flaen *-ach*, gw. W.G. 242.

     tonn, benywaidd *twnn*, toredig, *ysgwyt donn* fuasai'n gywir, ond caledwyd *t-d-* i *t-t*.

55c   **nogyt,** ffurf lawnach *noc* "than", cf. 56c.

echwyd, echŵydd ; cf. Llyd. *ec'hoaz* "amseroedd a lleoedd gorffwys i'r anifeiliaid", Troude.

56a   **rwng Trenn a Thraual :** gw. ar 55a. Hysbys yw *Mathrafal*, priflys Powys, ger Llanfair Caer Einion : daw o *Ma-* "gwastadedd, lle", a *-trafal.* Treigliad llaes ar ôl *ma-*, cf. Ma-*thafarn*, Ma-*chynllaith*, Me-*chain*. Saif Mathrafal mewn *tryfal* "triongl", gw. B. xi, 147–8 : methais â chael enw *Trafal* ar ffrwd yn y cyffiniau. Tybiwyd mai enw ydoedd ar y Fyrnwy neu ran ohoni, gw. M.C. iv, 81–2 : "The Vyrnwy has two sources—the *Banw* . . . to Glanbanw Bridge, from whence it is known to its junction with the other branch as the *Einion*. The other branch rises above Rhiwargor in Llanwddyn, where it is properly called the Mechen, although sometimes wrongly called the Vyrnwy. This branch in the time of Llywarch Hen was known as the *Trafal*. Hence *Mantrafal* (Mathrafal) . . . which is situate near the banks and confluence of the two streams. From this point the united streams are properly called Evyrnwy". Tipyn yn bendant yw hyn oll, a gormod o roi damcaniaeth fel ffaith, ond dengys y cymysgu sydd ar enwau afonydd, gw. M.C. ii, 7, 323 : "The Banwy receives the Nant yr Eira river. . . . This river, as it appears from the Charter of Gwenwynwyn . . . 1200, was called Efernwy, and this is the present name of the Banwy when it goes beyond Llanfair to the Vale of Meifod, and is joined by the Llanwddyn river, also called Efernwy" ; 351 ; *Gweith Gwallter Mechain*, iii, 105–8 : M.C. v, 105, "*Traval* . . . probably either the Bechan or the Einion, which join their waters to form the Vyrnwy near Mathrafal".

56c   **brynar,** branar, G. 72, R.C. xxxii, 196 ; xl, 381, 385 ; xli, 224 ; A.C.L. iii, 179, Gw. *branar* "fallow field" ; C.I.L. 245 ; B. ii, 11, eredic a *brynaru* a llyfnu ; 12, *Brynar* Ebrill . . . gwyl Ieuan yr eil *brynar* . . . ar y *brynar* trydyd. kwys lydan ; gw. S.E. dan *braenar;* H. 70, ar dal *branar;* 109, *branar* a bedrawd.

57a   Y mae P. yn dechrau yma eto â llythyren fras.

Freuer, chwaer i Heledd. Buasai farw cyn hyn (fel yr ymddengys), neu yn ystod y trychineb, ond o flaen ei brodyr. Cedwir ei henw hi neu arall yn *Nan(t)ffreuer,*

"a township of that name mentioned by Mr. Robert
Vaughan in his description of Merionethshire, situated either
in Llanfawr or Llan Dderfel", Panton, 30, 32, gw. Pen. 135,
411, Tre Dderfel . . . *Nan ffrever*, R.W.M. i, 853 ; *Record
of Caernarvon*, 267 (tref o bedair gafael o dir rhydd, â'i
melin ei hun : enwir *Llandervel* ar wahân, td. 266). Diddorol
yw Nant Ffreuer ger Llanfor, oherwydd y coffa yno am
Lywarch Hen, gw. V, 5c.

mor yw diheint. Am roi'r ferf *bod*, rhwng *mor* a'i ansodd-
air, cf. isod 58a ; XIII, 25, 28, 33, 64, lle ceir amryw
bersonau ac amseroedd. Ar *heint*, gw. 60a.

57b   **kenueint :** gw. ar I, 27a.

57c   **vyn tauawt :** gw. ar I, 28b ; uchod ar 46b ; isod 86b.

     yt lesseint : cf. I, 28b. Os gadewir *yt* allan, a darll.
llesseint, ceir gwell mesur.

58c   **Eluan :** gw. 31c, 49c, lle'r enwir y ddau frawd ynghyd.

59a   **de :** gw. ar VI, 18c.

59b   **damorth :** cf. 81c, hiraeth am *damorth* vrodyrde.   Rhydd
G. 23 *amhorth, amorth* "rhwystr, aflwydd, anffawd", negydd
porth ; a dyry *damorth* gydag ef.   Gan mai o'r negydd *an-
o* flaen *p-* y ceid yr *am-* ynddo, ni chredaf y gellid rhoi *dy-,
d-* o flaen yr *am-* hwnnw fel y gellid petai'r rhagddodiad *am-*
yn wreiddiol.   Felly cynigiaf ***do-ambi-ort**, o'r un gwr. â'r
Gw. *org-* "lladd", gw. Pedersen, V.G. ii, 589, *to-imb-org-*,
"gwasgu ynghyd, caethiwo, treisio, cosbi" ; ceir y rhan-
gymeriad *timmorta*, 409 (*-ort-* o *-orkt-*).   Yn Gymraeg,
deallaf *damorth* fel enw, "gwasgfa, caethiwed y bedd",
neu'n symlach, "lladdedigaeth", ond gall fod yn ansoddair,
os treiglir ar ei ôl.

     brodyrde R., **vrodyrde** P.T., cf. 81c, damorth *vrodyrde* R.
Gwelwyd uchod 28b, mai anodd gwahaniaethu rhwng *b* a *v*,
ac y mae ystyr fanwl *damorth* yn dibynnu ar hynny. Cymer
G. 78 *brodyrdde* fel "brawdol" ; os felly, cf. I, 33c, *eurde*.
Daw eto mewn cysylltiad go debyg yn M.A. 240b, *Hiraeth
am ry wnaeth rewin* / Braint *brodyr* gwellwyr gollewin /
Broder de braw aele elin.

59c   **duhunaf :** gw. ar I, 11c.

60a   **heint :** cf. *diheint* 57a.   Nid haint clefyd neu bla, ond
gloes, neu bangfa o boen, efallai, canys arferir hyd heddiw

yn y De am "fainting fit".   Eto cf. W.M. 232b, vrth hynny
y tyuwys *heint* yndaw a *nychdawt* hyt tra uu uyw. ac o
hynny y bu uarw.

60b   **deweint :** gw. ar VI, 11b.

61a   **tremyn :** cf. Llyd. *tremen* "cerdded", D.G.G. 178–9 ;
B.T. 37, 13, pan *tremyn* tros tut : Pen. 5, 36, y *tremyno*
llongeu yr auon honno.   Am arswyd dywedwn, "Rhyw-
beth yn fy *ngherdded* i" ; am wendid sydyn, "rhywbeth yn
mynd dros fy nghalon i".

61c   **a chocheu dagreu.**   Ceir *eu* weithiau am "yw" (cf. R.P.
17b, Eur ac aryant mor *eu* diuant eu dihenyd), ond yma,
ar ôl *b*, gwell deall *eu* fel bai'r ysgrifennydd, ei lygad wedi
taro ar dagr*eu*.   *coch dagreu*, am eu bod yn cochi'r llygaid,
nid am eu bod yn goch eu hunain, dagrau gwaed ?

    erchwyn, ochr gwely ; cf. 60c, wylaf *bylgeint*.

62a   **erniwaf,** teimlo tristwch, galar, "grieve for" ; gwell
fuasai *ernywaf;* cf. M.A. 160b, Arnaf *ernywaf ernywed* am
clwyf / Am gletyfrut rwyf ym rygoted ; 168a, *Ernywed*
arnafy o uod arnaw / Deyerin derwin ; 183b, Glasuet y
ortho y orthaw ym *byw* / Am *ernyw* yr na daw ; 147b, A
hwyaf arnaf *ernywed* / Ar deurud Fadawg fod tudwed
(H. *tytwed*) : H. 90, Ys *ernyw* ys arnaf yd gwyt ; 89,
ernywyant; 122, Nyth wnaf *ernywed* yr nath gaffwyf ;
gw. Loth, R.C. xxxiii, 427.

62b   **namyn,** unsill i gael mesur, neu darll. *nam;* gw. ar
III, 47c.

    ny wan R., *uy* P., *wy* T. : bai wrth ddarll. *in* "yn", mewn
hŷn orgraff.

63a   **a'th uaeth,** a'th fagodd, gw. ar VII, 18c, B.B.C. 87 (Crist)
Meir *rymaeth.*

63b   **hannoedynt** R., darll. *hanoedynt* gyda P. amherff. 3ydd.
llu. *hanfod.*   Ar *hanfod o*, gw. ar I, 2b.

    diffaeth R., *dissaeth* P.T.   Nid oes goel ar y naill mwy
na'r llall, gan fod eu gwreiddiol, y Llyfr Gwyn, yn dywyll
gyfaddefedig.

    diffaeth, negydd *ffaeth;* gw. uchod 46a, felly croes i frau,
"afrywiog, ystyfnig".   (Gair arall yw *diffeith*.)   Prin
di-faeth, er bod *ff* mewn hen orgraff am *f*, cf. B.B.C. 8,

dioffrid, diofryd ; 21, *Affv*, a fu ; 22, *vffil*, ufyl ; 42, *ioff*,
Iof (Iob) ; 43, *higaff*, hygaf ; 51, *affon*, afon, etc.

dissaeth : cf. *Dissaith* (h.y. *Dissaeth*) yn L.L. 174, 218,
221, enw clerigwr ; enw lleygwr 249, 263 ; *Saith* (=Saeth),
enw lleygwr, 209. Dengys y rhain fod y ffurf yn bosibl,
heb helpu i'w egluro ! Yn y Cyfreithiau (gw. G.M.L.
264–5) ceir *saethebol* am ebol "a retto yn ol y vam". Ni
ddylir talu'r llwgr a wna hyd oni fo'n ddwyflwydd ; A.L. ii,
114, pullo *lascivo*. Perthyn y *saeth* hwn, medd T. Lewis a
Loth (R.C. xli, 221) i *seithug* "ofer" ; cf. H. 251, *saeth*
dedwyd ; 255, kynytwn ninheu heb swysseu *saeth* / gan
an duw ury vreenhinyaeth.

Gwell gennyf y darll. *diffaeth*. Gwŷr. rhywiog oedd ei
brodyr.

63c **ny uegynt,** ni fagent, cf. D.B. 59, deheuwynt hwnnw a
vac gulybur . . . a *vac* tymestleu a tharaneu (tempestatem,
tonitrua *generans*).

bygylyaeth, ofn, llwfrdra : gw. B. v, 127–8, V.V.B.
bicoled, uecordia.

wyr : cf. B.B.C. 63, *guir* ny ortywnassint vy dignaw.

64b **gywrennin llu :** cf. B.B.C. 57, in *kywrenhin;* B.T. 24 ;
R.P. 14 b 32 ; 21, 4, 13, Mor wyt *gywrennhin* gyrbwyll o
nebawt ; M.A. 226b, Dyn yw llywelyn . . . Doeth koeth
kywrennin; 234b Brenhin *kywrenhin* kywir yn y dyt ;
246b, Eurfrenhin c. cywrain ; B.A. 14, ketwyr k. ; 18,
k. ben. Perthyn i *cywraint ?* Yma, byddin drefnus,
fedrus.

64c **echyuydel.** Efallai o *ech-fod*, echfyddai, Gw. *esbaid*
methu, pallu (gw. Ped., V.G. ii, 442–3) ; cf. hefyd B.B.C. 88,
merwerit mor. Cw *threia* cud *echwit*.

ganthu, ganddynt.

65a **Medlan :** gw. 108c.

65b **kyt ytuo :** cf. 66a, *kyt atuo*, pres. dib. 3ydd un. *atfod*,
"though there be".

65c **ny'n tawr,** "ni waeth gennym" ; gw. P.K.M. 246, *ny'm
torei*. Calediad o *dawr*, cf. *diddor*-deb.

an rann, ein rhan. Heblaw "part, share", magodd yr
ystyr "party" ; cf. A.L. i, 16, teyr *ran* a dele uod o teylu :
er *henran* a *ran* perued a *ran* yeueig . . . e *ran* e bo ef [y

penteulu] y kyd ac huyn a dele deuys y ty.   Gan y rhennid
gwŷr llys felly yn dair mintai, gallai Heledd a'i chwiorydd
arfer *ein rhan* am y gyfran o'r llu a berthynai iddynt hwy ;
cf. B.T. 57, Gweleise *ran* reodic am vryen ; B.B.C. 88, Pan
deuthoste . . . o vffern a wu *ran* iti bv rit.

66   Englyn digyswllt, ac aneglur o'r herwydd.

66b   **eidigafaf :** gw. ar III, 58b.

66c   **ysgawn** R. Dengys *ysganyn* P. mai *ysgauyn* "ysgafn"
        oedd yn y Llyfr Gwyn.
           ruch, rhuwch (fel *buch* buwch, *uch* uwch) mantell ; cf.
        A.L. i, 308 *ruć* mab eyllt . . . *ruuch* y wreyc ; R.M. 115,
        heussawr [bugail] yn cadw y deueit . . . **a** *ruchen* o grwyn
        ymdanaw, gw. Loth, R.C. xlii, 62.   Tenau oedd gwisg
        Heledd fel bugeiles yn cyrchu'r mynydd gyda'i buwch am
        ddiogelwch. Ni chwyna rhag y dringo.

67   Dau englyn digyswllt eto, daearyddol eu testun, ac
        anodd eu deall.

67a   **am haual :** gw. G. 23 *amhaual* "tebyg" ; B.A. 22,
        Dienhyt y bob llawr llanwet / e *hual amhaual* afneuet = 23,
        y *haual amhal* afneuet ; B.T. 20, Gogwn *am* geluyd taleu
        am detwyd dieu . . . *am* oesseu yscorua *am haual* teyrned.
        py hyt eu kygwara. *Am gy/haual* ydynt trwy weryt (gw.
        G. 22 ar *amgyhaual*). Ai cyfartalwch y bedd ?
           auaerwy R.T. *anaerwy* P. Cynnig G. 14 mai enw lle,
        efallai afon. A ellir cywiro i *amaerwy?* Ar yr olaf rhydd
        "modrwy, cylch, ffin, ymyl", gw. ar VI, 22b, X.

67b   **yn y Trydonwy.** Dileer *y* gan na cheir bannod yn yr
        hen gyfnod o flaen enw afon : ac wrth wneud hynny ceir
        ll. seithsill. Am yr afon, gw. M.C. ii, 8, "*Trydonwy* is
        allowed to be the Roden, which flows into the Tern at
        Wallcott Mill, both united flowing to the Severn at Tern
        Bridge, between Atcham and Wroxeter near the ruins of
        Uriconium", cf. uchod ar 55a.   Yn ôl Mc.Clure, B.P.N.
        107, n, cedwir enw'r orsaf Rufeinig *Rutunis* yn rhestr
        Antoninus yn enw'r Roden : barna eraill yn wahanol.

67c   **Twrch ym Marchnwy,** M.C. ii, 8, "Twrch may be the
        Twrch that flows through Garthbeibio into the Banwy at
        Ty'n y fedw"; M.C. iv, 191, [Marchnwy] "There is no river

which now bears the name . . . W. I. (*Camb. Reg.* ii, 366) maintains that it is identical with . . . the *Banw* which receives the Twrch below Garthbeibio church . . . probably correct''.

68a   **eluyden,** bachigyn o *elfydd,* "byd, gwlad, bro'', B. vi, 134.

68c   **Geirw :** gw. M.C. ii, 9 : "The *Geirw* flows into the Alwen below Pont-glyn-Diffwys. The *Alwen* flows into the Dee at Havod-y-calch, Llangar, not far from Corwen'' ; v, 111, chwaneg am Afon Geirw.

Beth yw ystyr y ddau englyn ? A deall *am haual* fel "tebyg, yn yr un dull'', yr unig debygrwydd a welaf yw bod yr afonydd hyn oll yn rhedeg i'w gilydd ac yn ei gilydd. Fforch neu afl yw Tern a Roden, unant a llifo i Hafren. Rhed Twrch i Afon Fanw, ac nid yw Banw ond cainc o'r Afon a elwir Efyrnwy. Felly Geirw ac Alwen yn ymuno a llifo i Ddyfrdwy. Yn V, 7b, ceir sylw tebyg, ond heb *am haual,* am Glwyd yn mynd "yng Nghlywedawg'', a gwyddys fod dwy afon o'r enwau hyn yn ymuno yn Nyffryn Clwyd. Ai rhan yw hyn o gyfres o englynion ar afonydd a'u ceinciau, gwaith hynafiaethydd daearyddol ? O'r ymyl, lle nodwyd hwy gan rywun i egluro'r canu am Drenn, llithrai'r ddau hyn yn hwylus i'r testun. Os oes cysylltiad gwir â'r gweddill o'r canu, rhaid pwysleisio y cyferbyniad rhwng 67b a 68b, a'r defnydd o *yn* bob tro, ac nid *i,* am yr ail afon a enwir. Rhed yr afonydd hyn bob un *yn* ei gilydd. Petrusaf rhag gorwneud hyn o achos VI, 7b, ond pa fodd arall y deellir *Tren yn Trydonwy* yn 67b, a *Trydonwy yn Tren* yn 68b ? Cymysgu *y* "to'' ac *y* "in'' ?

69a   **kylchet,** benthyg o'r Ll. *culcita* "bed, cushion, mattress, pillow'', fel Gw. *colced,* gw. V.V.B. 71, Ox. 2, *cilcet* gl. tapiseta, stratorium ; Ox. 1, *cilchetou* gl. vela ; C.C.V. *colcet* gl. agipam ; R.C. iv, 340 ; A.C.L. i, 288 ; C.I.L. 422. Gwahaniaethir rhwng cylched a gwely yn S.G. 133, *gwely* tec . . . a roi *kylchedeu* tec arnaw ; 211, yr neuad yd aethant, a hi a beris idaw eisted *ar warthaf kylchet* o sidan ; 212, a orwedawd ar warthaf k. ; C.Ch. 178, trychant *gwely* o eur ac aryant a chymeint arall o *gylchedeu* a *chlustogeu;*

R.P. 10a, pan gysco pawb *ar gylchet;* B.T. 26, 10, Y gwely oedd y ffrâm, a'r cylched yr hyn a roid arno. Nid sidan ond croen gafr oedd cylched Heledd.

croen. Gellid darll. *croenyn* i odli'n llawn, a newid *galet* i *calet*, gan mai'r croen sy'n galed, nid yr afr ! Ond gwell fuasai *croennen* yn proestio (ac yn cytuno â *galet*), gan nad yw odl yn *a* yn anhepgor. Hawdd colli'r *-en* wrth gopïo *croenen,* neu *croennen.*

69b   **chwannawc y gelein.** Bai diddorol ! Dengys mai *gelen* oedd mewn hen gopi, gyda'r ail *e* am *y;* ond gan fod y copïwr yn gynefin â throi *e* mewn Hen Gymraeg yn *ei* yn ei orgraff ef (gw. B. vi, 106, 223), gwnaeth hynny yn ddifeddwl yma, heb gofio hoffter gafr o *gelyn,* er bod yr englyn nesaf yn ail-adrodd y syniad, *kelyn-gar y llillen.* Gan fod P. a T. wedi methu hefyd, rhaid bod y Llyfr Gwyn yntau yn feius, a phrofir bod copi cynharach o'r englyn *yn yr hen orgraff.* Felly eto yn 112a.

69c   **y uedw,** yn feddw.

med bryum R. ; darll. *brynn* gyda P.T. Ar ddelw 70c, *ued Trenn,* geill *brynn* fod yn enw lle, ond cf. Pedersen, V.G. ii, 477–8, ar y gwr. Celtig **brend-,* "byrlymu, berwi drosodd, llifo".

70b   **kelyngar,** hoff o gelyn.
llillen, gafr ; D.W.S. *llillen gafyr* "A gote".

71b   **dwylan :** gw. ar I, 29c, cf. R.P. 71a, *am dwylann* hafren.
Dwyryw, nid Dyfrdwy fel H.E. 91n, ond y fforch a ffurfir gan yr Afon Rhiw, ger Manafon, Sir Drefaldwyn. Gelwir y ddwy gainc yn Rhiw : ymunant a rhedeg i Aberrhiw, Berriew, ac yna i Hafren. Odlir â *vyw;* ni wn a brawf hynny'n derfynol mai *Rhyw* oedd yr enw, cf. Ll.A. 120, *aberriw;* M.C. ii, 100, Valor. Ecc. H. viii, *Berrowe;* 102, *Berrewe;* 130 (Afon) *Rue;* iii, 218, "*Rhiw,* or more properly perhaps *Yr Iw*" (!)

72a   **hywed,** "broken in, trained", P.K.M. 152.

72b   **plwawr** R.P., *pluawr* T. Saif y cyntaf am *pluuawr* plufawr, hen lu. *plu(f),* Ll. *plūma,* cf. B.T. 51, dar *plufawr;* H. 16, Gwylein . . . lleithyryon eu *pluawr;* 20, Delw ym daw oe law lawer gweith . . . *plu porfor* perfeith.

72c   **tudedyn,** "covering, coverlet" ; gw. G.M.L. 284, *tudhedyn*
"a garment", B.B.C. 7, Neur uum y dan un *duted* a bun
dec ; B.T. 57, llosci eu trefret a dwyn eu *tudet;* 58, a chein
tudet imi ryanllofet ; D.G. 87, 20 (I'r Deildy) glas *dudded;*
H. 12, *gwely* agklaear daear *duted;* Loth, R.C. xli, 228–9 ;
D.W.S. *tuddet clustoc* "Pyllow bere" ; D. (*Diar.*) Goreu
vn *tudded* mantell : *tudded gobennydd* yn Arfon yw "pillow
slip" ; B.B.C. 43, Ryv *duted* edmic o gyllestic guisc a
guiscvis imdeni.

73a   **Edeirnyawn,** tueddau Corwen ; gw. Lloyd, H.W. 245.
cerdennin, ar gerdded, ar grwydr ; gw. G. 135.

73b   **a cherd :** cf. 74b, *a chant* neb ny *cherdynt;* gw. B. iii, 130,
Hen. Gern. *cerd* "iter", Gw. *ceird.* Am *aethant gerd,* cf.
1 Bren. ii, 2, Myfi wyf yn *myned ffordd* yr holl ddaear ;
Cern., *ke yn kerdh,* ow map, "Go thy way, my son" (Wms.
Lex. 54) ; B.T. 16, a *cherd* ar alluro a ffo beunyd. ny wyr
kud ymda cwd a cwd vyd.

73c   **ym buw,** ym myw, P.T. *ym byw;* gw. ar 27c, cf. 74c.
   Gorwynnyonn R. (cf. 74c, 80b) *gorvynnyon* P., -*ion* T.
Yn rhestr plant Llywarch Hen, Pen. 131, B. 114, *Gorwynion*
ap Llowarch.   Dyma leoli mab i Lywarch yn yr un
cyffiniau â Nan Ffreuer.

   gwyr a uchuant R., *auch vant* P., *avch vant* T.   Bai yw
gwyr am *gwr* (cf. I, 4c), ac *a uchuant* am *anchwant,* cf. B.B.C.
73, 4 ; 74, 3 ; a G. 26, "dymunol, chwannog, awchus",
dwsin o enghreifftiau.   Ni raid aros gydag *o Uwchnant,*
cynnig H.E. 92.

74a   **buant :** rhoddai *buynt* odl â *b, c,* ond nid gorfodol hynny.
Gwell cadw'r cyfateb â 73a.

74b   **cant,** hen ffurf *gan* "with".

74c   **eduyn(t)** "meddylgar, doeth", B.A. 4, gwr gorvynt gwr
etvynt; 22, kyn golo gweryt ar rud llary hael *etvynt* digyth-
rud ; 24, ar grud hael *etvynt* doeth ; M.A. 253a, Hil *eduynt*
bletynt ; B.T. 41, Duw *etuynt.*

75   Cymysgedd yw'r testun.   Mae *tra* (traha) yn dwyn *gwarth,*
cf. td. lxviii.   Perthyn y ddwy linell gyntaf i englyn o'r
gyfres *Gwarthec* efallai, a'r ddwy olaf i englyn ymddiddan.

canys cyferchir rhyw *wrda*, cf. â'r ll. olaf, B.V. 125, *Kar dy genedl* nithwg gwall / Nid oera'r *gwaed* wrth arall, h.y. erys cyfeillgarwch rhwng ceraint er popeth.

76a   **bei gwreic.** O'r defnydd hwn o *beі*, trwy ei ail adrodd, y cafwyd *pe bei* (sef *pei bei*).

Gyrthmwl. Ni wn beth na phwy oedd, ond yn unig nad gwraig l Cf. Skene, ii, 456, *Gwrthmwl* wledic yn pen hyneif (gydag Arthur yn *Pen Rionydd* yn y Gogledd) ; R.M, 160, *Gyrthmwl* wledic (fel un o gynghorwyr Arthur) ; 301 y trydyd marchlwyth a duc erch march meibon *gyrthmwl* wledic a duc arnaw achleu ac archanat yn erbyn riw uaelawr yg keredigyawn y dial eu tat : Pen. 16, 50, *gerthmul* wledic yn benn hyneif, R.W.M. i, 339. Pe treiglid y.-*mwl* ceid *Gyrthfwl, Gyrthwl*, cf. L.B.S. iii, 214, am sant anhysbys, a goffeir yn *Llanwrthwl*, Sir Frycheiniog ; Maes *Llanwrthwl*, Caio, Caerfyrddin, etc. Haws deall yr englyn petasai yn enw bro neu lys : pe buasai'r lle yn wraig, uchel fuasai ei hwylofain am golli ei phobl. Yng nghyffiniau Aberriw ceir *Garth* Mill, ac Aber-*mule*, cf. R.B.B. 376, aber *miwl*. Ai teg llunio'r enw *Garth Miwl ?* Effeithid arno gan enwogrwydd *Gyrthmwl Wledig* yn y Trioedd.

76b   **bann y disgyr,** uchel ei llef.

76c   **hi gyua.** (1) Un ai *i gyua* "yn gyfa", *hi* yn hen orgraff am *i* "yn", cf. V.V.B. 154, *hi* hestaur mel. (2) Neu ynteu *hi*, y wraig dybiedig, cf. II, 14c, *Hi hen* : eleni y ganet. Felly *hi gyua* "cyfa yw hi" ; wedyn y cyferbyniad, "ei gwŷr wedi eu difa". Gwell gennyf yr ail.

cyua : cf. Ff.B.O. 33, Llan. 2, 222, holl blant adaf a ymdangossant yna yn gyrff *kyua* ac eneiteu ; 237, *llyssoed* mawr *kyua* arderchawc (Ff.B.O. 97, palatia *integra*) ; S.G. 405, or deugeint marchawc nyt aeth yr un yn *gyua* y wrthaw ; M.A. 260a, kyuoeth *kyfa*; 325, wedi cael gafael ar *gyfa wenllys*. Dyma *cyfa* ddwywaith gyda *llys*, ac felly nid anaddas deall y gair hwnnw yn y testun : ond digwydd hefyd am berson, a pheth, R.P. 21, 37, rann ; 37 b 26, rat ; 59 b 16, llyfrau ; B.T. 69, 8, buched ; B. iv, 9, Gwell cul **k**. no byr agkyua ; R.C. xxxiii, 217, bot yn *gyua* y gueryndaut ; S.G. 378, nyt athoedynt wy odyno yn *iach* nac yn *gyua* pei na bei dyuot meliot ; 408, Aristor heuyt nyt **oed**

gyua ynteu kanys yr oed gwedy briwyaw yn deu le. Am
yr ystyr, cf. Ll. *integer,* "untouched, unhurt, whole,
sound".

diua, ansoddair : gw. 50a. Cyferbynnir y *cyfa* a'r *difa,*
fel yr *hen* a'r *blwydd oed* yn II, 14c.

77a   **Ercal :** gw. Bowcock, S.P.N. 98, *Ercall* (lle yn Sir Am-
wythig) gw. isod ar 81a, Domesday, *Archelou;* 1141–8,
Harchalouoe; 1181, *Ercalew;* 1271, *Ercalewe.* Cynnig mai
A. S. *hloew* "burial mound, small hill", yw'r ail elfen, ac
enw person, *Ercol* (Hercules) y gyntaf ; gw. hefyd hen
ffurfiau *Child's Ercall,* td. 69 ; 1138, *Herkall;* 1200,
Arkelau. Y mae ffurf y ddeuddegfed ganrif yn ateb i un
y testun. Yno, enw lle yw, nid person, ardal nid Hercules,
ond y ffurf yn Seisnig, gan na ellid *-rc-* yn Gymraeg, cf.
uchod hefyd, *Eglwysseu Bassa,* ac isod ar 81a.

erdywal : gw. ar *dywal* I, 23a.

77b   o etiued Moryal, cf. 47b. Am *Moryal,* gw. B.A. 14, 16 ;
B.T. 48, 25 ; 65, 2 ; 114. Bryn *Morial* ger Croesoswallt.

77c   **rys mae rys mal :** *ry* y geiryn perffeithiol ; *s* gwrthrych
y ferf. I'r Athro J. Lloyd-Jones yr wyf i ddiolch am y
rhaniad hwn ar *rys macrysmal* y llsgr. Am yr ystyr, gw.
B. vi, 130 (y ddaear) *Meint a dofac* (=dy-o-fag) *a ys* "As
many as the earth breeds, it devours" ; I.G.E. 240, A *faco'r*
ddaear . . . a *lwnc* oll ; M.A. 241a, Gwers y *mal,* arall y *mag* /
Or a *fag* daear hi ai dwg. Felly tywarchen neu fro Ercal :
magodd feibion Morial, ac yna eu *malu,* eu troi'n llwch.

78a   **Heled.** Anodd dweud prun ai *He*ledd ai *Hy*ledd oedd.
Yn ôl L.B.S. iii, 254, ceir Llanhilleth, Sir Fynwy, fel Llan-
hyledd a *-hiledd* mewn rhestrau plwyf o'r unfed a'r ail ganrif
ar bymtheg ; B.B.C. 64, llan *helet;* B. iii, 12, *hyled* merch
kyndrwyn (Llan. 27), ond *heled* yn Jes. 3, ac M.A. 127–30
Ceir *heledd* fel enw cyffredin am bwll halen (T.W. ar *salina;*
hefyd D.) *tir yr heledd* ydoedd Nantwich, Middlewich, a
Northwich, Sir Gaer ; cf. M.A. 206a, *y tair heledd;* L.G.C.
87, 338, 460 ; H. 92, a duc treis tros erch a *helet;* 306, o dir
yr *helet.* Er bod Heledd yn enw da am ferch a wylodd
ddagrau mor hallt â hon, diogel yw ystyried *Hy-ledd* fel
posibilrwydd. Nid adeg y tristwch yr enwyd hi.

hwyedic. Rhydd D. yn unig "longus, prolongatus" (o *hir, hwy*) ; ond digwydd hefyd am fath o walch, gw. G.M.L. 195, *huyedyc* "hawk, male hawk, goshawk" (?) Precium acciptris masculi, id est, *hwyedic*. Precium *hwyedyd* (macropteri) id est *gwalch* (falconis) ; H. 33, yn hywyt yn rwyt rac *hwyedic*. Cyffredin yw *hwyad* "duck", a thardd Pedersen (V.G. i, 55) hwnnw o'r un fan â'r Ll. *auis* "aderyn", Gr. *'aetós* "Eryr". Bûm yn meddwl hefyd am *huad* "ci hela", T.W. *canis odori sequus;* a ellid *huedig* o hwnnw ? Beth bynnag, ansoddair neu enw a ddisgwylid yma i ddisgrifio Heledd yn crwydro'n wyllt o fan i fan, o fedd i fedd, â'i chri ar yr awel. Yn y testun, rhydd P. a T. *hwedic*, nid *hwyedic*, nes bod sail dros wrthod y "male hawk", a awgrymir gan R. Hefyd cf. yr *ad-* yn *adain, adar,* a'r cyfansodd *huadain* M.A. 149b, *hu escyll* B.T. 72, 4.

78b   **O Duw** R., cf. *a duw* P.T., gyda'r *a* gyfarch, gw. I, 2c.

pa diw : cf. R.P. 21, gwynn y vyt *pydiw y rodir* kerennyd duw a hoedyl hir : M.A. 143a, H. 17, Gwynn y uyd *pa diw* duw yd ragwy rieinged rwych ; V.V.B. 200, *padiu;* Cy. vii, 139, Ar ny dyuo pwyll *pydiw* (B. iv, 4, *pyd iw*) ; Ll.D.W. 31, O deruyd y dyn roy pedh. a deu dyn en deueduyd ymy e roet, nac heb e llall emy. Geyr eu y eyr *padyu* y rodes (A.L. i, 108, *pydiw* nys rodes) ; A.L. ii, 148, Tauodyauc yw egnat ar e uraut a uarnho *padyu e* barnws *padyu* nys barnus ; 202, enwi *pa diw y* holo . . . gouynant *beth a* tysteisti a *phy diw y* tysteisti ; C.Ch. 54, ny a wybydem *pydiw y* bei orderch a phwy oreu a trawhei a chledyf ; 185, Edrychwch *y pydiw* yd oedech yn credu ; Y.C.M.[2] 49, ni a adnabydwn *y bydiw y* bo gorderch dec idaw ; B. ii, 10, pa gymeint a rodych a pha achaws a *phadiw* a pha amser : W.G. 293, "to whom". Dilynir *padiw, pydiw* gan *y* (boed ragenw perthynol traws, neu eiryn cyfatcbol) nid gan *a;* ac o'r diwedd rhoir yr arddodiad *i* (*y*) o'i flaen i egluro'r gystrawen.

yth rodir : darll. *yt.* Achlysur y bai yw copïo o hen lsgr. lle safai *t* am *t* ac am *th.* Felly yn 79b, cp. I, 14a.

78c   **bro :** darll. *brodɛr* neu *brodyr* i gael mesur, a chystrawen i *eu.*

79a **a'm kyueirch,** "a ofyn i mi". Dengys hyn fod yma lefarwr arall, cf. B. ii, 279, Ll.A. 128, 279, *Oth* (Ath) *ogyuarchaf;* R.P. 20 b 4 ; B.T. 22, 14.

79b **O Duw.** Daeth hyn o 78b, ond nid oes le iddo yn y ll. heb dorr mesur. Newidiwyd ffurf y cwestiwn mewn modd sy'n ategu'r cywiriad uchod yn 78c.

gurumseirch, arfau o liw *gwrm;* gw. VII, 11 ; cf. B.A. 9, meirch a *gwrymseirch* ac ysgwydawr ; 16, sengi *wrymgaen;* H. 61, *gwrymseirch* ar lled. Defnyddir *seirch* am arfau amddiffynnol, harnes, gêr, am ddyn ac anifail, cf. B.A. 7, gorgolches e greu e *seirch;* 19, cat veirch a chat *seirch* greulet ; 22 ; 33, meirch a seirch a seric dillat. Am *gwrwm* gyda'r *y* anorganic wedi troi'n *w* ar ôl *w*, cf. XII, 1a, *gurum* a choch ; H. 22. amrant *hirwrwm;* hefyd cf. uchod, 35c, 36c, *twrwm*, am yr *w* yn gweithio'n ôl.

79c **pedwardeg,** nid 40 ond 14 ; gw. P.K.M. 190 ar *pedeir degwlat.*

80a **ar dirion dir :** gw. ar 48a.

80b **Gorsed Orwynnyon.** Ar *gorsedd*, bryncyn, "mound", yn arbennig am fedd, "tumulus, barrow", gw. P.K.M. 120. Treiglir ar ei ôl am mai benywaidd yw. Saif Heledd'ar fedd y gŵr a enwir yn 73c, 74c.

80c Llinell wych ! **hwyl,** cwrs, rhediad, gw. Ch.O. 51 ; H. 31, hyd yd bresswyl *hwyl heul* ueheuin ; B.M. 32, 143 (R.W.M. ii, 1060), *rhediad* neu *hwyl* a grym y Cyrph nefawl.

81a **llysseis** R. ; darll. *sylleis* gyda'r lleill.

o dinlle ureconn R., *dinlleu vreconn* P., *dinlhen vreconn* T. Y mae *dinlle* yn ffurf bosibl, ar ddelw *cadle* (G. 89a), cf. *Dinhinlle* a'r amrywiadau, enw lle yng nghwmwd Wrexham, Palmer, *Ancient Tenures*, 243. Wrth gydio ynddo ddech-rau'r gair nesaf, ceir *dinlleu-ure* neu *-fre* (cf. B.A. 34, *tut leu ure*), a ll. o saith sill, yn odli â *b, c.* Golyga hynny gludo *conn* i ddechrau *b.* Er bod *Cound* a *Condover* yn yr ardal, ofnaf na thâl ceisio eu gwthio yma, gw. yr hen ffurfiau, Bowcock, S.P.N. 79, *Conedover, Cuneet, Conede.* Os am linell o ddeg sill, ar ddelw 80a, rhodder *olygon* i mewn ar ôl *sylleis.* Yna darll. *Dinlleu* yn ôl awgrym *Dinllen* P. a T. (bai amlwg yw *n* am *u*), gefell i *Dinlleu* Arfon, P.K.M. 278.

ureconn. Ar fin Hafren, ceidw'r enw Wroxeter gof am gaer Rufeinig a elwid *Viroconium* neu *Uriconium;* ac ychydig filltiroedd i mewn i Sir Amwythig ceir bryn amlwg y *Wrekin*, â chaer fawr ddwbl ar ei ben. Nid oes dim glyn cul yn ei ysgar oddi wrth fryn arall, Ercal, gw. uchod 77a. Tueddir i gredu mai'r gaer ar y Wrekin yw *Dinlleu Ureconn* y testun, gw. L.B.S. iii, 217*n*. Ar yr enw, fodd bynnag, bu hir ddadlau ac ymgeintach, gw. *Arch. Camb.* 1863 ac 1864, am farn Guest, Wright, a Stephens. Y drafodaeth lawnaf a gorau yw eiddo Rhys, *Y Cymmrodor*, xxi, 1–36 ; ac ar enw'r *Wrekin* nodyn Stevenson, atodiad iddi, td. 58–60. Yn y rhestr caerau, yng ngwaith Nennius, ceir *Cair guricon*, Cy. ix, 183 ; am yr amrywiadau, gw. Mommsen, 211 (*guorichon, guoricon, grucon*, etc.) ; B, v, 19, *gorcon;* 21, *guorcon*. Digwydd hefyd fel enw merch i Frychan, *Gwrygon* Goddeu, L.B.S. iii, 216 ; *Gurycon* Godheu filia Brachan uxor Cathraut calchuynid, Cy. xix, 26, o'r *De Situ Br.* Hefyd cf. *gwrygu, gwrygio, gwrygiant*, M.A. 199 b 30, 157b ; D.G. 85, 29 ; 126, 56 ; Lhuyd, A.B. 56.

Y prif anhawster yw'r treigliad ar ôl *Dinlleu*, gan fod *Din* "amddiffynfa" yn wrywaidd, cf. *Dinmawr, Dinbreon, Dinbych, Dinmael;* a'r ail yw fod *c* yng nghanol y gair heb dreiglo. Y trydydd fuasai tarddu *-con* o'r Ll. *-conium;* disgwylid *-cein* trwy affeithiad, ond cf. *Ant. Itin. Virocono*. Efallai hefyd fod enw lleol heb *-i-*, ac mai oddi wrtho y lluniodd y Rhufeiniaid eu ffurf hwy yn *-conium;* rhaid tybio ffurf fel *Vricon-*, heb *-i-* yn y terfyniad, i esbonio Cair *guricon*. Am enwau merched yn *-on*, cf. *Rhiannon, Modron*. Medrir cyfrif am yr *-c-* trwy ddal mai o hen lsgr. y daeth yr englyn : bod yr enw yn ddieithr, ac i'r copiwyr ei adael yn yr hen orgraff, cf. *Gurycon* Godheu, er enghraifft. Gall *-e-* hefyd yn *ureconn* fod yn hen orgraff am *y*, fel mewn amryw eiriau eraill yn y testun hwn, gw. ar enw *Heledd*, 78a. Erys yr anhawster cyntaf, fodd bynnag. Medrid cyfarfod hwnnw, a'r ail hefyd, pe tybid mai ffurf Seisnig yr wythfed neu'r nawfed gânrif sydd yma, yn union fel y ceir y ffurf a'r orgraff Seisnig yn *Ercal* uchod ; cf. Stevenson, Cy. xxi, 59, ar *Wreocen*, a *Wrocen*, "We may regard *Wreocen* as the original form. This may be explained as a Mercian development (with the change of *e* or *i* to *eu*, *iu*, later *eo*, produced by a following *u*) from an original *Wrekun* or *Wrikun*. The latter would have been the form necessarily assumed in O.E. by an early Celtic *Wrikon-''*. Mymryn o ateg i hyn yw *vroci* gan P. er iddo ei ddileu wedyn â dotiau oddi tanodd a darll. *vreconn;* yn ei erbyn y mae'r *-onn* yn y terfyniad.

Efallai mai darll. *Dinlleu Gwrygon* fyddai orau, a beio'r copiwyr !

81b   **Ffreuer werydre :** gw. ar 1b uchod. Os oedd bro Ffreuer yng ngolwg y Wrekin, beth am Nan Ffreuer ger Llandderfel ?

81c   **damorth vrodyrde :** gw. ar 59b.

82a   Englyn amherffaith. Am ei gychwyn cf. B.B.C. 101, Marchauc a girch y dinas / ae cun gwinion ae cirn bras . . . Marchauc a kirch ir aber / y ar march cadarn kad fer. Felly yma, *Marchawc o gaer* [a *chann*] *adanaw*. Ar *hwyr* gw. II, 13c. Am *a gwynnyon gwr* cf. uchod, *ae cun gwinion*, neu'r enw *Gorwynnyon*, cf. 73c, 74c.

82c   **sanneir.** Yn y rhestr o ferched Cyndrwyn, Pen. 131 B. 113, rhoir *Senr, Medduyl, Medlan, Gwledr, Meisir, Keinvrit*. Gan y digwyddant yn yr un drefn isod, 108c, 109c, ond gyda *Freuer* am *Senr*, rhaid mai bai am *Freuer* yw'r olaf, nid atgo o'r testun.

83c   Gw. 4c.

84a   **gwehelyth,** D. stirps alicuius tribus vel tribus ipsa ; parentela ; cf. Pen. 140, 375, *Gohelyth* y Cradogiaid ; D.G. 13, 11 ; 96, 1, gu *gwehelyth*. H. 30, ar *wehelyth* byth brys wy anlloet ; M.A. 246a, R.P. 149a, hoedyl breyr breuawl a beth / bron wala y *wahalyeth*. *Gwahalyeth* wosged wasgawt prydydyon ; A.L. ii, 12, ony byd er alldut en *guahalyet* Seys neu en Huydhel ; 16, ny deleyr yhun *guahalyeth* abedyu ; G.M.L. *gwahalyeth* "stock, nobility" ; A.L. ii, 608, *gwahalaeth*, sef yw hwnnw mab arglwydd ny bo nac edling na phenteulu ; Corn. Voc. satrapa. *guahalget* (cf. *Anglia*, xxxiii, 376, satrapa ; *thegn*). Yr *g* yn hwn yw'r *y* neu *i* yn y ffurfiau Cymraeg, neu'r *h* yn B.B.C. 104, Ny buum lle llas *gwallauc* mab *goholheth teithiauc*, attwod

lloegir *mab lleynna[u]c*. Er mor hysbys Gwallawg mab
Lleynnawg, tybiodd Evans (td. 147), a Loth (A.C.L. i, 423)
mai enw ei dad oedd *goholheth*, eithr cf. W.M. 456, *mab
brenhin gwlat teithiawc*. Hefyd cf. B.T. 65, Nyt mawr ym
dawr *byth gweheleith* a welaf. Nyt af attadunt. (Nid oes
raid newid y testun gyda *Tal.* 183, cf. H. 27, gweleis
weheleith ac eu trefneu *tryth*). Dengys *attadunt* B.T. 65,
mai'r lluosog yw *gweheleith;* ac M.A. 254 (Llew hael or *llin
wehelyth*) ei fod ar arfer am "royal stock", cf. *bonedd*.
Y ffurfiau felly yw *gwahalieth* "tywysog" ; llu. *gweheleith,
gwehelyth;* ac yna magodd yr ystyr o gyff bonedd, tylwyth.
Yn y testun, ni sangai tywysogion ar nyth Cynddylan,
h.y. treisio ei hawliau.

84b   **techel :** gw. ar I, 9c.

84c   **llyth,** D. "llesg ait Ll. debilis, vilis" ; cf. R.P. 123b ;
D.G. 67, 23 ; M.A. 254a ; 231a, Nyd *emyth* nyd *llyth* yn
llwyth heyrn ; 254a, Kolli goronwy gwr *diemyth* vu /
Gorofyn llu llafyn *dilyth* / Llew hael or llin *wehelyth;* 204a,
Ny ystyr *llythwyr* uy llethrid ym kert.

85a   **bwyat :** gw. ar I, 25a.

ny vall. Methaf â gweld yma y ferf *pallu* (gwrthod) na
ballu (marw), pres. 3ydd. un. Mwy addawol yw B.T. 41,
ef ae tawd yn llyn hyny vo *eginyn*. ef ae tawd weith arall
hyny vo *yn vall*. Rhan yw hyn o Ganu'r Cwrw, cf. P.K.M.
295. Ond beth am odl ? Darll. *moll* neu *boll*, ansoddair,
gyda *ni*, negydd, neu fodloni ar broest ?

85b   **gwyal,** gwiail coll-en, gw. W.G. 101 ar y ffurf.

85c   **edynt,** aethant, gw. W.G. 360.

86b   **vy anffawt :** gw. ar I, 28b.

86c   **gobrynynt,** haeddent, enillent. **ffaw,** Ll. *fama*, clod,
cf. H. 221, gwr a *obryn faw* heb fo un troeduet.

yr ffuc, cf. T.W. ar Ll. *fūcus*, eiliw . . . ffug, ffuant, twyll ;
M.A. 211b, nyt *fuc* fo : nid cymryd arnynt ffoi, ond ffoi o
ddifrif.

87a   **lletkynt,** D. ira, iracundia. Ond os llid o gwbl, llid
tristwch a cholled, gw. B.B.C. 49, seith lledwac gwydi ev
llettkint; R.P. 3b, Owein pa hyt y para. Gwendyd gwaran-
daw *letkynt*, pump mlyned a dwy ; B.T. 30, Dygawn ym
ll. meint vyg keudawt ; MA. 164a, Eissillyt merwyt mawr,

a l. yw / nad ynt vyw vegys gynt ; 168 a 25 ; 211 b 38,
Ll. argóedwys ; 246, Hoedl-fyrrion . . . hil Bleddynt /
Trwm arnaf eu *lletcynt* / Fal y deryw y derynt / Fal y
derfydd gwydd rhag gwynt ; 253a, Hil maredut . . . hawt
drostaw l. ; 266b, Kwdd edynt *lletkynt* llit anoeth goval
. . . Mawr dduw a ddyckych beunoeth / Mor wael na welir·
drannoeth ; gw. Loth, R.C. xxxviii, 158.

87b   **pereid.** Nid "peraidd" fel H.E. 96, ond gair trisill, berf
pres. 3ydd. un. ar ddechrau brawddeg yn ateb i *para* ar ôl
y negydd ; gw. W.G. 323, ar *trengid, treinc; tyfid, tyf,* cf.
B.T. 43, *pereit* hyt pell y gell a treidwn ; R.P. 34b, *pereit*
wawt pernawt *perkeyt.* Yn y testun, erys y rhychau, ond
nid erys y gwŷr a'u gwnaeth. Hen orgraff yw *pereid* yma
heb ei newid, gan na ddeallwyd mo'r ffurf hen ffasiwn.

87c   **goreu,** berf, "gwnaeth" ; gw. W.G. 338. Hefyd cf. p*ieu*
gydag *eu* "yw". Beth am *goreu* fel ffurf ar *goryw* ?

87d   [tru] i odli â *uu*, cyseinio â *teneu* yn *a*, ac i gyfrif am y
nat sy'n dilyn.

88a   **as,** ffurf a geir o flaen berf, a chynhwysir gwrthrych y
ferf ynddi ; gw. G. 3, 44 ; B. ii, 284.   Achub y blaen ar
88c.

    a . . . a, "both . . . and".

88b   **y ieueinc** R. ; daw'r *y* o ddechrau copïo *yeueing,* cf. P.
A ellid darll. *a ieu a hyn* i fantoli'n well â'r ll. gyntaf ?
Cf. H. 35, myn na byt dyn na *hyn* na *yeu.*

88c   **meuyl barueu,** "Shame on men's beards!"   Gwarth ar
y gwŷr a adawodd Hedyn yn ei galedi.   Yr oedd i wraig
uno (dymuno) *mefl ar farf* ei gŵr yn rhoi hawl i hwnnw ei
churo, Ll.D.W. 38, G.M.L. 219.

    madeu, yn yr ystyr o ollwng, gadael.

    Hedyn, cf. 89a, a Pen. 131, lle rhoir *Ehedyn* fel mab i
Gyndrwyn.   Gall -*d*- fod am *d* neu *dd,* ac *e* am *e* neu *ei*
mewn hen lsgr. ; ond gw. *Hedyn,* R.C. i, 342 : Castell *Hedyn*
ger Hay, Brycheiniog.

89a   **Ehedyn,** felly R.P.T. yma, er mai *Hedyn* sydd ganddynt·
oll yn 88c, ac nad oes le i sill arall yn y mesur.   Gall
yr *eh-* ddod o'r *eh-* sy'n dilyn.

    ehedyei. Ansicr iawn ? *ehedei* neu *eheiddiei,* yn ôl fel
y darll. *Hedyn,* neu *Heiddyn* am yr enw (çf. *d·haidd,* 95a).

89b   **dillat.** Bai am *diuat* neu *dylat ?* Cf. 90c, *gwall* R., *gwal* P.T. Ceir *Delat*, enw merch yn H.G.C. 114 ; R.P. 4 a 30, 31, 32, 39, *dylat* diwed riein ; B. iv, 5, Colles *dylat* yr uvvch ; 14, n. 159, *dylad* "llif" ; R.M. 113, 134, *Creidylat* (merch Lludd) ; R.P. 82b, *Eurdylat ;* M.A. 226b, Teruysc tonn dilysc dyleinw aber / *Dylad* anwastad ny osteker ; H. 45, ae llann ger dylann ger glann *dylad* heuyd.

    aros gwaedvei : cf. B.T. 68, y rac budwas kymry dinas *aros* ara ; H. 94, Gwr yn aer yn *aros gwaet uei ;* 100, Camp ragod aruod arueityaw ac aryf / ac *arhos* heb gilyaw. ? *gwaed* ai *gwaedd*, gyda *mei*, cf. L.L. 415, Penn i *Vei ;* 124, Castell *mei ;* Mydd*fei*. Pe bai modd cael sicrwydd mai cyfystyr yw *gwaedfei* â *gwaedlan*, gellid rhoi'r ystyr "llon, llawen" i *dylat*. Eto cf. B.A. 20, yg gwyd *gwaed* a gwlat, fel petai *gwaedd*=gawr=brwydr. Y mae H. 94 o blaid *gwaedd*.

89c   **glas vereu :** cf. Gw. *bir* "spit, spear", C.I.L. 217 ; B.T. 12 (Crist yn y Farn) Iwch ny byd madeu vy gwan a *bereu ;* W.M. 1126, lloneit y dwrn o *vereu* a golwython arnadunt.

    nwyfei : gw. ar I, 36b, ac isod 105b.

90a   **dincleir** R., *din cleir* T. Ai *din*, hen org. am *dyn ?* Am *cleir* cf. *cleir* yn *disglair*, neu *cleir*-iach, gw. G. 146.

    diw : gw. ar I, 8c, ac uchod ar 15c. Odl ?

90b   **yn ol,** gyda *na diw* (na ddaw yn ôl ?), neu gyda *Kilyd ? kilyd*, cilydd, cydymaith ; gw. G. 140.

90c   **yggwall** R., *gwal* P.T. Felly "yn niffyg" neu "yn ffau".

    tyrch, llu. *twrch*, "baedd, mochyn" (Gw. *torc* aper, Windisch, W. 840) yn hytrach na llu. *torch* "coler" (Gw. *torc* torques) ; cf. B.T. 77, Credeu cwydynt tyrch *torrynt* toruoed taleu.

    knyw : gw. G. 154, "cenau, llwdn, porchell", cf. A.L. i, 446, *knyw* hwch ; 574, Nyt oes kyûreith ar *gnyw hwch* hyt ympenn y vlwydynn ac yna kyureith *hwch vawr* a gymer ; 718, *kynyw* hwch ; 811, Porcellus autumpnalis, id est, *kynyw.*

    kneu : gw. G. 152 ar *knaw* "asgwrn" ; Gw. *cnám*, os methir â chredu H.E. 96, "When in want Twrch cracks the earth-nuts". Felly, fel cynnig petrus, "Rhyfeddaf, ddyn gwych, na ddaw yn ôl. Gyfaill celfydd, clyw! Yn ffau'r moch mawr (y baeddod, hen filwyr) torri esgyrn enyw (milwr ifanc)". Cf. uchod 3b, 10c. Y mae fel pe bai Heledd a chyfaill yn edrych o bell ar Garanfael ei nai yn ymosod ar y gelyn, hen filwyr profiadol. Efallai mai'r cyfaill, boed ŵr gwych neu gleiriach, biau'r englyn 91.

91a **ny wy** R., *ny vy* T., darll. *ny un-y* "ni wn-i" **ae . . . ae,** "whether . . . or" (*ai/ . . . ai*).
nywl. Ar y ffurf ddeusill, gw. W.G. 42, cf. B.B.C. 24, 3 ; B.T. 79, 12.

91b **kyuamwc,** brwydro ; cf. H. 3, *kyuamuc* y wir a mil uarchauc (berf. gorff. 3ydd. un). Yma, berfenw, fel *cyfamwyn,* cf. *adolwg, adolwyn.*

91c **ygweirglawd,** neu *ygweirglawd aer* fel 92a. Os y cyntaf, "Drwg yw brwydr mewn gweirglawdd, h.y. ar faes agored", neu'n well, "Drwg yw'r frwydr yn y weirglawdd". Os yr ail, "Ym maes y frwydr, y mae trychineb". Methu a phenderfynu beth a wêl y mae'r gwyliwr. Obry gwêl niwl, neu fwg, neu'r llwch yn codi mewn brwydr. Ni ŵyr prun. Yna gwêl yn eglur : caled yw hi ar ei gyfeillion yno. Yn yr englyn nesaf daw cennad o'r frwydr ; canmol Caranfael ; ac wedyn daw marwnad gan Heledd i'w nai. Bu'r tyrch yn rhy gryf iddo.

92a **edeweis,** o *adaw,* gadael. Pwy ? Tybiaf mai un o'r milwyr a ddaeth i hysbysu Heledd farw'r tywysog ieuanc. Gwna hynny trwy ddweud mai ef oedd y milwr gorau ar y maes—yna tewi.

92b **digyuyng,** llydan. Odlir â *gedyrn,* odl Wyddelig, fel *aer* yn 92a, â *-mael* yn 92c, cf. B.T. 16, mechte*yrn,* odli â glywyss*yg ;* 41, *ronyn, mechteyrn.*
dinas y gedyrn : cf. B.A. 10, Glew dias, *dinas e lu ovnawc.*
goreu gwr : cf. W.M. 244b, Amkeudant y gedymdeithon wrth vab custenhin *goreu dyn yw.*

92c **Caranmael :** cf. 93a, 94c, 95c, 96a. Cedwir yr *m* bob tro, ond hen orgraff yw ; gw. R.P. 148 b 41, *Caranuael* hael heuelyd. Digwydd hyn mewn mawl i Owain Fychan (fab Madawg ap Meredudd), o Fechain ym Mhowys, ac felly o'r fro lle cedwid cof am hen arwyr Powys. Bu Owain farw yn 1187. Y ffurf Geltig fuasai *Carantomaglos,* a throai'r *m* rhwng llafariaid i *f,* ond ni ddangosid y newid yn y llsgr. cynnar ; cf. Cy. ix. 180, *Canantinail*, "This is undoubtedly a mistake in transcribing *Carantmail* from a Hiberno-Saxon hand", medd Phillimore.

93a   kymwy arnat. Cyfarch y marw sydd yma fel yn 14a, Kyndylan *kymwyat wyt;* ond yma, o agos, canys cyfeiria 93c at y clwyf ar ei wyneb.

93b   ystle, D. "yw perthynas, Ll. cognatio T.W." ; B. i, 9, deil J. Ll.-J. mai cytras â'r Gw. *slega* "gwaywffon" ; cf. M.A. 148b, Ail dyd brawd braw ystawd *ystle.* Pe darllenid *ystlen* ceid odl ag *atwen*, ac ystyr bosibl, cf. I, 19a, Gwen *gwydwn dy eissillut;* D. *ystlen* sexus, genus ; ni wn a oes rhaid cyfyngu'r gair i *sexus*, cf. y defnydd dyblyg o *rhyw.*

93c   man, mann, marc.
     gran, grann, grudd.   Ni threiglid, neu ni ddangosir y tr. o *gr-* ar ôl *ar.*
     kyniulat, rhyfelwr, B. ii, 299–302.   Hen org. yw *-iat*, am *-yat* y Llyfr Coch.   Arferol yw briw ar wyneb rhyfelwr.

94a   kymwed : cf. 96a, gw. ar II, 11a ; cf. B.A. 2, Gwyr a aeth ododin *chwerthin ognaw.*
     gognaw : cf. hefyd M.A. 168b, riryd wryd *wognaw;* 210b, trin o. ; 203b, cad o. ; B.T. 30, gwawt g. ; 58, Pan dremher arnaw ys ehelaeth y braw. Gnawt gwyled ymdanaw am teyrn *gocnaw;* B.B.C. 12, mas cas *nognav* (bai am *uognaw*). Hefyd *dignaw, dygnaw,* B.B.C. 63, guir ny ortywnassint vy *dignav;* R.P. 171b, a rygodwy glew gogelet racdaw. gnawt yw oe *dygnaw* defnyd codet. Y gwr. yw **qnē,* mi dybiaf (gw. Boisacq, 476, ar Gr. *knēn;* hefyd 475, 477, 1064–5). Ei ystyr gyntaf yw crafu, yna "goglais, irritate, vex", cf. y modd y defnyddir goglais yn M.A. 269a, Ni lyfasai Sais ei *ogleissaw;* 304b, Galar Gwenhwyfar . . . achos *goglais* trais tristyd ; 335, braw a *goglais;* R.P. 53a, Trimwy yw *goglais* . . . tri phenyt galar ; cf. ymhellach *cnith,* a *dygn,* Gw. *fo-chnd* (A.C.L. i, 478), *cndim* "gnaw, fret".   *kymwed ognaw* felly yw "mirth provoking", cyfansodd o enw a berfenw i ddisgrifio Caranfael, cf. 94b, *clot auael,* "fame seizing".
     llaw hael, cyfansodd eto am Garanfael, ond o enw ac ansoddair, "generous handed".

94b   **dywedwr,** H.E. 99, "The last man of the line of Cyndrwyn" ; ond cf. H. 96 (Owain Gwynedd) *Diwetwr* kyn trychwyd ; M.A. 186b, Ym blaen cadeu cadw aruod / Ac yn ol *diwetwyr* dyuod ; 203b, *Diwet wyr* eryr ar gymry hu bych ; R.P. 175b, hil tewdwr *diwedwr* deheu. Y diweddwr oedd y ceimiad a gadwai'r ôl wrth gilio, felly milwr y medrid dibynnu arno.

95a   **diheid :** cf. R.P. 7 b 3, gnawt pob anaf ar *dieid* (D. ar *ddihaidd*) ; B.B.C. 96, Ny (=Oni) bei duv ae digonei. Oet *diheit* aghev kei (cf. P.K.M. 86, Ony'm llad i Duw . . . *nit hawd* uy llad i) ; R.P. 7 b 3, *dieid* greic ; 145 b, Mor *diheid* hynny, mor *dyhir* druein ; 149a, Maon meiryonnyd mor *diheid* awch bot heb aruot heb aervleid ; 175a, riallu *diheidwch;* Loth, A.C.L. i, 506, "sans compensation, sans remède", a rhydd gyfieithiad hollol amhosibl o'r englyn oll. Ond gw. yr enghreifftiau.

[**dihat**] neu *diuat* (cf. *amddifad*). Rhaid wrth air deusill yma i odli yn -*at*. Pwy bynnag oedd *ddihaidd* neu *amddifad*, neu *alltud* o'i dreftad, pawb a gâi gam, ceisiai Garanmael yn ynad ar ei achos.

95b   **diholedic,** alltudedig ; gw. P.K.M. 245 ; cf. M.A. 491a ef ath *dyholes* ty oth wlat ac o tref dy dat, G.M.L. 128, *dyhol* "to banish".

     geissywys R., *geissivs* P., *geisiws* T. Y ffurf hŷn yw -*ws.*

96b   **arllaw :** gw. ar III, 59c ; G. 41, "rhannu, rhoddi, gweinyddu", cf. *darllaw;* H. 100, Kaereu diwuryaw cad *ar llaw* aerllew.

96c   **kyt mynnat :** cf. I, 30a, *dichonat.* Er y mynnid ei wneud yn ynad, milwr oedd, serch hynny.

97b   **phyrydyaw,** ffrydio, ysgwyd, cyhwfan, gw. B. v, 244 ; Y.C.M.² 197–8, *kyffrydyeit.*

97c   **ffranc :** gw. B. vii, 366. Digwydd yn englynion y Juvencus fel petai'n golygu milwr cyflogedig o estron : yma estron yw, neu elyn. Amserir yr englynion hyn yn y Juvencus gan Bradshaw yn y nawfed ganrif ; gw. Lindsay, *Early Welsh Script,* 16. Rhaid ei fod wedi methu tair canrif cyn y gall yr Athro Glyn Davies fod yn iawn, canys deil ef fod olion y ddeuddegfed ganrif arnynt. Un ohonynt ganddo yw *nouel*, "a twelfth century foreign word for Christmas and a bad rhyme", gw. *Arch. Camb.* 1933, td. 355. Nid gair am Nadolig yw, ond *nowell*, fel y dengys yr odl, gyda'r *l* fel mewn mannau eraill yn amlwg am *ll*. Dywed mai "Frenchman" yw ystyr Ffranc bob amser mewn llenyddiaeth Gymraeg ganol. Digon gwir, ond yma fe'i ceir mewn llawysgrif ac mewn llaw y mae gwŷr cyfarwydd â hen lawysgrifau yn eu hamseru yn y nawfed ganrif. Yn y Juvencus y mae'r *franc* yn weddill teulu'r pennaeth ; yn y testun gelyn yw. Dyna pam y cynigiais mai "mercenary soldier" yw'r ystyr addasaf i gyfuno'r ddwy enghraifft. Mewn orgraff hen yn B.A. 35, ceir enghraifft arall, mi gredaf, ohono, "tri guaid *frant* (? *franc*) fraidus leo". Gelwir y tri yn "trileo yg caat", ac yma eto ceir orgraff glosau'r nawfed a'r ddegfed ganrif. Nid oes modd i'r tri glew hyn fod yn Ffrancod ; ond dengys y llinell mai milwyr o ryw fath ydynt. Sylwer hefyd ar yr enw Nant *Ffrancon* (B.T. 36, nant *ffrangcon*) ; ond lluosog *Ffranc* "Frenchman" yw *Ffrainc* yn yr hen destunau, ac yna *Ffrancod*, byth *Ffrancon*. Rhy ddiweddar yw Odyar *Ffranc*, ystiwart llys Arthur, R.M. 265, i ni bwyso dim arno. Ymddengys yn berffaith ddiogel i ni ddal fod yr enw i gael yn Gymraeg ymhell cyn y ddeuddegfed ganrif, ond bod lle i ddadlau am yr ystyr a'r tarddiad.

tranc R., bai am *tanc* (cf. P. *frang, tang*), "heddwch", cf. *tang*nefedd, *Tang-wystl* ; Llyfr St. Chad, L.L. xliii, *tagc ;* B.B.C. 30 ; B.T. 57, 1, *tanc ;* yn arbennig cf. B.A. 31, yg *kyvrang* (=brwydr) nyt oed *dang* as gwnehei.

98a   **amser,** heb fannod, ar y ffordd i fod yn gysylltair, fel *pryd y*, cf. 109a, B.T. 42, Ac *amser pan* wna mor mawr wrhydri.

      vras vwyt : cf. Ch.O. 19, y bwyt goreu a *brassaf* a melysaf ; *byw yn fras* "to live sumptuously", croes i fyw *yn fain*.

98b   **dyrchafu mordwyt,** gair dirmygus, "Ni̲ wnawn ddim oll erddo".

98c   **yr,** nid "i'r" ond "er", er mwyn.

      claf gornwyt R., *klaf kornwyt* P., *claf cornwyt* T. Rhydd D. *cornwyd* "vlcus, pestis, pestilentia" ; cf. Hafod 16, 26

rac chwyd mywn breich dyn . . . or tebygy idaw *gornwydaw*
(h.y llidio, casglu, gori) ; S.E. 1 "an abscess", 2 "the
plague" ; Exodus ix, 10, efe a aeth yn *gornwyd* llinorog
ar ddyn ac ar anifail.

99a   **bwyat :** gw. ar I, 25a.

inneu. Dengys hyn efallai fod yma ddau yn ymddiddan.
Os felly, Heledd sy'n edliw i'r llall ei gwynfan ; etyb yntau
yn 99, gan hawlio bod yn frawd i Elfan a Chynddylan.
I hyn yr etyb hithau, "Nid rhai wylofus oedd fy mrodyr i !"
Daw'r ateb yn 101, "Oni bai am angau, a mawr glwyfau, ni
chwynwn innau chwaith !" Yna daw'r englyn marwnad i
Eirinued, a *Chynon*, fel petasai'r clwyfedig yn un ohonynt
hwy, a'i glwyf wedi ei ddwyn i angau. Neu ynteu, rhodder
y cyfan i gyd i Heledd, a dal mai hi sy'n dioddef dan
gornwydydd yn ei thlodi a'i thrueni. Pe felly, anodd gweld
grym 100a b. Credaf fod Heledd yma hefyd yn chwarae
ei rhan arferol, yn null I, 4c ; IV, 1–6, ac wedyn yn edifaru.

99b   **nys cwynel :** gw. ar III, 15b.

99c   **vn . . . deu,** wrth rifo, cf. B.T. 79, 24, pymp gwregys terra.
vn yssyd oer a *deu* yssyd oer, ar *trydyd* yssyd wres ; 80, 2,
vn yw yr asia, *deu* yw yr affrica, *tri* yw europa.

100a   **ny mat :** gw. ar I, 32a.

briger, gwallt llaes, arwydd y dyn rhydd ; cyferbynner â
phen eilliedig y mynach, arwydd caethiwed, cf. B.T. 17,
Gwyr gwychyr *gwallt hiryon* . . . o iwerdon dybyd.

nyw dirper, nis haedda : gw. W.G. 278–9, ar *nyw,* y
negydd a gwrthrych y ferf. Rhaid i'r gŵr "brigerawg"
gyfiawnhau ei hawl trwy ei wrhydri ym mrwydr.

100b   **cywryssed,** cweryl, ymryson, brwydr. Oherwydd tebyg-
rwydd *w* i *f* gynt, cymysgir *cywrysedd* a *chyfrysedd*, y naill
o *gwrys* a'r llall o *rhysedd*, gw. R.C. xxxii, 27 ¶ xxxix, 62 ;
xl, 370, cf. W.M. 246b, mynet *yggwrys* wrthaw y geissaw
y diuetha ; M.A. 187a, Kyngen *gywrysset* am *gywrys* deheu ;
258b, y goueird ar beird yn *kywryssed* yr pan vu elffin
ygkywryssed vaelgwn.

100c   **lleuawr,** llefawr, wylofus ; cf. M.A. 197b, H.320, Anwar
don lauar *leuawr* wrthi.

broder, hen ffurf *brodyr,* a ellid ei hadfer mewn llawer lle yn yr englynion hyn ; cf. hefyd isod 104a, 105a.

101a **aeleu,** dioddefaint, poen, G. 11.

101b **glas uereu :** gw. ar 89c.

102a **Maes Maodyn.** Rhaid darll. *Maodyn* yn drisill neu *maes* yn ddeusill i gael mesur, felly yn 103b, gw. ar V, 1a. Yr enw tebycaf iddo a wn i yw ail ran Llan-*wddyn,* gw. L.B.S. iii, 224 : "Gwyddyn or Gwddyn is only known to legend as a hermit at Llanwddyn, Montgomeryshire. *Gwely Wddyn* . . . is a smooth mound on a hill, a little to the south of the now submerged village, on the other side of the Vyrnwy. [Also] . . . *Llwybr Wddyn* . . . *Sarn Wddyn".* Mewn nodyn, "Sometimes he is made to be a giant. A brook, sometimes called Nant *Owddyn,* is a tributary of the Vyrnwy, and flows by Gwely Wddyn". Y mae *Gwely* a *Llwybr* yn wrywaidd, fel nad yw adfer *Gwddyn* o'r enwau hyn yn rhy ddiogel. Y mae'r sôn am gawr, a'r disgrifiad uchod o Wely Wddyn, yn awgrymu bedd arwr. Ar y lleoedd, gw. M.C. vii, 94, ac isod ar 103c. Yn XII, 4b, rhoir *maes meuetauc* yn lle *Maes Maodyn.*

102b **godew :** gw. ar VI, 10b.

102c **Eirinued :** gw. B. v, 134–7, ar enwau merched yn *-fedd, -wedd.* Yma rhydd P. *eirinned,* T. *erinned.* Naturiol i'r bardd yw chwarae ar yr enw, *eiry* ar fedd *Eirinnedd* neu *Eirinfedd ;* cf. I, 45c, III, 43c.

103a **tom,** tomen, "mound" : cf. H.G.C. 104, Gwyned, ene lle y gwnaeth avloed castell cadarn ae *dom* ae fos etwa en amlwc . . . yg kymraec hagen y gelwir *bon y dom* (heddiw *Moel y don* ger y Felinheli ; gwelir y domen yn y coed, ym mharc y Faenol) ; gw. R.C. xxxix, 130, xli, 409, Pedersen, V.G. i, 109, ar *tom.*

　　Elwithan : cf. y ffurf yn XII, 4a, *Bet Elchwith.* Gall hyn fod yn fai am *Elguid* (L.L. 397), sef Elwydd ; gyda'r terfyniad bachigol *-an, Elwyddan,* cf. Bod*elwyddan,* ger y Rhyl. Am *d* mewn hen lsgr. am *th,* gw. B. vi, 209. *treidin, leder* "treithyn, llyther", etc. yn y Juvencus ; hawdd fuasai rhoi *th* am *d* yn anghywir wrth ddiweddaru.

103c **dylyei,** sef *dlyei,* deusill. Teilyngai Cynon ei gwynaw. Yn XII, 4c, addefir hawl Cynon i'w *ginio* !

Cynon. Sylwer fod ffermydd ac afon ym mhlwyf Llan-
wddyn yn cadw enw rhyw Gynon fyth, gw. M.C. iv, 350 ;
vii, 68, "On the land of Cynonucha is a large tumulus.
measuring in circumference about eighty yards". Yn
M.C. ix, 152, dywedir fod gan Gyndrwyn bedwar brawd,
Maoddyn, Elwyddan, Eirinwedd, Cynon—casgliad o'r
englynion hyn yn ddiau, heb werth annibynnol cf. 32c.

104a   **pedwarpwnn** R., *petwar pvn* P.T. Anodd deall *pwnn*
(*pwn, pun*) yma, ond cf. H. 254, Anuedyr y carwn *pwnn*
pennyadur / heb synnyeid yn reid rwyt echlyssur / a heb
wybod bod byd mor ampur.   Hefyd ystyrier enw *Tryffwn*,
L.L. 125, Aircol lauhir filio *tryfun;* H. 5, am drefan
dryffwn; Cy. ix, 175 [T]*riphun;* 171, Aircol m. *Triphun.*
Neu cf. Gw. *cond*, "head, chief", C.I.L. 464.

104b   **penn teulu,** neu *penteulu ?* Os yw *pwnn* yn *a* yn golygu
"pennaeth", ceir gwell ystyr o'r cyntaf.   Yr oedd teulu
"llu" i bob brawd o bennaeth.   Neu darll. *unbenn ?*
Ond cf. 105b.

104c   **ydu.** Yn ôl H.E. 100, "iddi", yn groes i'r odl, eto, cf. 6a·
Yn I. 39c, lle rhydd R. *udu* "iddynt", ceir *ydu* yn P.T,
ond "iddynt" heb os yw'r ystyr.   Yma rhydd P.T. *y du*
ac anodd deall "ei du, ei ddu", mwy nag "iddynt".   Ar
ddull *perchen keugant* yn 105c, a *mwyn* yn 106c, disgwylid
ansoddair yma.

105b   **gorwyf.** Un ai berf, perff. 1af. *gorfod*, neu enw *go-* a
-rhwyf, neu ynteu fai am *rwyf*, gan fod sill yn ormod yn y
llinell ; cf. III, 34c, VII, 19a.   Amryfal yw ystyron
rhwyf; un yw "pennaeth", cf. 104 a.   Ond gan fod sôn
yma am eiddo, cf. hefyd W.M. 234, yscubawr kyt bei *rwyf*
dec aradyr arugeint yndi.   Os *gorwyf*, cf. B.T. 27 2, neu
g. gwaetlan.

   nwyvant : cf. I, 36b, ac uchod 89c, *naf nwyfei.*   Os berf
yw *gorwyf*, cyfeirir at waith Heledd yn cynhyrfu ei brodyr
i'r frwydr ?

105c   **kugant :** darll. *keugant*, "sicr, gwir", G. 138.
106a   **terwyn,** neu *terrŵyn*, "dewr, ffyrnig, cadarn".
   adwyn, addwyn : cf. 107a, *addfwyn.*   Nid "mwyn" ond
"hardd" ; gw. B.T. 8–10.

107   Ar ôl 106c yn R. daw dau englyn na pherthynant i'r
        gyfres, hyd y gwelaf.   Nid "dibech" na buddiol yw eu
        cynnwys, na hen eu ffurfiau.   Cefais 107-13 mewn llsgr.
        diweddar, mewn orgraff ddiweddar.   Dyma ragair B.M.
        Add. MS. 14867, 166b, "Yma y tervyn yn y Llyfr Coch.
        Ond medd y Dr. Davies, 'Ar ol hyn ir oedd mewn un llyfr
        yr hyn sydd yn canlyn'."   Yna daw'r englynion 107-13.

107a   **amser i :** gw. 98a.

109a   **bw :** darll. *bu*, ôl copïo o lsgr. lle ceid *u* am *u* ac *w*.

110a   Gw. 83 am englyn tebyg.

110c   **llaith,** marwolaeth.   A ddylid darll. *vy llaith ?*

111a   **Maes togwy :** darll. *Cogwy*, cyfeiriad at frwydr Maserfeld,
        lle lladdwyd Oswallt, brenin Northumbria, yn 642 ; gw. ar
        yr enw B. iii, 59–62.   Ar *t* am *c*, gw. VI, 2b, 4b.

111b   **cymwy :** gw. 14a, 93a.

112a   **Celain a sych.**   Ni chlywais am yr arferiad o sychu
        celanedd o flaen tân ! Felly, darll. *celyn*, gw. ar 69b am
        arwyddocâd y bai hwn, ac enghraifft arall ohono.   Naturiol
        yw i *gelyn* sychu o flaen tân.

112b   **godwrf :** cf. B.B.C. 103, *Goduryw a glyuaw* . . . *Teulv
        madauc*.

112c   **Llemenic :** cf. B.B.C. 68, Bet *llemenic* in llan elvy,
        Enwir ei farch yn rhestr meirch y cewri, B.T. 48, Yscwyd-
        urith yscodic. gorwyd ll., cf. fel ansoddair, V.V.B. 172,
        lemenic gl. salax ; fel enw dyn, L.L. 174.   Yn y Trioedd,
        R.M. 306, gelwir Llywarch Hen, *Llemennic* a Heledd yn dri
        thrwyddedawg llys Arthur, a thri "anuodawc".   Felly
        o gyfres arall ond perthnasol y daw 112, 113.

        Mahawen, i odli a chael mesur, darll. *Mawan ?* Digwydd
        fel enw afon ym Mrycheiniog, L.L. 155 (412) ; yn R.W.M.
        ii, 858, dyfynnir o Panton 52, Ystyffan ap *Mawan* ap
        Kyngen ap Kadell Dehyrnlluc, gw. Wade-Evans, R.C. l,
        381 ; M.A. 430a.   Yr oedd y Mawan hwn yn frawd i
        Frochfael Ysgithrawg, gw. L.B.S. iv, 373, cf. ar Styphan,
        367, 370b.

113a   **arbennig,** "pennaeth" ; gw. G. 35, cf. B.B.C. 97, gur
        gurt y kinnit *arbennic llv*.

113b   **gwyth,** llid, brwydr.

gweithiuddig, buddugol mewn brwydr; cf. XII, 6a; H. 32, yd wesgryn esgar yn *wythuar* yn *weithwudic;* 90, *gweith vutic* arglwyt; B.T. 56, am wledic g. gwarthegyd. Sylwer mai *-ig* yw'r terfyniad yma; nid yw'r *u* yn y sill gyntaf wedi ei droi yn *-ug* eto.

XII

Detholiad o Englynion y Beddau o'r Llyfr Du o Gaer-fyrddin, er hwylustod cymharu, yw 1–5.

1a   **gurum :** gw. ar VII, 11, XI, 79b.

1b   **minrein,** o *min* "mouth", neu o *mwn* "neck", a *rein;* cf. *bronrein.*

1c   **Llan Helet.** Santes o'r un enw â chwaer Cynddylan, neu honno wedi troi at grefydd.

3a   Gw. ar I, 23.

4a   Gw. ar XI, 103.

5a   Gw. ar I, 45c.

   Talyrth, o *tal* "talcen", a *gyrth;* cf. Einion Yrth (Cy. ix, 183, enniaun *girt*); fel enw, R.P. 166a 37, eil*yrth gyrth* . . . eil agwrd ymwrd; M.A. 148b, Ail *yrth* ail syrth; D. "tactus, pulsus"; fel ansoddair, M.A. 164 b 8, g. yn ymliw; 185 b 38, g. yn gwan rac gwaeduriw; 187 b 37, A gwyr g. am byrth yn burthyaw gorwlad; B.A. 34, oid *girth* oed cuall; B.T. 51, g. y godiwawd alexander; fel berf, *gyrthiaw,* D. "tangere, arietare, pulsare", R.P. 70 b 17, *gyrthyei* eigyl yngkynghaws. Hefyd cf. R.P. 73 b 35, *gyrthywr* trin; M.A. 191b, Kynnivieid *gyrthieid.*

5b   **nyrth,** llu. *nerth,* yn yr ystyr o luoedd ? Cf. R.M. 157, 8.

6–10   "Angwhaneg o Englynion y beddau o law vviliam salsbri medd Rossier Morys", llaw Dr. Davies, yn Pen. 98 b 48; gw. M.A. 65a. Salw iawn yw'r testun, ac ni ellir dibynnu ar y ffurfiau. Ofer yw diwygio yn bendant.

6a   **am ddiau.** Rhoed *ddinau* uwchben; cf. 8c; hefyd *amdinon* 7c.

7a   **Gwedi :** cf. dechreuad 1a, 2a, 8a, XI, 71a, 72a.

7b   **gwawr :** darll. *gawr*.

       gwewyr : darll. *gwaywawr*, i gael odl fewnol, cf. 8b.

7c   **amdinon :** cf. 6a, ac *amdineu* 8c.

       rythych : cf. 8c, *rhych bych*.

7d   **Pen hardd.** Ai *Pennardd* Arfon ? Gw. P.K.M. 260, 293.

       Llovan Llaw Estrawn : gw. III, 46c.

8b   **gwrthryn :** gw. B. iii, 54–5.

       Llaw y gyn, bai am *llaw engyn ;* cf. B.B.C. 66, Bet l¹vch *llaueghin.*

9a   **Llaw Ddivo :** gw. ar III, 46c.

       arro, glan, o *ar-* a *-gro ;* cf. *Ar-fon, arfor.* Gan fod *gro* am draeth yn fenywaidd (cf. y *Ro Wen*), tr. *Venai.*

9b   **tolo :** gw. VI, 27a.

9c   **Dylan :** gw. P.K.M. 271.

       Llan Feuno: Clynnog yn Arfon.

10a   **arei o :** darll. *arro ?* Gellid *-ei* trwy gymysgu â'r gair nesaf, *Venei.*

10b   **odidawg,** eithriadol ; cf. B.B.C. 68, Piev y bet in llethir y brin. *llauer nys guir ae gowin ;* 67, Piev y bet hun. Bet hun a hun. *gowin y mi. mi ae gun.*

XIII

Gweler B. vi, 134–41. Rhoddir diweddariad ar y testun yma er mwyn hwylustod cyfeirio, ac er mwyn cyferbyniad â dull yr englynion o drin marwolaeth Cynddylan. Perthyn y gân hon i draddodiad arall, a bydd raid ei thrafod ar wahân.

BYRFODDAU

A.B. . . .	Lhuyd, *Archaeologia Britannica*, 1707.
A.C.L. . . .	*Archiv. f. Celtische Lexikographie.*
A.L. i, ii . .	Owen, *Ancient Laws and Institutes of Wales*, 1841.
A.C. *Annales Cambriae* }	Phillimore, *Y Cymmrodor*, ix, 152–69.
B. . . .	*The Bulletin of the Board of Celtic Studies.*
B.A. . . .	Evans, *The Book of Aneirin*, 1908.
B.B.C. . .	Evans, *The Black Book of Carmarthen*, 1906.
B.P.N. . .	McClure, *British Place-Names in their Historical Setting*, 1910.
B.T. . . .	Evans, *The Book of Taliesin*, 1910.
C.Ch. . .	R. Williams, *Campeu Charlymaen*, 1878.
C.D. . .	Morris-Jones, *Cerdd Dafod*, 1925.
C.I.L. . .	Meyer, *Contributions to Irish Lexicography*, 1906.
C.Ll.Ll. . .	I. Williams, *Cyfranc Lludd a Llevelys*, 1910.
Cpt. . . .	*The Computus*, B. iii, 256.
Cy. . . .	*Y Cymmrodor.*
Ch.B. . .	Loth, *Chrestomathie Bretonne*, 1890.
Ch.O. . .	I. Williams, *Chwedlau Odo*, 1926.
D. . .	Davies, *Dict. Duplex*, 1632.
D.B. . .	Lewis-Diverres, *Delw y Byd.*
D.D.G. . .	I. Williams. *Detholion o Gywyddau Dafydd ap Gwilym*, 1921.
D.G. . .	*Barddoniaeth Dafydd ap Gwilym*, 1789.
D.G.G. . .	Williams-Roberts, *Cywyddau D.G. a'i Gyfoeswyr*, 1914.
D.N. . .	Roberts-Williams, *Works of Dafydd Nanmor*, 1923.
D.W.S. . .	Salesbury, *Dictionary*, 1547.
darll. . .	darllen,-iad, -ner.
E.Ll. . .	Lloyd-Jones, *Enwau Lleoedd Sir Gaernarfon*, 1928.
Ell. . . .	Ellmyneg.

Y

F.A.B.	.	.	Skene, *The Four Ancient Books of Wales*, 1868.
F.B.O.	.	.	Stephen Williams, *Ffordd y Brawd Odrig*, 1929.
F.W.	.	.	Funk and Wagnalls, *Standard Dictionary*.
G.	.	.	Lloyd-Jones *Geirfa Barddoniaeth Gynnar Gymraeg*.
G.M.B.	.	.	Ernault, *Glossaire Moyen-Breton*, 1895.
G.M.L.	.	.	T. Lewis, *Glossary of Med. Welsh Law*, 1913.
Gw.	.	.	Gwyddeleg.
gw.	.	.	gweler.
gwr.	.	.	gwreiddyn.
H.	.	.	*Llawysgrif Hendregadredd*, Arg. 1933.
H.E.	.	.	Owen, *The Heroic Elegies and Other Pieces of Llywarch Hen*, 1792.
H.F.	.	.	Jenkinson, *The Hisperica Famina*, 1908.
H.G.C.	.	.	Jones, *History of Gruffydd ap Cynan*.
H.G.Cr.	.	.	H. Lewis, *Hen Gerddi Crefyddol*, 1931.
H.M.	.	.	*Hengwrt MSS.* (1876).
H.W.	.	.	Lloyd, *A History of Wales*, 1911.
I.D.	.	.	Williams, *Casgliad o Waith Ieuan Deulwyn*, 1909.
I.E.W.	.	.	Strachan, *Introduction to Early Welsh*, 1909.
I.G.E.	.	.	*Cywyddau Iolo Goch ac Eraill*, 1925.
L.B.S.	.	.	Gould-Fisher, *Lives of the British Saints*.
L.C.B.	.	.	Williams, *Lexicon Cornu-Britannicum*, 1865.
L. Dwn	.	.	Meyrick, *Heraldic Visitations of Wales*, 1846.
L.G.C.	.	.	*Gwaith Lewis Glyn Cothi*, 1837.
L.L.	.	.	Evans-Rhys, *The Text of the Book of Llan Dâv*, 1893.
LL.A.	.	.	Morris-Jones—Rhys, *The Elucidarium*, 1894.
LL.D.W.	.	.	Evans, *Facsimile of the Chirk Codex*, 1909.
LL.O.	.	.	*Orgraff yr Iaith Gymraeg*, 1928.
Ll.	.	.	Lladin.
ll.	.	.	llinell.
M.A.	.	.	*The Myvyrian Archaiology of Wales*[2], 1870.
M.C. Mont. Coll.	}		*Collections Historical and Archaeological relating to Montgomeryshire.*

On. . . . Hogan, *Onomasticon Goedelicum*, 1910.
O.S.P. . . . Salesbury, *Oll Synnwyr Pen.*

P. . . . John Jones, Gelli Lyfdy, Pen. MS. 111.
Paroch. . . . Lhwyd. *Parochialia*, Parts I–III.
P.K.M. . . . I. Williams, *Pedeir Keinc y Mabinogi*, 1930.
P.Ll.H. . . . I. Williams, *The Poems of Llywarch Hen*, 1933.

R.
R.P. } Evans, *Red Book Poetry.*
R.C. . . . *Revue Celtique.*
R.W.M. . . Evans, *Reports on Welsh MSS.*
R.B.B. . . . Rhys-Evans, *Red Book Bruts*, 1890.
R.M. . . . Rhys-Evans, *Red Book Mabinogion*, 1887.

S.D.R. . . . H. Lewis, *Seith Doethon Rufein*, 1925.
S.E. . . Silvan Evans, *Dictionary of the Welsh Language.*
S.G. . . . R. Williams, *Y Seint Greal*, 1876.
S.P.N. . . . Bowcock, *Shropshire Place Names*, 1923.

T. . . . T. Williams, Trefriw. Brit. Mus. Addl· 31,055.
T.A. . . . Gwynn Jones, *Tudur Aled*, 1926.
Tal. . . . Morris-Jones, *Cy.* xxviii, *Taliesin*
Th.M. . . . T. Parry, *Theater Du Mond*, Rhosier Smyth. Arg. 1930.
T.W. . . . T. Williams, *Dict. Duplex*, 1632.
T.W.S. . . . *Testament Newydd* W. Salesbury, 1567.

U.S. . . . Stokes, *Urkeltischer Sprachschatz*, 1894.

V.G. . . . Pedersen, *Vergleichende Grammatik d. Kelt. Sprachen.*
V.V.B. . . . Loth, *Vocabulaire Vieux-Breton*, 1884.

W. . . . Windisch, *Irische Texte mit Woerterbuch*, 1880.
W.B. . . . Davies, *Welsh Botanology*, 1813.
W.G. . . . Morris-Jones, *A Welsh Grammar*, 1913.
W.M. . . . Evans, *The White Book Mabinogion*, 1907.

Y.C.M.[1] . . . Powell, *Ystorya de Carolo Magno*, 1883.
Y.C.M.[2] . . . Stephen Williams, *Ystorya de Carolo Magno*, 1930.

ENWAU PERSONAU A LLEOEDD

YN I–XII

Aber Cuawc, VI, 5–7, 10.
,, Lleu, III, 30, –1.
,, Lliw, I, 45.
,, Llyv, VIII, 12.
Alwen, XI, 68.
Ammarch, I, 44.
Arav ap Llywarch, VIII, 3.
Argad, VIII, 2.
Argoet, II, 1.
Argoetwis, XI, 45.
Bannawg, V, 7.
Bassa, XI, 45.
Beuno, XII, 9.
Brochuael, XI, 37.
Bran, V, 4, 5.
Bran f. Ymellyrn, III, 40.
Brynn, XI, 69.
Brin Tytul, VII, 14.
Bryneich, III, 15.
Kaeawc, XI, 28.
Cavall, VII, 22 ; VIII, 8.
Caranmael, XI, 92–7.
Ceinfryd, XI, 109.
C(e)redig, XII, 6.
Clwyd, V, 7.
Clywedawg, V, 7.
Cogwy, XI, 111.
Cuawc, VI, 4, 5–10.
Culhwch, XI, 10.
Cymry, I, 39 ; II, 2.
Kynan ap Cyndrwyn, XI, 83.
Cyndrwyn, XI, 8, 12, 13, 106–7.
Cindilic, VII, 9 ; VIII, 11.

Cyndylan Wynn, mab Cyn
drwyn, Cyndylan Powys, XI
(cf. XIII).
Kintilan, XII, 2.
Kynuarch, III, 7, 23.
Kinlluc, VIII, 2.
Cynon, XI, 32, 103 ; XII, 4.
Cynwraith, Kynnwreith ap
Cyndrwyn, XI, 83, 110.
Kynuid, VII, 17.
Kyni, Keny, I, 48.
Dinlleu Vreconn, XI, 81.
Drws Llech, III, 3.
Dunawt, III, 37–8 ; V, 5 ;
mab Pabo, III, 3.
Dwc, Duc, I, 46–7.
Dwyryw, XI, 71.
Dyfrdwy, V, 8.
Diffrynt Meissir, XI, 37.
Dylan, XII, 9.
Echwyd (td. 117).
Edeirnyawn, XI, 74, –5.
Efionydd, X, 1.
Euyrdyl, III, 30, –1.
Eglwysseu Bassa, XI, 45–51.
Ehedyn, XI, 89.
Eirinued, XI, 102.
Eithir, VIII, 2.
Elchwith, XII, 4.
Eluan (Powys), XI, 28, 31, 49,
58, 99.
Elphin, III, 39, 51.
Elgno Hen, III, 42–3.

Eli, XI, 34–9.
Elwithan, XI, 103.
Ercal, XI, 77.
Erechwyd, III, 10, 40.
Erthir, VIII, 2.
Ffraw, I, 29.
Ffreuer (Wenn), XI, 57–65, 81, 108.
Geirw, XI, 68.
Gorsed Orwynnyon, XI, 80.
Gorwynnyon, XI, 73–4, 80.
Gwallawc, III, 39.
Gwell, I, 43.
Gwên ap Llywarch Hen, I, 1–28 ; II, 20 ; VIII, 1 ; X,; XII, 3.
Gwenddwyn, XI, 107.
Gwladus, XI, 107.
Gwiawn ap Cyndrwyn, XI, 32.
Gwledyr, XI, 109.
Gwyn ap Cyndrwyn, XI, 32.
Gyrthmwl, XI, 76.
Hafren, XI, 71.
Hedyn, XI, 88–9.
Heilin, I, 42.
Heled, XI, 78–9, 107 ; XII, 1.
Iwerit, VII, 19.
Llam y Bwch, I, 43.
Llanfawr, V, 5–8.
Llan Feuno, XII, 9.
Llan Gollen, I, 43.
Llan Helet, XII, 1.
Llawen,* I, 14–6.
Llawr, I, 42 ; II, 20.

Llemenic f. Mawan, XI, 112–3·
Llev ap Llywarch, VIII, 3.
Lleu, III, 30.
Lliw, I, 45.
Llyv, VIII, 12.
Lliwer, I, 42.
Lloegir, Lloegyr, I, 11, 23, 39 ; XII, 3.
Lloegrwys, XI, 15, –6, 31.
Llovan Llaw Estrawn, Ll. Engyn, Ll. Ddivo, Ll. Difro, III, 46 ; XII, 7–10.
Lloryen, I, 43.
Lluc Vynit, VIII, 9.
Llygedwy, I, 44.
Llywarch Hen, I, 23, 27, 44 ; II, 8, 10, 21 ; V, 2, 9 ; VIII, 1, 3 ; IX.
Madawc, I, 40–2.
Maelgwn, IV, 5.
Maen (Wynn), I, 42 ; IV, 1–7 ; X.
Maes Cogwy, XI, 111.
,,   Maodyn, XI, 102–3.
Mahawen (Mawan), XI, 112.
Maodyn, XI, 102–3.
Marchnwy, XI, 67.
Mechit ap Llywarch, VII, 20–1, 23, 25 ; VIII, 7.
Medel, I, 42.
Medlan, XI, 65, 108.
Medwyl, XI, 108.
Meissir, Meisyr, XI, 37, 109.
Mewyrnyawn, IV, 7.

NODYN.—*Llawen*. Diolchaf i'r Parch. Ellis Davies, Whitford, am y cyfeiriadau hyn :
Pentre Llawen, milltir a hanner i'r de-orll. o Faerdy, Dinmael. Pentre Llawen, fferm ger pentref Cyffylliog.

Meloch, V, 8.
Menai, XII, 9–10.
Morgant, III, 41.
Moryal, XI, 77.
Morlas, I, 18, 22 ; V, 10.
Mug(c) Maur Treuit, VII, 20, 23 ; VIII, 7.
Nuchein (?), td. 182.
Odwrn (?), IV, 7.
Owein, XII, 1.
Owein (Rheged) ab Urien, III, 20, 37, 51, –4, –8 ; VII, 16, 18.
Pabo, td. 114.
Paen = Maen, X.
Pasgen, III, 38.
Pelis, VII, 13, –5, –7.
Penawc (godir), III, 13.
Pengwern, XI, 1, 40–4.
Penhardd, XII, 7, 8.
Powys, II, 2 ; XI, 12.
Pridein, Prydein, III, 16 ; VII, 16.
Pwyll, I, 40.
Pill, Pyll (Wynn), I, 29–39, 41 ; III, 42 ; VIII, 6.
Reget, III, 5–6, 18, 28, 53 ; VII, 18.
Regethwys, III, 29.

Reinyawc, Rieinwc, I, 46.
Riw Velen, I, 43.
Rhodwydd Forlas, V, 10.
Rodwit Iwerit, VII, 19.
Run, III, 33–5 ; VII, 22 ; VIII, 8.
Ryt Vorlas, I, 18, 22.
Sandef, -ew, I, 37 ; VIII, 6.
Sawyl, I, 43
Selyf, I, 37, 42 ; VIII, 6.
Talan Talyrth, XII, 5.
Talan, I, 45 ; VIII, 12.
Traual, XI, 56.
Traweryn, V, 8.
Trebwll, XI, 14.
Trenn (tref ac afon), XI, 4–6' 16, 43–4, 55–6, 67–8, 70, 83, 104–6, 110.
Trodwyd, XI, 55.
Trydonwy, XI, 67–8.
Twrch (afon), XI, 67–8.
Tytul, VII, 14.
Unhwch, III, 1–6.
Vryen m. Kynfarch (Urien Rheged), I, 10, 22 ; III, 5–6, 8–9, 13, 30, 43, –4, –6, 58 ; V, 3, 4.
Vrien ap Llywarch, VIII, 3.
Ymellyrn, III, 40.

MYNEGAI I'R NODIADAU

[*Cymysg yw orgraff y testunau; felly, trois y geiriau (yn fy meddwl) i orgraff heddiw, ac wedyn eu trefnu yn ôl y wyddor.*]

a (=o), 81.
a (=O !), 57, 183, 228.
abar, 110.
Aber Llywenith, 113.
Aberllefenni, 113.
acdo, agdo, 61-2.
achadw, 210.
achaws, 187.
achen, 56.
aches, 74.
achuisson, 187.
adaf, 60, 212.
atuant, 163.
atuer, 197.
atfod, 221.
atleis, 212.
adrawd, 68.
adun, 188.
atwna, 173.
ad guiar, 185.
adef, 90.
adwyn, 241.
ae . . . ae, 235.
aelaw, 86.
aele, 86.
aeleu, 240.
aergre, 86.
avar, 110.
auaerwy (?), 222.
afarwy, 191.
afrddwl, awirtul, 182.

afieithieint, 81.
afyrdwyth, 203.
agde, 65.
agdo, 61-2.
agret (?), 166.
angddwfn (?), 170.
anghad, aghat, 65, 84, 121.
aghimen, 65, 187.
aghysbell, 151.
aghywyr, aghwyr, 65.
alaf, 169.
Alclud, 158.
am, 127, 146, -69, 200.
amaerwy, 169, 222.
amdaw, 202.
amdinon (?), 243.
amddinau, 243.
amgeled, 200.
amgen, 129.
amgiffredit, 186.
amgyhud, 56.
amhaual, 222.
ammarch, 94.
amnwyth, 204.
amser y, 238-42.
amwnc, 173.
amwyn, 195.
amwyth, 204.
anaw (?), 147.
anchwant, 225.
andaw, 163.

andwy, 95.
anhyet, 161.
anibellt, 132.
anoeth, 126.
anofi, 209.
anrec, 150.
anthuim, 90.
ar (=er), 59.
arab, 90.
araf, 206.
aral, arial, 179.
arbennig, 242.
ard, 166.
ardelw, 88.
arddu, artu, 181.
aruaeth, 61 ; -u, 199.
arvaf, 57.
aruoll, 120.
Arfwl Melyn, 181.
arglyw, 135.
Argoet, 101.
argyfrein, 134.
argynnan, 153.
Ariannell, 106.
ar ll-, 77, 102.
arllaw, 147, 237.
armaaf, 57, 64.
armeithyd, 199.
arnaw (?), 147.
arro, 244.
ar vn tu, 116.
ar wall, 91, 149, 185.
arwest, 64.
arwyd, 125.
aruiar, 185.
as, 159, 233.
astell, 84.
-at, 84, 237.
-ator, 171.

athuc (?), 68.
awen, 56.
-awt, 63, 171.
baglawc, 100.
bann, 164, -5, -7, 226.
baraf, baryf, 199.
baruar (marwor), 215.
Baschurch, 213.
bedit, 130.
beidyaf, 209.
Berriew, 224.
ber, -eu, 234, -40.
berwi brad, 170.
beuder biw, 161.
bi, 134.
bid (gwrych), bitat, 72.
bieiuu, 117.
biw, 161.
blodyat, 114.
bloddest, 114.
blwng, 114.
bodawc, 104, -63, -5, 206.
bon y dom, 240.
Brawddeg enwol, 55.
bras vwyt, 238.
brawt, 127.
breuer, 165.
briger, 239.
briw, -aw, 62, -3, -4, 122 ;
    -at, 84.
broder, 240.
brodyrde, 219.
brotre, 193.
brwyn, 55.
brwyt, 64.
brynn (?), 224.
Bryneich, 121.
bryt, 55.
brynar, 218.

Bryn Cae Meisyr, 209.
bual, 128.
budic, 116.
buelin, -yn, 127.
buteir, 196.
buum, 148.
buw (byw), 205, -25..
bychot, 82, 171.
bydaut, 171.
bydeir, 216.
bwyat, 78, 232, -9.
bwyn, 78, 127.
byd (=hyd), 126.
bydat, 84.
byded (?), 134.
bygylyaeth, 221.
byr, pyr, 203.
byrn, 137.
catgathuc, 68.
catuilet, 128.
kadir, 177.
catwent, 136.
kadwynawc, 195.
caddug, 68.
kae (berf), 200.
kaeawc, 206.
caen, 150.
Caer Eidyn, 139.
Cair guricon, 230.
Cair Rein, 97.
Caer Unwch. 112.
Cavall, 184.
kalaf, 102.
calch, 187.
kalan gaeaw, 179.
kallawdyr, 144.
can(t), gan, 69, 129, 182, 201,
    -25
cann, 62.

caredd, 189.
caregl, 172.
Carn Cabal, 184.
casnar, 70.
ca-wc, 96.
ceimiad, 187.
kein (cefn), 100.
kein vieri, 144.
keinmic, -mygir, 100, -8, -65.
celein, 124, -85.
kelwrn, 150.
celyn, 224, -42.
cell, 116.
cên, 142.
keneu, 196.
kenueint, 79, 219.
kenniret, 105, -8, -9.
cerd, 225.
cerdennin, 225.
cerydd, 189.
kerygyl, 171.
cesseil, 148.
kethlyd, 165.
keugant, 241.
kewic, 172.
kildynnyawc, 195.
kilyd, 234.
clad, 146.
claf(r), 174.
clawd, 68.
clawr, 116.
cledir, cledr, 118, -88, 213.
kled (chwith), 119.
clegyr, 138.
cledyual, 144.
cleir, 234.
cliw, 135, 141.
clo-en, -yn, -ig, 106.
Clwyd, 157.

clyd, ..yt, clid (enw), 143, –76.
knaw, 234.
cnes, 177.
cnith, 236.
knyw, 234.
colledeint, 82.
Condover, 229.
conin, 176.
cornwyd, 238.
corrawc, 162.
kreator (?), 171.
crei, 165.
creilum, 180.
cryd, cryt, 64, 168.
crys, 117.
cryssed, 136.
cu arodeist, 194.
cur, 169.
cwdd, 152.
cwl, 80.
cwrwf, 194, –8.
kwyn, 55, 102.
kychwyn, 160.
cyua, 226.
cyfamrudd, 217.
kyuamwc, 235.
kyuarch, 229.
cyfarwydd, 182.
kywarwydyat, 111.
cyued, 146.
kyuedwch, 146.
cyuerynt, 108.
kyuetliw, 95.
cyuyeith, 195.
kyulauan, 112.
Cyflifer, 89.
cyflwyn, 195.
cyfran, 149 (? cynran).
cyfnofi, 209.

kyuore, 211 (? ry uore).
cyfyrdan, 207.
cyfrdy, kyuyrdy, 99, 101.
kyfreu, 162.
kywranc, 185.
kyffes, 100.
kyngran, 201.
kygreir, 91.
cyngrein, 73, 145.
kyngrwn, 77.
cyhud, 56.
kylchet, 223.
cylchwy, 163.
kymelri, 196.
cymlawd, 114.
Cymry, 91.
cimun (?), 188.
kymwed, 106, 236.
cymwy, -at, 199, 236, –42.
kynn bum, 100.
cyn ni, 58.
cyn no, 90.
Kyndrwynyn, 207.
kyndynyawc, 195.
kyn(v)rein, 73.
cynnan, 153.
cynnifiat, 197.
kyniuiat, 236.
kyn(n)iret, 105, –8.
kynneuawc, -awt, 144.
kinteic, 180.
kynteuin, 103.
cynnu, 205.
kynnull, 127.
kynnwys, 101, –4, –29, 213.
cynran, 73.
kynwaew, 101.
kynwan, 102.
kynuid (?), 182.

Kynnwydyon, 183.
Kyni, Cini, Keny, 98.
kyolwch, 112.
kyrchyn, circhin, -at, -yat, 117, -40, -72.
cyssul, cusil, 152.
kyssueil (?), 149.
kysyll(t)u, 201.
cystudd, 204.
kyweithas, 145.
cyweithyd, 202.
kywlat, 119, -95.
kywrennin, 221.
cywryssed, 239.
chweith, 172.
daerawt, 125, -9.
damorth, 219.
damre, 109.
dawr, tawr, 221.
de (berf), 167.
dedwyd, 71.
dewawt, 91.
deiryt, 94.
dcˡiit, 212.
deruhid, 179.
derffit, 194.
derlly, 175.
derwdy, 175.
deulu, 117.
deweint, 165, 220.
dewis, 84, 149, 168.
dellıs (?), 168.
dewr, 107.
diallad, 184.
diarchar, 180.
diaspad, 189.
dibellt, 132.
dichonat, 84.
diessic, 92.

diewis (ry drewis), 98.
diua, 215, -27.
difro, difo, 140, -1, 166.
diuwg, 153.
diuyd, 130.
diffaeth, 220.
diffaith, 206.
diffraeth, 105.
diffreidad, -iad, 104, -82.
diffret, 104.
diffrynt, 209.
digarat, 103.
digaru, 102.
digaryat, 203.
dignaw, 236.
digoni, 122.
digraid, 115.
dihaidd, 233.
diheid, 237.
dihol, dyhol, 137.
diholedic, 237.
dilin, 197.
dillat (? dilat), 234.
dimiaw, 90.
din, 230.
dinas, 87, 120.
dincleir, 234.
dirchiuat, dirthivat, 172.
dirper, 239.
dirwen, 107.
diryeit, 173, -5.
disgyn, 99, 196.
disgyr, 226.
disgywen, 74.
dissaeth, 221.
diw, 63, 234.
diwc, 152.
diweddwr, 237.
diweir, 66.

diwlyd, 107.
diwyl, 151.
diyssic, 92.
Dôl Ammarch, 94 (hefyd *Rhag-ymadrodd* §17).
dor-, 115.
dorvlodyat, 115.
dorglwyt, 203.
drud, drut, 109, –85.
Drudwas fab Treffin, 185–6.
drws, 113.
drwy (=dros), 201.
duhunaf, 65, 219.
dull, 128.
Duw gennyt, 58.
duw, 130.
dwylann, 83, 224.
Dwyryw, 209, –24.
dyadu, 198.
dyallu, 121.
dyar, 215.
dyuit, 130, 186.
dyfydd, 202.
dyurys, 177.
dygn, 236.
dygret, 109.
dyhed, 133.
dyhepkyr, 167.
dym-, 111.
dymkywarwydyat, 111.
dyn(n), llysdyn, tyddyn, 160.
dyn(h)at, 126, –43,
dyneit, 173.
dynin, 136.
dyppo, 177.
dyrchaf, 147.
dyrchafu morddwyd, 238.
dyre, 66, 107, –33.
dyrein, 133.

dyrgwenn, 107.
dyrru, 198.
dysgloen, 106.
dywaes, 66.
dywal, 76, 144.
dywir, 66.
eban, euan, 212.
ebyr, 116.
ebyrn, 137.
ech, 60, 210.
echadaf, 60.
echen, 56.
echfod, 221.
echiawc, 162.
echwyd, 117, 218.
etlit, 74, 103, –64, 202.
etryt, 103.
eduyn(t), 225.
edrywy, 166.
eddëin, 175.
edynt, 232.
euawr, 116.
efras, euras, 139, –48, 216.
efwr, ewur, 188.
Efyrnwy, 218.
engi, 70.
ehalaeth, 166.
ehedyei (?), 233.
eichyawc, 162.
eidyonyd, 133.
eidic, 212.
eidigaf, 147
eidigafaf 146, 2??
eido (eiu.... ..), 138.
eidorwc, 163.
eidoed, 138.
eidun, 169, –93.
eidyo, 138.
eil, 139, 169.

eiliat, 172.
eiluyd, 86.
eimwnc, 173.
eiriawl, 143.
eirmoet, 108.
eirwyn. 177.
eiry, 176.
eiryt, 94.
eisillut, eissylut, 71.
eleni, 108.
eluyden, 223.
elwch, 146, –7.
elwic, 57.
elyflu, 91.
elleic, 178.
endeid, 189.
en(n)wir, 180, –96.
-er, –her, 89, 173.
erchi, 91, –2.
erdywal, 227.
erechwyd, 136.
eres, 100.
erestyn, 100.
erewyll, 88.
eruit, 72.
eruyn, 160.
ergryt, 64.
ergryn, 64.
erlleon, 142.
ernyw, -af, -ed, 220.
erwan, 207.
eryueis, 96.
esbyt, 199.
escar, 180.
escor, 111.
esgyll gwawr, 98.
esmwyth, 203.
estyll, 84.
etiued, 214.

eu (=yw), 80.
eurdorchawc, 78.
eu(r)de, 87.
euruchauc, 151.
ewyll, 88.
ewyn, 103.
ewynvriw, 122.
vyn dewis, 149.
uu hun, 116.
ffaeth, 214.
ffer, 88.
fonogion, 185.
ffossawd, 153.
ffraeth, 62.
ffranc, 237.
ffreu, 83.
ffriw, 190.
ffrowyll, 83, 138.
ffruin cluymus, 186.
ffrydiaw, kyffrydyieit, 237.
ffuc, 232.
ffwch, 197.
ffyrn, 137.
ffysg, ffisscau, 180.
gadu, 173, –97, 203.
gattat, 197.
gauael, 115.
gal, 76, 116.
galanas, 149.
galon, 85.
galwytheint, 80.
gallas, 122, –6.
gallu, 121.
gan dyd, 162.
gardu, 123.
gawr, 121.
gawr (lliw), 143.
geilic, 142.
geiryawc, 100.

gelor, 121.
gennweir, 118.
glas, 108 ; g. y dit, 183.
glessin, 143.
glyw, 135, 205.
gne, 107.
gnif, 59, 60.
gnis, 69.
gno, 138.
gnodach, 217.
gobell, 86.
gobryn, 232.
gochawd, 70.
godir, 120.
godwrf, 242.
godeith, 195.
godef, goddef, goddew, goddau, 165, 240.
godic, 116.
goddiweddaf, 152.
goewin, goein, 174.
gofid, 72, –4.
govri, 195.
gogawr, 143.
goglais, 236.
goglyt, 143.
gognaw, 236.
gogwn, 134.
gohen, 110.
goholheth, 231.
goyewin, 174.
goleith, 177.
golo, 184, –7.
golwch, 112.
gonofi, 209.
goralw, 208.
gordugor, 179.
gordyar, 165.
gordyfneit, 173.

gorddyfnu, 143.
goreiste, 160.
gorefras, 139.
goreu (berf), 233.
goreu gwr, 235.
gorffowys, 213.
gorlas, 68.
gorsedd, 229.
gorthrwm, 209.
gorwyf, 241.
gorymda, 211.
goseb, 59.
gottew, gottoev, 65.
graean, 172, 190.
graen, 190.
grann, 236.
greit, greidyawl, 115.
gro, 172.
gryd, 57, 186.
gwa, 66.
gwae vy llaw, 120.
gwaeannwyn, 102.
gwaet, 148.
gwaedvei, 234.
gwaes, 66.
gwaew, 66.
gwahalyeth, gwehelyth, 231.
gwâl, 234
gwall, 139.
gwant, 194.
gwanu, 205.
gwarthaf, 189.
gwas, 149.
gwedy, 202.
gwed, 203.
gweill, 139.
gwein, 135.
gweirglawd, 235.
gweissyonein, 79.

gweithen, 139.
gweithfuddig, 243.
gwelit, 211, -2.
gwylawt, 212.
gwers, ys gwers, 202.
gweryt, 94.
gwerydre, 192.
gwestua, 168.
gwgyd, 70.
gwis, 69.
gwisc, 55, -9.
gwiscyt, 198.
gwlydd, 107.
gwneuthur kelein, 136.
gwosep, 59.
gwrth (gwrdd), 140.
gwrm, 179, 229.
gwrwm, 229, -43.
gwrthryn, 244.
gŵydd (gwyllt), 196.
gwydvit, 193.
gwyl, 151, -75.
gwylat, guilat, 152, -98.
gwyliis, 69.
gwynn, 85.
gwynnoddi, 209.
gwynnovi, 208.
gwyth, 242.
gwythhwch, 196.
gwytheint, 80.
gwythlit, 148.
gwiw, gwyw, 166.
gyluin, 104.
gyrth, 243.
handid, -it, 90, 129, -87, -8.
handwyf, 90, -5.
hanuot o, 56, 220.
heuyt (chwaith), 163.
heit, 130, -2.

heint, 219.
heledd, 227.
henoeth, 129.
henwred, 120.
hepkyr, 167.
-her, 173.
heyrn, 134.
-hid, -hyd, 176, -7, -9.
hidyl, 204.
hiraethawc, 104.
hoet, 108.
hoen, 109.
hu byd, 131.
huad, 228.
huadain, 228.
hwch, 197.
hwnn (=un), 147.
hwyedic, 228.
hwyl, 229.
hwyr, 107.
hyt tra, 196, -7, 203.
hydwyth, 203.
hynaf, 206.
hynefydd, heneuyt, 206.
hynnyd, 133.
hywed, 224.
hywyd, 69.
-i (amherff. 3ydd un.), 196, 208.
ia-en, 194.
-id, -it, 186.
ieuenctit, 148.
-if, 58, 60.
iolyd, yolyd, 133.
-is (= -eis), 98.
-it, 61, 72, 124, -5.
-itor, -ittor, 186, -99.
Laloicen, 155.
llad, 121.
llat, 170, -2.

llaessu, 163.
llauar, 106.
llaith (marwolaeth), 242.
llallawg, 158.
llallogan, 155.
llam, 124.
llam yr bwch, 93.
llan, 153.
Llannerch Frochwel, 210.
Llanwddyn, 240.
llary, 117.
llathlud, 122.
llaw, 61, 120.
llawch, 212.
llawedr, -awr, -awc, 142.
llaw engyn, 244.
llech, 113.
lledesseint, llesseint, 82.
lleuawr, 239.
llegys, 178.
lleic, 178.
lleigys, 178.
llem awel, 55.
llei r 148.
lleon, 142.
llesseint, 82, 219.
lletkynt, 232.
lletfer, 89.
llethrit, 213.
llewa, 208.
llewyr, 89.
ll llen 224.
llithredawr, 170.
llithyaw, 142.
lliw, eiliw, 95.
lliwaw, 95.
lloe, 153.
llonn, 164, -70.
Lloran, 93.

llug, Llugwy, 189.
llumon, 85.
llwybryn, 159.
Llwyfenydd, 113.
llwyprawd, 154.
llyc, 138.
llygru, 65.
llym awel, 176.
llyr, 116
llyry (llwrw), 170.
llyth, 232.
llywio, 113, -7
llywyr, 89.
'm, datif, 78.
mab claf, 173.
mablan, 214.
mackwy(f), 173.
mat, 85.
madeu, 233.
mael, 116.
ma-es, 151.
maeth (berf), 183, 220.
magawd, 184.
magu, 221, -7.
ma'aen, 191.
malu 122, 227.
mam Vryen, 141.
mann, 236.
marwar, 215.
mawred, 65.
meccid, 177.
medd, 183.
mefl, meuyl, 183, 233.
mefyrn, 150.
meil, 169.
meillyon, 214.
meithyeint, 81.
men, 201, -4.
meuedd, 177.

meurygawg, 151.
mid, 72.
migned, 62.
milet, 128.
minrein, 243.
mir, myr, 145.
modrydaf, 130.
moel, 139.
Moel y Don, 240.
molediw, 141.
molud, 155.
mor vi, 134.
mor dru, tru, liaus, 135, 201.
mor yw diheint, 219.
mu hunan, 205.
mwys, 129.
myfyr, 216.
myged, 210.
myngus, 153.
myn magod, 184.
Mynydd Bannawg, 156.
na (rodyn na rodyn), 91.
nahulei, 131.
naid, 125.
nam, namyn, 141, 202, –20.
Nant Ffrancon, 238.
Nan(t) Ffreuer, 219.
nebawt, 135.
nedeir, 117.
neges, 74, 177.
nenn, 201.
neut nat, 108.
neus, 121.
nid anllai, 132.
niuer, 204.
nogyt, 217.
nog ydd, 135.
-n(t), 78, –9.
nu neut, 193.

nugiaw, 137.
nwyf, -ant, -ei, 90, 234, –41.
nwyvre, 166.
ny (=yn ei), 168.
ny diw, 63, 201.
ny vall, 232.
Nyuein v. Brychan, 141.
ny mat, 199, 239.
nym tawr, 221.
nyrth, 243.
nys, 140.
nyw, 239.
nywl, 235.
ober, 171.
och na, 179.
o law, 61.
odit, 141, –93.
od:dawg 244
odywch, oduch, 164, –72.
oe (=i'w), 78.
oer, 68.
oergrei, 206.
olwyn, 118.
oric, 57.
ottid, 176.
owi a, 203.
pa (=pa beth), 207.
pabir, 145.
Pabo, 114.
pabwyr, 145.
padiw, pydiw, 228.
paith, 206.
pan ym, 98.
pan(n), 99.
par, 102.
Paradwys Gymry, 101.
parth y, 62.
pedwardeg. 229.
pedwarpwnn, 241.

peuyr, 167.
peithawc, 205.
peithwydd, 88.
peithyll, 87.
peithyn, 87.
pell (amser), 106.
pell(t), 132.
pellennic, -ynnic, 89.
pell-hynt, 89.
pellynnyawc, 120.
penn gwyr, 99.
penn garn 212.
perë-id, 233.
perwit, 187.
periw, peryf, 186.
pieuat, 203.
porthi, 60, 116, -22.
post, 121.
postolwyn, 118.
pluawr, 224.
preator, 171.
preid, 112.
preiddin, 144.
prenfol, 75.
prennyal, 75.
Pres. dib. mewn dymuniad, 104, -6.
pressen, 136.
priffwch, 197.
pwnn, 241.
pwyll, 85, 91, 135, -8.
pwyth, 166.
pyr, 203.
racwan rac, 97.
rhagwan(t), 97.
rann, 221.
re, 65.
reawdyr, 133.
rebyd, 128.

redegawc, 60.
reit, 178.
Rein, 73, 97.
rein, 134, 243.
Riell, Rhiellwg, 98.
Roden, 217, -22.
rodwit, rhodwydd, 159, -82, -3, 217.
ruch, 222.
Rhuys, 154.
ruy, rwy, 188, 214, -5.
rwyt, 119.
rwyf, 133, -83.
ry (dichon), 176.
ryallat, 121.
rymgallat, 126, 150.
ryt, 57.
ryueduawr, 132.
rys, 227.
Rhythell, 106.
saeth, 221.
sathru llenn, 148.
sawell, 86.
se, 92.
sefyll allan, 192.
segur, 177.
seirch, 229.
stauell, 201.
swrth, 190.
syberwyd, 169.
tauawl, 146.
tafliedydd, 190.
tal glann, 63.
talu, 96.
talyrth, 243.
tande, 193.
tanc, 238.
tarn, 152.
tarnu, taruu (?), 123.